Der andere Blick

DER ANDERE BLICK

Lesbischwules Leben in Österreich

Wolfgang Förster, Tobias G. Natter, Ines Rieder (Hg.)

Eine Kulturgeschichte

**Dieses Buch erscheint
anläßlich
der Europride 2001**

Nationalfonds der Republik Österreich
für Opfer des Nationalsozialismus

FRAUEN
BÜRO
MAGISTRAT DER STADT WIEN

Inhalt

Vorwort

Schwullesbische Kulturgeschichte, schrieb uns der Herr Hofrat, sei kein Thema für eine historische Darstellung, und „sein" Museum – das der Stadt Wien und damit eigentlich all ihren BürgerInnen gehört – stünde dafür nicht zur Verfügung. Dieses Buch ist – auch – ein Gegenbeweis: ein Katalog zu einer nicht stattgefundenen Ausstellung anläßlich Europride Wien 2001.

Lesbischwule Kulturgeschichte wird hier jedoch nicht als historischer Bilderbogen von Prinz Eugen, Franz Schubert und Sisi bis zu lesbischen und schwulen Ikonen von heute zelebriert. Vielmehr geht es um Befindlichkeiten, historische Konnotierungen. Wie lebten Lesben und Schwule unter den sich verändernden Rahmenbedingungen von Verfolgung und Diskriminierung in Österreich, welche Überlebens- und Kampfstrategien entwickelten sie, welche Verdrängungsmechanismen, welche Sublimierungstechniken lassen sich rekonstruieren aus historischen Dokumenten, privaten Überlieferungen, Kunstwerken?

So beginnt das Buch bewußt provokant: Der „Kultivierung des Fummels" in Österreichs Hocharistokratie des 18.Jahrhunderts folgt die „Lust an der Provokation" der lesbischen Community von heute…

Mehrere Beiträge skizzieren die katholische Doppelmoral des Habsburgerreichs, das – im Gegensatz etwa zum nachrevolutionären Frankreich – Homosexualität verfolgte, aber im Herrscherhaus selbst, in der Hocharistokratie, im Klerus, ja selbst im diplomatischen Dienst tolerierte, solange nur nichts an die Öffentlichkeit drang. Auf anderer Ebene setzt sich diese Verdrängungstechnik auch nach dem Fall der Monarchie durch; lesbischwule Spurensuche wird daher eher im weniger tabuisierten Bereich der Literatur und der bildenden Kunst fündig. Aber dasselbe Österreich trägt auch – etwa mit Krafft-Ebing und Sigmund Freud – Entscheidendes zur Konstitution des modernen Begriffs „Homosexualität" bei.

Die Zeit des Nationalsozialismus schließlich läßt blutige Realität werden, was an Diskriminierung im konservativen Österreich längst untergründig angelegt war. Was die homosexuellen Opfer Hitlers freilich von anderen Opfergruppen unterscheidet, ist die Kontinuität der Unterdrückung nach der Befreiung vom Faschismus. Schwule und Lesben konnten nicht nur keine Wiedergutmachung verlangen; sie mußten vielmehr weiterhin mit strafrechtlicher Verfolgung rechnen – und daher schweigen. Selbst die Entkriminalisierung der konsensuellen Homosexualität zwischen Erwachsenen konnte nur gegen den erbitterten Widerstand konservativer und klerikaler Kreise durchgesetzt werden – zum Preis neuerlicher Diskriminierungen.

Daher erzählt dieses Buch auch vom Kampf der Lesben und Schwulen in Österreich für ihre Befreiung: „Crescendo" bezeichnet jene Beiträge, die sich mit der Lesben- und Schwulenbewegung der letzten Jahrzehnte befassen, ausgehend von ersten zaghaften – angesichts der Repression dennoch mutigen – Organisationsversuchen bis zur Bewältigung der AIDS-Krise durch eine Politik „zwischen Provokation und Integration". Die Wiener Regenbogen-Parade und Europride

Wien 2001 schließlich markieren jenen Punkt, an dem die schwullesbische Bewegung über sich hinauswächst, zum gestaltenden Faktor eines neuen Österreich- und Wien-Bildes wird.

Aber alte Widersprüchlichkeiten bleiben bestehen, neue tun sich auf in dieser bunten Eventkultur: „Queer durch – Körperpolitik am Beispiel Transgender" steht nicht zufällig als nachdenklicher und zum Nachdenken auffordernder Beitrag am Ende des Buches.

Präzise Zeitschnitte sind es, die den Aufbau des Buches charakterisieren und die wir – mit leichtem Augenzwinkern – mit musikalischen Satzbezeichnungen versehen haben; Zeitschnitte, um Zustände an ganz bestimmten Punkten der österreichischen Geschichte festzumachen. Schnitte sind aber auch Fragmente, bewußt Lücken hinterlassend. Denn Diskriminierung zeigt sich nicht zuletzt auch an der bis heute nur fragmentarischen wissenschaftlichen Aufarbeitung der Geschichte von Lesben und Schwulen und an der Angst vor ihrer Darstellung – siehe die Episode mit dem Museum….

An dieser Stelle folgen traditionell Danksagungen. Unsere gelten all jenen, die aktiv zum Gelingen dieses Buches beigetragen haben, also vor allem den AutorInnen, die oft jahrelang unter widrigen Umständen zu einem bestimmten Thema gearbeitet haben und die Ergebnisse zum Teil erstmals hier veröffentlichen. Unser Dank geht auch an die Sponsoren, welche diese Publikation ermöglichten, den Österreichischen Nationalfonds für Opfer des Nationalsozialismus und die Stadt Wien/MA 57, doch soll zugleich hier festgehalten werden: Dies ist keine Wiedergutmachung für die Unterdrückung, derer sich dieses Land und diese Stadt (und PolitikerInnen fast aller Couleurs) gegenüber homosexuellen Menschen schuldig gemacht haben und vielfach noch immer schuldig machen – so einfach kauft man sich nicht los –; allenfalls eine Geste, ein erster Schritt in eine Richtung, die die Aufarbeitung eines weitgehend verdrängten Teils der österreichischen Geschichte ermöglicht. So könnte dieses Buch nach all der Verhinderungsstrategie, politischen Kleinkrämerei und Hinhaltetaktik, die das Projekt begleitet haben, doch noch zum Katalog einer dann stattgefundenen Ausstellung werden.

Wolfgang Förster
Tobias G. Natter
Ines Rieder

Wien, Juni 2001

PRELUDIO

Wolfgang Nedobity

„In ein Frauenzimmer Kleid..."
Die Kultivierung des Fummels im
18. Jahrhundert

Das Jahrhundert der Aufklärung stellt einen gewaltigen Einschnitt in der Geschichte der Männlichkeit dar. Es war die am stärksten feminisierte Epoche vor unserer Gegenwart. Die „Krise der Männlichkeit", wie diese Feminisierung auch genannt wird, äußert sich entweder als ephebenhafte Juvenilisierung des Mannes oder als Hang zum Transvestismus, wovon eine Vielzahl der überlieferten Kunstwerke aus dieser Zeit Zeugnis geben.[1] Das Tragen von Kleidung, die typisch für das jeweils andere Geschlecht ist, wurde vor allem durch zwei soziale Gruppen kultiviert: die Studenten an den Universitäten und den Adel.

Obzwar die eigentlichen Galionsfiguren aus Frankreich und England kamen, ging die neue vestimentäre Entwicklung natürlich auch an Österreich nicht spurlos vorbei. Das Fürstenhaus von und zu Liechtenstein besitzt die weltweit größte Sammlung von Zeugnissen für dieses Phänomen. Es handelt sich um ein Album mit rund zwanzig Darstellungen von österreichischen Adeligen in teils sehr grotesken Kostümen. Eine davon war im Jahr 2000 bei der Niederösterreichischen Landesausstellung auf Schloß Schallaburg ausgestellt.[2] Sie zeigt Ferdinand Graf Kinsky im Kleid einer alpenländischen Bäuerin mit Hut und Körbchen. Das Gemälde in Öl auf Papier wurde von Joseph Baumgartner um 1765 angefertigt und ist auf der Rückseite mit dem Namen des Dargestellten versehen. Weitere „Damen" in dieser erlauchten Runde waren u.a. Sigmund Graf Khevenhüller, Emanuel Philibert Graf Waldstein und Charles Joseph Fürst de Ligne.[3] Letzter wurde nicht ohne Grund im Volksmund der „rosarote Prinz" genannt; er führte sein Regiment in einer Adjustierung an, die kurze Halbstiefel, rosa Strumpfhosen und eine rosa „Soubise"[4] umfaßte.

Im Wien des 18. Jahrhunderts waren die sogenannten „Maskeraden" beim Adel äußerst beliebt. Während sich die adeligen Herren sehr gerne in Damenkleidern präsentierten, traten die (echten) Prinzessinnen in Hosenrollen[5] oder als Harlequin und Pierrot auf. Es gibt ein zeitgenössisches Gedicht, das die Stimmung auf solchen Maskeraden schildert:

„An Ihro Gnaden –/ Es kennen Ihro Gnaden, –/ Redouten, Maskeraden, –/
Die Prüden und Koquetten –/ An ihren Toiletten. –/ Sie sprechen mit der Base –/
Französisch durch die Nase, –/ Sie können Deutschland schimpfen; –/
Vornehm, mit Naserümpfen; –/ Den Bürger stolz verachten, –/
Und, die nach Weisheit trachten, –/ Bestraft Ihr kühner Tadel? – –/
Mein Seel'! Sie sind von Adel!"[6]

Auf den ersten Blick erscheinen diese Maskeraden dennoch relativ harmlos und ohne sexuelle Implikationen zu sein. Marjorie Garber belehrt uns jedoch eines Besseren, wenn sie schreibt: „Bei Maskeraden des 18.Jahrhunderts war kirchliche Kleidung eine besonders beliebte – und mit erotischer Bedeutung aufgeladene – Art der Travestie: Männer kleideten sich als Nonnen, Frauen als Priester und Kardinäle; die Tracht des hohen katholischen Klerus (von Äbten, Kardinälen,

1 Abigail Solomon-Godeau, Male Trouble: A Crisis in Representation, London 1997, S. 264.

2 Renate Zedinger (Hrsg.), Lothringens Erbe. Franz Stephan von Lothringen (1708–1765) und sein Wirken in Wirtschaft, Wissenschaft und Kunst der Habsburgermonarchie, St. Pölten 2000, S. 37, Kat.Nr. 2.08 (=Katalog des N.Ö. Landesmuseums, Neue Folge Nr. 429).

3 Reinhold Baumstark, Joseph Wenzel von Liechtenstein. Fürst und Diplomat im Europa des 18. Jahrhunderts. Einsiedeln 1990, S. 151 (Veröffentlichung im Auftrag der Sammlungen des Fürsten von Liechtenstein).

4 Rockschoß mit Taschen, benannt nach dem gleichnamigen französischen Marschall.

5 Über die Rolle der Frauen siehe Claudia Schnitzer, Das verkleidete Geschlecht. Höfische Maskeraden der Frühen Neuzeit. L'Homme, 8. Jg. (2) 1997, S. 232–241.

6 Christian Friedrich Daniel Schubart (1739–1791). An Ihro Gnaden. Dies Gedicht ist nur als zeitgenössischer Einzeldruck erschienen und konnte von Schubart wegen der scharfen Gesellschaftskritik nicht in die Akademieausgabe aufgenommen werden, Druckvorlage Hauff.

sogar dem Papst) eröffnete dem luxurierenden Vorzeigen von Juwelen, Roben und Pelzen mannigfache Gelegenheiten... Die Maske des Zölibats bot die prickelndste Gelegenheit zur Inversion: wenn der Skandal des Transvestierens und der Skandal der Parodie des Religiösen in der selben transvestischen Gestalt zusammentrafen, erhöhte das nur die Libertinage der Maskerade."[7]

Das zusätzliche Paradoxon dieser Situation liegt in der Tatsache, daß die Kirche jeden Versuch stigmatisiert hat, die Identitätszeichen des anderen Geschlechts, vom Rollenverhalten über die Kleidung bis hin zur Gestik, anzunehmen. Obwohl sich die geistlichen Herren selbst gerne in schönen Gewändern mit Brokat und langen Kitteln zeigen, lehnen sie bis heute jede Form von Travestie ab. Man beruft sich dabei auf die berüchtigte Bibelstelle im 5. Buch Moses, Kapitel 22, Vers 5, wo es heißt: „Eine Frau soll nicht Männersachen tragen, und ein Mann soll nicht Frauenkleider anziehen; denn wer das tut, der ist dem Herrn, deinem Gott, ein Greuel."

Die Macht der Kirche und die Furcht vor dem Jüngsten Gericht konnte diesen europäischen Trend nicht aufhalten. Besonders ausgeprägt finden wir die Entwicklung in England, das auch durch seine „schwulen Clubs", den sogenannten „Molly Houses", Aufsehen erregte. Dort bezeichnete man das Phänomen der Travestie euphemistisch „eonism". Dieser Terminus leitet sich von Charles-Geneviere Chevalier d'Eon ab, der 34 Jahre seines Lebens als Mademoiselle de Beaumont verbracht hat. Er wurde 1728 in Frankreich geboren und wurde von Ludwig XV. 1755 an den Hof der Zarin Elisabeth nach St. Petersburg geschickt. Bereits dort soll er sich zu Spionagezwecken als Frau verkleidet haben. Als bevollmächtigter Gesandter des französischen diplomatischen Dienstes wurde er dann 1762 nach London entsandt und löste dort großes Rätselraten aus. Seine Masche war es nämlich, die englische Bevölkerung über seine wahre Geschlechtsidentität völlig im dunkeln zu lassen. Einige Jahre später sandte der neue französische König Ludwig XVI. den Autor von „Figaros Hochzeit", Pierre-Augustin Caron de Beaumarchais, nach London, um d'Eon zu überreden, nach Frankreich zurückzukehren. Dieser stellte jedoch die Bedingung, in seinem wahren Wesen als Frau zurückkehren zu können. Die englische Presse hatte mittlerweile Wettkampagnen hinsichtlich seiner Zugehörigkeit zu einem der beiden Geschlechter gestartet. Es gibt eine Vielzahl von Abbildungen des Chevalier, die meisten jedoch zeigen ihn in weiblicher Garderobe. Am interessantesten ist vielleicht jener Stich aus dem „London Magazine" vom September 1777, der den Übergang von einem Identitätszustand in den anderen darzustellen versucht. Die vor allem in den damaligen politischen Kreisen herrschende Ungewißheit konnte erst 1810 nach dem Tod d'Eons durch Autopsie beseitigt werden. Der hinzugezogene Notar konnte versichern, daß der verstorbene Chevalier, der zu seinen Lebzeiten Mademoiselle genannt wurde, die äußerlich sichtbaren männlichen Geschlechtsorgane besessen hatte und ein echter Mann war. Glücklicherweise ist bei unseren heutigen Wiener Idolen, wie etwa bei der beherzten Miss Candy oder bei der scharfsinnigen Lucy McEvil die Situation wesentlich klarer, so daß wir nicht gespannt auf ihr Ableben warten müssen.

Ein anderer Fall hatte bereits früher zu großem Amüsement der höfischen Gesellschaft geführt. Die englische Königin Anne entsandte Edward Hyde, Lord Cornbury, zwischen 1702 und 1708 als Statthalter in die königlichen Provinzen von New York und New Jersey. Der Lord nahm die Pflicht, dort die Monarchin zu repräsentieren, einigermaßen wörtlich, und tat dies in der Aufmachung einer Königin. Er trug nicht nur in der Öffentlichkeit jeden Tag Frauenkleider, sondern ließ sich auch im Fummel – einem blauen Kleid mit tiefem Ausschnitt – porträtieren. Das Bild hängt heute in der New York Historical Society. Er fand an dieser Travestie offensichtlich so großen Gefallen, daß er auch nach seiner Zeit als Gouverneur weiterhin Frauenkleider anzog, dann aber in der „Manier der Holländerinnen".

7 Marjorie Garber, Verhüllte Interessen. Transvestismus und kulturelle Angst, Frankfurt am Main, 1993, S. 310

Ferdinand Graf Kinsky
im Kleid einer alpenländischen Bäuerin, um 1765

Mlle de Beaumont-Chevalier d'Eon
Stich aus dem „London Magazine"
September 1777
Wien, Privatbesitz

MADEMOISELLE de BEAUMONT, or the
CHEVALIER D'EON.
Female Minister Plenipo. Capt of Dragoons &c. &c.

Für den Universitätsbereich gibt es naturgemäß wesentlich weniger Quellenmaterial als für die porträtierfreudigen Adeligen, aber einige Hinweise sind dennoch sehr überzeugend. So nahm dieser Trend an der renommierten Harvard Universität, damals noch College, derartige Ausmaße an, daß 1734 die College-Gesetze revidiert werden mußten, und es nun Studenten ausdrücklich verboten war, Frauenkleidung zu tragen.[8]

Im deutschsprachigen Raum gibt es eine sehr vergnügliche, aber dennoch aufschlußreiche Quelle, die bisher in der einschlägigen Literatur noch keine Beachtung fand. Es ist das Werk „Amor auf Universitäten", das von einem Studenten namens „Sarcander" – er benutzte verständlicherweise für sich und alle darin vorkommenden Figuren ein Pseudonym – verfaßt wurde und 1710 in Köln erschien. Die Universität zu Köln wurde 1388 gegründet und war im 18. Jahrhundert eine der bedeutendsten und studentenreichsten hohen Schulen. Sarcander schildert die extracurricularen amourösen Abenteuer der – damals nur zugelassenen – männlichen Studierenden und kommt auch nicht umhin, immer wieder auf gleichgeschlechtliche Vergnügungen zu verweisen, wie eine Anspielung auf vorangegangene Anstrengungen seines Kollegen „Chien" (vielleicht Hundeshagen[9]) verrät: „…und kame er also vergnügter wiederum nach Hause/ er funde Chien feste schlaffend/ Hanses aber, bey deme er im Bette lage/ ware weg. Er konnte sich nicht einbilden/ wo er hingeraten seyn müste/ weil er wenig bekandte hatte."[10]

In seinem Vorwort beteuert Sarcander, daß er nur wahre Begebenheiten zu Papier gebracht habe und keinen Roman verfassen wollte. Auch wenn nur die Hälfte davon authentisch sein sollte, so muß einem das heutige Studentenleben als ziemlich trist erscheinen.

Die eingangs erwähnte Krise hatte natürlich katastrophale Auswirkungen auf die

8 Garber, wie Anm. 7., S. 91.

9 Bekannte Gelehrtenfamilie der damaligen Zeit.

10 Sarcander, Amor auf Universitäten. In unterschiedlichen Liebes-Intrigen, zu vergönnter Gemüths-Ergötzung vorgestellet. Köln 1710, S. 61 f.

Frauen und begünstigte die Entstehung eines dritten Geschlechts, was vor allem durch sozialpsychologische Forschungen immer wieder bestätigt wird: „Das Bild des ‚verweiblichten' Mannes, der ein Verhalten an den Tag legt, das dem der Frauen ähnlich ist, löst eine Angst vor Homosexualität aus, wie man sie bei den Verächtern der Précieux in Frankreich nicht feststellen kann. Der ‚neue Mann' der englischen Restauration erscheint als Homosexueller, ebenso eitel, engherzig und hinreißend wie eine Frau. Man klagt, daß die Frauen von den Männern verlassen werden, und gibt die Schuld daran der rasanten Verstädterung."[11] Auch unser Gewährsmann Sarcander kann dies belegen: „Selbiger flohe nun alle Compagnien/ ja alle Oerter/ wo er wuste/ daß ein Frauenzimmer sich finden liesse/ und hatte grössere Lust in Lesung artiger Intriquen-Spielungen/ als wann er selbst welche spielen sollte. Hanses ware vergnügt daß er seinen Freund so ruhig sahe/ und hatte er nun ehender Gelegenheit mit ihme allein sich zu divertieren. Sie kürtzten sich manche Stund bey einen Glaß Bier/ und ein vertraut Gespräche/ und schmeckte solches Fortunato weit besser/ als da er seinen Liebes Grillen/ viele Kannen Sect nur bloß dem delicaten Frauenzimmer zu gefallen in sich gegossen."[12]

Aber nun zum eigentlichen Thema zurück: Auch die Kölner Studenten hatten ihre Freude an der Travestie, und eingeweihte Kenner der Szene wissen, daß sich gewisse Traditionen in Köln bis zum heutigen Tage erhalten haben. Nochmals der Augenzeugenbericht aus dem 18. Jahrhundert: „Doch liessen sie es endlich dahingestellet seyn/ und wollte Pecheur fast die Feder ergreiffen/ und etliche Verse schreiben/ als Fortunato mit seinen Freund Hanses aus der Kammer hervor trate/ und bey seinen beeden Freunden nicht geringe Freude erweckte. Sie blieben etliche Stunden beysammen/ und vertrieben sich die Zeit mit einen Karten-Spiele/ da es aber finster genug zu ihren Vorhaben ware/ steckte sich Fortunato in ein Frauenzimmer Kleid/ und Pecheur muste in seiner Begleitung…"[13]

Neben diesem Tatsachenbericht gibt es auch eine Reihe von literarischen Vorbilder für galantes Auftreten in Frauenkleidern wie etwa „Don Gil de las calzas verdes" von Tirso de Molina oder „La fausse suivante" von Marivaux.

Abschließend sei vermerkt, daß die Kreationen der ModeschöpferInnen unserer Tage, wie etwa des in Wien geborenen Rudi Gernreich oder der genialen Vivienne Westwood, nicht nur an den Trend des 18. Jahrhunderts anknüpfen, sondern auch das biblische und folglich gesellschaftliche Dilemma lösen, indem sie die Unterschiede zwischen Männer- und Frauenkleidern – hoffentlich für immer – aufheben.

11 Elisabeth Badinter, XY – Die Identität des Mannes, München 1993, S. 26.

12 Sarcander, wie Anm. 10, S. 110.

13 Sarcander, wie Anm. 10, S. 48 f.

Sarcander, Amor auf Universitäten, Köln 1710

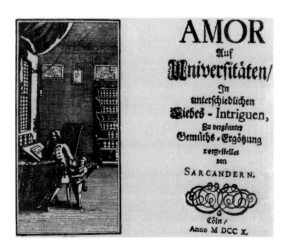

CON ANIMO

Elisabeth M. Klocker

Es lebe die Lust an der Provokation: Unartige Künstlerinnen und Exzentrikerinnen innerhalb der lesbischen Community

In den 80er und frühen 90er Jahren ging es in der Lesbenszene wahrlich wild zu. Es gab viele aufregende Frauen zu entdecken. Viele Künstlerinnen machten Performances und inszenierten sich selbst und ihre Lust. Sie provozierten durch auffallende Kleidung oder das Fehlen eben dieser, gaben Nacktheit preis und erprobten ein ständiges Spiel mit Rollen, Masken und Maskierungen und verließen die Grenzen von Geschlechterrollen. In die Szene zu gehen war abenteuerlich, ein Ort in dem frau sich trauen konnte, unabhängig vom patriarachalen Voyeurismus, wenn nicht alle, so doch einige ihre verborgenen Träume zu verwirklichen. Es gab Plätze, an denen sie sich lustvoll ihrem Exhibitionismus und ihren erotischen Phantasien hinzugeben vermochte.

Viele Künstlerinnen suchten nach neuen Möglichkeiten einer lesbischen Selbstdefinition, die auch heute nicht zu einem unbeweglichen Bild erstarren darf. Ihre Auftritte glichen Akten der Selbstbestimmung, die mittels Travestie, Crossdressing, Verunsicherungen im Sex und Genderbereich die Geschlechter-Ordnung in Frage stellten.

So weit so gut. In den letzen Jahren hat sich eine gewisse Beruhigung eingestellt. Die Frauen sind durchwegs besser gekleidet, das Outfit kommt aus dem Designer Outlet, doch die extremen Sternschnuppen fehlen. Mit einigem Bedauern stellen die einstigen Provokateurinnen von damals immer wieder fest, daß das Leben in der Szene langweiliger geworden ist. Die Frauen trauen sich nichts, verhalten sich angepaßt und achten mehr auf ihr Äußeres, was früher öfter mal Anlaß zu Kritik gab.

Vielleicht ist es ein Phänomen innerhalb der lesbischen Community, daß sie einerseits die Kreativität von Frauen fördert und ihnen innerhalb dieser „geschlossenen Anstalt" eine Bühne für ihre Selbstinszenierungen bietet, andererseits alles, was zu exzentrisch, ungewohnt und individualistisch daherkommt, zuerst einmal ablehnt und kritisiert.

„Die Erfahrung, sich um die politisch-kulturelle Aufwertung von ‚Lesbianismus' zu organisieren, zeitigte daher ambivalente Resultate. Einerseits trug es dazu bei, daß lesbisches Leben heute sichtbarer ist, als jemals zuvor. Andererseits waren die unbeabsichtigten Effekte oft genug die Konstruktion normativer sozialer Identitäten auf Kosten des individuellen Selbst und, schließlich, die Verstärkung und Stabilisierung des dominanten Geschlechter- und Sexualsystems, die Verstärkung der Grenzen zwischen in- und outsider, normal und unnormal, die die Bewegung ursprünglich zu überwinden suchte."[1]

Überbordender Individualismus, Live Performances an diversen Tanzabenden, spontane sexuelle oder freizügige Handlungen zweier Frauen, all das kann von der Subkultur als lustvolle Bereicherung, aber auch als Gefahr und Bedrohung erfahren werden. Im Nachhinein liefern Tabubrüche und erotische Eskapaden Stoff für zahlreiche Anekdoten.

Dusche und Saunaanlage „Schwule Ladies" 1985–1986
Foto Krista Beinstein

1 Sabine Hark, Hg., Grenzen lesbischer Identitäten, Berlin 1996, S. 10

Dominas 1985–1986
Foto Krista Beinstein

Live Sex bei einer politischen Veranstaltung

Kurz vor Weihnachten 1990 im FZ-Beisl:[2] Ausnahmsweise gute, zündende Musik, die berüchtigte Fotografin und Performancekünstlerin Krista Beinstein kommt mit einer bekannten und nicht weniger verrufenen Schriftstellerin. Beide in Lederkluft, sie tanzen und amüsieren sich wie alle anderen auch. Da hört gegen ein Uhr nacht die Musik plötzlich auf, eine politische Demonstration folgt, denn: „Lesben werden ja immer bedroht, insbesondere werden Steine auf das FZ geschmissen, deshalb müssen sie auch in einer Disconacht damit konfrontiert werden."[3]

Aus Lust und Protest beginnen die beiden Frauen, in schickes Leder gekleidet, mit einem erotische Liebesspiel und wälzen sich am Boden. Mit so einer Reaktion auf eine politische Veranstaltung haben die anwesenden Frauen nicht gerechnet. Live Sex vor anderen zu haben wird als unpassend für eine politische Veranstaltung gerügt, die beiden Delinquentinnen sollen das Lokal sofort verlassen. Trotzdem. Es wäre ein unangemessenes, obszönes Verhalten. „Wir gehen. Von anderen Freundinnen hören wir später, daß die Musik nicht wieder aufgedreht wurde, sondern alle bis drei Uhr früh diskutiert haben, ob unser Verhalten nun akzeptabel ist oder nicht."[4]

Sind Normen in der herkömmlichen Gesellschaft für Frauen schon nicht gerade ein Paradies an Freiheit und autonomer Gestaltung – angefangen vom Äußeren, über Kleidernormen, Verhaltensvorschriften, Lebensgestaltungsschienen bis zu Diät- und Fitnessplänen, so präsentieren sich die Orte, wo frauenliebende Frauen zusammenkommen zuerst einmal als gewöhnungsbedürftige, gelinde gesagt etwas heruntergekommene Orte,[5] besonders in Wien, wo manche Frau sich seit Jahren ein luxuriöseres Ambiente wünscht.

Denn für dieses „Paradies" muß man sich auch entscheiden. Frau fährt eindeutig besser, wenn sie diverse Codes befolgt – Haartracht gilt nicht nur bei Stammesvölkern als identitätsstiftend – und Verhaltensnormen stillschweigend akzeptiert und auch über die schäbigen, düsteren Orte muß man gelinde gesagt hinwegsehen. Als Kontaktboden für gleichgesinnte Frauen, heißt das noch lange nicht, daß hier ein grenzenloser Ort der Freiheit existiert. Weit gefehlt. Subkulturen haben nämlich die unangenehme Eigenschaft, Individuen, die nicht dem Gruppenkonsens entsprechen, auszugrenzen. Gemeint sind Bisexuelle und Heterofrauen, Transsexuelle und solche mit ungeklärter Identität, Lesben die plötzlich rückfällig werden…

Ich möchte einerseits aufzeigen, daß in Frauenzusammenhängen eine ganz eigene für frauenliebende Frauen förderliche und positive Energie herrscht, die sie dazu antreibt, über gängige Rollenklischees und Beengungen in der heterosexuellen Gesellschaft hinwegzugehen.

Andererseits bieten sich für extreme Überschreitungen der gruppeninternen Normen, wie sie besonders von Künstlerinnen und kreativen Selbstdarstellerinnen beschritten werden, Reibungsflächen der besonderen Art.

Denn innerhalb einer von der Gesellschaft marginalisierten Gruppe wird auch weiter ausgegrenzt und weiterdiskriminiert. Dann kann es auch zu so extremen Formen kommen, daß Transgenderpersonen eben nicht „natural born women" gleichgestellt werden, sondern Diskussionen über Transgenderpersonen ohne diese geführt werden.[6]

Auch in der lesbischen Subkultur Wiens, zwischen all dem Jahrhundertwendekitsch kommen die butches, femmes und sämtliche Zwischenformen nicht umhin, sich mit Ambivalenzen und Vorurteilen herumzuschlagen. Nichtsdestotrotz: Aus der Reibung zwischen der Gruppe und der Kreativität einzelner entsteht ja bekanntlich Hitze und dies läutet einen fruchtbaren Prozeß ein, der innerhalb oder außerhalb der Szene immer wieder für neue provokative Akte sorgt.

2 FZ-Beisl – Lesbisches Szenelokal mit Diskobetrieb. Zur Geschichte des FZ-Beisls siehe Beitrag von Ulrike Repnik.

3 So die bekannte aber inkognito verbleiben wollende Szeneautorin in einem Interview am 29.03.2001.

4 Ebd., Interview mit selbiger bekannten Szeneautorin.

5 Bezieht sich besonders auf Anfang der 90er Jahre, wo die wenigen reinen Frauenlokale von einer schmuddelig-dusteren Atmosphäre geprägt waren.

6 Gespräch mit Gabriele Szekatsch vom 06.04.2001.

Diese lesbische Community hat viele Wiener Künstlerinnen, Schriftstellerinnen, Fotografinnen, Filmemacherinnen, Exzentrikerinnen und Lokalgrößen hervorgebracht bzw. unterstützt und Ursula Pürrer (Shitsu), Hans Scheirl, Gabriele Szekatsch, Mara Mattuschka, Karin Rick, Krista Beinstein, Christa Biedermann, Nadja Schefzig, Margarete Grabner und SI.SI. Klocker zu diversen Akten des künstlerischen Selbstausdrucks motiviert. So könnte ich einmal programmatisch formulieren, daß Konformität frustriert und Anlaß bietet zur Präsentation einer Gegenwelt, die mehr Spaß macht.

Anhand einiger Künstlerinnen, die die 80er und 90er Jahre in Wien wesentlich mitgestaltet haben, möchte ich eine Entwicklung aufzeigen, die aber keinen Anspruch auf Vollständigkeit erhebt. Es geht um die Frage, was zu einer gewissen Zeit Anlaß zur Provokation gibt, und welche Art von Reaktionen hervorgerufen werden.

Dies alles passierte nicht zuletzt auch mit Reibung, Konfrontation und Ablehnung. Provokation lief zu einem großen Teil über Sexualität im öffentlich lesbischen Raum, Körperlichkeit, Nacktheit und Spiel mit Versatzstücken von Geschlechterrollen. Die Fotografin und S/M Performerin Krista Beinstein, die mittlerweile in Hamburg lebt, hat über Jahre das Leben in der Wiener Frauen- und Lesbenszene mitgeprägt. Sie löste immer wieder widersprüchlichste Reaktionen aus und machte sich die Provokation zum Lebenselexier. Die Performance diente ihr dafür neben der Fotografie als wichtiges Ausdrucksmittel.

Kaiserin SI.SI I. von Europa
Foto Privatbesitz

Performancekunst war Ende der 70er Anfang der 80er Jahre auch in der patriarchalem Kunstdefinition kritisch gegenüberstehenden Lesbenszene eine wichtige Form der Kunstvermittlung, weil sie herkömmliche Gattungsgrenzen transzendierte und mittels Live Charakter unmittelbar auf das Publikum einwirken konnte.

Nach den Futuristen, Dadaisten und Surrealisten bis zu den Aktionisten, „bemühten sich Body Art und Performances derart um eine neue Kunst, die der zeitgenössischen Wirklichkeit bis zur Identität hin angenähert ist und dadurch geeignet erscheint, den unanschaulichen, komplizierten Mechanismus dieser Welt aufzudecken. (…) Im bewußten Bemühen um einen höchstmöglichen Wahrheitsgehalt, um Authentizität der künstlerischen Aussage wird Wirklichkeit ausschnitthaft als ihr eigener zuverlässigster Repräsentant, wird Leben in den Bereich von Kunst eingeführt."

S/M Performances, tanzendes Fleisch und andere Unarten

1983 wird bei einem Lesbentreffen im Amerlinghaus ein Arbeitskreis zum Thema Sexualität und Beziehungen abgehalten. Auch Krista Beinstein macht eine Performance, ein theoretischer Vortrag zu diesem Thema interessiert sie nicht. Brigitte Morscher schreibt über die Performance: „Ich seh' zum ersten Mal in meinem Leben einen Geschlechtsakt (oder jedenfalls das, was sich dafür ausgibt) von A bis Z live – hab' natürlich prompt Probleme mit meinem Voyeuerismus und wünsche mir gleichzeitig meine Kamera herbei."[8] Bei diesem ersten öffentlich lesbischen Beischlaf meldete sich auch eine Exfreundin von Krista zu Wort und schrie: „So gut bist Du bei mir aber nie gewesen." Krista Beinstein wollte damals auch den G-Punkt demonstrieren und die weibliche Ejakulation beim Orgasmus…

1984 gab es die erste S/M Performance mit Namen „Free fucking" in Wien. Es handelte sich um eine Tanzperformance mit Peitschen und einer von Krista Beinstein gefesselten Frau. Das lesbische Publikum registrierte stumm gebannt die Darbietung. Einige waren wohl entsetzt und verließen sofort den Raum. Andere jedoch sahen ihre eigenen Phantasien verwirklicht und daß es sich dabei um nichts Böses handle. Krista Beinstein zum allgemeinen Klima in der Frauenszene zu Beginn der 80er Jahre: „Damals ging es vorwiegend darum, wie eine

7 Edith Almhofer, Performance Art. Die Kunst zu leben, Wien 1986, S. 7

8 Brigitte Morscher, Schwule Ladys. Gedanken und Beobachtungen zu Krista Beinstein und ihren Fotos, in: Krista Beinstein, Obszöne Frauen, Wien 1986, S. 137 f.

perfekte, feministische Lesbe zu sein hat. Gut war klitorale Stimulation. Böse die Penetration der Vagina. Kurz und gut. Es ging um politisch korrekten, feministischen Sex. Diese hitzigen Debatten führten leider auch dazu, daß viele Frauen in sexueller Hinsicht mit sich eine Gehirnwäsche machen ließen. Heterofrauen redeten über Verhütung, Zyklen und Zysten, homosexuelle Frauen über Sinnlichkeit, das erste Mal und Orgasmen. Ich jedoch sprach über meine Phantasie, anonymen Sex mit Frauen im Park zu haben. Das löste natürlich Diskussionen aus, man riet mir zu einer Therapie, damit diese patriarchalischen Phantasien unter Kontrolle zu bringen wären. Mir ging es auch mehr um Spiele und Inszenierungen. Mit der Doppelmoral konnte ich nichts anfangen.

Aus Angst keinen politisch korrekten Sex zu machen, imitierten Feministinnen die Sextabus der heterosexuell Normalen und hatten panische Angst, männeridentifiziert zu sein. Auch heute nehmen viele alles im Opfer/Täter-Schema wahr und projizieren ihre Furcht und Abwehr auch auf das, was obszöne, perverse Frauen machen."[9]

1986 ließ die Comicszeichnerin und Filmemacherin Gabriele Szekatsch alle Hüllen fallen und ging in ihrer Performance „Böse Möse" auf allen Vieren auf das geschockte Publikum zu.

1990 kam es bei einem Fest beinahe zu einem Handgemenge. Gabriele Szekatsch organisierte damals zusammen mit Jana Cejpek das Fest „Venus in Bewegung" im Rahmen der Frauen-Sommeruniversität in der Arena, zu dem am 14. Juli an die 500 Frauen kamen.

„Es herrschte eine gute Stimmung Hans Scheirl, damals noch Angela, Shitsu (Ursula Pürrer), und Birgit Langenberger tanzten als Go-Go Girls auf der Bühne. Shitsu hatte sich Holzeier um die Lenden geschnürt und mit Wasserspritzpistole die Menge benäßt, Birgit und Angela begannen zu knutschen. Ich befand mich hinter dem Mischpult. Das Fest steuerte dem Höhepunkt entgegen. Wir hatten den Eindruck die Frauen amüsierten sich. Es war wirklich sehr ausgelassen. Als Hans, damals noch Angela, mit Birgit zu vögeln begann, wurden die Performerinnen mit Bechern und Zigaretten beworfen. Daraufhin wollten sich 15 verhärmte Lesben hinter das Mischpult drängen und Jana und mich allen ernstes dazu bewegen, die Musik abzuschalten und eine politische Diskussion über Live Sex, Spritzpistolen und Holzeier führen."[10]

Die drei Gogotänzerinnen ließen sich davon nicht beeindrucken, tanzten und machten trotz Behinderung weiter. Die 10 bis 15 Politlesben wurden von den Organisatorinnen zurückgedrängt, waren doch die meisten Frauen in aufgeheizter Stimmung und von den orgiastischen Darbietungen angeturnt.

Political correct ist nur die Passivität

Offenbar meinten damals noch diese Frauen, political correctness hat damit zu tun, kreativitäts- und lustfeindlich gerade an einem Abend wie diesem aufzutreten. Szekatsch berichtet, daß auch ganz normale Erotik, Mitte der 80er Jahre dazu geführt hatte, daß sie im Lila Löffel[11] von Frauen angespuckt worden war,

9 Monika Treut, Perverse Bilder, in: Obszöne Frauen, S. 13

10 Gespräch mit Gabriele Szekatsch vom 06.04.2001.

11 Lila Löffel, Szenelokalität vor Sonderbar und FZ

als sie im hinteren Raum in einer dunklen Ecke mit einer Freundin ein erotisches Stelldichein hatte.

Als Fortschritt muß man eindeutig sehen, daß das Kunstinteresse von Lesben, in den letzten Jahren durchaus stärker wurde und damit auch das Unterscheidungsvermögen. Gabriele Szekatsch berichtet, daß man im Moment ganz anders, nämlich politisch provokant sein könne. So sind Lesben immer noch erstaunt, wenn sie mit spontanen, unvorhergesehenen Live Darbietungen konfrontiert werden.

Ein Vorfall aus jüngster Vergangenheit. Silvester 2000 im Frauencafe. Die Stimmung ist gut. Das Lokal ist gefüllt. Dann treten vier Frauen ein. Sie sind schwarz bemalt im Gesicht, haben schwarzgelockte Perücken auf und Busen aus aufgeblasenen Luftballons. Sie sind die „Supremes" und tanzen heiter zu zwei Liedern, wodurch die Stimmung deutlich angehoben wurde. Es war keine perfekt einstudierte Performance, doch mehr improvisiert und Ausdruck heiterer Stimmung. Ich hatte den Eindruck, daß endlich wieder etwas Unvorhergesehenes in der relativ lahmen Frauenszene passierte. Die Reaktionen der Frauen gingen natürlich auseinander. Die meisten, darunter auch ich waren amüsiert und lachten, doch es dauerte nicht lange, bis vier bis fünf Lesben sofort das Schlimmste witterten und anläßlich der politischen Trendwende in Österreich der Performancegruppe Rassismus in Reinkultur unterstellten.

Gabriele Szekatsch dazu: „Für mich stand eher die Lust am Verkleiden im Vordergrund. Wir sahen mit unseren aufgeklebten Silberwimpern aus wie schwule Transvestiten. Es war mir natürlich bewußt, daß das Thema heikel war, aber ich wollte nur wissen, was passiert. Leider spielten sich wieder einige als Spielverderberinnen und Richterinnen auf und verurteilten auf Anhieb, was ihnen da unheimlich war, als rassistisch."[12]

Lederlady „schwule Ladies" 1985–1986
Foto Krista Beinstein

Provokation durch fluktuierende Identität

Nadja Schefzig, Performerin und Mitorganisatorin von Fuckaware-parties in Wien, bemerkt wie Provokation sich im Laufe der Jahrzehnte geändert hat. Ethymologisch gesehen geht es bei der Provokation um ein Hervorrufen. Galt es in der Lesbenszene früher Anfang der 90er Jahre noch als provokant mit Utensilien der Weiblichkeit ausstaffiert zu sein, Langhaar, Schminke, etc. so hat sich das heutzutage geändert.

„Jetzt ist es in der Szene bunter, dafür gibt es weniger Extrempersönlichkeiten, die durch Auftreten, Kleidung, Verhalten provozieren."[13] Doch nicht allein mit dem Äußeren gelingt es, Ablehnung oder Irritation heraufzubeschwören.

Mittlerweile sieht Nadja es als größte Herausforderung, die lesbische Programmatik von serieller Monogamie zu durchbrechen und sich zur Polygamie zu bekennen. Das ganze Leben lesbisch oder schwul zu leben entspricht manchmal nicht mehr den Bedürfnissen. Einige Frauen wollen nach einem Jahrzehnt lesbischen Lebens auch mal eine Beziehung mit einem Mann ausprobieren, oder wollen sich gar nicht auf eine einseitig lesbische Lebensweise festlegen lassen.

Margarete Grabner, Inhaberin des ersten Erotikshops für Frauen in Wien sieht in der Ausgrenzung von Bisexuellen ein Problem, mit dem die lesbische Community zu kämpfen hat. „1992/93 ist mir in der Villa ein Plakat aufgefallen, eine Ankündigung für ein Frauenfest, auf dem wurde genau aufgelistet, welche Frauen nicht kommen sollten. Nämlich keine Fast-Lesben, keine Bisexuellen und keine Heterofrauen. Das amüsierte mich ziemlich. Denn wie sollten sie das wohl beim Eingang feststellen?!"[14]

Heute veranstaltet sie erfolgreich selbst in Wien regelmäßig Frauenfeste, bei denen Sextoys verlost werden und auch Männer hineindürfen, sofern sie als Frauen verkleidet sind.

Vor mehrern Jahren galt es noch als provokativ, Dildos, Sexspielzeug, Gleitcreme

12 Gespräch mit Gabriele Szekatsch vom 06.04.2001

13 Interview mit Nadja Schefzig im Orlando, 04.04.2001

14 Gespräch mit Margarete Grabner im Orlando am 04. 04. 2001

Foto Privatbesitz

etc. offen innerhalb der Szene zu demonstrieren, S/M wurde tabuisiert und war gleichgesetzt mit Gewalt. Doch das hat sich zum Glück geändert. Vieles ist mittlerweile akzeptiert und auch gerne gesehen. Ein Beispiel dazu: die Berliner Schriftstellerin Karen Susan Fessel las im Orlando im Jänner 2000 ein Kapitel in dem es um die Beschreibung einer S/M Szene ging. Aus Angst vor Ablehnung durch das lesbische Publikum, scheute sie anfangs zurück, las sie aber dann dennoch vor und begeisterte die ZuhörerInnen.

Im Herbst 1999 gab es eine Podiumsdiskussion mit dem Subtitel „Pleasure politics", bei der auch Nadja Schefzig als „Altlesbe" mitdiskutierte. Es ging um den Antagonismus zwischen Lust und Politik und wie er Ende der 90er Jahre durch das selbstbewußte Auftreten von Lesben und Schwulen bei der Regenbogen-Parade versucht wird, aufzulösen.

„Dann wurde auch über den Begriff ‚queer' diskutiert.[15] Ich bezeichnete mich als queer, da ich Sex mit Männern nicht ausschloß. Das löste Enttäuschung bei zwei Frauen im Publikum aus. Eine rief dann: ‚Ach so, wir haben gedacht, es sind nur reinrassige Lesben am Podium.'"[16] Vielleicht geht es heutzutage nicht nur darum, sich „männliche auf den weiblichen Körper gerichtete Phantasien vom Leibe zu halten",[17] sondern sich auch eines einseitigen, festgefahrenen Lesbenimages zu entledigen, das jegliches Wachstum verhindert.

Sexualität in der Literatur und der phallisch-moralinsaure Zeigefinger

Die Wiener Schriftstellerin Karin Rick, die aus der ironisch distanzierten Beschreibung von erotischen Handlungen zwischen Frauen einen anderen Blick auf die lesbische Identität riskiert, formuliert: „In der Lesbenszene war es lange Zeit politisch notwendig und en vogue, nach außen hin eine einheitliche, wohlgeformte lesbische Identität zu affimieren. Wir sind frauenliebende Frauen, wir identifizieren uns als Lesben, wir gehen out of the closet, weg von der Heimlichtuerei und der Subszene und wir präsentieren uns öffentlich als ‚die' Lesben. Diese Identität ist, wenn frau genau nachschaut, von innen her nicht so ungebrochen und eindeutig. Es gibt immer wieder Sehnsüchte und Wünsche in Richtung Bisexualität, die selten thematisiert werden."[18] Sexualität, besonders wenn sie sich nicht innerhalb gewisser Normen bewegt, wird immer wieder als Provokation erlebt.

Die Frauenbuchhandlung hat bis jetzt Probleme damit, Bücher vom Verlag Claudia Gehrke lagernd zu haben und bestellt diese nur auf Anfrage, denn was Gehrke mache, das ist Kollaboration mit dem Patriarchat, da werde ja alles vermischt, Lesbensex, und Heterosex, das ist politisch nicht korrekt.[19]

Immer wieder wird der freie sexuelle Ausdruck Anstoß für den moralischen Zeigefinger.

Das Buch „Sex ist die Antwort" von Karin Rick wurde im „Weiberdiwan", dem Organ der Frauenbuchhandlung nur oberflächlich rezensiert, „weil angeblich darin zuviel gefickt und gebumst werde, und es nur darum ginge".[20]

Karin Rick stellte enttäuscht fest: „Es war deutlich, daß die Rezensentin das Buch nicht zu Ende gelesen hatte, denn sie war auf das Thema des Buches nicht einmal eingegangen. Der Titel allein schon, oder vielleicht die ersten sexuell aufgeladenen Szenen, vermutlich auch S/M Szenen haben sie so abgeschreckt, daß sie für die subtile Darstellung lesbischen Beziehungsgefüges blind war."[21]

Nicht jede Lesbe findet eine frei ausgedrückte und beschriebene Sexualität so verwerflich. „Die humorvolle Ironie, der beeindruckende Realismus, die Subversion der klassischen Liebesromanze, die ohne Sentimentalität auskommt, S/M einschließt und trotzdem die Tiefen der Liebe zwischen der Protagonistin und ihrer Ex-liebhaberin auslotet, führen zu einer beispiellos neuen Erzählhaltung in Karin Ricks Buch, was der Rezensentin des Weiberdiwans auf Grund ihrer

15 Ursprünglich bezeichnet „queer" im amerikanischen Englisch seltsam, sonderbar, leicht verrückt. Umgangssprachlich ist „queer" ein Schimpfwort für Homosexuelle, siehe: Antke Engel, „Verqueeres Begehren", in: Sabine Hark, wie Anm. 1.

16 Gespräch mit Nadja Schefzig im Orlando am 04.04.2001.

17 Valie Export, Split: Reality, Wien o.J.

18 SI.SI Klocker, „Sex ist unkorrekt", in: sic! Forum für feministische Gangarten (20/21), Wien 1997

19 Gespräch mit Karin Rick, Hietzing 10.04.2001.

20 ebd.

21 ebd.

sexualfeindlichen Haltung völlig entgangen ist".[22] In Ricks Literatur geht es um das lesbische Beziehungsgefüge. Grenzen zwischen Homo- und Bisexualität, sowie Tabubrüche werden aufgezeigt und ironisch distanziert dargestellt. Der zumeist kabarettistische Charakter des Liebesspiels wird aufs Korn genommen. Lesungen sind bei Rick ebenfalls Inszenierungen, sogar in ihrem Outfit gibt es Brüche: So kombiniert sie ein Latexmieder mit einem Seidenrock. Ihr Markenzeichen auf der Regenbogen-parade: die Silberperücke, die Androgynität suggerieren soll. Oder ihre Paillettenbermudas, die zwar sexy sind, aber auch Eigenmacht darstellen. Sexualisierte Weiblichkeit wird auch in der Kleidung immer wieder in Frage gestellt, verschoben und verändert.

Die subversive Kraft des kreativen Selbstausdrucks dient der Erweiterung und der Wandelbarkeit der Begriffe. Provokation dient dazu, sich jeglicher Festgefahrenheit zu stellen und neue Wege für das eigene kreative Potential zu ergründen.

Auch bei SI.SI. Klocker einer Performerin, Selbstdarstellerin und Schriftstellerin spielt die Provokation eine Rolle. „Seit einigen Jahren lebe ich mehr oder weniger intensiv im Kontakt mit der lesbischen Subkultur, bin mit einigen Künstlerinnen befreundet und arbeite auf mehreren Gebieten der Kunst. Seit 1995 trete ich als Kaiserin SI.SI.I. von Europa mit meinem Chansonprogramm in der Szene, (Wien ist Andersrum) und in diversen Kleinetablissements auf. Provokation ist für mich eine Möglichkeit, Menschen mit ihren persönlichen und gesellschaftlichen Grenzen zu konfrontieren, Tabus sichtbar zu machen und hat viel mit spontaner Kreativität zu tun."[23]

Gabriele Szekatsch auf der
Regenbogen-Parade 2000
Foto Privatbesitz

Seit 1996 rüstet Kaiserin SI.SI. von Europa zur Regenbogen-parade und provoziert auf dem von der Firma Megu gesponserten Wagen mittels Megafon das Publikum. Dabei gibt es auch jede Menge Live Erotik auf dem Messingbett.

Mit der Figur der Kaiserin von Europa verwirklicht sie lustvoll Größenwahnphantasien, die sonst nur Männern zugestanden werden. Sie tritt mit politischen Chansons gegen die aktuelle Sparpolitik und für mehr Erotik auf und verkündet politische Parolen rund um lesbische Putschversuche in Brüssel.

In Klockers Buch „Grete Gulbransson. Leer- und Wanderjahre einer Dichterin" streift die Dichterin Grete Gulbransson durch unerkannte Möglichkeiten ihrer Vorstellungskraft.

„Ich möchte mit dem Wind ziehen. Die wilden Wolkenbräute packen meine Haut. (…) wie sie lachen. Sie legen mich sanft über eine heiße Gletscherspalte und lassen meinen müde gewordenen Kadaver die ersten Sturzbäche wahrer Gletscherlust kosten…

GRETE GULBRANSSON hüpft unter eine riesige satte Schleimblase, die sie austrixen will. Sie läßt es sich nicht verderben auf ihre Weise auf eine Wiese zu hüpfen, wo sich ausgewachsene Klitoristiere zu Horden zusammenschließen.

GRETE GULBRANSSON sieht sich zerlegt daliegen und ihre eigene Klitoris zu den übrigen Klitorissen fortspringen: Revolution der Triebe. Punkt 14 Uhr werden die glitzernden Mösenspringbrunnen in Betrieb genommen."[24]

„Auch in meinem neuen Roman ‚Lord Henry – L'homme à trois sexes' geht es um die Sehnsucht einer Frau, in ihrer männlichen Identität ebenso zu Hause zu sein, wie in ihrer weiblichen und aus den antagonistischen Strömungen ein neues Selbst zu schaffen. Die Hauptfigur nimmt sich selbst, sowohl männlich als auch weiblich wahr und wechselt ihr Geschlecht je nach den Erfordernissen ihrer Lust. Damit provoziert sie die Leserschaft, die es ja gewohnt ist, sich mit einer geschlechtlich eindeutigen Hauptfigur identifizieren zu wollen.[25]

In SI.SI. Klockers vielfältigen Auftritten in der lesbischen Subkultur geht es ihr immer wieder darum, jegliche Norm als solche transparent und ihre Kehrseite sichtbar zu machen.

Viele Künstlerinnen reagieren zuerst auf die Zeichen der Zeit und haben den Mut, neue Wege zu beschreiten, den Trends zu begegnen und sich vielfältigen Erwartungshaltungen zu widersetzen. Es geht darum, an Grenzen zu gehen,

22 Aus einem Übersetzungsgutachten von Victoria Gunn, Professorin für queer studies an der Glasgow University.

23 Gespräch mit SI.SI. Klocker vom 14.04.2001.

24 SI.SI. Klocker, Grete Gulbransson. Leer- und Wanderjahre einer Dichterin, Wien 1998, S. 76 f.

25 Gespräch mit SI.SI. Klocker vom 14.04.2001.

Brüche auszukundschaften, sich mit Ambivalenzen auszusöhnen. Dem allzu Eindeutigen, Einseitigen, Langweiligen, als Norm Vorgegebenen setzen sie, Mehrdeutigkeit, Vielseitigkeit, Abwechslung und Eigensinn – kurz ihre eigene Welt – entgegen.

In vielen Fällen spielt dabei die lesbische Subkultur die Rolle einer ambivalenten Mutter, die sowohl fördert, als auch straft und letzteres oftmals ohne erkennbare Gesetzmäßigkeit.

Kaiserin SI.SI I. von Europa auf der
Regenbogen-Parade 2000
Foto Privatbesitz

Cabinet 9
Die Kunst des Regierens
Foto Privatbesitz

Tobias G. Natter

Hesperidenland und „schwule Palette"
Bilder einer Wiener Privatsammlung

Die Geschichte schwuler Männer schien lange Zeit nur als Unterdrückung und Verfolgung interpretierbar. Mit wachsendem Nachdruck aber tritt an die Stelle von muffigen Prozeßakten und medizinischen Gutachten die eigene Standortbestimmung. Etwas vom Reichtum dieser Perspektive vermittelt jene Wiener Privatsammlung, die hier erstmals vorgestellt wird. Ohne Anspruch auf Vollständigkeit hat der kunstinteressierte Eigentümer, der für sich die Anonymität bevorzugt, Bildquellen zusammengetragen, die in ihrer Vielfalt einen historischen Bogen von 1500 bis heute spannen. Hinsichtlich künstlerischer Qualität und der Konzentration auf die beiden letzten Jahrhunderte betonen diese Werke bei aller sammlungsbedingten Zufälligkeit aber auch Prozesse und zentrale Punkte im Werdegang einer eigenen „visual culture", die im Rahmen von queer lifestyle längst mainstream wurde.

Alltag und Mythos

Einen ersten Anknüpfungspunkt innerhalb dieser Wiener Sammlung, die sich auf mannmännliche Positionen konzentriert, liefert Albrecht Dürer mit seinem Holzschnitt „Männerbad".[1] Der ungewöhnliche Stich entstand um 1496, ein Jahr nach Dürers erster Italienreise. Erst die Renaissance und das Erwachen des Individuums schufen die Voraussetzungen, um eine derart profane Szene darstellungswürdig zu machen. Südlich der Alpen hatte Dürer Vergleichbares in den Kupferstichen von Andrea Mantegna kennen gelernt. Aber anders als Mantegna beließ Dürer die dionysische Szene nicht im Mythologischen. Als er sie aktualisierte, indem er sie in die Wirklichkeit des Hier und Jetzt versetzte, tat er einen entscheidenden Schritt.

Vielleicht sind Mitglieder seines Freundeskreises dargestellt, vielleicht schuf Dürer eine Allegorie der „Vier Temperamente" und „Der Fünf Sinne": Der Melancholiker lauscht der Musik, der Phlegmatiker trinkt Wein, der Sanguiniker erfreut sich am Geruch einer Blume und der Choleriker hält einen Schaber in der Hand. Der Sinngehalt ist vielfältig, voll gelehrter Anspielungen, und die Graphik eine Fundgrube realienkundlicher Details. Auch offenkundig erotische Elemente wurden nicht übersehen, wie die unter psychoanalytischem Blickwinkel bemerkenswerte Position des Wasserhahns zwischen den Beinen des Melancholikers.

Auf die Geschichte mannmännlicher Zuneigung bezogen aber bleibt die Diskrepanz, daß Dürer wie kaum ein zweiter breites Interesse auf sich gezogen hat und die Forschung zu zahlreichen Editionen und Monographien bewog, es aber noch immer am Mut mangelt, „das homoerotische Moment seiner Werke und sein künstlerisches ‚Männerbild' unbefangen und umfassend auszuleuchten".[2] Doch dieser Mangel, der weit über Dürer hinausgeht, ist kein Zufall.

Besser dokumentiert ist das Ineinandergreifen von Leben und Werk, von Homosexualität und Kunst zweieinhalb Jahrhunderte später bei Johann Joachim Winckelmann, dem Begründer der modernen Altertumsforschung.[3] 1755 über-

Albrecht Dürer
(Nürnberg 1471–1528 ebenda)
Das Männerbad, um 1496
Holzschnitt auf Papier,
387 x 278 mm (Bildrand)
Monogrammiert Mitte unten: „AD"
Werkverzeichnis Meder Nr. 266 c;
Strauss 31.
Wien, Privatbesitz

1 Siehe zuletzt Ausst.Kat. „Albrecht Dürer. 80 Meisterblätter", hrsg. vom Germanischen Nationalmuseum Nürnberg, München – London – New York 2000, S. 50 f.

2 Bernd-Ulrich Hergemöller, Mann für Mann. Biographisches Lexikon zur Geschichte von Freundesliebe und mannmännlicher Sexualität im deutschen Sprachraum, Hamburg 1998, S. 192.

3 Zur umfangreichen Literatur siehe zuletzt Hellmut Sichtermann, Kulturgeschichte der klassischen Archäologie, München 1996.

Georg Raphael Mengs
Zeus küßt Ganymed, um 1758
Rom, Galleria Nazionale d'Arte Antica

4 Ausführlich, mit einem kommen-
tierenden Überblick zur älteren Literatur
siehe Steffi Roettgen, Anton Raphael
Mengs. 1728–1779. Das malerische
und zeichnerische Werk, München
1999, S. 164–167.

5 Mit der Zuschreibung an Jakob
Matthias Schmutzer tauchte die Darstel-
lung im Wiener Kunsthandel auf.
Siehe Auktionskatalog des Wiener
Dorotheums, Auktion Alte Meister-
zeichnungen, Druckgraphik bis 1900,
Aquarelle und Miniaturen, 18. November
1998, Kat.Nr. 68. Zu Schmutzer, ab
1766 Direktor der Wiener Kupfer-
stecher-Akademie, siehe mit neuesten
Literaturangaben Felix Czeike,
Historisches Lexikon Wien, Bd. 5,
Wien 1997, S. 114 f.

6 Zum Moment des Raubes vergleiche
die grandiose Darstellung von Peter
Paul Rubens, „Raub des Ganymed" in
der Fürstlich Schwarzenbergschen
Sammlung, Wien.

7 Zu dieser skurrilen Geschichte
ausführlicher Andreas Brunner und
Hannes Sulzenbacher, Donauwalzer –
Herrenwahl. Schwule Geschichte der
Donaumetropole vom Mittelalter bis zur
Gegenwart, in: Andreas Brunner und
Hannes Sulzenbacher (Hg.), Schwules
Wien. Reiseführer durch die Donau-
metropole, Wien 1998, S. 22–24. Mit
umfangreicher Quellenangabe siehe
auch Bernd-Ulrich Hergemöller, wie
Anm. 2, S. 527–529.

siedelte der Deutsche nach Rom, wo er am päpstlichen Hof eine glänzende Karriere machte.

Als in den Palästen der Ewigen Stadt um 1760 der Fund eines Freskos diskutiert wurde, das Zeus und Ganymed darstellt, meldete sich Winckelmann im Streit um die fragliche Authentizität massiv zu Wort. Winckelmann war fasziniert von der Darstellung des sitzenden Göttervater, der – in Liebe zu dem schönen Jüngling entbrannt – diesen entführt und zu seinem Mundschenk gemacht hatte. Der Gelehrte feierte das lebensgroße Werk als Gipfelpunkt antiker Malerei. Für ihn stand fest, daß kein bedeutenderes Zeugnis die Zeit überdauert hatte: Was der Laokoon für die Plastik bedeutete, das war – so der Altertumsgelehrte – dieses Bild für die Malerei.

Heute gilt das einst hymnisch gepriesene Werk als eine Fälschung, als deren Urheber der Winckelmann-Vertraute Anton Raphael Mengs entlarvt wurde.[4] Was auch immer die Beweggründe für Mengs waren, die Episode aus den Lieb-schaften des Zeus hatte er absichtlich gewählt, um Winckelmann, dessen Leiden-schaft für die Knabenliebe bekannt war, zu blenden.

Nicht weit von den römischen Machenschaften entfernt ist jene „Zeus und Ganymed"-Darstellung angesiedelt, die in Wien um 1800 entstand. Die Verbin-dung Wien und Winckelmann war vor allem in den letzten Lebensjahren des Forschers intensiviert worden. Als Winckelmanns Hauptwerk „Geschichte der Kunst des Althertums" 1768 in zweiter Auflage erschien, geschah das im Auftrag der kaiserlichen Kunstakademie. Winckelmann hätte der Wiener Akademie beitreten sollen. Doch sein Ende im „Strichermilieu" 1767, dessen genaue Um-stände nie geklärt wurden, kam einem Beitritt zuvor.

In der langen Ahnenreihe abendländischer Darstellungen zum Thema „Zeus und Ganymed" – vertritt die Wiener Version den österreichischen Klassizismus auf höchstem Niveau. Stilkritisch kann die großformatige Kohlezeichnung dem Wiener Maler und Kupferstecher Jakob Matthias Schmutzer zugewiesen werden.[5] Zeittypisch ist die marmorhafte Kühle des Jünglingskörpers. Gleichzeitig werden die körperlichen Vorzüge der Neugier des Betrachters frei von Überschneidungen präsentiert. Im Kontrast zur glatten Körperlichkeit aber steht das barock-bewegte Umfeld. Besonders auffällig ist der Umstand, daß das Liebesverhältnis bei Schmutzer noch viel deutlicher als bei Mengs mit der Wiedergabe körperlicher Nähe verbunden ist: Zart berühren sich die Lippen. Anderseits ist in der Sub-ordination des Jüngeren unter den Göttervater das Atmosphärische der gewalt-samen Entführung noch spürbar.[6]

Im alten Griechenland mit seinem anthropomorphen Götterhimmel waren Zeus und Ganymed ein geläufiges Thema, das als Päderastie auch dem Alltag seiner Menschen nicht fremd war. Zu einem Skandal entwickelte sich hingegen die Tragödie des Wiener Hofbibliothekars Johannes von Müller (1752–1809) just zu jener Zeit, als Schmutzer seine Darstellung schuf.

Der aus der Schweiz gebürtige Gelehrte hatte 1795 die Vormundschaft für den 15jährigen Fritz von Hartenberg übernommen. Sieben Jahre später fingierte dieser die Existenz eines ungarischen Grafen, in dessen Namen er eine immer heftigere Korrespondenz mit Müller entspann. Müller verliebte sich in den vermeintlich ungarischen Grafen. Er erledigte Bitten um Geldzuwendungen ohne Rücksicht auf seine finanziellen Verhältnisse. Er ließ sich auch vom Scheitern mehrfach geplanter Treffen nicht beirren. Dann aber flog der ganze Schwindel auf. Müller brachte seinen Zögling vor Gericht. Der wiederum behauptete, von seinem Vor-mund jahrelang sexuell mißbraucht worden zu sein. Der Skandal war perfekt. Als die öffentliche Erregung auch den kaiserlichen Hof erreichte, sah sich Müller zu einer Ehrenerklärung genötigt, niemals homosexuelle Handlungen begangen zu haben. Der junge Hartenberg aber verlor all seine Privilegien und übersiedelte für etliche Monate ins Zuchthaus.[7]

Jakob Matthias Schmutzer
(Wien 1733–1811 ebenda)
Zeus und Ganymed, um 1800
Kohle auf Kartonpapier, 492 x 336 mm
Nicht bezeichnet
Wien, Privatbesitz

Hans Thoma
Adam und Eva, 1887
Ehemals Slg. Henry Thode, Heidelberg

Hans von Marées
Drei Jünglinge unter Orangenbäumen,
um 1875/80
München, Neue Pinakothek

8 Andere „Adam und Eva"-
Darstellungen entstanden in den
folgenden Jahren.

9 Siehe Antiquariat Kiefer, Pforzheim,
Auktionskatalog September 1997,
Kat.Nr. 5915 mit Abb. S. 321.

10 Joseph August Beringer, Hans
Thoma. Gesammelte Schriften und
Briefe aus achtzig Lebensjahren,
Leipzig 1929, Bd. 1, S. 214.

Sündenfall und Hesperidenland

Vom Paradies und der Vertreibung aus dem hortus conclusus berichtet laut christlicher Überlieferung die Geschichte von Adam und Eva. Auch der deutsche Maler und Graphiker Hans Thoma hat den biblischen Sündenfall dargestellt, so wie schon Tausende Künstler vor ihm. Keine seiner Interpretationen aber ist so exzentrisch wie jene Mutation aus dem Jahr 1888, als aus den Ureltern der Menschheit die Wiedergabe zweier Männer wurde.

Zwei einsame Jünglinge stehen in einer kargen Flußlandschaft. Der Horizont liegt tief. Eine Gruppe hochaufragender Bäumchen verklammert die Raumzonen. Kein Feigenblatt verdeckt Adams Blöße. Unverhüllt bleibt auch sein Vis-à-vis. Die beiden sind einander zugewandt, gemeinsam greifen sie nach den Ästen, wo die goldenen Früchte locken. In weiter Ferne leuchtet ein unschuldig blauer Himmel und nirgends eine Andeutung von Schlange oder Bestrafung.

Rein formalistisch war der Weg zu diesem Bild simpel. Wie einfach, zeigt die Gegenüberstellung mit Thomas früherer Darstellung „Adam und Eva", die dem Üblichen folgt und im Jahr zuvor entstanden war.[8] Die Veränderungen auf der inhaltlichen Seite aber sind umso gravierender. Daß Eva durch einen zweiten Adam ersetzt wurde, erschien vielen Zeitgenossen von Thoma wohl als Blasphemie. Hinzu kommt, dass Thoma jede moralische Wertung der Jünglinge und ihres Tuns vermeidet. All das macht seine Darstellung, eine farbige Gouache auf Papier, zu einer Ikone schwuler Manifestation, wie Ähnliches in der Kunst des 19. Jahrhunderts kaum zu finden ist.

Die ikonographische Seltenheit der Darstellung ist faszinierend. Eine Frage aber schließt sich unmittelbar an: Wie konnte ein derart fremdartiges Thema überhaupt entstehen? Gab es persönliche Erfahrungen, welche Thoma dazu brachten, Eva durch Adam zu ersetzen? Oder rezeptionsästhetisch gefragt, an wen richtete sich die Darstellung?

Zu solchen Überlegungen wissen wir wenig. Belegbar ist nur, daß das Blatt aus dem Nachlaß des Künstlers stammt,[9] der in der zweiten Hälfte seines Lebens ab den 1880er Jahren mit Ehrungen überschüttet wurde. Die Flut an Auszeichnungen gipfelte in der Gründung eines Thoma-Museums in der Kunsthalle Karlsruhe, deren Direktor er war. Ob Thoma, der verheiratet war, mit der „Adam und Adam"-Darstellung ein eigenes mannmännliches Begehren thematisierte, muß hier offen bleiben.

Die Provenienz aus dem Nachlaß deutet an, daß „Adam und Adam" für keine größere Öffentlichkeit bestimmt war. Vermutlich wurde die Darstellung nie über den engsten Freundeskreis hinaus bekannt. Im Juli 1888 berichtet Thoma von seinem Arbeitsfleiß und gesteht, wie gut es ihm tue, „für niemand zu malen", soll heißen, frei von jedem äußeren Auftrag.[10] Gleichzeitig war das Bild dem Maler wichtig genug, daß er es datierte und doppelt signierte.

Auf der Suche nach einem Koordinatensystem, um Thomas Darstellung ikonographisch zu verorten, stößt man rasch auf die Person und das Werk von Hans von Marées. Marées' Einfluß auf Thoma war in jener Zeit unübersehbar. Erstmals waren sich die beiden ungleichen Künstler 1874 in Rom begegnet. Annähernd gleichaltrig, gehörten beide zu den namhaftesten Vertretern der deutschen Malerei des 19. Jahrhunderts, doch ohne Zweifel war Marées die künstlerisch stärkere Persönlichkeit.

Thomas Darstellung „Adam und Adam" fordert namentlich den Vergleich mit Marées' großformatigem Tafelbild „Drei Jünglinge unter Orangenbäumen" heraus. Übereinstimmend verbindet die beiden Bilder nicht nur die allgemeine Bildstimmung, der im Detail die Gleichklänge der dünnen, gegen den Horizont hin frei aufragenden Bäumchen entsprechen, sondern vor allem der stehende Jüngling, der nach den Früchten greift. Solche und ähnlich grazile, goldene Früchte pflückende Männer kamen bei Marées oft vor, auch in seinem berühmen

Hans Thoma
(Bernau 1839–1924 Karlsruhe)
Adam und Adam, 1888
Gouache, Deckweiß und Tusche auf
Papier, 443 x 280 mm
Bezeichnet Bleistift rechts unten:
„Hans Thoma"
Monogrammiert und datiert ebenda in
Tusche: „HTh (ligiert) 88."
Wien, Privatbesitz

Guglielmo Plüschow
Doppelakt, um 1900
Paris, Bibliothèque Nationale

11 Von diesem Werk sind zumindest zwei Versionen bekannt; siehe vor allem Hesperiden II, 1884–87, Mischtechnik auf Holz, 120,5 x 481 cm, München, Neue Pinakothek.

12 Zu Marées und Homosexualität siehe Bernd-Ulrich Hergemöller, wie Anm. 2, S. 491 f.

13 Eine solche „Entschlüsselung" wäre vorstellbar im Sinne von Aby Warburg und seiner Arbeitsweise zu den Fresken im Palazzo Schifanoja in Ferrara.

14 Peter Weiermair, Et in arcadia ego. Anmerkungen zu den Fotographen Wilhelm von Gloeden, Guglielmo Plüschow und Vincenzo Galdi, in: Tobias G. Natter und Peter Weiermair (Hg.), Et in Arcadia ego. Wilhelm von Gloeden – Guglielmo Plüschow – Vincenzo Galdi. Fotographien der Jahrhundertwende, Zürich 2000, S. 103.

15 Zu Olivier in der Pariser Rue de Seine siehe Ekkehard Hieronimus, Wilhelm von Gloeden. Fotographie als Beschwörung, Aachen 1982, S. 58, Anm. 16a. Zur Firma J. Littauer in München vgl. die Angaben in „The Studio", London, Bd. 1/1893, S. 108. Zu Hugo Grosser in Leipzig siehe Ekkehard Hieronimus, wie Anm. oben, S. 58, Anm. 16a. Zu „Negesborn & Vowinkel" in Neapel siehe Ulrich Pohlmann, Wilhelm von Gloeden. Taormina, München – Paris – London 1998, S. 19.

Hesperiden-Triptychon in der Neuen Pinakothek in München.[11] Für Marées waren diese idealistisch gestimmten Bilder angesiedelt im „Hesperidenland", nach des Künstlers eigenem Verständnis eine Art „Sehnsuchtslandschaft".

Daß sich Thoma von Marées' homoerotischer Bildwelt inspiriert zeigt, ist wohl kein Zufall.[12] Durchaus denkbar, daß Marées' symbolistische Bilder, die auf das Überindividuelle zielen, durch Thomas ikonographisch wie formal handgreiflichere „Paraphrase" aus ihrer Raum- und Zeitlosigkeit geholt werden, was ihren autobiographisch-erotischen Gehalt vielleicht leichter entschlüsselbar macht.[13] Überraschenderweise erfuhr Thomas „Adam und Adam"-Darstellung ein Nachleben. Manche Fotos des Deutsch-Italieners Guglielmo Plüschow greifen auf diesen Darstellungstypus zurück. Vielleicht von Thoma angeregt, sehr wahrscheinlich aber direkt von Marées inspiriert, klingt dabei eine Wahlverwandtschaft an, die als Strategie homoerotischer Bildproduktion noch kaum erforscht ist.

Sehnsucht Süden

Plüschows Vetter Wilhelm von Gloeden wurde von Peter Weiermair eine „fast mythische Vorläuferfigur der schwulen Emanzipation" genannt.[14] Baron von Gloeden, 1856 in Deutschland geboren, fand sein „Hesperidenland" in Süditalien. Schon in jungen Jahren aus gesundheitlichen Gründen nach Italien gekommen, ließ er sich in Taormina nieder, wo er ein Fotostudio eröffnete.

Berühmt wurden seine Freilichtaufnahmen: südliche Landschaften, Typen aus dem Volksleben, vor allem aber Lichtbilder von nackten Knaben. Gloeden brachte Generationen von jungen Männern dazu, ihre Hüllen fallen zu lassen. Erstaunlicherweise schien ihm halb Taormina Modell zu stehen. Diese Jünglinge lichtete er sowohl in Einzelbildern als auch in vielfigurigen Kompositionen ab, in denen Tendenzen der Salonmalerei eines Sir Alma-Tadema unverkennbar sind. Mit der Transformierung sizilianischer Landbuben in griechische Epheben schuf Gloeden Artefakte, die sich als Projektionsfläche schwuler Sehnsüchte bewährten, gleichzeitig aber dank antikischer Kostümierung und bildungsbürgerlicher Fassade dezent genug waren, auch den Beifall der Uneingeweihten zu finden.

Gloedens Sammler und Käufer kamen aus aller Welt. Sie verbreiteten den internationalen Ruhm seiner Fotos, die heute Fotografiegeschichte sind. Längst zählen seine Bilder zu den Klassikern jeder schwulen Sammlung. Aber nicht jeder Sammler mußte seinerzeit nach Sizilien reisen. Schon damals gab es funktionierende Distributionskanäle. Europaweit hielten Händler Abzüge bereit, nach originalen Glasplatten angefertigt, die bei ihnen deponiert worden waren.

Im Zusammenhang der Wiener Sammlung besonders interessant ist der Umstand, daß solche „Depositäre" bislang namentlich allein in Paris, München, Leipzig und Neapel bekannt waren.[15] Dank der drei hier reproduzierten Aufnahmen wird es möglich, auch Wien auf die schwule Landkarte der Belle Epoque zurückzubringen. Nachweislich nämlich stammen die drei Fotos von einem Depositär im Herzen der österreichisch-ungarischen Monarchie, wie die Stempel auf der Rückseite belegen. Sie nennen die Wiener Firma Salomon Bloch. Laut Eintragung im Wiener Handelsregister war sie auf den „Verschleiß von Fotografien" spezialisiert. Gegründet 1890, wechselte das Geschäft häufig die Adresse. Dadurch können die Fotoabzüge sogar zeitlich geordnet werden, während Gloeden-Fotos üblicherweise kaum datierbar sind.[16]

Expressionismus und Homosexualität

Als Fotograf trug Baron von Gloeden entscheidend zum touristischem Aufschwung Taorminas bei. Sein Gästebuch vermerkt den Besuch prominenter Gäste. Literarische Größen wie Oscar Wilde und Anatole France haben sich ver-

Wilhelm von Gloeden
(Volkshaben bei Wismar 1856–1931 Taormina)
Jüngling mit Lanze, um 1890
Albuminabzug auf Papier, 166 x 117 mm
Auf der Rückseite Depositaire-Stempel: „Fotographie-Handlung-/
‚Zum Burgtheater' -/ S. Bloch, Wien, Michaelerplatz 7"
Wien, Privatbesitz

Wilhelm von Gloeden
Doppelakt unter Gartenlaube, um 1892/97
Albuminabzug auf Papier, 149 x 103 mm
Auf der Vorderseite in der Bildmitte im Negativ nummeriert „27"
Auf der Rückseite Ovalstempel des Depositaires:
„Fotogr. Kunstverlag -/ S. Bloch, Wien -/ I. Graben 17".
Ebenda handschriftlich Nummerierung „27"
Wien, Privatbesitz

Wilhelm von Gloeden
Doppelakt in Kreuzgang, um 1892/97
Albuminabzug auf Papier, 222 x 166 mm (unregelmäßig beschnitten)
Auf der Vorderseite links unten im Negativ nummeriert „117",
händisch im Abzug korrigiert auf „113"
Auf der Rückseite Ovalstempel des Depositaires:
„Fotogr. Kunstverlag -/ S. Bloch, Wien -/ I. Graben 17"
Wien, Privatbesitz

ewigt, aber auch gekrönte Häupter und internationale Wirtschaftsmagnaten. Als weiterer Treffpunkt des schwulen Jet-Sets etablierte sich die Insel Capri, wo legendäre Figuren verkehrten, darunter der Schriftsteller Jacques d'Adelsward-Fersen oder der deutsche Stahlbaron Friedrich Alfred Krupp. Hier fanden „Urninge" und „Conträrssexuelle" – wie Homosexuelle damals bezeichnet wurden – reale Räume und Fluchtorte, wo die Liebe, „die ihren Namen nicht zu nennen wagt", in geschützten Biotopen Wirklichkeit wurde.

Noch 1897 hatte der Wiener Autor Otto de Joux sein schwulenkämpferisches Buch „Die Enterbten des Liebesglücks" publiziert. Niemals aber wäre es der nachdrängenden Generation der Expressionisten in den Sinn gekommen, sich hinter solch hochtrabenden Formulierungen wiederzufinden. Der Expressionismus stand für Freiheit und Suche, proklamierte den Bruch mit Tabu und Konvention – in gesellschaftlicher, politischer und sexueller Hinsicht. Den Künstlern und Vorkämpfern dieser Richtung ging es um individuelle Körperbefindlichkeiten, das Verhältnis zum anderen Geschlecht wollte erforscht sein, es ging darum, die Bandbreite zwischen Eros und Thanatos lustvoll auszukosten. Aber auch Homosexuelles und die sogenannte „weibliche" Seite im Mann wurden zum Thema. In Deutschland beispielsweise hat der Maler Ludwig Meidner die homosexuelle Erfahrung in seinem Gedichtband „Im Nacken das Sternemeer" (1918) mit großer Geste in die Welt gerufen. Zentralfiguren in einer leider noch fehlenden Darstellung zum Thema Homosexualität und Expressionismus in Österreich wären vor allem die beiden Maler Max Oppenheimer und Anton Kolig, ferner zu nennen sind Egon Schiele und Rudolf Wacker.[17] Gerade eine solche Studie würde deutlich machen, wie unterschiedlich Homosexualität von jedem einzelnen erlebt wurde, die weit die Bandbreite an Erfahrungen war, welche sie beinhaltete und wie individuell die künstlerischen Reaktionen darauf waren.

Für Schiele scheint Homosexualität nur eine wenig bedeutende Facette in der Neugier eines jungen Mannes gewesen zu sein. Für die Zeit um 1910 – Schiele war gerade zwanzig und begann, seine Erkundigungen der eigenen sexuellen Befindlichkeit voranzutreiben – sind einige Briefstellen überliefert. Neben der engen Verbindung mit dem Künstlerkollegen Dom Osen gab es einen 18jährigen Gymnasiasten aus Krumau, Willy Lidl, von dem ein glühender Liebesbrief an Schiele erhalten ist: „(...) ich hab Dich so unendlich lieb, ich lebe nur für Dich. Wenn Du bei mir bleibst, dann werde ich stark, doch verläßt Du mich wird es mein Tod. Egon ich bin müde. Hast Du mich lieb? Gib mir Gewißheit, sonst geschieht ein Unglück. Mir brennt das Gehirn. Sei nicht hart. Ich will mich Dir opfern nur bleib bei mir. Komme bald, Du hast es mir ja versprochen."[18]

Was aus Lidl wurde, ist nicht überliefert. Schiele entzog sich dem stürmischen Werben und brach den Kontakt nach einem Jahr endgültig ab.[19] Besser informiert sind wir über Max Oppenheimer, der für den jungen Schiele just zur Zeit der Lidl-Liaison zu einem wichtigen (künstlerischen) Vorbild wurde.[20] Zahlreiche Darstellungen, die der 20jährige Schiele vom wenige Jahr älteren Oppenheimer schuf bzw. viceversa, zeugen noch heute von dieser Verbindung.[21] Ob die Zeit, als sie „tagelang zusammensteckten", auch von intimer Nähe geprägt war, müßte erst untersucht werden.

Oppenheimer, der 1954 im amerikanischen Exil starb, war in mehrfacher Hinsicht ein Außenseiter. Früh machte er in Wien als Expressionist Karriere, 1916 war er unter den Gründungsmitgliedern des Schweizer DADA, später übernahm er in seinen Berliner Großstadtbildern Elemente des Futurismus. Auf die Bedrohung seiner Identität als Künstler, Schwuler und Jude hat erst jüngst John Czaplicka im Rahmen der von ihm kuratierten Ausstellung „Emigrants and Exiles" hingewiesen.[22] Gerade in dieser Hinsicht und der Konstruktion des vermeintlich „anderen" mit ihren Mechanismen der Ausgrenzung und Austauschbarkeit der Kategorisierung „Schwuler" und „Jude" wird die weitere Aufarbeitung von Oppenheimers Biographie zu einem besonderen Desideratum.

16 Die erste Aufnahme, „Jüngling mit Lanze", trägt den Adreßvermerk „Fotographie-Handlung ‚Zum Burgtheater', Michaelerplatz 7". An dieser Adresse war die Firma Bloch nur im Gründungsjahr 1890 tätig. Bei den beiden anderen Aufnahmen lautet die Angabe „Fotogr. Kunstverlag, Wien I., Graben 17". Dort war Salomon Bloch zwischen 1891 und 1897 erreichbar, danach änderte die Firma ihre Adresse neuerlich. Siehe die Eintragungen im Wiener Handelsregister bzw. die Adressangaben im Wiener Adress-Verzeichnis Lehmann.

17 Ungeachtet der Vertreter aus Musik, Literatur etc.

18 Brief Willy Lidl an Egon Schiele vom 21/10/1910, zitiert nach Christian M. Nebehay, Egon Schiele. 1890–1918. Leben – Briefe – Gedichte, Salzburg – Wien 1979, Nr. 131. Nebehay warnt(!) im übrigen eindringlich davor, aus diesem Brief auch nur irgend etwas Schwules in bezug auf Schiele abzuleiten.

19 Angeblich starb Lidl in den zwanziger Jahren. Siehe Jane Kallir, Egon Schiele. The Complete Works, New York u.a. 1990, S. 87 passim.

20 Siehe Ausst.Kat. „MOPP. Max Oppenheimer. 1885–1954", hrsg. von Tobias G. Natter, Jüdisches Museum der Stadt Wien, Wien 1994, bes. S. 24–26.

21 Darunter fällt auch die Wiedergabe des masturbierenden Oppenheimer. Siehe Egon Schiele, Bildnis Max Oppenheimer, 1910, Schwarze Kreide, aquarelliert, Privatbesitz (Werkverzeichnis Kallir, Drawings, Nr. 588).

22 John Czaplicka, Das Leben im Exil. Erinnerung und Identität, in: Ausst.Kat. "Emigrants and Exils. A Lost Generation of Austrian Artists in America. 1920–1950", Mary and Leigh Block Gallery, Northwestern University und Österreichische Galerie Wien (Evanston/ IL 1996, S. 198–199 passim.

8/30

Max Oppenheimer
(Wien 1885 – New York 1954)
„Die getötete Taube", 1927
Radierung auf Papier, 125 x 102 mm (Bildrand).
Bezeichnet Bleistift rechts unten: „MOPP." und ebenso in der
Druckplatte links unten
Eigenhändige Nummerierung Bleistift links unten: „8/30"
Aus der Mappe „MOPP. 10 Radierungen zur Geschichte von
St. Julien dem Gastfreien von Gustave Flaubert", erschienen
bei Bruno Cassirer, Berlin, Auflage 30 Stück.
Werkverzeichnis Papst, Nr. 54
Wien, Privatbesitz

In der Wiener Privatsammlung ist MOPP mit dem Mappenwerk „St. Julien der Gastfreie" nach der Textvorlage von Gustave Flaubert vertreten. Es enthält mehrere Darstellungen von nackten Männern in paarweiser Anordnung. Von einsamer Schönheit ist die Wiedergabe des Jünglings, der aus dem Dickicht des Gebüschs tritt, gleich einem Schauspieler vor den Theatervorhang. Das dichte Blattwerk hat Oppenheimer mit wenigen Strichen wiedergegeben. Im Zentrum der Komposition aber steht wie in Oppenheimers emotionalem Leben der Mann. Ähnlich verhielt es sich bei Anton Kolig, über den im Rahmen des nun vorliegenden Buchprojekts eine eigene Untersuchung in Angriff genommen wurde. Auch Kolig ist eine faszinierende Figur: Ein Jahr jünger als Oppenheimer und wie Oskar Kokoschka 1886 geboren, lebte er inmitten einer gesellschaftlich rigiden Konstellation, von der zu emanzipieren ihm die Kraft fehlte. Durch tiefe christliche Religiosität verstärkt, geriet der Künstler durch seine homosexuelle Disposition in massiven Konflikt mit sich und den Erwartungen der Umwelt. In dieser Zwangsjacke wurde für Kolig die Sublimierung seiner Sehnsüchte zur (Überlebens)Strategie. Erst darin entstand ein künstlerisches Vermächtnis, das ohne diesen Fundamentalkonflikt so nie geworden wäre.

Mannmännliches Begehren war auch dem Vorarlberger Rudolf Wacker nicht unbekannt. Auch er war ein wichtiger Expressionist, der sich mit seinen späten Ölbildern als bedeutender Vertreter der Neuen Sachlichkeit etablierte. Mit der Darstellung eines erigierten Penis „porträtierte" Wacker sein eigenes Glied: mit wenigen Kohlestrichen, Inbegriff von pulsierender Vitalität und Lebenskraft. Die Darstellung entstand 1924. Ähnliche Bilder hatte er schon davor geschaffen.[23]

Während des Ersten Weltkriegs geriet Wacker in Kriegsgefangenschaft. Im Lager spielten Homosexualität und die Beschäftigung mit der eigenen Erotik eine besondere Rolle. Zunächst notierte Wacker in seinem Tagebuch für das Jahr 1915 vorsichtig: „Möglichkeit homosex. Neigung (im Notzustand) empfunden".[24] Noch gab er einen entschuldigenden Hinweis auf die Ausnahmesituation des Gefangenenlagers. Unter dem Einfluß der Lektüre von Hans Blüher und anderer Sexualtheoretiker korrigierte sich Wacker 1919: „Der Ausdruck ‚Homosexualität' (Hingezogenwerden von Gleichgeschlechtlichem) ist überhaupt ein Fehlgriff, ist unsinnig – er bezeichnet zum mindesten nur plump die sichtbarste Oberfläche. Ich bin überzeugt, daß es sich immer um eine Korrelation von vorwiegend männlichem und vorwiegend weiblichem Prinzip handelt."[25]

Wacker war sich sicher genug, um seine Offenheit nach beiden Seiten grundsätzlich gelten zu lassen. Wenngleich homosexuelles Begehren kein zentraler Aspekt seines Lebens war, so genoß er doch die Fähigkeit, die Schönheit eines Mannes wahrzunehmen und auch erotisch zu erleben. Über einen Freund, von dem er notiert, „ich ringe mit ihm um seine Liebe", schwärmt er: „Schön ist er, wie ein junger Gott! Schlank und biegsam, zart und doch voll stählerner Energie. Ebenso sein Kopf: fein gegliedert, scharf geschnitten, ‚schneidig' wie ein Freiheitsheld, und von einem warmen erotischen Duft überhaucht."[26]

Berliner Luft

Schneidige Freiheitshelden und begehrenswerte Männer, schön wie junge Götter, fand man damals vor allem in Berlin: Zentrum der roaring twenties, Metropolis des schwulen Lebens, Hauptstadt der Weimarer Republik. Berlin war Fokus der Schwulenemanzipation mit Magnus Hirschfeld und dem 1897 gegründeten Wissenschaftlich-Humanitären Komitee, war berühmt-berüchtigt für seine schillernden Lokale, seine Zeitschriften, die nur dort öffentlich zum Verkauf auslagen, die grenzüberschreitende Ausstrahlung. Zwei Künstlerpersönlichkeiten aus diesem Milieu sind in der Wiener Sammlung besonders vertreten: Renée Sintenis und Guy de Laurence.

Renée Sintenis war eine bekannte Künstlerin. 1931 wurde sie als erste Bildhauerin

23 Siehe Ausst.Kat. „Rudolf Wacker und Zeitgenossen. Expressionismus und Neue Sachlichkeit", Bregenz 1993, Abbildungen S. 354–356.

24 Zitiert nach Rudolf Sagmeister und Kathleen Sagmeister-Fox, Erotik und Sexualität, in: Ausst.Kat. „Rudolf Wacker", wie Anm. 23, S. 356.

25 Tagebucheintragung vom 18.06.1919, zitiert nach Rudolf Wacker. Tagebücher 1913–1939, hrsg. von Rudolf Sagmeister, Vaduz 1990, Bd. 1, S. 213.

26 Tagebucheintragung vom 31.03.1919 und 26.03.1919, zitiert nach Sagmeister, wie Anm. 25, Bd. 1, S. 189 f.

Abb. links
Renée Sintenis
(Glatz/Schlesien 1888–1965 Berlin)
Jüngling mit gekreuzten Händen vor der Brust, um 1920
Schwarze Federzeichnung auf gebräuntem Transparentpapier,
375 x 249 mm
Monogrammiert Feder in Schwarz rechts unten: „RS"
Wien, Privatbesitz

Abb. Mitte
Renée Sintenis
Jüngling mit ausgestrecktem Arm, um 1920
Schwarze Federzeichnung auf gebräuntem Transparentpapier,
375 x 249 mm
Monogrammiert Feder in Schwarz rechts unten: „RS"
Wien, Privatbesitz

Abb. rechts
Renée Sintenis
Jüngling mit Armen in die Hüfte gestützt, um 1920
Schwarze Federzeichnung auf gebräuntem Transparentpapier,
375 x 249 mm
Monogrammiert Feder in Schwarz rechts unten: „RS"
Wien, Privatbesitz

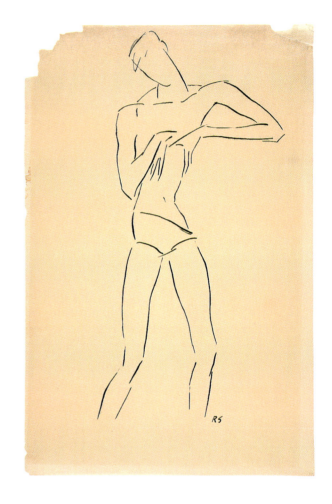

 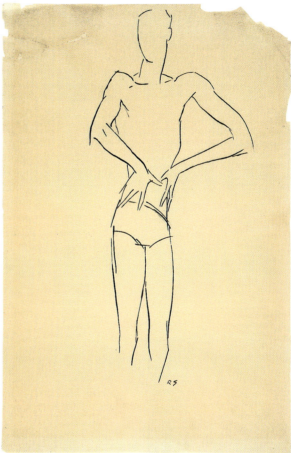

Renée Sintenis
Freunde, um 1923
Radierung auf Papier, aus: Hans
Siemsen, Das Tigerschiff, 1923
Wien, Privatbesitz

27 Manfred Herzer, Schwule Sintenis-
Schwärmer, in: Capri. Zeitschrift für
schwule Geschichte, Nr. 20, 2.
korrigierte Auflage, Berlin November
1995, S. 42.

28 Andreas Sternweiler, Das Lusthaus
der Knaben – Homosexualität und
Kunst, in: Ausst.Kat. „Goodbye to
Berlin? 100 Jahre Schwulenbewegung",
Schwules Museum Berlin, Berlin 1997,
S. 114.

29 Sternweiler, wie Anm. 28, S. 113.

30 Eine Farbabbildung im Ausst.Kat.
„Sodom Berlin", Beate Uhse Erotik-
Museum, Berlin, Flensburg 1998, S. 33.

31 Siehe Karl Heinz Steinle, Der Kreis.
Mitglieder – Künstler – Autoren, Hefte
des Schwulen Museum, Bd. 2, Berlin
1999.

Mitglied der Preußischen Akademie der Künste. Ein eigenes Kapitel sind ihre Knabendarstellungen. Manfred Herzer vermutet, daß es in Berlin vor der NS-Machtübernahme, als Sintenis am Höhepunkt ihrer Wertschätzung stand, unter schwulen Männern chic war, für Sintenis und ihre Jünglinge zu schwärmen. Ein Werk von ihrer Hand im Wohnzimmer hängen zu haben, galt dem Eingeweihten als Code.[27]

Drei ihrer Zeichnungen befinden sich in der Wiener Sammlung. Sie zeigen einen stehenden schlanken Jüngling in unterschiedlicher Pose: den Arm weit ausgestreckt, die Hände gekreuzt vor der Brust, dieselben in die Hüfte gestützt. Ohne Zweifel sind sie in einem Durchgang entstanden, wirken wie Filmsequenzen. Mit raschem Strich, bei größter Ökonomie der Mittel, rein über Linie und Kontur, gelingt die Darstellung, mit der Sintenis das Gezierte, ja Großstädtisch-Gespreizte der Erscheinung wiederzugeben versteht. Dieselbe Eleganz der Linienkunst findet sich wenig später in Frankreich bei Jean Cocteau.

Sintenis' Federzeichnungen in schwarzer Tusche waren Vorzeichnungen zu den Illustrationen, die sie für „Das Tigerschiff. Jungensgeschichten" beisteuerte. Der gleichnamige Text stammt von Hans Siemsen. Text und bibliophile Ausstattung erschienen 1923 im Verlag von Alfred Flechtheim. Sintenis und Siemsen – ihr wurde nachgesagt, sie sei eine Lesbe, Siemsen war ein offen schwuler Autor – verband eine enge Freundschaft. Nach eigener Aussage gab es keinen Tag, an dem die beiden nicht zusammen waren. Jedenfalls nicht vor 1933, bis Siemsen von den Nationalsozialisten in die Emigration gezwungen wurde.

Für das Buch lieferte Sintenis zahlreiche Radierungen. Sie sind getragen von Intimität, die sowohl die Sicht auf die Dargestellten prägt, wie auch das Verhältnis der Jungs zueinander. Darin werden die Darstellungen für Andreas Sternweiler „zu einem Sinnbild homosexueller Liebe und der menschlichen Liebe und Zuneigung überhaupt".[28]

Handgreiflicher ist der Blick auf die Knabenwelt – die offensichtlich dem androgynen Ideal der zwanziger Jahre entgegenkam – bei Sintenis' Zeitgenossen Guy de Laurence. Hinter diesem Pseudonym verbarg sich der Berliner Maler und Pressezeichner Erich Godal, eigentlich Erich Goldmann. Sein Frühwerk dokumentiert eine intensive Auseinandersetzung mit dem Thema Sexualität. Schon 1921 war eine Mappe erotischer Zeichnungen beschlagnahmt worden. Auch später geriet Godal mit der Zensur in Konflikt. Angeblich suchte er den Konflikt, in der Hoffnung, die Öffentlichkeit damit zu mehr Akzeptanz zu zwingen.[29]

Das Blatt zeigt vier Jungs, drei davon in Matrosenanzügen, verwoben zu einem erotischen Perpetuum mobile. Die Lithographie war Teil einer Mappe, die in geringer Auflage erschien. Wohl als Vorsichtsmaßnahme gegenüber der Obrigkeit fehlen Verlagsangabe und Jahreszahl. Ein zweites Exemplar der außerordentlich seltenen und vom Künstler handkolorierten Darstellung befindet sich im Berliner Erotik-Museum, dort allerdings nicht mit „Guy de Laurence" sondern mit „Godal" signiert.[30]

Österreich nach 1945

Nach dem Kahlschlag des „Dritten Reichs", das mit erschreckendem Erfolg versucht hatte, jede schwule Subkultur radikal auszumerzen, fehlten danach sowohl in Deutschland wie in Österreich lange Zeit alle Voraussetzungen, um eine homoerotische Bildproduktion neuerlich in Gang zu bringen. Ebenso spiegelt die Dürftigkeit der Materialüberlieferung in Österreich nach 1945 das Klima wieder, in das Homosexuelle auch nach der Befreiung des Landes weiterhin gezwungen wurden.

Bestenfalls gab es Magazine aus dem Ausland, vor allem die Schweizer Schwulenzeitschrift „Der Kreis", die in Zürich erschien und immer wieder österreichische Beiträge und Leserbriefe brachte.[31] Später kamen amerikanische Bodybuilding-

Guy de Laurence
(Berlin 1899–?)
Knabenspiele
Lithographie auf Papier, vom Künstler
koloriert, 217 x 162 mm (Blattrand)
Bezeichnet Bleistift links unten:
„Guy de Laurence"
Blatt aus einer zehnteiligen Mappe mit
der Mappennummerierung „91"
Wien, Privatbesitz

Christian Ludwig Attersee
(geb. Preßburg/Slowakei 1940)
„Schwule Palette", 1972 / © VBK, Wien, 2001
Siebdruck in sechs Farben auf weißem Kartonpapier,
593 x 423 mm
Bezeichnet Bleistift rechts unten: „IX/XVI Attersee 72"
Eines von 16 Künstlerexemplaren. Zudem erschienen
6 Probedrucke und 100 Auflagendrucke
Werkverzeichnis 1994, Nr. 301
Wien, Privatbesitz

Magazine hinzu – scheinbar für Sportinteressierte gemacht, aber immer öfter von Schwulen für Schwule gestaltet. Angesichts der engen Moralvorstellungen der amerikanischen Zensurbehörden der fünfziger Jahre, die „frontal nudity" strikt verboten, entwickelten die Magazine bemerkenswert neue visuelle Strategien. Genauso unaufhaltsam war der gesamtgesellschaftliche Wandel der Geschlechterordnung im allgemeinen und des Männerbilds im besonderen.

Die Inszenierung von Bud Counts als kalifornischer Herkules erscheint wie eine Ikone der Umbruchszeit. Vordem undenkbar, daß der Mann zum Objekt wird. Nun wird er zur Präsentation auf einem plüschigen Podest freigegeben. Aber mit androgynem Wesen und effeminierten „Conträrsexuellen" hat das nichts mehr zu tun. Pure Männlichkeit ist angesagt. Und doch. Die technische Unbekümmertheit der Fotomontage, die Märchenkulisse aus „Tausend und einer Nacht", der Samtumhang, die neckische Kordel und das krönende Diadem, all das ist „camp" vom Feinsten. Typisch für Amerika bleibt die Vorliebe für inszenierte Virilität und Muskelpracht. In Europa zeichnete sich ein Wandel in der Bildkultur erst ab, als Dänemark 1963 als erster westlicher Staat praktisch jede Form der Zensur aufhob.

Im selben Jahr verließ der in Preßburg geborene Maler Christian Ludwig Attersee die Wiener Hochschule für angewandte Kunst. Neun Jahre später entstand sein Siebdruck „Schwule Palette". Ein marsgrünes Äffchen, seit alters her ein Symbol ungezügelter Sinnlichkeit, sitzt auf einem unschuldig weißen Polster. Um den Kopf trägt das Tier ein gelbes Narrenglöckchen, am Rücken eine metallen blitzende Vorrichtung, die jene ungewöhnliche Malpalette trägt, der das Bild den Namen verdankt. Zwei Kerle sind dort beim Ficken, mit prallen Schwänzen, dafür aber kopflos, heftig und lustvoll.

Für ihre Darstellung bediente sich Attersee der Zeichensprache des Comics. Auch Bezüge zur amerikanischen Pop Art und ihrer Alltagsästhetik sind unübersehbar.

**Bruce of Los Angeles
(recte Bruce H. Bellas)**
(Alliance/Nebraska 1909–1974 Kanada)
Bud Counts als kalifornischer Herkules,
1953
Vintage Print auf Fieberpapier,
126 x 102 mm (Papierrand),
Rückseite mit gestempelter Seriennummer „7A8"
Wien, Privatbesitz

Im Vergleich zu Andy Warhol bleibt Attersee barocker, malerischer. Attersee, damals selbst ein auffallend attraktiver Jüngling, der sich begehrender Blicke von allen Seiten sicher sein konnte, war in vielerlei Hinsicht ein bewußter Grenzgänger: als Sportler und österreichischer Jugendsegelmeister, als Literat und Musiker, gleichzeitig Maler und Erfinder seiner „Atterwelt".

Die explizite Thematik der „Schwulen Palette" blieb in Attersees druckgraphischem Werk völlig allein. Angeblich existiert Verwandtes im zeichnerischen Bereich, wovon in Ausstellungen aber wenig bekannt wurde. Eng verwandt und aus demselben grenzüberschreitenden Geist heraus entstanden sind Attersees Foto-zyklen vom Ende der sechziger und Anfang der siebziger Jahre. Schon die Bildtitel sind sprechend: „Attersee schön wie seine Bilder" (1967), „Attersee der Schwin-delprinz" (1968) oder „Kapitän Schön" (1968).[32] Damals zelebrierte Attersee in einer Ästhetik, die das Schwülstige nicht scheute, in der heimatlichen Enge der sechziger Jahre das Provokante, Narzistisch-Tuntige, gefiel sich als Macho mit behaarter Brust und auftoupiertem Haar mit Dauerwelle. Dann wieder nackt, nur mit Stiefeletten angetan, ein Märchenprinz, posierend mit Rose in der Hand und Fächer vor dem Geschlecht.

National und international nicht weniger erfolgreich als Attersee agiert der Wiener Bildhauer und Zeichner Alfred Hrdlicka. Als Künstler und deklarierter Linker aber liegen seine Voraussetzungen ganz woanders. Für ihn steht stets das Verhältnis von Kunst und Macht im Mittelpunkt. Sein Axiom „Alle Macht geht vom Fleisch aus" kennt grundsätzlich zwei Stoßrichtungen. Einerseits ist Hrdlickas Festhalten an der naturalistischen Form als Opposition zur dominie-renden Abstraktion nach 1945 zu sehen. Andererseits faszinieren ihn Themen, wie Macht, Gewalt, Herrschaft und Staatsgewalt. Sexualität spielt dabei eine zentrale Rolle. Ihn interessiert der gesellschaftliche Umgang damit, vor allem die Normierung. In Hinblick auf eine „schwule" Kunstgeschichte scheint wichtig festzuhalten, wenn sich Hrdlicka mit Homosexualität auseinandersetzt, dann decken sich seine „Bilder" nur ausnahmsweise mit der Binnensicht der Schwu-lenszene. Gemeinsam aber ist beiden, daß Homosexualität auch zum Parameter für den Umgang von Majorität und Minorität wird.

Die Radierung „Santa Maria delle Grazie – Lionardos (!) Abendmahl restauriert von Pier Paolo Pasolini" entstand 1984. Verschiedene Ebenen und Entwicklungs-stränge überlagern sich: im Letzten Abendmahl eine männerbündlerische Gesellschaft, die dem „Politiker" Alfred Hrdlicka stets verdächtig war. Dann die Kunst und verschlüsselte Persönlichkeit eines universellen Renaissancekünstlers und mannmännlich begehrenden Freigeists, die Aktualität eines kämpferisch-schwulen Filmemachers, die Rituale von Gastmahl und religiöser Überhöhung, Orgiastisches und Chaos.

Mit dem „Letzten Abendmahl" rekapitulierte Hrdlicka seine Auseinandersetzung mit Pasolini, an dem Hrdlicka den Außenseiter und Kämpfer bewunderte, der „sich nicht einkaufen ließ, seine Herkunft niemals verleugnete" und sich dadurch den Haß auf den zwar „hofierten, aber nicht korrumpierten intellektuellen Künstler" zuzog.[33]

Ähnliche Themen mit schwuler Problematik – und hier zeigt sich neuerlich, wie weit dieser Begriff zu fassen ist – hatten Hrdlicka schon vordem interessiert. Wegen des Wienbezugs besonders hervorzuheben ist der Schubert-Zyklus. Be-reits Mitte der sechziger Jahre war eine Serie zu Johann Joachim Winckelmann entstanden.[34] Schon während der Arbeit daran stieß Hrdlicka für sich auf den Fall Haarmann, die Geschichte eines Hannoveraner Polizeispitzels und schwulen Massenmörders in den zwanziger Jahren, die erst kürzlich mit dem deutschen Schauspieler Götz George in der Hauptrolle verfilmt wurde.[35]

32 Zahlreiche Reproduktionen jüngst in: Attersee. Das gemalte Jahr. Bilderzyklen und Bildreihen 1964–1999, Wien 1999, S. 177 ff.

33 Michael Lewin, Alfred Hrdlicka. Das Gesamtwerk, Wien – Zürich 1989, Bd. 3, Druckgraphik, Werkverzeichnis 869–906 plus weitere Szenen und Varianten, s. Nr. 907–938.

34 Lewin, wie Anm. 33, Nr. 211–213.

35 Siehe Rainer Hoffschildt, Der Fall Haarmann, in: Oliva. Die bisher geheime Geschichte des Tabus Homosexualität und der Verfolgung der Homosexuellen in Hannover, Hannover 1992, S. 69–80. Zu den beiden Haarman-Zyklen von Hrdlicka s. Lewin, wie Anm. 33, Nr. 214–228 und Nr. 400–409.

Alfred Hrdlicka
(geb. Wien 1928)
„S. Maria delle Grazie. Lionardos Abendmahl restauriert von
Pier Paolo Pasolini", 1984
Radierung (Ätzung, Kaltnadel, Stichel, Roulette und
Wiegemesser auf Kupfer) auf Papier, 593 x 990 mm
(Plattenrand), 600 x 1000 mm (Papierrrand)
Vorzugsausgabe épreuve d'artiste des zweiten Zustands,
Druck in Sepia
Bezeichnet links unten: „E.A.", rechts unten:
„Hrdlicka 1984"
Werkverzeichnis Lewis, Nr. 938
Wien, Privatbesitz

Ilse Haider
(geb. Salzburg 1965)
Junger Mann, 1999
Künstliche Blütenstaubgefäße
in Silikon, 64 x 25 cm
Wien, Privatbesitz

Queer heute

Wie in der ganzen westlichen Kultur sind schwule Bildthemen auch hierzulande vor allem mit dem Medium Fotografie verbunden. Von der Warte des unmittelbar Betroffenen aus agiert Matthias Herrmann. Wenn die Verpflichtungen als Präsident der Wiener Secession es ihm erlauben, beschäftigt er sich am liebsten mit seinem eigenen Körper. Von Rückzug ins Private kann allerdings keine Rede sein. Körper und inszenierter Blick faszinieren ihn. Täglich wird der Body fitnessgestählt. Das Ergebnis ist pornostarverdächtig, die Muskelpracht aber nicht das alleinige Thema. Herrmann nährt mit seinen Selbstbespiegelungsexzessen das Klischee schwuler Egozentrik, doch im Spannungsfeld von Body und Geschlecht, zwischen Projektionsfläche und Requisite, Identität und Täuschung oszillieren begriffliche Größen. Indem der Fotograf sich selbst das liebste Modell ist, zeigt er sich in tausend Rollen und doch nichts von sich. Privates und Öffentliches prallen aufeinander. Nicht umsonst wurden Schwule ja mittlerweile zu Trendsettern, ihre body-culture zum schweißtreibenden Hetero-Pflichtprogramm und ist queer lifestyle allgegenwärtig.

Herrmann sitzt im hellblauen Samtkleid am Boden, mit Plastiksackerl über dem Kopf. Neben ihm ein Schrifttaferl: „Jetzt bin ich in eine Situation geraten, die ich mir nicht ausgesucht habe, aber ich muss sie meistern." Urheberin dieser Erkenntnis ist Frau Benita Ferrero-Waldner, als sich die österreichische Außenministerin der neuen Bundesregierung „plötzlich" mit den Sanktionen der Europäischen Union konfrontiert sah.[36] Solch willkürliche Zitate nimmt Herrmann postmodern und hemmungslos.[37] Nur zufällig allerdings kann die Parallele sein mit Schwulen als Meister im Meistern von Diskriminierungsmaßnahmen.

Wo Matthias Herrmann seinen Körper als Medium und Projektionsfläche verwendet, versucht Ilse Haider betont Distanz zu wahren. Sie arbeitet als selbstän-

Matthias Herrmann
(geb. München 1963)
„Jetzt bin ich in eine Situation geraten, die ich mir nicht ausgesucht habe, aber ich muss sie meistern.", 2000
Farbfoto hinter Plexiglas, 50 x 40 cm
Auf der Rückseite bezeichnet:
„M. Herrmann 2000"
Auflage 1/5. Wien, Privatbesitz
Copyright Courtesy Galerie HS Steinek, Wien
Wien, Privatbesitz

36 Das Zitat entnahm Herrmann dem Nachrichtenmagazin News, Wien, Heft 6/2000.

37 Vgl. Matthias Herrmann, Textpieces 1996–1998, Thalwil b. Zürich – New York 1999.

dige Künstlerin und unterrichtet als Lehrbeauftragte an der Universität für industrielle Gestaltung in Linz. Wenn sie Bilder von Männlichkeit hinterfragt, findet sie ihren Zugang über Rollenbilder und Klischees.

Oft schon hat sie sich in ihrer Arbeit mit Männerbildern auseinandergesetzt. Im vorliegenden Fall nimmt sie Bildvorlagen aus schwulen Magazinen. Sie transponiert die Vorlagen in ein anderes Medium. Sie rastert die Vorlage, verändert die Größe, macht ein blow-up. Mit kleinen künstlichen Blütenstaubgefäßen, wie sie Floristinnen geläufig sind, „stickt" sich das Schwarz-Weiß Muster in das zunächst flüssige, rasch aber erhärtende Silikon. Dieses Procedere, das an sogenannte „Frauenhandarbeiten" erinnert, ist eine Technik, die nicht aus der Kunst stammt und dort inhaltlich und formal noch unbesetzt ist.

Das Bedächtige des Nachstickens hilft, das Bild zu bannen, „einzufrieren", in eine Ordnung zu bringen, auch zu „beruhigen". Das Ergebnis ist zwischen Bild und Skulptur angesiedelt. Nahsicht und Distanz spielen eine große Rolle, vor allem die Interaktion des Betrachters, für den es immer auch einen idealen Standpunkt gibt.[38]

Zu den Bildvorlagen: Das Bild hatte schon einen Kontext, wurde als schwule Vorlage für ein männliches Publikum gemacht, wo Ilse Haider als Frau keinen Zutritt hat. Ein Sich-Hintasten zur Gegenwart des eigenen Ichs, oder wie sie es nannte, „sich einschleichen" in eine (Männer)Welt. Der schwule Mann, der a-priori nicht erreichbar ist. Ganz bewußt die Differenz aufzumachen und diese heuristisch zu nützen. Ähnliches tat schon Charles Baudelaire in „Les Fleurs du mal". Der mußte damals wegen Verletzung der öffentlichen Moral seine lesbischen Gedichte, in die er sich hineinimaginiert hatte und die völlig abseits der üblichen und akzeptablen Männerphantasien waren, allerdings zurückziehen.

Der Weg von Albrecht Dürer zu Ilse Haider ist ein weiter. Weder ist er linear noch unmittelbar kausal verbunden und das Gezeigte schon gar nicht erschöpfend. Und doch entwickelt sich anhand der Objekte einer einzigen privaten Sammlung ein historischer Bilderbogen. Eine schwule Bildkultur wird sichtbar, deren Existenz nicht nur in Österreich erfolgreich ausgeblendet wurde. Dank gebührt dem Wiener Sammler für seine Bereitschaft, die Kunstwerke zur Publikation frei zu geben. An den politisch Verantwortlichen aber läge es nun, ein Ausstellungsprojekt „Der andere Blick" nicht länger zu verhindern.

38 Zwei solcher Werke wurden jüngst vom Museum Moderner Kunst – Stiftung Ludwig Wien angekauft. Siehe Ausst.Kat. „La casa, il corpo, il cuore", Museum Moderner Kunst – Stiftung Ludwig Wien, Wien 1999, S. 276–279.

Tobias G. Natter

„Wunschfenster einer unfrohen Seele"
Zu den Männerakten von Anton Kolig

In den Texten zur Psychoanalyse beschreibt Sigmund Freud Sublimierung als einen Abwehrmechanismus des Ich. Sublimierung bezeichne den psychischen Vorgang, durch den Triebimpulse durch sozial höher bewertete kulturell orientierte Verhaltensweisen und geistige Tätigkeiten ersetzt werden.[1] Freuds Studie „Eine Kindheitserinnerung des Leonardo da Vinci", in welcher er seine Überlegungen zur Verschränkung von Werk und Homosexualität des Künstlers exemplifizierte, erschien in Erstauflage 1910.

Der 1886 geborene Anton Kolig studierte damals an der Kunstakademie in Wien. Seine frühesten Aktzeichnungen waren einige Jahre davor entstanden.[2] Noch galten sie als Ausdruck des lehrplanmäßigen Unterrichts, bald aber emanzipierten sie sich: Das Thema Männerakt begann den Künstler mehr und mehr zu beschäftigen, mehr als alles andere. Ein Leitmotiv entstand, das die Aufmerksamkeit des Zeichners fast ausschließlich beanspruchte und ihn bis zu seinem Tod 1950 nicht mehr losließ. Wie folgenreich – erfolgreich wie schmerzhaft – der Männerakt bei Anton Kolig Kunst und Leben verband, soll Gegenstand der folgenden Darstellung sein.[3]

Zur Vielzahl der Zeichnungen

Mit Darstellungen nackter Männer erzeichnete Kolig einen Kosmos, der in Umfang, Eigenart und Intensität im internationalen Vergleich wenig Vergleichbares findet. Von den frühesten Versuchen der Akademiezeit ist wenig erhalten; ebenso aus den Jahren seines Frankreichaufenthalts 1912 bis 1914. Während des Ersten Weltkriegs war Kolig Frontsoldat, dann dem Kriegspressequartier zugeteilt. Zahlreiche Zeichnungen sind erst aus der Ära erhalten, als die österreichisch-ungarische Monarchie nicht mehr existierte und Kolig von Wien nach Nötsch übersiedelte, wo er den biographischen Mittelpunkt seines Lebens fand. 1928 folgte der Maler einer Berufung als Professor an die Baden-Würtembergische Kunstakademie. In Stuttgart verfügte er erstmals in seinem Leben über Modelle in großer Zahl.

Nach der Machtergreifung des Nationalsozialismus geriet Kolig mit der „Kultur"-Politik in Konflikt. Seine Fresken im Klagenfurter Landhaus wurden als „entartet" zerstört. Dessen ungeachtet behielt Kolig aber seine Professur bis 1943, als er vorzeitig pensioniert wurde und nach Nötsch zurückkehrte.[4] Beim einzigen Bombenangriff auf Nötsch im Winter 1944 wurde Kolig schwer verletzt. Vollends zerbrach der Künstler an der Nichtrealisierung seiner späten Großprojekte.[5] Aber selbst in den letzten Jahren bis zu seinem Tod 1950 hatte das Thema des nackten Mannes nichts von seiner Faszination verloren.

Angeblich zeichnete Kolig in Summe an die dreitausend Männerakte, womit er ähnlich viele Zeichnungen hinterließ wie Egon Schiele Frauenakte.[6] Bei beiden transportiert schon die Quantität etwas Leidenschaftliches; hinzu tritt die Ausschließlichkeit des Themas. Kolig schien neben seinen Männermodellen andere

1 J. Laplanche und J.-B. Pontalis, Das Vokabular der Psychoanalyse, Frankfurt am Main 1986, S. 478 ff.

2 Der „erste vor Modell entstandene Akt" aus dem Jahr 1904 befindet sich heute in den Sammlungen der Universität für angewandte Kunst, Wien. Siehe Edwin Lachnit, Ringen mit dem Engel. Anton Kolig – Franz Wiegele – Sebastian Isepp – Gerhart Frankl, Wien 1998, S. 16. Lachnit vermutet wohl zu Recht, Kolig habe das mit „1904" bezeichnete Blatt vordatiert.

3 Zu früheren Überlegungen des Autors zu diesem Thema s. Tobias G. Natter, Die Aktzeichnungen von Anton Kolig. Oder glauben Sie, daß „Bauernburschen als Zeichenmodelle billiger kamen als Mädchen"?, in: Ulrike Lunacek und Tobias G. Natter, Anton Kolig. Männerakte, Wien 1998.

4 Die genauen Umstände seiner Pensionierung sind bislang unerforscht.

5 Sowohl die Glasfenster für den Wiener Stephansdom wie der Bühnenvorhang für die Salzburger Festspiele kamen nicht zur Ausführung.

6 An einem Catalogue raisonné der Zeichnungen wird bereits gearbeitet. Ausgehend vom jüngst gegründeten Museum des Nötscher Kreises, das schon jetzt mit einer Anzahl wertvoller Aktivitäten hervorgetreten ist, soll ein Gesamtverzeichnis der Zeichnungen entstehen.

Anton Kolig
Ein Modell in Koligs Atelier, Nötsch
1919. Foto, Privatbesitz

7 Siehe etwa Oskar Wiesflecker, Viel zu
lange unterbewertet. Zeichnungen von
Anton Kolig in der Wiener Albertina, in:
Volksstimme, Wien, 22.09.1984.
Gleichlautend die Besprechung von
Erwin Melchart in: Neue Kronen Zeitung,
Wien, 16.09.1984.

8 Siehe „Der Kreis", Jg. 25, 1957,
Nr. 12 Dezember-Heft und Jg. 27,
1959, Nr. 3 März-Heft. Zur Zeitschrift
selbst siehe Hubert Kennedy, Der Kreis
– Le Cercle – The Circle. Eine Zeitschrift
und ihr Programm, Berlin 1999 und Karl
Heinz Steinle, Der Kreis. Mitglieder –
Künstler – Autoren, Hefte des Schwulen
Museum, Bd. 2, Berlin 1999.

9 Wilfried Skreiner, Zur Ausstellung, in:
Ausst.Kat. „Anton Kolig. 1886–1950.
Das malerische Werk", Ausstellung der
Neuen Galerie am Landesmuseum
Joanneum u. a., Graz 1981.

10 Wilfried Skreiner: wie Anm. 9.

Vorlagen und Themen kaum wahrzunehmen. Allein zwei Frauenakte sind von ihm bekannt. Ähnlich selten beschäftigte er sich mit gezeichneten Porträtdarstellungen oder stillebenhaften Kompositionen. Bemerkenswert ist auch das Fehlen von Selbstbildnissen.

Mit Egon Schiele und Oskar Kokoschka zählt Kolig zu den wichtigsten österreichischen Expressionisten. Aber anders als diese führte ihn der Wunsch nach einem inneren Dialog kaum je vor den Zeichenspiegel. In der Befragung der eigenen Wirklichkeit ging Kolig andere Wege. Getrieben von einer lebenslangen Anziehung huldigte Kolig der Schönheit des nackten Mannes, der er grenzenlos frönte und doch den Zwängen von Ich und Über-Ich Genüge tat.

Zur Rezeption

Das Leidenschaftliche der Koligschen Graphik ist früh aufgefallen. Gerade die Dialektik von Quantität und Qualität ist offenkundig. Aber nur selten wurde dieses Phänomen wirklich beleuchtet. Richard Milesi etwa, dessen an sich verdienstvolle Buchpublikation aus dem Jahr 1954 lange Zeit die einzige posthume Kolig-Monographie war, subsumierte Koligs Anstrengungen hinter dem rein formalen Problem. Zwar beschrieb Milesi das meisterhafte Erfassen des Körpers in den Aktzeichnungen, analysierte Koligs Streben nach strenger Tektonik und das Bildhauerische in der räumlichen Wirkung des Gezeichneten. Auch lud Milesi die Bildbetrachter ein, über Koligs perspektivisches Vermögen und die optisch kühnen Verkürzungen zu staunen. Aber ikonographisch-sexuellen Fragen wich Milesi aus. In Fortsetzung dieses blinden Fleckes mußte man/frau auch später noch oft hören: „Im Unterschied zu Klimt und Schiele interessierte Kolig vor allem der Körper als formales Problem."[7]

Wieso aber konnte Klimts Erotomanie schon längst als solche angesprochen werden, ist Schieles tabuloser Blick auf Körper und Sexualität offen thematisierbar, während es bei Kolig nur um „Baugesetze" gehen soll?

Daß hinter der zeichnerischen Transformierung nackter Jünglinge mehr war als nur Überlegungen zum „konstruktiv räumlich-plastischen Aufbau", dafür entwickelten manche schon sehr früh ein Sensorium. Nicht zufällig reproduzierte die legendäre Schweizer Schwulenzeitschrift „Der Kreis", zeitweise weltweit die einzige Zeitschrift ihrer Art, in den fünfziger Jahren zwei Mal Kolig-Bilder.[8] Mit dem in Zürich erschienenen „Kreis" ist auch das rigide gesellschaftliche Klima angesprochen, das Homosexualität in den meisten Ländern Europas noch bis Anfang der siebziger Jahre massiv kriminalisierte.

Dementsprechend ignorierte auch die Kunstgeschichte den Umstand, daß Kolig nur Männer zeichnete. Die Frage der Homosexualität, bei Kolig immer wieder heruntergespielt oder schlicht geleugnet, galt als billige Neugier. Diese Haltung kam exemplarisch auch bei der großen Kolig-Ausstellung im Grazer Künstlerhaus 1981 zum Tragen.

Als Ausstellungsleiter Wilfried Skreiner sich der – eingestandenermaßen – „längst unausweichlichen Frage" stellte, „ob Anton Kolig latent homoerotisch war", glaubte er, Werk und Biographie trennen zu können.[9] Doch die methodische Behauptung, die Kunstwissenschaft müsse relevante „Fragen" allein vom „Werk her beantworten", verkam zur Ausrede. Skreiner erkannte in Koligs Kunst zwar einen hohen Grad an Sublimierung, doch die kathartische Reinigungskraft dieser Bildwelt lasse Koligs Homosexualität „gegenstandslos" werden. Eine etwaige Homoerotik verweise „in die Biographie, und von dort wissen wir, daß sie ertragenes und bewältigtes Leid gewesen sein könnte, das durch den menschlichen Willen und die moralische Kraft gemeistert wurde."[10]

Indem Koligs homosexuelle Disposition ignoriert wurde, mochte es nicht verwundern, daß noch 1984 in einer Ausstellungsbesprechung zu lesen war: „Ob es geheime Neigung eines vorzüglichen Familienvaters oder bloß die Tatsache

Anton Kolig
Doppelakt
Bleistift auf Transparentpapier, 340 x 495 mm
Bezeichnet rechts unten: „AK"
Wien, Privatbesitz

(war), daß die Bauernburschen als Zeichenmodelle billiger kamen als Mädchen – Anton Kolig zeichnete Männer."[11] Offenbar waren in Krumau und Wien, wo Egon Schiele lebte, die weiblichen Modelle günstiger zu haben!

Es ist das Verdienst von Peter Weiermair, mit Nachdruck auf den erotischen Gehalt von Koligs Aktzeichnungen hingewiesen zu haben. Unmißverständlich positionierte Weiermair den Künstler in einem Spannungsfeld von christlicher Askese und „griechischer Homophilie", ohne das Dilemma, das daraus resultierte, näher zu analysieren.[12]

Körper und Raum

Kolig zeichnete meistens mit Bleistift, gelegentlich auch mit Kohle oder Kreide. Dabei verwendete er einen Zeichenblock, manchmal auch lose Blätter, deren zarte Einstichlöcher an den Ecken noch heute davon berichten, wie Kolig sie zu Arbeitszwecken auf der Zeichenunterlage fixierte. Bevorzugt verwendete er ab den zwanziger Jahren Plan- oder Transparentpapier, da er auf dessen glatter Oberfläche „nicht hängen blieb".[13]

Die frühen Zeichnungen modellieren die Jünglinge mit schweren, heftig hingeworfenen Schraffuren. Später verfeinerte sich die Linie, der Strich wird gekräuselt, kennt verschiedene Erscheinungsformen auch nebeneinander. Ab den zwanziger Jahren ist es eine präzise Linie, dennoch oft unterbrochen, die jederzeit in Kringel und freie Schwünge umschwenken kann. Mitunter arbeitete Kolig mit Wischungen. Im Gegensatz aber zu deren malerischem Charakter blieb sein Medium die Linie und die virtuose Fähigkeit, zwischen zwei Strichen Volumen spürbar zu machen. Oft gibt es in den Zeichnungen Stellen, die als Detail unfertig wirken oder gar verzeichnet erscheinen. Aber als Meister, der das Handwerk längst überwunden hatte, erhob Kolig solche „Verzeichnungen" souverän zum Prinzip.

Wichtig sind die netzartigen Binnenzeichnungen. Von einigen zentralen Punkten im Raum laufen die Verbindungslinien in alle möglichen Richtungen. Oft sind es hauchdünne Striche. Sie schaffen ein Linienäquivalent für Muskulatur, Kraftströme und Kanten. In dieser zeichnerischen Methode liegt eine der eigensten Leistungen Koligs.[14]

In der Souveränität und Empfindsamkeit der Linie erweist sich Kolig als Erbe der Wiener Zeichenkunst um 1900. Sie machte es möglich, all die perspektivischen Verkürzungen und räumlich-körperlichen Ergebnisse darzustellen, die schon von Milesi und den Zeitgenossen bewundert wurden. Von den Secessionisten und namentlich von Gustav Klimt übernahm Kolig auch die Raumlosigkeit seiner Zeichnungen als Gestaltungsprinzip; nicht ohne sie umzudeuten. Klimts Frauen, eingefangen in immer wieder neuen Posen, manchmal tabubrechend-lasziv, sind oft am oberen Bildrand angesiedelt, eingebettet in den Fluß des Lebens und der Linie, schwebend wie Wasserwesen, jedenfalls naturnah und in ihrem Treiben sich selbst überlassen. Von diesem schwerelosen Fließen linearer Sinnlichkeit übernahm Kolig vor allem die Raumlosigkeit. Aber wo Klimts Darstellungen aus dem Schweben der Figuren in der Fläche leben, wirkt in Koligs Blättern eine mit erstaunlichen Verkürzungen arbeitende, perspektivisch imaginierte Körperlichkeit bei gleichzeitiger Beziehungslosigkeit im negierten Raumkontinuum.

Das Abtasten der Körper

Meistens zeigte Kolig seine Jünglinge liegend. Nur selten stehen sie. Er erkundete sie von allen Seiten, von vorne, als Rückenansicht. Besonders ungewöhnlich sind die Doppelakte von eng verschlungenen Männern. Stets positionierte sich Kolig nahe dem Modell. Oft erhalten die Geschlechtsteile eine prominente Stellung. Häufig hat Kolig den Augpunkt so gewählt, daß der Blick direkt auf den im Bild-

11 Ausstellungstip Sonntag 14. Oktober, in: Wiener Morgen Kurier, Wien, 13.10.1984.

12 Siehe die von Peter Weiermair 1984 kuratierte Ausstellung „Anton Kolig. Die Zeichnungen" für die Graphische Sammlung Albertina (mit zahlreichen weiteren Ausstellungsorten). Der gleichnamige Ausstellungskatalog erschien auch in selbständiger Buchform im Ritter-Verlag Klagenfurt. Verdienstvoll ist die Neuerscheinung von Otmar Rychlik, Anton Kolig und seine späten Modelle, Schriftenreihe des Museums des Nötscher Kreises, Bd. 2, Leobersdorf, 2000. Doch bleibt die wichtige Publikation durch den Verzicht auf intensiveres Nachfragen bei den Modellen unter ihren Möglichkeiten.

13 Zitat Kolig nach freundlicher Mitteilung von Herbert Pischa an den Autor vom 17.02.2001.

14 Das Wesen diese Methode hat Bohdan Hermansky anschaulich geschildert. Siehe Bohdan Hermansky, Die Männerakte Koligs und die österreichische Handzeichnung seiner Zeit, in: alte und moderne kunst, Heft 120, Jg. 17, S. 28 ff.

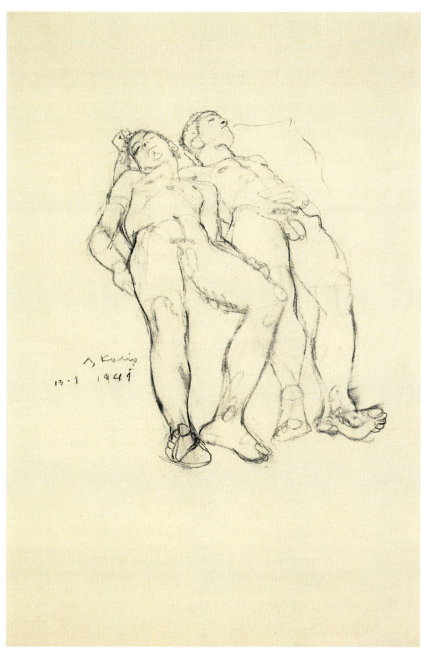

Anton Kolig
Doppelakt, 1941
Bleistift auf Transparentpapier, 447 x 350 mm
Bezeichnet Mitte links: „A Kolig -/ 13 -1 1941"
Nachlaßstempel rechts unten:
"Aus dem Nachlaß -/ Anton Kolig"
Rückseite handschriftlicher Bleistiftvermerk „Ra N5"
Wien, Privatbesitz

zentrum liegenden Penis fällt. Kolig schuf eine schier unüberschaubare Fülle von immer wieder neuen Blättern. Aber wozu? Als er von einem seiner Modelle gefragt wurde, warum er nur Männer zeichne, antwortete Kolig wenig spezifisch: „Weil im Männerkörper mehr Spannung steckt".[15]

Natürlich war Zeichnen für Kolig ein ständiges Training; ohne Zweifel entstanden die Wiederholungen als Variationen zu den Themen Körper, Volumen im Raum, Perspektive. Die Blätter waren Fingerübungen. Und offensichtlich zeichnete Kolig gern. Als regelmäßige Übungen halfen die Zeichnungen, den Strich geschmeidig zu halten. Aber technisch benötigte Kolig diese Studien nicht wirklich. Schon vor seiner Übersiedlung nach Stuttgart 1928 hatte er das künstlerische Problem für sich formuliert. Seither fuhr er damit fort, ohne formal und/oder technisch noch eine nachhaltige Veränderung zu suchen. Auch veränderte er seine Auffassung von Körper und Gestaltungsweise nur mehr wenig. Seinem Schönheitsideal, das er spätestens ab Mitte der zwanzige Jahre gefunden hatte, blieb er treu. Stets suchte Kolig junge, kräftige, hübsche Männer.

Von diesem Bild kam Kolig offensichtlich nie los. Sein Ideal unterschied sich radikal vom effeminierten Männerbild im schwulen Berlin der zwanziger Jahre, oft genug stilisiert als Dekadenz und Spiegelbild des sogenannten „Dritten Geschlechts". Koligs Burschen sind aus anderem Holz. Auch anders als die überschlanken Jünglinge einer Renée Sintenis. Aber genausowenig sind sie mit den androgynen Knaben eines Filipo de Pisis verwandt. Kolig zog athletische Jungmänner vor. Das Jünglingsbild der antiken Klassik, der Ephebe, stand seinem Schönheitssinn und seiner Weltanschauung am nächsten.

Wenn die Gründe für Koligs Wiederholungen nicht allein im Künstlerischen liegen, so ist die Frage, für was oder gegen wen zeichnete Kolig immer wieder an? Warum fuhr Kolig obsessiv fort, mit dem Zeichenstift seine Modelle zu erkunden? Was bewog ihn, sie zu seinen Objekten zu machen und als Untersuchung und Gegenstand zeichnerischer Betastung nicht mehr aus den Augen zu lassen?

Kolig war sich der Erotik seines Zeichnens durchaus bewußt. Einem Modell gestand er, „daß er beim Zeichnen über den menschlichen Körper streicht und streichelt wie über eine Landschaft."[16] Zur selben Metapher kehrt Bohdan Hermansky zurück, der anschaulich versucht, Koligs zeichnerische Methode zu schildern: Kolig habe zentrale Punkte in der Fläche fixiert „und wanderte mit der Bleistiftspitze wie ein Bergsteiger, ja wie ein Geometer, über Hügel und Täler, Mulden und Grate des liegenden Körpers".[17] Diesen Körperaufnahmen spricht Hermansky sogar einen „quasi geographischen Charakter" zu.[18]

Aber Kolig als Kärntner Wanderer mit dem Bleistift in der Hand war nur auf dem Papier frei. Einzig dort konnte er den Modellen und ihrer Schönheit nachspüren, der an- und abschwellenden Sensation ihrer Schenkel, der ruhigen Wölbung der Brust und ihren Rhythmus, der frischen Unverbrauchtheit der jungen Männer – dazu liegen die nackten Jünglinge, Fleisch, das nicht berührt werden darf. Denn das ländliche Milieu und die Zeit waren solchen Unternehmungen abhold. Kolig war verheiratet, hatte Familie, vier Töchter und einen Sohn, der dem Vater als Maler nachfolgen sollte. Unter den Voraussetzungen, die Koligs Leben bestimmten, wurde Aktzeichnen zum Abwehrmechanismus des Ichs.

Kolig war gottesfürchtig und als gläubiger Mensch fühlte er sich christlichen Moralvorstellungen zutiefst verpflichtet. Keuschheit war ihm ein Anliegen. Wiederholt berichten die Schüler von seinen Ermahnungen zu sittlicher Reinheit. Nicht zu vergessen das Mißfallen seiner Gattin. Die Schwiegertochter berichtet von Frau Koligs Seufzer angesichts der endlos neuen Aktzeichnungen: „Schon wieder ein Busketterl„ womit sie resignierend die Darstellung der Genitalien zur Kenntnis nahm.[19]

Die Lebensumstände verlangten ein Höchstmaß an Disziplin. Florian Jakowitsch, ein Kolig-Modell der frühen vierziger Jahre, erinnert sich sehr deutlich an die

15 Die Frage stellte Herbert Pischa, freundliche Mitteilung von Herbert Pischa an den Autor vom 17.02.2001.

16 Erinnerung von Herbert Pischa, zitiert nach Rychlik, wie Anm. 12, S. 56.

17 Hermansky, wie Anm. 14, S. 30.

18 Hermansky, wie Anm. 14, S. 34.

19 Freundliche Mitteilung von Manja Kolig an den Autor vom 31.07.1998.

körperliche Wirkung, die er auf Kolig hatte: „Ich war nicht sehr muskulös, hatte einen mehr knabenhaften Körper; war eher weich, aber durchaus männlich. Man hat Kolig das Wohlgefallen deutlich anmerken können."[20] Er überliefert auch die Reaktion von Koligs Gattin: „Mein Eindruck von seiner Frau, bei unserer ersten Begegnung in seinem Atelier, war der einer nüchternen Person, von prüfender, etwas mißtrauischer Haltung mir als feschem jungen Mann gegenüber." Aus eigener Anschauung berichtet Jakowitsch aber auch, daß es niemals „Affairen" gegeben habe. Die Möglichkeit, sie geheimzuhalten, ist nahezu auszuschließen. Angesichts der straffen sozialen Kontrolle des ländlichen Verbandes hätten sie einen Skandal ausgelöst, von dem wir wüßten.

So blieben die Zeichnungen, deren Intensität und Anzahl für Jakowitsch nichts Ungewöhnliches war. Im Gespräch, das ich mit ihm führte, erzählte er mir zu deren Verständnis eine Episode aus seinem eigenen Künstlerleben: Er hatte einmal ein Modell, eine schöne Frau, nach der er viel zeichnete. Später stellte er ihr die Frage, ob sie auch mit ihm geschlafen hätte. Sie antwortete: „Ich hätte mit Ihnen geschlafen, aber ich wäre nie wieder gekommen. So habe ich es nicht getan und bin immer wieder gekommen."[21]

Im psychoanalytischen Sinn ist Sublimierung ein Mechanismus des Ichs, unter dessen Einfluß Ziel oder Objekt einer Triebregung verändert werden, ohne eine adäquate Abfuhr zu blockieren. Denn anders als bei der Unterdrückung treten die Abwehrkräfte des Ichs den ursprünglichen Triebregungen nicht geradewegs entgegen. Vielmehr ermöglichen sie in der Vereinigung von Trieb- und Abwehrenergie ein befreites Handeln. Konstitutiv ist in diesem Zusammenhang aber auch die Desexualisierung. Denn im Gegensatz zur neurotischen Ersatzbefriedigung nimmt die Befriedigung des Ichs nun Formen an, die nicht mehr triebhaft erscheinen.[22]

So paßt es denn auch, daß Kolig seine Aktzeichnungen zu allen möglichen Anlässen wie Familienfesten, Hochzeiten, zu Neujahr usw. versehen mit freundlichen Widmungsworten völlig unbekümmert verschenkte.

Narziß und Ganymed

Wenn Kolig nach romantisch-mittelalterlichem Vorbild stets auf der Suche nach Schülern war, die er um sich scharen wollte, bewegte er sich damit im schützenden Kontext der Tradition. In der klaren Bergwelt am Fuße des Dobratsch träumte er von einem Werkstattbetrieb mit ihm als Meister an der Spitze, von Schülern und Gesellen, die ihm bei Großaufträgen zur Hand gehen sollten. Aber die Aufträge, die er in Nötsch erhoffte, blieben aus. Den Werkstattgedanken kultivierte er auch später als Professor in Stuttgart, wo seine Klasse als verschworene Gemeinschaft galt.

Mitunter verglich Kolig seine Modelle mit Ganymed und Narziß: der betörend schöne Jüngling, der vom antiken Göttervater entführt wurde; Narziß, der sich der Zuwendung verweigerte.[23] Kolig wird als schwärmerische Natur beschrieben, er war ein Grübler, phantasietrunken. „Innere Keuschheit" – wie er es nannte – war ihm ein großes Anliegen. Oft ermahnte er Schüler und Modelle in diese Richtung. Dann gestand er: „Ich liebe Dich wie Jesus Christus seine Jünger liebte", sprach vom „geschlechtslosen Engel", von dem er träumte, „Licht ohne Beleuchtung, absolute Nacktheit das ist Wahrheit ohne Zweck und Sinn – Seligkeit also".[24] Solche und ähnliche Zitate gäbe es viele, aber sie unmittelbar auf die Zeichnungen und ihr Wesen zu beziehen, bleibt immer auch spekulativ.

In dem normativen System, das Kolig umgab, mit seinen religiösen und gesellschaftlichen Zwängen, die Homosexualität bestenfalls als Krankheit einstuften, sah sich Kolig für sein Tun zu einem hohen Tribut gezwungen.

Der einzige Vorfall, der mir bekannt wurde, als sich Kolig tatsächlich zu einer homoerotischen Handlung mit seinem Modell hinreißen ließ, überliefert die

20 Zitiert nach Rychlik, wie Anm. 12, S. 39.

21 Freundliche Mitteilung Florian Jakowitsch an den Autor vom 07.01.2001.

22 Vgl. etwa Otto Fenichel, Psychoanalytische Neurosenlehre, 3 Bde., hrsg. von Klaus Laermann, Ullstein Materialien, Frankfurt am Main 1983, Bd. 1, S. 102 f.

23 Vgl. etwa die Erinnerungen von Florian Jakowitsch, s. Rychlik, wie Anm. 12, S. 38. Siehe auch Koligs Bildtitel „Kniender Narziß", Wien, Österreichische Galerie Belvedere.

24 Aus Briefen von Anton Kolig an Hannes Schwarz vom 17.07 und 22.07.1948; zitiert nach Rychlik, wie Anm. 12, S. 88.

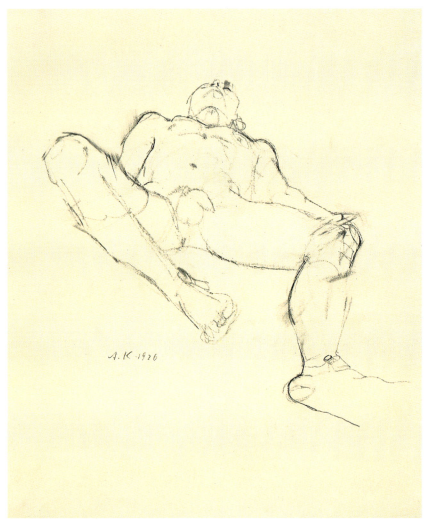

Anton Kolig
Akt, 1926
Bleistift auf Transparentpapier, 427,5 x 330 mm
Bezeichnet links unten: „A. K. 1926"
Auf der Rückseite nachträglich bezeichnet: „X 14"
Wien, Privatbesitz

Anton Kolig
Akt, 1925
Bleistift auf Zeichenpapier, 603 x 470 mm
Bezeichnet Mitte links: „AK -/ 25"
Nachlaßstempel auf der Rückseite rechts unten:
„Nachlass -/ meines Vaters -/ Anton Kolig -/ Thaddäus Kolig"
Wien, Privatbesitz

Anton Kolig
Doppelakt
Bleistift auf Transparentpapier, 339 x 494 mm
Nachlaßstempel auf der Rückseite rechts unten:
„Nachlass -/ meines Vaters -/ Anton Kolig -/ Thaddäus Kolig"
Wien, Privatbesitz

Anton Kolig
Doppelakt, 1935
Bleistift auf Transparentpapier, 378 x 479 mm
Bezeichnet rechts unten: „A. K 1935"
Wien, Privatbesitz

Episode mit Rudolf Hradil, der als Schüler der Wiener Akademie während der Semesterferien für Kolig ein willkommenes Modell war. Stolz anerkennt Hradil in ihm noch heute den Malvater. Zu einem Interview, das ich vor ca. zwei Jahren mit ihm führte, brachte er einen Katalog mit Widmung Koligs an seinen „Malsohn" mit.

Das Interview war anregend, und in der Frage der Homophilie waren wir uns grundsätzlich bald einig. Auch Hradil sah in Koligs Zeichnungen eine Hommage an die männliche Schönheit, ein Hoheslied der Schönheit des Mannes. Aber sonst hatte Hradil dazu nicht viel zu sagen. Eigentlich wollten wir schon wieder aufbrechen, als er mir zum Abschluß noch die folgende Begebenheit mitgab: Wieder einmal saß bzw. lag er Modell. Als Kolig mit dem Zeichnen fertig war und Hradil aufstand, zog Kolig ihn an sich heran und küßte ihn. Bei dieser scheuen „inzestuösen" Handlung zwischen „Malvater" und überraschtem Modell blieb es allerdings.[25]

Dialogverweigerung

So kollidierte Koligs Begehren nach dem gleichen Geschlecht mit dem restriktiven Milieu seiner Alltagswelt. Koligs Selbstdarstellung: „Denn Hunde, welche malen, beissen nicht", läßt sich auch in diesem Kontext lesen.[26]

Im Sinne eines psychoanalytischen Abwehrmechanismus des Ichs fällt an den Aktzeichnungen aber auch etwas anderes auf: konkret die Dialogverweigerung zwischen Künstler und Modell. Kolig fühlt sich umso unbeobachteter, je weniger er die Augen des Betrachteten auf sich gerichtet wußte. Nur selten, ausnahmsweise, nimmt eines der Modelle den Blick des Betrachters auf. Meist sind die Augen, sofern sie durch den Tiefenzug der Figur noch zu sehen sind, geschlossen. Umso mehr wurden sie zu willigen Anschauungsobjekten. Fast wirken sie wie tot, sind reglos, von seltsamer Passivität; eine Stimmung, die sich mit der prallen Leiblichkeit und Körperkraft der Dargestellten eigentümlich verschränkt.

Nicht zufällig ist die Assoziation an den italienischen Renaissancemaler Andrea Mantegna und seine Darstellung „Christo in storto": der Körper des Gottessohnes als Demonstrationsobjekt kunstvoll perspektivischer Verkürzungen. Auch über die Abwesenheit von Leben erfolgt ein Brückschlag zur Regungslosigkeit bei Kolig. Bei Mantegna ist es der verstorbene Erlöser, bei Kolig werden die Modelle zu „willenlosen Werkzeugen" (Brunhilde Rohsmann).[27]

Offensichtlich faszinierte Kolig der Ausgleich von Aktivität und Passivität. Grundsätzlich ist das Liegen ja eher eine Aufforderung zum Berühren. Es ist Hingabe. Das Modell ist dem Künstler und seinen Visionen passiv ausgeliefert. Im Gegensatz dazu stehen die kraftvollen Körper, die muskulösen Schenkel, das Panzerhafte der Thorax, das feste Fleisch. Aber all dem darf Kolig nicht zu nahe kommen. So sehr er der Faszination der nackten Körper nachtastet, so wenig darf er die Grenze des „Ichs" überschreiten.

Die Sehnsucht nach dem eigenen Geschlecht aber blieb. In einem Milieu, das ihm eine unmittelbare Umsetzung seiner psychosexuellen Triebimpulse nicht erlaubte, deutete Kolig den Jüngling um zum überindividuellen Adam, transformierte den Mann zum göttlichen Ebenbild und flüchtete in schwärmerische Tagträume, die seine Zeichnungen zu deren Stenogrammen machten.

Für diesen Transformationsprozeß, der gleichzeitig Lebensstrategie war, ist ein Blick auf das Verhältnis von Zeichnung und Malerei aufschlußreich. Hier sei ein Aspekt besonders betont. Die klassische Kunstgeschichte interpretiert mit gutem Grund die Zeichenkunst als unmittelbare Äußerung des Künstlers. Wie kein anderes Medium trage sie den Eindruck des ersten Erlebens in sich.

Diese Dimension der Unmittelbarkeit kann bei Anton Kolig im Sinn Sigmund Freuds erweitert werden. Entstanden seine Zeichnungen rasch, so war Kolig bekannt dafür, an seinen Ölbildern ohne Ende weiterzuarbeiten. Nach seinem

25 Freundliche Mitteilung von Rudolf Hradil an den Autor vom 07.11.1998

26 Aus einem Brief von Anton Kolig an Hannes Schwarz vom 30.11.1948, zitiert nach Rychlik, wie Anm. 12, S. 89.

27 Brunhilde Rohsmann, Das Menschenbild im malerischen Werk von Anton Kolig, unpubl. Dissertation an der Geisteswissenschaftlichen Fakultät der Universität Graz 1982, S. 230.

Anton Kolig
Akt
Bleistift auf Zeichenpapier, 420 x 330 mm
Nachlaßstempel rechts unten:
„Nachlass -/ meines Vaters -/ Anton Kolig -/ Thaddäus Kolig"
Wien, Privatbesitz

Anton Kolig
Doppelakt
Bleistift auf Transparentpapier, 340 x 497 mm
Nicht bezeichnet
Wien, Privatbesitz

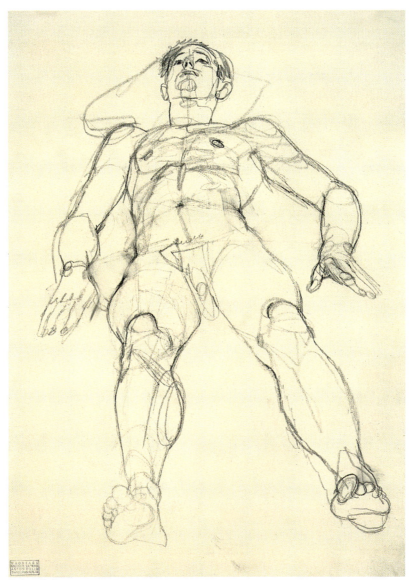

Anton Kolig
Akt
Bleistift auf Transparentpapier, 450 x 325 mm
Nachlaßstempel links unten:
„Nachlass -/ meines Vaters -/ Anton Kolig -/ Thaddäus Kolig"
Wien, Privatbesitz

Anton Kolig
Unsere Jugend (à balance) I, 1947.
Öl auf Leinwand, Privatbesitz

Dafürhalten waren sie kaum je fertig. Am liebsten hätte er sie alle behalten, keines verkauft. Seiner Meinung nach wuchsen sie bestenfalls von einem „Zustand" in einen anderen. Farbe wurde aufgetragen, abgekratzt, neu und dicker wieder aufgebracht.

Wenn Freud seine Patienten auf die Couch legte, damit sie ihre Träume erzählten, legte der Psychoanalytiker großen Nachdruck auf die Abweichungen, wenn der Patient den Traum erzählte und Freud ihn dazu brachte, die Nacherzählung des Traums zu wiederholen. Auf der Couch liegen bei Kolig nicht seine Patienten, sondern seine Träume. Paraphrase und Abweichung sind aber auch bei ihm aufschlußreich.

Nirgends sonst hat Kolig die Geschichte seiner Obsession so intensiv erzählt wie in den Zeichnungen. In den Ölgemälden ist sie überlagert, tritt zurück hinter der verdichteten Form von Allegorie und Symbol. Farbe und koloristische Fragen kamen hinzu. Andere artistische Probleme schoben sich in den Vordergrund, etwa Licht- und Gegenlichtdarstellungen, wie sie Kolig bevorzugte. Neue ikonographische Bedeutungszusammenhänge entstanden. Aus nackten Männern wurden Sinnbilder. Ganz in der Tradition barocker Vorbilder halten sie plötzlich Totenköpfe, wurden zum „Schwäbischen Adam" etc. Der unmittelbare Dialog bzw. die Dialogverweigerung mit dem Modell als Mann und Jüngling ist vorbei. Nur in der Zeichnung spielen Attribut und Kontext keine Rolle. Nur dort ist Kolig mit sich und dem Körper allein.

Der Vergleich eines Ölgemäldes mit dem Titel „Unsere Jugend" (à balance I), mit einer zugehörigen Vorstudie macht das deutlich: Hier ein intimer, unbeobachteter Moment, im Ölbild aber der Körper des Dargestellten im christlichen Sinn auch als Gefängnis. In der Zeichnung wirkt er niemals als Einschränkung. Wird in der Zeichnung der junge Mann angeschaut, mutiert er im Ölgemälde zum Schauenden.

„Meine Bilder sind Wunschfenster"

Koligs Zeichnungen gehören zum Eindringlichsten ihrer Gattung. Nicht zufällig verglich Kolig in einer Briefstelle das Malen und den Akt des Gemaltwerdens mit einem „geistigen Coitus".[28] Dem Leben abgelauscht spricht aus ihnen aber nicht die Leichtigkeit des Seins. Ihre Entstehung entsprang einem ewigen Kampf. Es war ein Ringen um die Schönheit, um die Schönheit des Mannes, für Kolig auch ein Ringen um den neuen Adam. Vom „Weg und der Suche nach dem Schönen" schreibt er, daß sie für ihn bedeuten, „das Sinnliche mit dem Geistigen in vollkommene Übereinstimmung zu bringen".[29]

In der Zeichnung fand Kolig einen Weg, seiner Sehnsucht Gestalt zu verleihen. Doch die Gefahr, an der Faszination zu verbrennen, war für Kolig und seine labile Innenwelt omnipräsent, der Druck der Außenwelt zu groß. Ausdruck dieses nichtbewältigten Konflikts waren wohl auch die schweren Depressionen, an denen Kolig zeit seines Lebens litt. In seiner Not erhob der Künstler Klage: „Meine Bilder sind Wunschfenster einer unfrohen – einsamen Seele, welche sich nach Gott sehnt oder nach dem Freunde als dessen Ebenbild."[30]

Heute mögen die Bildbetrachter dem Künstler seinen männlich besetzten Gottesbegriff vorwerfen. Die Faszination der Zeichnungen aber bleibt, so wie Koligs Homoerotik als Urgrund und Motor davon nicht zu lösen ist.

28 Anton Kolig in einem Brief an Hannes Schwarz vom 10.08.1948, zitiert nach Rohsmann, wie Anm. 27, S. 331.

29 Rose Sommer-Leypold, Lebenswerk einer Malerin. Die Künstlerin in der Nachfolge ihres Lehrers Anton Kolig, hrsg. von Gabriele Frommer, Kressbronn 1995, S. 167.

30 Anton Kolig in einem Brief an Hannes Schwarz vom 21.12.1948; zitiert nach Brunhilde Rohsmann, Anton Kolig. Welterfahrung / Farberfahrung, in: Ausst.Kat. „Anton Kolig. 1886–1950", Galerie Magnet, Völkermarkt, Klagenfurt 1996, S. 10.

Christian Witt-Dörring

Wenn Inhalte zu Informationen werden
Ein Brief Fritz Waerndorfers an
Eduard Wimmer-Wisgrill

Das Wissen um den Inhalt eines persönlichen Briefes, einst nur für dessen Absender und Empfänger bestimmt, findet sich plötzlich im Besitz der Allgemeinheit. Ein Vorgang, der unter anderem immer dann einsetzt, wenn ein Brief zur Archivalie mutiert, wenn sein Inhalt zur kulturgeschichtlichen Relevanz erklärt wird. Was bedeutet in diesem Zusammenhang Relevanz? In welcher Hinsicht und für wen ist der Inhalt erheblich? Heute steht dabei oft die Frage nach dem „Von wo kommen wir?" und „Wohin gehen wir?", wie und warum haben wir uns so und nicht so entwickelt, im Vordergrund. Die Hilfsmittel und Dimensionen, die zur Lösung dieser Fragen eingesetzt beziehungsweise berührt werden, sind jeweils von den Prioritäten abhängig, die wir im Leben setzen. So werden Inhalte erst dann zu Informationen, wenn wir sie in bestimmten Zusammenhängen zu verstehen und zu interpretieren versuchen. Es stellt sich nun wiederum die Frage nach der Legitimität, aus Inhalten Informationen zu machen. Sie kann sich in juridischer, im Sinne des Urheberrechts oder des Briefgeheimnisses, oder aber in moralischer Hinsicht stellen, wird aber in beiden Fällen vom Zeitfaktor bestimmt sein.

Zeit heilt nicht nur Wunden, sondern vermag auch Inhalte zu verändern. Was einst selbstverständlich war, benötigt heute, ohne den angestammten Rahmen, einer Erklärung. Wofür einst nicht Worte, sondern das gelebte Selbstverständnis gesellschaftlicher Anpassung zum Einsatz kam, wird heute selbstbewußt auf gesetzliche Veränderung gehofft. Mit dem Wandel des Stellenwerts des Individuums in der Gesellschaft verändern sich auch ihre Kommunikationsformen. Die Leistung unserer demokratischen Gesellschaft ist es, jedem Individuum, unabhängig von seinem sozialen Status, eine hörbare Sprache gegeben zu haben.

1995 schenkt Gino Wimmer dem Archiv der Universität für angewandte Kunst eine aus 58 Briefen bestehende, über die Jahre 1922 bis 1933 geführte Korrespondenz zwischen dem Industriellen und Mitbegründer der Wiener Werkstätte (1903) Fritz Waerndorfer (1868–1939) und seinem Vater, dem Wiener Modeschöpfer und künstlerischem Mitarbeiter der Wiener Werkstätte Eduard Wimmer-Wisgrill (1882–1961). Der Brief vom 4. Februar 1923 soll hier im Faksimile vorgestellt werden. Neben Informationen zur Geschichte der Wiener Werkstätte gibt er Gelegenheit, nicht nur das Entwurfsgenie, sondern auch den Menschen Josef Hoffmann (Peppo, Hoff oder H) kennenzulernen. Er wird so zu einem kulturgeschichtlichen Dokument über das Leben der damaligen Zeit, das der Kunstgeschichte meist entzogen scheint. Fritz Waerndorfers humorvoller, lebensbejahender Schreibstil steht in krassem Kontrast zu dem oft deprimierenden Inhalt des Briefes. Er wird knapp sechs Wochen vor dem erwarteten Tod Dagobert Peches (16.4.1923), einem der großen Genies und Hoffnungen des Wiener Kunstgewerbes, zu einer Zeit geschrieben, als die Wiener Werkstätte wie so oft mit dem wirtschaftlichen Überleben kämpft. Die Hoffnung, in Amerika einen aufnahmebereiten, finanziell potenten Markt zu finden, hatte sich nach kurzer Zeit zerschlagen. Nachdem der bereits 1911 nach New York emigrierte

Josef Hoffmann, um 1903
Österreichisches Museum für angewandte Kunst

Fritz Waerndorfer, um 1903
Österreichisches Museum für angewandte Kunst

Wiener Architekt und Bühnenbildner Josef Urban am 9. Juni 1922 mit großem Aufwand einen eigenen Schauraum eingerichtet hatte, mußte dieser bereits Anfang 1924 wieder mangels fehlenden Absatzes geschlossen werden.

Für Waerndorfer, Wimmer-Wisgrill und Hoffmann war die Wiener Werkstätte das verbindende und lebensbestimmende Element. Nachdem Fritz Waerndorfer durch sein großzügiges Mäzenatentum für die Wiener Werkstätte sein eigenes und zum Teil das Vermögen seiner Familie verwirtschaftet hatte, war er gezwungen, 1914 nach Amerika auszuwandern. Von New Orleans in Louisiana sollte er fern der Wiener Werkstätte für das textile Familienunternehmen die Verschiffung der Baumwolle nach Österreich organisieren. Seine Frau Lilli Hellmann (ƒ 1896) blieb in Wien zurück.

Josef Hoffmann, bei dem Wimmer an der Kunstgewerbeschule zwischen 1902 und 1907 Architektur studiert, dürfte ihn 1907 als Nachfolger Koloman Mosers in die Wiener Werkstätte aufgenommen haben. Ab 1910 leitet er ihre Modeabteilung (Waerndorfer berichtet in einem Brief, daß Wimmer schon als Bub Hüte für seine Mutter machen mußte), 1912/13 wird er zum Leiter der Textilwerkstätte an der Wiener Kunstgewerbeschule ernannt. 1918, auf Anraten Josef Hoffmanns – „Edi, Du müßtest bei Deiner Veranlagung wenigstens einen Sohn oder eine Tochter zeugen. Kannst Du nicht heiraten?" – heiratet Wimmer Clara von Foregger, die Directrice des Modesalons der Wiener Werkstätte. 1919 wird der Sohn Ighino (Gino) geboren, die Ehe bereits am 1. September 1924 wieder geschieden. Das Sorgerecht für den Sohn erhält auf Grund der geregelteren finanziellen Verhältnisse der Vater und nicht die Mutter. Auch Wimmers namentliche Identität „Wimmer-Wisgrill" geht auf einen Vorschlag Josef Hoffmanns zurück. Nachdem sich Wimmer bei ihm über die Tatsache beschwert, immer wieder mit einem schlechten Maler namens Josef Wimmer aus Linz verwechselt zu werden, rät ihm Hoffmann, den Mädchennamen seiner Mutter „Wisgrill" an den eigenen anzuhängen. Ab Dezember 1922 ist Wimmer bis September 1923 in New York als selbständiger Mode- und Textildesigner tätig. Aus dieser Zeit stammt der hier vorgestellte Brief, der Waerndorfer als logische Anlaufstelle für Wimmer in Amerika ausweist. Zeitweilig, während Wimmer kurzfristig nach Wien zurückkehren muß, nimmt Waerndorfer auch die Vaterrolle für den Sohn Ighino in Cincinnati wahr. Im Oktober 1923 kommt er einer 36-wöchigen Berufung zum Lehrer am Art Institute von Chicago nach. Wieder in Wien lernt Wimmer in der Kunstgewerbeschule schließlich seinen späteren Freund Friedrich von Berzeviczy (1909–1989) kennen. Mit ihm führt er von 1928/29 bis 1932/33 mit Hilfe des Butlers Hermann, einem Feldwebel der ehemaligen k.u.k. Armee, einen gemeinsamen Haushalt, in dem der kleine Ighino die Rolle des gemeinsamen Sohnes einnimmt. Auf Vermittlung Josef Hoffmanns und Eduard Wimmer-Wisgrills betritt Berzeviczy 1933 zum ersten Mal die Konditorei Demel, um dem vergangenen Glanz des in die Jahre gekommenen Betriebes neues Leben einzuhauchen. Für Hoffmann ist Berzeviczy „…der letzte Romantiker. Er hat eine eigene Botanik im Kopf." Vier Jahre später hat die väterliche Hand Hoffmanns abermals eine Ehe gestiftet. 1936 heiratet Friedrich von Berzeviczy-Pallavicini Klára, die Nichte von Anna Demel.

Sämtliche Daten und Informationen zur Geschichte der Wiener Werkstätte können als bekannt vorausgesetzt werden. Sie fehlen in keinem Katalog oder Buch, das sich mit diesem Thema beschäftigt. Die Geschichte, die ihre Schöpfer verbindet, ist jedoch bis heute ungeschrieben.

Febr 4th 23

Danke sehr fuer Ihren unterhaltlichen Brief, werter Freund Wimmer.

In dem -doch ewig fremdlich amerikanischen Milieu wirken Ihre Briefe
stets so, wie wenn man, in einem herb-kalten steirischen Gebirgsee
schwimm~~~~~~~~, auf einmal in so eine gewisse "warme Stroemung" hinein
kommt. Haben Sie das je in Steiermark oder dem Salzkammergut erlebt ?
Hoffentlich, sonst ist der Vergleich nebst seiner Hinkigkeit ueber-
haupt wertlos.

Das mich Interessierendste haben Sie wieder nicht beantwortet, und so
versuche ich es auf beiliegendem Weg zu erfahren.(vide Beilage)

Der gestrige Tag ware in WW-tag fuer mich. Ihr Brief kam an, und,wie
das schon so geht, MIT Ihrem Brief zwei aus Wien, der eine ganz aus
der WW, der andere Drolliges aus der WW erzaehlend. Vom Inhalt des
ersten kann ich fast nichts mittheilen, erstens auch weil er gar nichts
Sachliches enthaelt, und dann weil er so lachhaft schmeichelhaft fuer
mich ist. Im Laufe von zehn Jahren vergessen die Menschen offenbar alle
Ekelhaftigkeiten eines "Abgereisten", behalten nur seine halbwegs moeglichen
Seiten in Erinnerung, die sich dann so "verklaeren", dass man sich auf
einmal den Abgereisten wieder retour der WW wuenscht. Die alte Garde,(IHRE,
lieber Freund,genau so wie meine,),schreibt mir, nach Jahren, total
un-veranlasst, dass sie gerne wieder unter mir,fuer mich,arbeiten wuer-
de.

Freut mich natuerlich irrsinnig, so was.

Sie koennen sich nicht vorstellen,-resp Sie koennen sich natuerlich
SEHR vorstellen-,wie oft Peppo mit mir, auf dem Weg von der Neustiftgas
se auf den Graben, darueber gesprochen, was fuer entzueckende Arbeiter
und Angestellte wir haetten, und wie es einfach eine UNERTRAEGLICHE Qual oft
werde, WIEEEEE wenig wir fuer alle diese Prachtmenschen thun koennen.-
Solches Empfinden theilt sich fraglos telepathisch Denen mit, fuer die
man empfindet, und sie "empfinden" dann retour.

Der andere Brief erzaehlte mir Folgendes Heiteres ; Ein neuer Glas-pro-

2 *in der Neustiftgasse*

fessor ist aus Koeln angekommen,—(who's who ??), der in der WW haust.
So hausend, visierte er auch fuenf Kisten alten WW-glases und alter WW-
Keramik, die ihn offenbar so empoerten, dass er, eigenhaemmerig, den ganzen Inhalt von vier Kisten zerdrosch. An dem Zertruemmern des Inhaltes
der fuenften Kiste wurde er durch das Erscheinen eines mehr Wienerisch
und weniger Koelnerisch Veranlagten gehindert, der nicht nur die fuenfte
Kiste rettete, sondern noch einige andere, die Koeln noch nicht entdeckt
hatte, und die jetzt "billig" verkauft werden. Man kann sich nicht vorstellen, wie viele und theilweise wirklich nette Wiener Menschen sich auf diesen "billigen" Ausverkauf freuen.

Offenbar brachten einige alte Prutscher-glaeser und vielleicht,
etwas aehnlich schwaechliche,Povolny-Keramiken den Koelner aus dem Haeusel :
aber paepstlicher als der Papst braucht auf dieser Welt, so lange die WW
besteht, Niemand zu sein, und wenn Pepsch seinerzeit fuer die Qualitaet
dieser Dinge einstand,----etc etc.

Hoffman. | Dieses grosse, und wie es scheint, so schmerzlich
werdende Thema. | Beginnend vor einem Jahr, schrieb man mir : H. leidet an
Gedaechtnis-schwaeche,--trinkt,--lebt mit einem jungen Maler.

Ich dachte mir,--(und schrieb es auch spaeter an Hoff): wenn
er gerne trinkt, soll er trinken; und wenn er sich mit Knaben zur Abwechslung unterhalten will, geht das absolut Niemanden was an; auf alle Faelle
werden es immer entzueckende Knaben sein.

Dann kam Hoff's erster und seine weiteren Briefe an. Einer
herrlicher wie der andere, so absolut ER, von einer so hinreissend schoe-
nen,keuschen Monumentalitaet, seine Gedanken, seine Worte UND auch seine
mir einzig sympathische Schrift. Ich konnte KEINE Veraenderung seines
Seins herauslesen, kein Alt-geworden-sein, Alles war so frisch, lebendig,
leuchtend wie die Rinde einer weissen Birke.

NUR EINES. Er schrieb : ich habe gar kein Gedaechtnis mehr; und
wenn Du einmal nichts mehr von mir hoeren wirst, werde ich mich wahrscheinlich selber vergessen haben.

8.

Sanctus Schopenhauer,---der allen Wahnsinn als ein Aufhoeren des Gedaecht-
nisses bezeichnet.

Hatte Hoff. je Syphilis ? Ich weiss absolut nichts davon.
Wenn aber diese Erscheinungen an ihm Folgen der S, sind,---es waere nicht
auszudenken.

Gott, es giebt auf dieser Welt nichts Bestialischeres,-
Thierischeres, als die Incarnation von Perversitaet, genannt Schicksal,-
Fatum.

Und jetzt schreiben Sie auch so, wie wenn man thatsaechlich
nicht mehr fest auf Hoff rechnen koennte; und melden so Trauriges von Peche, diesem charmanten " 32 Variationen eines Thema von J, Hoff."-(vide
Brahms und Hayden), und sagen schliesslich : "und sonst ? der Rest ?".

Servus , lieber Freund, holt Sie einmal die WW,-dann
gratuliere ich Ihren Schultern, auf denen wird ruhen muessen : The Whole,
Whole Tradition Of The Old Hoff-WW, whose only carrier you will have to
be.

Somit sind wir auf "heute" angelangt. U. hat offenbar
die New Yorker so gemacht, wie er, als U,-sie machen musste. Wenn sie
jetzt "zusammen-purzelt", wird sie weiter erhalten werden ? Und dann :
KANN die Wiener WW sich ohne eine so starke Stuetze, wie eine New Yorker
Abnehmerin halten ?

Lauft aber eventuel New Yorker WW weiter, Wien aber
verliert irgendwie Hoff und Peche, dann ist absolut NIEMAND da, wie Sie,
der mit einfach uebermenschlichem Arbeiten die WW ueber Wasser halten
koennten, resp ihr Nivo erhalten koennte.

Kaeme es je dazu, und Sie wuerden mich als Mitarbeiter
wollen, I would be delighted to work with you-----like Hell, ich meine
bis zur Bewusstlosigkeit--------

(wobei mir Etwas einfaellt, was Sie eigentlich interessieren sollte, dass Sie naemlich-(angeblich)-nur Ihr gesundes und leben-

4.   1925 ?

des Dasein einer Draherei, oder Concert-besuch oder dergl verdanken, weil
im Jahre 1914/unmittelbar nach meiner Abreise aus Wien, Ihnen   knapp vor
Ihrer Wohnung   ein weibliches Wesen mit einem Browning (sic) auflau-
erte (sic) , und nur unverrichteter und spaeter ueberlegter Dinge wieder
heim gieng, weil sie damals "so endlos lange nicht am Abend nach Hause gekommen waren". Und der Grund, warum Ihnen "aufgelauert" wurde, war :"um
MICH an IHNEN zu raechen".   Dieser irrsinnige Gedanke, resp dieses Re-
sultat einer vollkommen irrsinnigen Gehirnwindung eines weiblich gewunde-
nen Hirnes, war mir von damals bis zum heutigen Tage, trotz Briefwechsel
darueber, nie klar und wird mir nie klar sein.

        Ist aber doch amusant,   nicht ?
        Schluss.

        Ich gebe Ihnen Eines aus Ihrem Brief retour : Ich beneide
Sie darum, New York geniessen zu koennen,--(Kann man Das ? Was ?),welches
New York ich allerdings nur in ziemlicher qualvoller Erinnerung habe,--
naemlich mit einem WW-Lager/auf Einkaeufer von Altmann, Wanamaker,
Filene etc etc wartend.

                        Besten Gruss, Ihr ganz ergebener

                                F.Waerndorfer,welcher
Name natuerlich aus keiner amerikanisierenden Verschmocktheit gekuerzt
wurde, sondern weil kein Mensch ihn hier aussprechen oder gar schreiben
konnte, worunter besonders Charles damals in seinem College litt, dem ich
auch die Abkuerzung vollommen ueberlassen hatte.

        P.S. Interessiert Sie : Bruckmann Die Kunst, November-
heft mir russischen Malern und Holzhaeusern der Dresdner Werkstaetten ?
Wenn ja/schicke ich es Ihnen mit Vergnuegen. Ich werde jetzt -wahrschei-
lich- fortlaufend Bruckmann und Koch erhalten, direct aus Wien, da hiesi-
ges Abonnement zu theuer ist.

        P.S. Erklaerung fuer diesen entzetzlich langen Brief :

es ist Sonntag, und ich habe seit gestern Samstag Mittag bis eben heute Abend, also ueber 24 Stunden meinen Mund———/ausser zum Zaehneputzen und essen/nicht aufgemacht, da Charles mit seinem Schiff zur Reparatur auf 2 Monate in Jacksonville ist, und ich hier nie mit Niemandem nicht verkeh-re. Dafuer aber dann, wenn ich mit einem Wiener spreche--(Wiener mit zwei WW geschrieben)-- an Munddiarrhoe leide.

Ever yours

Ines Rieder

Auf der Bühne(:) Der (Die) Bourgeoisie Lesbisches Leben in Wien bis zur Mitte des 20. Jahrhunderts

Bühnenstars wie auch bürgerlichen Frauen haben sich mit großer Leichtigkeit zwischen den Brettern, die die Welt bedeuten, und den Betten, die ihre Welt bedeuten, hin und her bewegt. Die internationalen Szeneplätze wie Paris, New York, Hollywood, London, Berlin sind schon vielfach beschrieben worden, Nebenschauplätze wie Wien oder Salzburg tauchen eher selten auf. Dennoch hatten fast alle, die sich in den zwanziger und dreißiger Jahren in der internationalen Szene bewegten, und vor allem die meisten, die sich in Berlin tummelten, auch einen Bezug zu Wien. Sei es, daß sie aus Wien stammten, sei es, daß sie in der Stadt immer wieder auf der Bühne standen oder weil sie dort ihren amourösen Interessen nachgingen. In der allgemeinen Aufbruchstimmung, die nach Ende des Ersten Weltkriegs fast ganz Europa erfaßte, kam es zu großen Änderungen in der Mode, den Lebensformen und den damit einhergehenden allgemein akzeptierten Vorstellungen. Wenn es in Wien auch nicht die große Anzahl von Nordamerikanerinnen gab wie in Paris, oder das vielfältige Clubleben, welches so viele lesbische Frauen nach Berlin lockte, so gab es doch genügend Treffpunkte für bürgerliche Frauen, die Frauen liebten.

Am Freitag war z.B. im Nachtlokal Tabarin der Tag der eleganten Welt. Dort konnten sich relativ ungezwungen die Wohlhabenden mit den darstellenden Künstlerinnen mischen. Oder die immer wieder stattfindenden Autorennen der Damen, wo im Wiener Prater die Hautevolée mit den wagemutigen Fahrerinnen zusammentraf. In den Sommermonaten wechselten die Schauplätze dann ins Salzkammergut, einer beliebten Sommerfrische, wo auch. viele der Mitwirkenden der Salzburger Festspiele ihr Refugium hatten. Besonders hervorzuheben ist Schloß Kammer, damals im Besitz der Berliner Familie Mendelssohn, wo die Tochter des Hauses, die schöne Schauspielerin Eleonora von Mendelssohn, rauschende Feste gab, zu denen die Gäste sogar aus Hollywood angereist kamen. Bleiben wir beim Tabarin: es gehörte damals mit dem Apollo und dem Ronacher zu den gefragtesten Rauchtheatern Wiens. Das Tabarin befand sich in der Annagasse, einer Seitengasse der Kärntner Straße. Im selben Haus Nr. 3 war auch das Chapeau Rouge untergebracht, und beide schlossen gewöhnlich um zwei Uhr die Pforten. Bis zur Sperrstunde saßen dort „in den Logen die schönsten Frauen Wiens in Kleidern, die vielfach erst am Nachmittag von der Schneiderin geliefert wurden, in Schmuck, der nicht immer echt ist, aber doch echt sein könnte… Auch die mondänen Schauspielerinnen, die Wien hat, sieht man in den Logen des Tabarins…Mimi Kött mit ihrem Anhang, Tilly Losch und Hedy Pfundmayr, die zwei unzertrennlichen Balletteusen, sitzen schön und pflanzenhaft in ihren Logen…"[1]

Dem Gift verfallen

Mimi Kött war im damaligen Wien eine der bekanntesten Soubretten. Sie brillierte vor allem in Rollen im Theater an der Wien, im Raimundtheater, im

1 Ludwig Hirschfeld, Das Buch von Wien, München 1927, S. 148 f.

Bürgertheater und auch im Carltheater. Wohl schon in den zwanziger Jahren war sie diversen Giften verfallen, und am 9. Februar 1931 fand sich in der „Illustrierte Kronenzeitung" die Schlagzeile „Die Tragödie einer Wiener Schauspielerin. 3. Selbstmordversuch Mimi Kötts". Die Kombination von Veronal und Morphium war tödlich gewesen. Mimi Kött, in Ungarn geboren, war über Olmütz nach Wien gekommen, wo sie anfangs im Kabarett arbeitete und dann auf die Operettenbühne wechselte. Die Illustrierte Kronenzeitung wußte zu berichten, daß sie die „erste Frau Wiens mit Etonkopf (war)... Sie machte ein bedeutendes Vermögen, welches sie noch besitzt. Außer ihrer Wohnung in Wien gehörte ihr noch die Schratt Villa in Ischl und viel Schmuck. Sie war mit einem montenegrinischen Prinz verheiratet, aber die Ehe ist schon lange geschieden." Den letzten großen Bericht über Mimi Kött gab es am 15. Februar 1931, als sie im evangelischen Teil des Zentralfriedhofs beigesetzt wurde. Über die gemunkelten Frauenbeziehungen war in der damaligen Kronenzeitung nichts zu lesen.

Zu den Stammgästen des Tabarins gehörte auch die in Wien als Kokotte bekannte Baronin Leonie von Puttkamer. Im April 1924 in polizeilichem Gewahrsam, berichtete sie, daß sie mit ihrem späteren Ehemann Albert Gessmann Jr. das Lokal frequentierte. Er schickte ihr wiederholt Blumen, küßte ihr bei jeder Gelegenheit die Hand und trug ihr auch seine damalige Freundin Mimi Tuschl, eine Meisterin der modernen Gesellschaftstänze, für ein Verhältnis an.[2]

Ob Leonie den Auftritt Leontine Sagans auf der Bühne des Tabarins miterlebt hatte? „Sie spielte die schöne Ungetreue mit raffinierter Koketterie, sie sah bildhaft aus und so kalt, als käme sie gerade aus dem Wasser."[3] Zehn Jahre später machte sich Leontine Sagan als Regisseurin des Lesbenklassikers „Mädchen in Uniform" einen Namen.

Nur knapp ein Jahr nach Leontine Sagans Auftreten kommt es im Tabarin in den frühen Morgenstunden nach einem Auftritt der Berliner Tänzerin Anita Berber zu einer Schlacht. Anita hatte dem Portier, der ihren Passierschein sehen wollte, einen Faustschlag versetzt, er schlug zurück, und innerhalb kürzester Zeit war eine ausgedehnte Saalschlacht in Gange.[4]

Es ist anzunehmen, daß auch Tänzerinnen wie Lena Amsel mit ihren Freundinnen im Tabarin anzutreffen waren. Schon in Berlin offen lesbisch, was sie nach einer Heirat mit einem österreichischen Rittmeister nach Wien gekommen. Der hinderte sie dann gerichtlich am „Betreten der gemeinsamen Wiener Wohnung...,

2 Siehe Landesgericht für Strafsachen Vr 2136/24 Gessmann Leonie (Wiener Stadt- und Landesarchiv)

3 Illustrierte Kronenzeitung, 16. Februar 1922, S. 11

4 Lothar Fischer, Tanz zwischen Rausch und Tod. Anita Berber, Berlin 1988, S. 78 f.

Hedy Pfundmayr
Foto Madame d'Ora
Bildarchiv, ÖNB Wien

da sie in dieser zu häufig mit ihren Freundinnen anzutreffen gewesen sein soll. Lena Amsel ging daraufhin mit ihrer Wiener Freundin nach Paris, die dort einen Modesalon gründete; beide verunglückten bei einem Autounfall tödlich."[5]

In Berlin soll Lena Amsel mit „der Orska" befreundet gewesen sein. In Wien kreuzten sich wohl wieder ihre Wege. Daisy oder Maria Orska war zwischen 1914 und 1920 die Wilde- und Wedekind-Darstellerin schlechthin gewesen, deren russischen Akzent man pikant und individuell fand. Sie starb im Mai 1930 an einer Überdosis Veronal. In der Zeitung hieß es, sie sei, „selbst wie ein Vamp gewesen – niemand ist fälschlicher als eine zwar interessante, aber im Grund verworfene, das heißt betont sexual-pathologische Frau bezeichnet und angeprangert worden als sie … gewiß hat sie gelegentlich Männer ruiniert, aber nicht weil sie mußte und für diese wenig sympathische Aufgabe von Natur aus bestimmt war, sondern weil sie gelegentlich wollte."[6]

Am nächsten Tag wurden dann unter dem Titel „Viel gelebt und viel gelitten" noch einmal Szenen aus ihrem Leben geschildert. Daß sie einer fürchterlichen Leidenschaft verfallen war: dem Rauschgift. In den Pausen brauchte sie Morphinspritzen, um weiterspielen zu können. „Im Herbst des Vorjahrs war sie spärlich bekleidet über den Bahngeleisen in Aschaffenburg aufgefunden worden. Ausgeraubt im Bahncoupé. In Köln hatte sie sich Morphium und Kokain beschafft und war mit 20 Mark nach Wien gefahren."[7] Wie sie auf die Gleise gelangt war, das wußte niemand und konnte auch niemand herausfinden. Um den Nachlaß der Orska kümmerte sich dann die langjährige treue Gesellschafterin Charlotte Müller.

Körperliche Bewegung

Die beiden oben erwähnten Tänzerinnen der Wiener Staatsoper, Tilly Losch und Hedy Pfundmayr, hatten das was vielleicht als ihre wilde Phase bezeichnet werden kann, in den zwanziger Jahren. Hedy wurde damals als eine Frau beschrieben, die viel Körpersport betrieb, insbesondere Reiten, Schwimmen und Automobilistik. Die aus gutbürgerlichem Haus stammende Hedy eröffnete 1928 ihre eigene Tanzschule, die ab 1950 als Mannequinschule geführt wurde. Tilly Losch war ab 1924 die bestbezahlte Solotänzerin der Staatsoper, aus der sie aber Ende der zwanziger Jahre austrat. Von den Nationalsozialisten konnte sie nicht mehr rassisch verfolgt werden, denn sie hielt sich ab 1933 in Frankreich auf. 1939 heiratete sie einen britischen Earl und zog später nach New York, wo sie nicht nur tanzte, sondern auch malte.

Die Damen, die ihren Fuß nichts ins Taberin setzten, waren wohl eher in der Staatsoper anzutreffen, wo sie die Tänzerinnen wie Tilly Losch bewunderten. Aber diese Vergnügen waren für den Abend vorgesehen. Was machten diese Damen tagsüber? Wenn sie sich nicht bei den immer weniger werdenden Jours und Tees zusammenfanden, zogen sie eine Bridgerunde vor. Im großbürgerlichen Milieu fand das Bridgespiel im Salon statt, Damen des Mittelstands besuchten wohl eher in eine der vielen neuen Bridgestuben, wo nicht gesprochen werden durfte. Bridgestuben waren ein Mittelding zwischen öffentlichem Lokal und Klub und in fast allen besseren Lokalen der Inneren Stadt anzutreffen.[8] Zum Plaudern gab es die diversen Lokalitäten, die je nach der Tageszeit Zustrom fanden. Während des Einkaufbummels schaute frau in der Teestube Kamp Hu in der Seilergasse vorbei. Der Gerstner auf der Kärntner Straße war die mondäne Mittagskonditorei, und am Nachmittag traf frau sich beim Demel. „Beim Demel muß man unbedingt hinten sitzen, im Rauchsalon. Dort sitzt Aristokratie, Theater, Lebewelt, nur dort ist es fesch und schick… Das ist Wien am Nachmittag. Oder sagen wir lieber genauer: zweitausend Menschen, die wenig oder nichts zu tun haben, deren Hauptbeschäftigung im Umkleiden besteht und die deshalb vorgeben, die Wiener Gesellschaft zu sein."[9]

5 Hanna Hacker, Frauen und Freundinnen. Studien zur „weiblichen Homosexualität" am Beispiel Österreich 1870–1938, Weinheim und Basel 1987, S. 252

6 Illustrierte Kronenzeitung, 15. Mai 1930

7 Illustrierte Kronenzeitung, 16. Mai 1930

8 Hirschfeld wie Anm. 1, S. 246 f.

9 Ebd., S. 129 f.

Tilly Losch (rechts)
mit unbekannter Dame
Bildarchiv, ÖNB Wien

Schauspielerinnen

Außer der Möglichkeit abends Tänzerinnen zu bewundern, hatte auch der
Theaterbesuch Bedeutung. Ludwig Hirschfeld beklagt, daß es keine Schauspie-
lerin mehr gibt, – in die Männer und Frauen verliebt sind. „Helene Odilon[10] war
die letzte Erscheinung dieser Art: die große Theatervirtuosin der Liebe und des
Leichtsinns, der man nachsagte, daß sie sozusagen mit dem ganzen Publikum ein
Verhältnis hatte. Seither hat sich auch die Schauspielerin verbürgerlicht, es gibt
Salondamen, naive und sentimentale Liebhaberinnen, aber keine grande Amou-
reuse."[11]

Und dennoch es hat wohl genug Schauspielerinnen gegeben, in die Frauen – und
die oft auch ineinander – verliebt waren. Die junge Fotographin Trude Fleischmann hatte sicherlich ein Auge für schöne Tänzerinnen und Schauspielerinnen,
die sich oft in ihrem 1920 in der Ebendorferstrasse 3 gegründeten Atelier ein-
fanden. Sie war damals international nicht so renommiert wie ihre ältere Kollegin
Dora Kallmus, bekannte als Madame d'Ora, aber ihre Aufnahmen von Frauen
aus der Zeit stehen den Aufnahmen Madame d'Oras keineswegs nach.

Trude Fleischmann fotografierte Helene Thimig, die in den zwanziger Jahren auf
den Bühnen Wiens und Berlins immer wieder in Hosenrollen auftrat. Auch in
Edouard Bourdets Skandalstück „Die Gefangene" (eine Frau verläßt nach kurzer
Ehe ihren Mann, um zu ihrer Geliebten zurückzukehren) spielte Helene Thimig
eine Rolle. Ihr wurden nie Verhältnisse mit Frauen nachgesagt, ihrer Bühnen-
kollegin Sybille Binder jedoch sehr wohl.

Sybille Binder war seit 1924 ein gefragter Bühnenstar. Sie trat regelmäßig in Wien

10 Helene Odilon geboren 1865 in
Dresden, gestorben 1939 in Baden
bei Wien. Ab 1891 am Deutsche Volkstheater in Wien. Berühmt als Salon-
dame, Gattin von Alexander Giradi,
Geliebte von Baron Rothschild. Viel
umjubelte Gastspiele in Berlin, Paris,
London und den USA.

11 Hirschfeld wie Anm. 1, S. 250

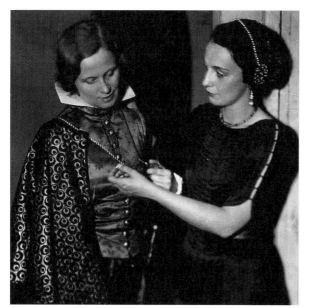

Abb. links
Helene Thimig, Eleonora von
Mendelssohn in „Was ihr wollt"
Josefstadt
Bildarchiv, ÖNB Wien

Abb. rechts
Sybille Binder, Eva Geyer in „Gestern
und Heute" von Christa Winsloe
Bildarchiv, ÖNB Wien

12 Ines Rieder, Wer mit Wem? Hundert
Jahre lesbische Liebe, Wien 1994,
S. 212. In Antiquariaten Paris, Mailands
und Buenos Aires können wir mit etwas
Glück Bücher/Illustrationen von Mariette
Lydis finden. Z.B. wurde 1948 in Paris
eine Edition von 350 Exemplaren
herausgegeben, in denen die Künstlerin
den Roman Pierre Louys „Les
Chansons de Bilitis" (Lieder der Bilitis)
illustrierte. Pierre Louys Roman war
1894 zum ersten Mal publiziert worden:
eine literarische Phantasie über Leidenschaft unter Frauen zu Zeiten der
Dichterin Sappho. 1955 wurde in San
Francisco die erste lesbische Organisation der Vereinigten Staaten
gegründet und Daughters of Bilitis
genannt.

und Berlin auf, ab 1933 nur mehr in Zürich und Wien. 1938 emigrierte sie nach
London und kehrte 1951 ans Schauspielhaus in Düsseldorf zurück, wo sie bis zu
ihrem Tod blieb. Daß sie 1931 in der österreichischen Erstaufführung von Christa
Winsloes „Gestern und Heute" im Deutschen Volkstheater das Fräulein Bern-
burg spielte, ist völlig in Vergessenheit geraten. Eva Geyer gab die Schülerin
Manuela, die das schöne Fräulein Bernburg mit liebestrunkenen Augen verfolgte.
Mit diskretem Charme pilgerten die bürgerlichen Wiener Lesben zwar ins Volks-
theater, aber zu Ovationen für die Hauptdarstellerin, von deren lesbischen
Neigungen sehr wohl geredet wurde, ließen sie sich doch nicht hinreißen.
Christa Winsloe war im Zuge der Erstaufführung sicherlich auch mit der Schau-
spielerin Sybille Binder bekannt geworden, obwohl es durchaus möglich ist, daß
sich die beiden schon in einschlägigen kosmopolitischen Kreisen getroffen haben
könnten. Sowohl Christa als auch Sybille werden häufig in den Biographien und
Briefen der Geschwister Mann erwähnt. Christa standen allerdings dank ihrer
Herkunft wie auch ihrer Ehe mit den ungarischen Zuckerbaron und Schriftsteller
Lajos Hatvany, auch die bürgerlichen Salons offen, wo sie gern gesehen und
häufig zu Gast war.

Im Salon

In Wien war sie oft im Josefstädter Salon der Schulleiterin Eugenie Schwarzwald
anzutreffen. In diesem Salon verkehrten viele KünstlerInnen, die vielleicht von
den erotischen Neigungen einiger Frauen aus diesem Umfeld wußten, die aber
damit sehr diskret umgingen. Die Graphikerin und Malerin Mariette Lydis war
vor ihrer Emigration nach Paris 1927 immer wieder bei Eugenie anzutreffen.
Vielleicht munkelte man hinter vorgehaltener Hand über Mariettes Liebesleben.
Sie soll ja das Vorbild für die Malerin Karla Jarl aus Grete von Urbanitzkys
Roman „Die goldene Peitsche" gewesen sein. Außerdem machte sich Mariette
einen Namen als Illustratorin von Colettes Roman „Claudine" und war bekannt
für ihre Zeichnungen von Lesben.[12]
In diesem Zeitraum besuchte auch die nordamerikanische Korrespondentin
Dorothy Thompson bei ihren beruflich bedingten Aufenthalten in Wien den
Salon Eugenie Schwarzwalds. Sie fühlte sich der Gastgeberin besonders verbun-
den und wurde sicherlich von ihr in allerlei Herzensangelegenheiten ins Ver-

trauen gezogen. Es ist schwer vorstellbar, daß Dorothy und Eugenie nicht über Eugenies Zuneigung zu Frauen gesprochen haben, auch wenn diese mit der Studienzeit zusammenfielen und somit der Vergangenheit angehörten. Die einstige Freundin Eugenies, Esther Odermatt, war ja in den zwanziger Jahren wieder mit ihr in Kontakt getreten und schon deshalb ein Gesprächsthema.

Und dann gab es andere gemeinsame Bekannte. Da war die junge Alice Herdan-Zuckmayer, deren Mutter, die Burgschauspielerin Claire Liesenberg, eng mit Eugenie Schwarzwald befreundet war. Claire Liesenberg hatte ihre einzige Tochter gemeinsam mit ihrer Freundin Therese aufgezogen. Dorothy Thompson, die gelegentlich bei den Freuds verkehrte – sie war mit Dorothy Burlingham[13] aus den Staaten bekannt – hat wohl auch mit Eugenie über die Bande gesprochen, die Anna, die jüngste Tochter Sigmund Freuds mit der vierfachen Mutter Dorothy Burlingham verbanden.

1932 hatte Dorothy Thompson ihrer Freundin Eugenie Schwarzwald sicherlich viel zu berichten. Sie hatte sich völlig unerwartet bei einem ausgedehnten Silvesterfest am Semmering in Christa Winsloe verliebt. Diese Liebe dauerte einige Jahre, und Christa folgte Dorothy in die Vereinigten Staaten.[14]

Spurensuche

Außer diesen halb freigelegten Spuren gibt es noch viele andere, die gut verdeckt sind und deshalb auch schnell im Sand verlaufen. Die Sozialwissenschaftlerin Marie Jahoda erinnert sich in ihrer Autobiographie an ihre Schwärmerei für ein älteres Mädchen, an die sie auch viele Liebesgedichte richtete. Mit etwa 16 Jahre wurde Marie Pfadfinderin und lernte in ihrer Gruppe Margit Weiss, eine schöne charismatische Frau kennen. „Sie war verheiratet und hatte einen kleinen Sohn, aber wahrscheinlich auch starke lesbische Neigungen. Jedenfalls erweckte sie bei uns allen leidenschaftliche Begeisterung. Sie fühlte sich zur indischen Mystik hingezogen. Wir führten ein Stück von Tagore auf, ‚der Postbote' hieß es, glaube ich. Ich spielte einen kleinen Jungen, der an einer Krankheit starb oder vor Hunger, und Margit kam als metaphorischer Bote aus einer anderen Welt, um mich auf meinem Sterbebett zu trösten. Ich war in Ekstase und wäre am liebsten in alle Ewigkeit weiter gestorben. Erst Jahre später wurde mir klar, daß ich sexuell erregt gewesen war."[15]

Was wohl die Lebensgeschichte dieser Margit Weiss gewesen sein mochte? Hat sie noch viele Frauen Wiens in Erregung versetzt, konnte sie ihre Neigungen leben? Wohin hat sie der Nationalsozialismus getrieben? Von der Schriftstellerin Gina Kaus sind ähnliche Fragmente über eine gewisse Frau Slonitz überliefert. Diese Frau Slonitz kam in ihrem eleganten Lancia zusammen mit einer Bekannten Gina Kaus' zu Besuch ins Salzkammergut. „Frau Slonitz war nicht schön, sie war eher klein und gekleidet wie ein Mann; sie trug eine weiße Hemdbluse mit Krawatte und den kürzesten Haarschnitt, den ich bis dahin gesehen hatte. Am nächsten Tag kam Frau Slonitz allein, und sie kam zu mir. Sie brachte mir eine große Schachtel aus einer Konditorei mit. Ich dankte ihr erstaunt, aber sie ließ mir nicht viel Zeit, mich zu wundern, sie erklärte mir, sie habe sich in mich verliebt. Das erschien mir merkwürdig, denn um diese Zeit war ich hochschwanger.

Ich sagte ihr, daß ich keinerlei Neigungen dieser Art hätte. Sie nahm es ruhig hin und fragte mich, ob sie mir den Hof machen dürfe. Ich antwortete, daß ich es immer gern gesehen hätte, wenn mir jemand den Hof mache, müsse jedoch in aller Aufrichtigkeit ihre Hoffnungen zurückweisen. Sie war aber nicht dazu zu bewegen, die absolute Aussichtslosigkeit zur Kenntnis zu nehmen…

Sie stammte aus einem sehr guten Hause, war zwei Wochen lang verheiratet gewesen und hatte seither eine Menge von Beziehungen gehabt, unter anderem mit einer sehr bekannten Schauspielerin. Erstaunlich war, daß sie einen unermeßlich reichen Liebhaber hatte, der sie mit Geld überschüttete, obwohl er ihre

13 Dorothy Burlingham 1891 New York – 1979 London. Kinderanalytikerin. Lebensgefährtin Anna Freuds.

14 Rieder wie Anm. 12, S.123 ff.

15 Marie Jahoda, Ich hab die Welt nicht verändert. Lebenserinnerungen einer Pionierin der Sozialforschung, hrsg. von Steffani Engler, Brigitte Hansenjürgen, Frankfurt 1997, S. 37 f.

lesbischen Beziehungen kannte und sie ihn nicht darüber im unklaren ließ. Die lesbische Frau Slonitz kam oft zu mir. Sie holte mich in ihrem eleganten Lancia ab, führte mich in den Prater oder fuhr mit mir ins Sanatorium Loew, um ein Zimmer für meine Entbindung zu bestellen... Frau Slonitz erzählte mir wilde Dinge über ihre Beziehung zu der großen Schauspielerin. Beide waren Morphinistinnen."[16]

Ob Gina Kaus dieses Erlebnis dann in ihrem 1927 erschienen „Toni. Eine Schulmädchenkomödie in zehn Bildern" verarbeitete? Von fünf Freundinnen wird eine beschrieben als die „unhübsche, lesbische Berta, die Männer haßt und Toni liebt und davon träumt, als Ärztin eine Gebärklinik für unverheiratete Mütter zu eröffnen".[17]

Frauen wie Frau Slonitz entsprachen dem Typ Frau, den Ludwig Hirschfeld beschreibt und der vielfach als eine der möglichen lesbischen Varianten gesehen wurde: die Sportsdame. Sie „hat kräftige Muskeln und einen viel zu schwachen Mann, der es geduldig hinnimmt, daß sie das halbe Ehejahr auf Skipartien, auf dem Tennisplatz oder Fechtboden ist. Sie beschäftigt sich nur mit dem Sport und hat für alles andere eine bedauerliche, aber intensive Interesselosigkeit. Das ganze Leben freut sie nicht, wenn sie im Winter nicht mindestens auf zwei Wochen nach Kitzbühel oder St. Anton am Arlberg fahren kann, falls das Einkommen des Mannes nicht bis nach Arosa reicht, wenn sie nicht im Frühjahr und Sommer an jedem Morgen ausreiten und an Winternachmittagen fechten kann. In ganz bösen Fällen spielt sie auch Golf, Hockey, lernt Ringen, Boxen und Dsiu-Dsitz. Sportfrauen gelten als die treuesten Gattinnen, aber meistens haben sie nicht einmal etwas mit dem eigenen Mann..."[18]

Was aber jetzt nicht heißen soll, daß Frauen, die sich sportlich betätigten, auch lesbisch waren. Aber sicherlich war die aktive körperliche Betätigung Zeichen dafür, daß diese Frauen die Beziehung zu ihrem eigenen Körper pflegten und schätzten und ein wohlwollendes Auge auf Frauen warfen, die es ihnen gleichtaten. In den zwanziger Jahren war die Haltung eines Automobils ein großer Luxus. Die Zahl der registrierten Autos war in den tausenden, und in den Zeitungen las man über die Herren und ihre neuen Gefährtinnen. Es gab allerdings einen kleinen Kreis von Damen, die nicht nur die Kunst des Fahrens beherrschten, sondern sogar zu Rennen antraten. Laut Interessantem Blatt fand am 8. November 1923 ein Autorennen der Damen im Prater statt: unter den

16 Gina Kaus, Und was für ein Leben... mit Liebe und Literatur, Theater und Film, Hamburg 1979, S.134 ff.

17 Christina Huber, Gina Kaus. Eine Monographie, Diplomarbeit Universität Wien 1994, S. 81

18 Hirschfeld wie Anm. 1, S. 245 f.

Sidonie Csillag und Freundinnen
auf Brioni
Foto Privatbesitz

Teilnehmerinnen Olga Frühwald, Hilde Heinsheimer, Pia Steidtner, Edith Wechsberg, Tilly Kutschera und Irene Flesch.

Heimliche Leidenschaften

Aus genau dieser Gesellschaftsschicht stammten auch all die bürgerlichen Frauen, die zwar flott lebten, aber nicht wie die oben erwähnten Frauen Zuflucht in der Welt der Kunst oder Darstellungskunst suchten. Lassen wir noch einmal Ludwig Hirschfeld beschreiben, was diese jungen Mädchen tun, die in der Inneren Stadt, auf der Landstraße, am Alsergrund und im Cottage zu Hause sind. „Wenn der Chef dieses Hause noch über die nötigen Betriebsmittel verfügt, dann ist Seele, Charakter und Beschäftigung der Tochter folgendermaßen beschaffen: sie spielt sehr viel Tennis und gerät hauptsächlich dann in eine nachdenkliche Stimmung, wenn sie überlegt, ob sie heute zum Trotteur den grauen Panhut oder den Laufhut aufsetzen soll... Ihre Hauptbeschäftigung entspricht der heutigen internationalen Frauenbewegung: dort zu jeder Tageszeit zu tanzen, wo eine Jazzband spielt. Sie tanzen angeblich unerotisch, nur aus Sportleidenschaft, aber trotzdem sind die erotischen Tänze wie Tango und Blues ihre Lieblingstänze... Auch diese Fräulein aus gutem Hause heiraten eines Tages: Natürlich nach eigenem Gutdünken, aber trotzdem selten aus Liebe, sondern um sich zu versorgen, um eine Position zu haben."[19]

Die schriftlichen Quellen aus dieser Zeit sind spärlich, nur die Hinweise aus privatem Briefverkehr oder aus Tagebucheintragungen erlauben uns, gewisse Frauen, die damals im Rampenlicht standen, im Kontext der lesbischen Geschichtsforschung „anders" zu betrachten. In diesem Zusammenhang ist es eine fast einmalige Situation, mit einer Zeitzeugin Gespräche zu führen und bestätigt zu bekommen, daß gewisse Gerüchte oder Vermutungen sehr wohl eine reale Basis haben.

In den vielen Gesprächen, die Diana Voigt und ich alleine oder gemeinsam mit Sidonie Csillag in den letzten zehn Jahren des vorigen Jahrhunderts führten und die als Unterlage für die erzählende Biographie „Heimliches Begehren, Die Geschichte der Sidonie C.", dienten, kam eine unglaubliche Fülle an bereites verloren geglaubter lesbischer Zeitgeschichte ans Tageslicht. Sidonie Csillag, der einzig beschriebene Freud Fall zur weiblichen Homosexualität, gewährte in diesen

19 Ebd., S. 243 f.

Leonie von Puttkamer
Foto Privatbesitz

Jahren einen Einblick auf lesbisches Verlangen in großbürgerlichen und adeligen Kreisen. Sidonie selbst war leidenschaftlich der berüchtigten Baronin Leonie von Puttkamer verfallen, die auf Grund ihres Lebensstils und ihrer Affären immer wieder eine Brücke zwischen Adel und Bürgertum sowie zwischen „Laster" und „Anstand" schlug. In Wien trieb es die Puttkamer nachts mit den Schauspielerinnen aus der Femina-Bar, am Nachmittag empfing sie jedoch die junge Sidonie zu einem Kaffee, einer Ausfahrt im schicken Elektromobil oder zu einem Spaziergang durch den Rathauspark.

Sidonie betonte immer wieder, daß man es ihr nicht angesehen hat und auch der Baronin nicht. Sie wußte sich sehr wohl an Frauen zu erinnern, denen es man sofort angesehen hat. Eine davon war ihre Mitschülerin Christl Kmunke, die auch im Gegensatz zu Sidonie der körperlichen Liebe nicht abgeneigt war. Sidonie zog die Gesellschaft der „Unsichtbaren" vor. Eine Affäre mit der damals schon verheirateten Marianne Kraus-Winterstein, einer Nichte von Karl Kraus, amüsierte sie ebenso wie die Beobachtung der beiden Ballerinen Tilly Losch und Hedy Pfundmayr. Den Film „Mädchen in Uniform" konnte sie nicht begeistern, zum damaligen Zeitpunkt gefiel ihr Greta Garbo viel besser. Die Neufassung von „Mädchen in Uniform" aus den 50er Jahren mit Romy Schneider und Lilli Palmer in den Hauptrollen fand sie hingegen ganz hinreißend.

Die Frau, die ihre nächste große Liebe werden sollte, Wjera Fechheimer, war in erster Ehe mit dem Großindustriellen Ernst Gutmann verheiratet. Dessen Schwester Else Gutmann war laut Sidonie lesbisch und ganz sicherlich in ihre Schwägerin verliebt. In den dreißiger Jahren wurde Sidonie auch Zeugin, wie eine der Schwestern ihres Mannes mit einer Frau zusammenzog. Auch die Schwägerin ihrer besten Freundin, verließ Mann und Tochter und zog es vor, mit einer Frau zusammenzuleben. Momentäre Einblicke in bürgerliche Welten: sobald der Türspalt geöffnet wird, fällt auch schon wieder die Tür ins Schloß.[20]

Schloß Kammer

Die Schauspielerinnen und die schönen Bürgerinnen bewegten sich vielfach auf dem gleichen Parkett. Eine, die diese beiden Rollen glänzend zusammenlegte, war die heute in Vergessenheit geratene Schauspielerin Eleonora von Mendelssohn. Aus der wohlhabenden Berliner Bankiersfamilie Mendelssohn stammend, war sie in jungen Jahren zu Max Reinhardt gestoßen und in Berlin, Wien und Salzburg immer wieder auf der Bühne zu sehen. Das am Attersee gelegene Schloß Kammer war vor 1938 im Besitz der Familie Mendelssohn, und dort traf sich im Sommer alles, was in einem internationalen queer who's who aufzuzählen wäre.

Marlene Dietrich, die nach der Machtergreifung der Nationalsozialisten nicht mehr nach Deutschland kam, verbrachte bis 1938 einen Teil der Sommermonate in Salzburg. Dort konnte sie ihre neuesten Modelle ausführen – sie liebte klassisch graue oder grüne Trachtenkostüme, hatte einen dazu passenden Hut und trug Goiserer – und auf Besuch bei Eleonora vorbeikommen. Die Nordamerikanerin Mercedes de Acosta, die kurzfristig mit Marlene liiert gewesen war und über einen längeren Zeitraum eine intime Beziehungen zu Greta Garbo hatte, war auch bei Eleonora zu Gast. Mit der Schauspielerin und Drehbuchautorin Salka Viertel, die in Hollywood zur Busenfreundin Greta Garbos geworden war, pflegte Mercedes über Eleonora zu reden, die „immer wieder ganz scharf auf Frauen sowie auf Männer" war.[21] Aber auch der Fotograf Horst Horst, in den dreißiger Jahren der Liebhaber Luchino Viscontis, wurde von Eleonora Mendelssohn auf Schloß Kammer eingeladen. Eleonora machte einen großen Eindruck auf ihn, und sie vermittelte ihre Liebe zur Musik so eindrucksvoll, daß Horst Horst noch Jahre später sagte, daß sie ihn hören gelehrt hatte.[22] Auch die sich immer auf Durchfahrt befindenden Geschwister Erika und Klaus Mann waren bei Eleonora zu Gast sowie die Schriftstellerin Ruth Landshoff. Ruth wurde von manchen als

20 Interviews von Ines Rieder und Diana Voigt mit Sidonie Csillag, Wien 1990–1999

21 Diana Souhami, Greta & Cecil, London 1994, S. 31

22 Laurence Schifano, Luchino Visconti. Fürst des Films, Gernsbach 1988, S.176

Abb. links
Christl Kmunke in Baden bei Wien
Foto Privatbesitz

Abb. rechts
Eleonora von Mendelssohn mit
ihrem Maikätzchen
Bildarchiv, ÖNB Wien

Motorrad fahrendes Berliner Enfant terrible bezeichnet, und ihre Liebschaften mit Mopsa Sternheim und Annemarie Schwarzenbach waren ein offenes Geheimnis. In der Emigration in New York sollte sie eine Zeitlang mit Eleonora zusammenwohnen. Sie bedauerte den frühen Tod der Freundin, die im Alter von nur 51 Jahren in New York starb, und setzte ihr in einem biographischen Aufsatz in „Klatsch, Ruhm und kleine Feuer" ein Denkmal.

Zu Gast in Österreich

Es gab auch noch andere heute berühmte lesbische Frauen, die vor 1938 nach Österreich kamen.
Eine von ihnen war die Schriftstellerin Marguerite Yourcenar, der es in Wien sehr gut gefiel. Von hier ging es dann mit dem Schiff nach Belgrad und von dort weiter nach Griechenland. Marguerite, die immer davon schwärmte, die „Geliebte der Männer zu sein, die Männer lieben",[23] zog es trotz dieser intellektuellen Überlegungen doch immer zu Frauen. Mit ihrer griechischen Geliebten Lucy Kyriakos traf sie sich einmal im Winter in Kitzbühel, wo sie bei einer Baronin Gutmansthal wohnte. Wer wohl diese Baronin gewesen sein mag? Ob da der französischen Biographin ein Fehler unterlaufen ist und Marguerite Yourcenar vielleicht bei der oben erwähnten Else Gutmann war?
Schon Ende der zwanziger Jahre flog die britische Millionenerbin Bryher nach Wien, um auf Empfehlung des Psychologen und Schriftstellers Havelock Ellis den Psychoanalytiker Sigmund Freud kennenzulernen. Sie war begeistert von ihm und seinen Ideen. Ihre Lebenspartnerin, die nordamerikanische Dichterin H.D.,

23 Josyane Savigneau, Marguerite Yourcenar. L'Invention d'une Vie, Paris 1990, S.113

Egon von Jordan, Sybille Binder in
„Elisabeth von Österreich" von Georg
Rendl, 1937
Bildarchiv, ÖNB Wien

kam dann 1933 nach Wien, mit dem Wunsch, Freud-Schülerin zu werden. H.D., die sechsmal die Woche zu ihrer Lieblingsstunde um fünf Uhr nachmittags vom Hotel Regina, wo sie logierte, in die Berggasse lief, gefiel vor allem die Magie an Freuds Methode. Nach der Analyse trank sie ihren Kaffee und ging dann auf die Suche nach Fotographien für Bryher. „…sie erstand Nacktfotos von Schauspielerinnen für Bryhers Sammlung. Besonders hielt sie Ausschau nach Nacktbildern von Bergner, oder noch besser, wie H.D. an Bryher schrieb, Bergner in Chiffon."[24] Sie machte das nicht gerne, aber danach war sie frei, das zu tun, wonach ihr das Herz stand. Sie ging fast täglich ins Kino und sehr oft ins Moulin Rouge, wo sie die „rosigen Hinterteile der Chordamen"[25] bewundern konnte.

Der Nationalsozialismus und seine Folgen

Die 1903 in München geborene Schauspielerin Dorothea Neff, betrat in den dreißiger Jahren die Wiener Bühnen, dank eines Engagements ans Deutsche Volkstheater. In den dreißiger Jahren war auch Egon von Jordan wieder nach Wien zurückgekehrt. Sie standen nicht nur zusammen auf der Bühne, sondern pflegten auch außerhalb des Theaters eine Freundschaft. Über ihre Präferenzen mußten sie sich nicht austauschen, war es doch beiden klar, daß sie im erotischen Bereich dem eigenen Geschlecht den Vorzug gaben. Trotzdem kam Dorothea nicht umhin, Egon von Jordans beispiellose Eleganz zu bewundern.

Es muß wohl in internen Kreisen für einiges Amüsement gesorgt haben, daß im Jahre 1937 mit „Elisabeth, Kaiserin von Österreich" ein Stück von Georg Rendl im Deutschen Volkstheater zur Aufführung kam, in dem die als lesbisch bekannte Sybille Binder die Kaiserin mimte, der Zuneigung zu Frauen nachgesagt wurde, und der in der ganzen Stadt als schwul bekannte Egon von Jordan ihren Sohn, den Kronprinz Rudolf.

In der Zeit des Nationalsozialismus waren ja viele KollegInnen vom Theater in die Emigration getrieben worden, die „ArierInnen" blieben und mußten im Bezug auf ihre politischen Meinungen sehr vorsichtig sein. Dorothea Neff begab sich jedoch in eine Situation, die sie niemanden anzuvertrauen wagte, die aber bewies, daß es möglich war dem totalitären Regime die Stirn zu bieten.

Im Frühjahr 1941 war Lilli Wolff, eine Kölner Freundin Dorotheas, ohne Dokumente nach Wien gereist. 1938 hatten ihr die Nationalsozialisten ihr gutgehendes

Dorothea Neff, 1953
Foto Michael Koessler
Bildarchiv, ÖNB Wien

24 Barbara Guest, Herself Defined. The Poet H.D. and Her World, London 1985, S. 210. Es handelt sich um die Schauspielerin Elisabeth Bergner, die über einen langen Zeitraum eine Beziehung mit Bryher pflegte, die sie auch in den ersten Jahren der Emigration sehr unterstützte.

25 Ebd., S. 210

Eva Zilcher, 1947
Foto Studio d'Ora-Bender
Bildarchiv, ÖNB Wien

Modeatelier weggenommen, sie war dann nach Berlin gegangen und hatte sich spontan entschlossen, nach Wien zu kommen. Im Herbst bekam sie dann die Aufforderung sich zur Deportation bereitzumachen. Ohne lange Überlegungen schlug Dorothea Lilli vor, bei ihr in ihrer Wohnung in der Annagasse unterzutauchen und den Deportationsbefehl zu ignorieren. Die beiden Frauen konnten nicht ahnen, daß sie dies in eine über dreijährige Schicksalsgemeinschaft bringen würde, die erst mit der Befreiung Wiens durch die Rote Armee ein Ende fand.

Im Jahr 1944, die Theater waren gesperrt worden, wurde Dorothea zur Arbeit in einer Fabrik verpflichtet. Dort lernte sie die junge Schauspielerin Eva Zilcher kennen, und die beiden schlossen bald eine enge Freundschaft. Dorothea wagte es, Eva ins Vertrauen zu ziehen, und das erleichterte ihre Situation während der letzten Monate vor Kriegsende sehr.

Nach dem Krieg betätigten sich Dorothea und Eva politisch, sie hatten Kontakt zu dem prominenten KP-Mitglied Ernst Fischer und nahmen im April 1949 als Delegierte am Pariser Weltfriedenskongreß teil. Bald darauf wurde Dorothea vom Volkstheater gekündigt, fand jedoch ein Engagement in der Scala, die während der Besatzungszeit als die Bühne der Kommunisten und ihrer Sympathisant-Innen galt. Dort traten Eva und Dorothea zum ersten Mal gemeinsam in Gorkis Kleinbürger auf. 1960 begann Dorotheas Sehkraft nachzulassen, und 1965 war sie völlig erblindet. 1964 waren Dorothea und Eva zusammengezogen, und in späteren Jahren sagte Dorothea immer wieder, daß es Eva war, die ihr Mut zum Weiterleben gab. „Eva ist mein Licht." Daß Dorothea und Eva ein Paar waren, wurde weder zum Gesprächsthema gemacht noch verschwiegen. Sie waren zwei couragierte Frauen, die aus ihrer Liebe zueinander kein Geheimnis machten. In dieser Rolle – fernab von den Theaterbrettern – sind sie bis zum heutigen Tag eine Ausnahmeerscheinung in Österreich.

In diesem Land, das sich gern als Weltbühne sieht, wird alles gespielt. Nur wenn es um den öffentlichen Umgang mit erotischen und sexuellen Neigungen geht, will sich fast niemand bekennen, und lange bevor die Lichter ausgehen, sind schon alle von der Bühne abgetreten.

INTERMEZZO MAESTOSO

Michaela Lindinger

„...ich küße dein ertzenglisches arscherl."[1]
Homosexuelle Tendenzen im Hause Habsburg

Der Begriff Homosexualität war noch um die Wende vom 19. zum 20. Jahrhundert wenig bekannt. Man bediente sich der Bezeichnung „Päderastie"; da es sich um ein absolutes Tabuthema handelte, sprach man jedoch – zumindest in der Öffentlichkeit – grundsätzlich wenig darüber.

Als der deutsche Sexualforscher Magnus Hirschfeld zu Beginn des 20. Jahrhunderts eine Untersuchung zu dieser Problematik durchführte, stellte er u.a. fest, daß sich der Anteil der schwulen Soldaten nicht wesentlich vom Anteil der Homosexuellen in der männlichen Zivilbevölkerung unterschied, bei Offizieren allerdings lag er über dem Durchschnitt.

Dennoch war Homosexualität zu allen Zeiten und in allen gesellschaftlichen Schichten weit verbreitet. Unterschiedlich war jedoch der Umgang mit den davon Betroffenen. Wurden Prominente dieser Neigung verdächtigt oder gar überführt, war der Skandal vorprogrammiert.

So wurde beispielsweise im Jahr 1908 der Berater Kaiser Wilhelms II., Philipp Fürst zu Eulenburg, vom Hof entfernt. Wilhelm II., wohl eher als Despot und Uniformfetischist bekannt, hatte offensichtlich auch den einen oder anderen homosexuellen Kontakt. In ihren Briefen bezeichneten sich der deutsche Kaiser und sein Intimus als „Liebchen" und „alte Philine". Eulenburg, Diplomat, Dichter und Komponist, war auch Botschafter des Deutschen Reiches in Wien gewesen. Die Affäre wurde stark skandalisiert, Eulenburg kam ins Gefängnis und es stellte sich im Lauf der Untersuchung des Falles heraus, daß auch zahlreiche Offiziere der Garde in die Angelegenheit verwickelt waren.

Der Preußenkaiser hegte Bewunderung für das antike Griechenland und zeigte lebhaftes Interesse an der griechischen Kultur und Geschichte. 1907 erwarb er aus dem Besitz der Sisi-Tochter Gisela das Achilleion auf Korfu, das einstige Traumschloß der Kaiserin Elisabeth.

Von ihr wird in weiterer Folge noch die Rede sein. Vorerst soll jedoch eine andere „angeheiratete" Prinzessin, die ebenso gerne wie oft mit Sisi verglichen wird, im Mittelpunkt stehen.

„Man kann nicht in allen Punkten glücklich sein."[2]
Isabella von Parma (1741–1763)

Isabella heiratete im Oktober 1760 den österreichischen Thronfolger und späteren Reformkaiser Joseph II. Die Heirat war – wie übrigens die Vermählungen fast aller ihrer Kinder – ein wichtiger politischer Schachzug Maria Theresias, diesmal, um Frankreich auf die Seite Österreichs zu bringen. Schließlich war Isabella als Tochter des Herzogs Philipp von Parma und der Prinzessin Elisabeth von Frankreich eine Enkelin des französischen Königs Ludwig XV. Die Beziehungen der Habsburger zum Haus Bourbon sollten für die Zukunft gesichert werden. Isabella war zunächst in Spanien aufgewachsen und als Achtjährige gemeinsam mit ihrer Mutter an den Hof von Versailles gekommen. Sie musizierte und

1 Isabella von Parma in einem Brief an Erzherzogin Marie Christine. Zitiert nach Ursula Tamussino, Isabella von Parma. Gemahlin Josephs II., Wien 1989, S. 204.

2 Ebenda.

Isabella von Parma,
die erste Gemahlin Josephs II.
Mezzotinto
Wien, ÖNB Bildarchiv

dichtete, war sehr sportlich und beschäftigte sich z.B. auch mit Mechanik und dem damals sehr modernen Automatenbau.

Die Hochzeit Josephs II. mit der Prinzessin war lange geplant und vorbereitet worden. Viele Monate bevor sich Braut und Bräutigam kennen lernen konnten, hatte bereits eine Korrespondenz zwischen Isabella und ihrer zukünftigen Schwägerin Marie Christine (1742–1798) begonnen. Diese von ihren Geschwistern „Marie" und von ihrer Mutter „Mimi" gerufene Erzherzogin war die Lieblingstochter Maria Theresias. Sie war auch das einzige Kind, dem später eine Heirat aus Zuneigung (und nicht aus Staatsräson) gestattet wurde.

Als Ende Juni 1760 der Heiratsvertrag für Joseph und Isabella unterzeichnet war und die Hochzeitsfeierlichkeiten besprochen werden mußten, erhielt Isabella den ersten Brief von Marie Christine. Sie antwortete bald und versprach, „daß ich bin und mein ganzes Leben hindurch sein werde Ihre treue Schwester Isabella Marie Louise."[3]

Unglücklicherweise sind „Mimis" Briefe an Isabella nicht erhalten geblieben. Ihr Schicksal ist unbekannt, aber vermutlich hat Marie Christine nach Isabellas frühem Tod ihre eigenen Briefe an sich genommen und vernichtet, um ihre Rolle in dieser Liebesbeziehung zu vertuschen. Die Schreiben von Isabella, etwa 200 an der Zahl, Briefe, Zettel und Zettelchen, führte Marie Christine auf allen ihren Reisen mit sich und bewahrte sie bis an ihr Lebensende auf. Danach hinterlegte sie ihr Witwer, Herzog Albert-Kasimir von Sachsen-Teschen, im Familienarchiv des Palais auf der Augustinerbastei, wo sie bis 1918 verblieben. Sie gelangten dann nach Mosonmagyaróvár in Ungarn. Von dort ließ sich Josef Hrazky, bisher einziger Herausgeber von Briefen Isabellas und Verfasser einer Studie, 1955 Mikrofilme senden, die er seiner Edition zugrunde legte. Die Originalbriefe befinden sich heute im Ungarischen Nationalarchiv in Budapest.[4]

Isabella hat ihre Zettelchen meist nicht datiert, was auch nicht notwendig war, da es sich ja um eine tägliche Korrespondenz von Appartement zu Appartement handelte. Sie wählte für ihre Freundin stets Anreden, die von besonderer Zuneigung, Herzlichkeit und Vertrautheit zeugen, wie z.B. „Liebes Herz", „Mein Trost", „Mein Engel", „Anbetungswürdige Schwester", aber auch „Allerliebster Esel", „O du Eserl" oder „Liebe Alte".[5] Die meisten Schreiben sind französisch abgefaßt, einige auch auf deutsch, wobei typisch wienerische Ausdrücke wie „grantig" nicht fehlen. Isabellas Briefe sind Zeugnisse einer leidenschaftlichen Zuneigung zwischen den beiden hochadeligen Frauen, einer Zuneigung, die zweifelsohne über „jungmädchenhafte Schwärmerei" weit hinaus ging und höchstwahrscheinlich intime Zärtlichkeiten mit einschloß. Kurz nach ihrer Hochzeit schrieb die neue Kronprinzessin, sie sei verliebt, „verliebt à la rage",[6] meinte damit allerdings nicht ihren Angetrauten, Joseph II., sondern dessen jüngere Schwester, der einzig und allein ihre Liebe galt.

Fast alle BiographInnen Josephs II. und Isabellas konnten sich nicht erklären, warum die knabenhafte, geistreiche Prinzessin von Parma ihre Freundschaft mit „Mimi" dem „Eheglück" mit ihrem Mann vorgezogen hat. Lediglich Ursula Tamussino kommt 1989 (!) endlich zu dem Schluß, daß es wohl die gängigen „heterosexuellen Märchenmodelle" (Ines Rieder)[7] waren, von denen die VerfasserInnen historischer Biographien allzu lange nicht lassen konnten.

Im Gegensatz zu Joseph war sich seine Frau der Lüge des „Märchenmodells" bereits voll und ganz bewußt. Sie ging dem sehr verliebten Joseph zwar eher aus dem Weg, erfüllte aber dennoch die Erwartungen der Dynastie. Nach zwei Schwangerschaften, die mit Fehlgeburten geendet hatten, kam im März 1762 die Tochter Maria Theresia zur Welt. Kurz vor der Geburt ihrer zweiten Tochter Christine erkrankte Isabella an den Pocken.

Alle diese Ereignisse könnten durchaus dazu angetan gewesen sein, Isabellas Hang zu Reflexion, Schwermut und Melancholie zu verstärken. Obwohl sie die große Liebe ihres Mannes war, war es ihr nicht möglich, seine Gefühle zu erwidern.

3 Ebenda, S. 89.

4 Ebenda, S. 196 ff.

5 Ebenda, S. 202.

6 Ebenda, S. 195.

7 Ines Rieder, Isabella von Parma & Marie Christine von Habsburg-Lothringen, Unveröffentlichtes Manuskript, Wien, o.J.

Sie liebte ihre Schwägerin leidenschaftlich, aber sie war sicher intelligent genug, um zu wissen, daß es für diese Beziehung keine Zukunft gab. Ein erfülltes, öffentliches Leben als Lesbe war für sie in ihrer gesellschaftlichen Stellung nicht denkbar. Mit der von ihr erwarteten Rolle als Mutter möglichst vieler Kinder konnte sie sich nicht anfreunden. Ihre Melancholie wuchs mehr und mehr in eine Todessehnsucht hinein, und sie sprach von ihrem Gefühl, „zu nichts nütze zu sein",[8] was sich wahrscheinlich auf die Hoffnung der Familie auf einen männlichen Erben bezog – eine Hoffnung, die sie nicht erfüllen konnte. In ihren Briefen ist immer wieder von Schnupfen, chronischem Katarrh, Kopf- und Gliederschmerzen, Koliken, aber auch von Mißmut und übler Laune die Rede, vielleicht psychosomatische Beschwerden, die mit dem ständigen Erwartungsdruck, der auf ihr lastete, zusammenhingen.

Ähnlich wie später Kaiserin Sisi war Isabella mit einiger Sicherheit eine depressive Persönlichkeit mit Zweifeln an Wert und Sinn des Erdenlebens und der Neigung zu grüblerischen Selbstzerpflückung. Eine erbliche Vorbelastung in dieser Hinsicht ist auch bei Isabellas Vorfahren nachweisbar. Zusätzlich war sie gezwungen, ihre seelische Verfassung vor ihrer Umgebung zu kaschieren und ihre Trostlosigkeit hinter einer heiteren Fassade zu verbergen. Schreiben dürfte das einzige Ventil gewesen sein, das ihr Ablenkung und Entspannung verschaffen konnte. Als „Femme des lettres" brachte sie einige bemerkenswerte Gedanken zu Papier:

„Worauf hat die Tochter eines großen Fürsten zu warten? Ihr Schicksal ist (…) das unglücklichste (…) sie wird also verdammt, alles zu verlassen, Familie und Land – und für wen? Für einen Unbekannten, einen Menschen, dessen Charakter und dessen Art zu denken sie nicht kennt, für eine Familie, die sie vielleicht nur mit Eifersucht betrachtet, (…), als Opfer einer angeblich wohlwollenden Öffentlichkeit, viel eher aber der unglückseligen Politik eines Ministers, der keinen anderen Weg findet, um die beiden Häuser durch eine Allianz zu verbinden, die er als unlösbar ankündigt."[9]

Am Wiener Hof formulierte sie ihre emanzipatorischen Überlegungen weiter aus: „Der Mann ist ein unnützes Tier, zu nichts anderem auf der Welt als Böses zu tun. Gefühllos wie sie sind, lieben die Männer einzig sich selbst und sind auf nichts anderes aus, als ihren Bedürfnissen Befriedigung zu verschaffen."[10]

Isabella vertrat die Auffassung, die Männer wären längst aus der Welt verbannt, „hielten sie nicht die Macht in Händen, und die Knechtschaft der Frau hätte im Grunde keine andere Ursache als die, daß die Männer sehr wohl wußten, daß sie den Frauen unterlegen sind. Eine Frau könne viel eher auf den Mann verzichten als umgekehrt. Außer zu ‚einer Sache' seien die Männer im Grunde zu gar nichts gut, aber, da sich ja doch der Teufel hineingemischt hat, so will er, alles in allem genommen, daß man Geduld übt und mit ihnen in Frieden lebt."[11]

Ohne Zweifel war Isabella genial veranlagt, verfügte über psychologischen Scharfblick und eine zergliedernde Intelligenz. Dem jungen Joseph war sie weit überlegen. Wie die beiden miteinander gelebt haben, kann heute niemand mehr sagen, in den Briefen und Billetts an Marie Christine findet er jedenfalls kaum Erwähnung. Isabella war im sechsten Monat schwanger, als sie sich mit den Pocken infizierte. Sie brachte das Mädchen noch zur Welt, es starb jedoch gleich. Fünf Tage später starb auch die knapp 22-jährige Mutter, die ihr nahes Ende schon seit Monaten nüchtern vorhergesagt hatte. Sie hinterließ einen tief erschütterten Joseph, der nach dem Tod seiner ersten Frau nie mehr fähig war, sich zu verlieben, sowie eine ebenso tief erschütterte Schwiegermutter, die Isabella später eine Heilige nennen wird. Marie Christine heiratete drei Jahre später Albert-Kasimir von Sachsen-Teschen, den nachmaligen Begründer der „Albertina". Über ihrer Herzgruft in der Wiener Augustinerkirche ließ er ein großes Denkmal setzen, das zu den Hauptwerken Antonio Canovas gehört und das die Aufschrift trägt: „uxori optimae", „Der besten Gattin". Albert-Kasimir überlebte Marie Christine um mehr als zwanzig Jahre und blieb unverheiratet.

Erzherzogin Marie Christine
Stich
Wien, ÖNB Bildarchiv

8 Isabella von Parma, wie Anm. 1, S. 222.

9 Isabella von Parma, Sur le sort des princesses; zitiert nach Tamussino, wie Anm. 1, S. 102 f.

10 Isabella von Parma, Traité sur les hommes; zitiert nach Tamussino, wie Anm. 1, S. 206.

11 Ebenda, S. 207.

Die konservative Maria Theresia-Biographin Gertrud Fussenegger nannte Isabella von Parma eine „vielleicht nicht ganz ungiftige Orchidee", die „in den doch mehr oder minder biederen habsburgischen Hausgarten eingepflanzt worden" war.[12] Hundert Jahre später bezeichnete man Kaiserin Elisabeth als „prächtigen Paradiesvogel inmitten eines Hühnerhofs."[13]

> Für mich keine Liebe,
> Für mich keinen Wein;
> Die eine macht übel,
> Der andre macht spei'n![14]

Elisabeth von Österreich (1837–1898)

Elisabeth,
Kaiserin von Österreich
Wien, ÖNB Bildarchiv

„Sie galt als eine der besten Kennerinnen der Werke Heinrich Heines und liebte die Gedichte Sapphos. Sie begeisterte sich für die Schönheit von Frauen und legte mehrere Sammelalben von Fotografien der schönsten europäischen Frauen an. Ihre wichtigsten Bezugspersonen waren lebenslang Frauen und der homosexuelle Vetter Ludwig II., König von Bayern."
Der hier zitierte Text stammt aus der Broschüre „Rosalila Ahnengalerie",[15] in welcher zwölf Frauen und zwölf Männer „der österreichischen Geistes- und Kulturgeschichte" vorgestellt werden, „in Anspruch genommen von der LesBi-Schwulen Bewegung".
Der Mythos Sisi – geschaffen von der Kaiserin selbst – lebte auch im 20. Jahrhundert fort, ob es sich nun um die Film-Trilogie „Sissi" mit Romy Schneider handelt oder um das Musical „Elisabeth", in dem Sisi als Geliebte des Todes auftritt, oder um die unzähligen Ausstellungen und Bücher, die ihrem Leben gewidmet wurden/werden. Interessanterweise fungiert die „Kaiserin wider Willen" (Brigitte Hamann) auch in manchen lesbisch-schwulen Vereinigungen als zentrale Kultfigur. In diesem Zusammenhang wird vor allem wiederholt darauf hingewiesen, daß Elisabeth eine der besten Fotosammlungen von schönen Frauen besaß, das sogenannte Schönheiten-Album. Diese Sammlerinnentätigkeit wird ihr von vielen Lesben bis heute hoch angerechnet.[16]
Sisi war eine sehr unnahbare, kalte Schöne, die sich bis zur totalen Selbstaufgabe des Mannes huldigen ließ, nie aber auch nur die allerkleinste Annäherung zuließ. Bei aller Lieblichkeit ihrer Erscheinung betonte sie stets das Hoheitsvolle, ja Majestätische – gegenüber Männern. Frauen gegenüber konnte sie hingegen herzlich, liebevoll, ja geradezu schwesterlich sein. Aber auch hier gab es ein Hauptkriterium: sie mochte nur schöne Frauen, egal, welchen gesellschaftlichen Rang diese innehatten. 1867 schrieb sie z.B. an ihren damals neunjährigen Sohn Rudolf aus der Schweiz: „Mit einem zwölfjährigen sehr hübschen belgischen Mädel sind wir bekannt geworden, das prachtvolle lange Haare besitzt. Wir reden oft mit ihr, und einmal küßte ich sie sogar!! Du kannst Dir also vorstellen, wie süß sie sein muß."[17]
Bereits im Jahr 1862 hatte Sisi in Venedig ein Schönheiten-Album angelegt, dessen Star ihre eigene Schwester Marie, die Ex-Königin von Neapel, war. Elisabeth und ihre Schwestern sahen sich sehr ähnlich, wobei besonders Marie und Mathilde, aber auch die anderen Schwestern immer versuchten, die für ihre Schönheit so berühmte Kaiserin nachzuahmen.
Schönheiten-Galerien waren zur damaligen Zeit keine Seltenheit; die bekannteste, allerdings aus Gemälden bestehende Schönheiten-Galerie hatte Sisis Onkel, König Ludwig I. von Bayern, in Nymphenburg zusammengestellt. Hauptattraktion dieser Galerie ist – bis heute – das Porträt seiner Geliebten Lola Montez, deretwegen Ludwig I. 1848 zur Abdankung gezwungen wurde. Lola Montez befand sich übrigens auch in der Fotosammlung von Kaiserin Elisabeth. Sie nahm Frauen aller Stände in ihr Album auf, auch ihr völlig unbekannte, und bat ihren

12 Gertrud Fussenegger, Maria Theresia, Stuttgart 1994, S. 235.

13 Ausstellungskatalog, Das Zeitalter Kaiser Franz Josephs, Bd. 1, S. 37.

14 Elisabeth, Titania, IV., Anti-Trinklied, 1885.

15 Gudrun Hauer – Christian Michelides, Rosalila Ahnengalerie, Linz o. J.

16 Ines Rieder, Wer ist die Königin im Land? Unveröffentlichtes Manuskript, Wien o. J. Ich danke Ines Rieder für die freundliche Unterstützung und Bereitstellung des Manuskripts.

17 Zitiert nach Brigitte Hamann, Elisabeth. Kaiserin wider Willen, München 1996, S. 192.

Schwager Ludwig Viktor: „Ich lege mir nämlich ein Schönheiten-Album an und sammele nun Fotographien, nur weibliche, dazu. Was Du für hübsche Gesichter auftreiben kannst beim Angerer und anderen Fotographen, bitte ich Dich mir zu schicken."[18]

Auch an österreichische Diplomaten ging die Weisung, dem Außenminister Fotos schöner Frauen für die Kaiserin zu schicken, was allerdings bald zu Mißverständnissen führte, da manch biederer Ministerialbeamte in den Verdacht geriet, die Fotos für sich haben zu wollen. Schließlich schickten die Botschafter aus London, Berlin und St. Petersburg Bilder von Schönen der allerbesten Gesellschaft: Fotos aus den bekanntesten Ateliers, künstlerisch gestaltet mit Spiegeln, Draperien, Kulissen, davor eine nach der neuesten Mode gekleidete, in Positur stehende Dame. Aus Konstantinopel wollte Sisi Fotos von „orientalischen Schönheiten", vor allem auch „Fotographien schöner Frauen aus der türkischen Haremswelt". Dieser Wunsch gestaltete sich für den Botschafter sehr schwierig, da türkische Frauen „mit wenigen Ausnahmen sich nicht fotographiren lassen". Doch er sandte mehrere Fotoporträts nach Wien, deren Herkunft (ob aus einem Harem oder nicht) kurzerhand offengelassen wurde. Aus Paris kamen Fotos von Akrobatinnen, Schauspielerinnen, Tänzerinnen und Zirkusreiterinnen in meist sparsamer Bekleidung und freizügiger Haltung. Für Eingeweihte war ein gewisser Spott unübersehbar: Hier wurde wieder einmal auf Sisis zu wenig vornehme Herkunft und die Zirkusvorlieben ihrer bayrischen Familie angespielt.

Nach zwei Jahren umfaßte ihre Sammlung 2.500 Abbildungen von bekannten und unbekannten Frauen, Adelige neben Bürgerinnen, Verwandte wie Elisabeths Schwestern neben Tänzerinnen und Bühnenstarlets in Hosen (was damals als anrüchig galt), Ausländerinnen neben Wienerinnen. Die Kaiserin besaß u.a. Porträts der Schwiegertochter des Großwesirs in Konstantinopel, von Hermine Cassani, einer berühmten Schönheit Wiens, einer alten Jüdin, der französischen Autorin George Sand, von Charlotte Corday, der Mörderin Marats, aber auch von Marie Antoinette.

In den 1860er-Jahren galt die Kaiserin von Österreich als schönste Frau Europas. Zur Hochzeit ihres Bruders Carl Theodor erschien sie in einem weißen, mit Sternen bestickten Kleid, ihre berühmten Diamantsterne im Haar, an der Brust ein Kamelienbukett. Ihre Schwester Helene („Nene") „ein sehr schlechter Abklatsch von der Kaiserin, auch Sternenkleid", schrieb Ludwig Viktor.[19] Elisabeth genoß es, allen, auch der Braut, die Show zu stehlen.

Ängstlich und verkrampft bemühte sie sich zeitlebens, Schönheitsfehler zu verbergen, so etwa ihre erblich bedingten schlechten Zähne. Erzherzogin Sophie, die Mutter des Kaisers und Tante Sisis, hatte diesen Mangel schon zur Zeit der Verlobung in Ischl bemerkt und auch gerügt, was dazu führte, daß Sisi ihre Lippen beim Sprechen so wenig wie möglich öffnete, um ihre häßlichen Zähne nicht zu zeigen. Einen regelrechten Kult trieb sie mit ihrem Haar, das im Lauf der Jahre bis zu den Fersen hinabreichte. Die Haarwäsche alle drei Wochen (bevorzugt mit Kognak und Ei) dauerte einen ganzen Tag, an dem die Kaiserin für keine anderen Termine erreichbar war. Die tägliche Haarpflege war unter drei Stunden kaum zu schaffen. Ihre Schönheit setzte Elisabeth schon in den ersten Ehejahren als Druckmittel gegenüber Kaiser Franz Joseph ein. Stellte er sich bei den dauernden Streitigkeiten Sisis mit der Schwiegermutter nicht auf die Seite seiner Frau, schloß sie ihn aus dem Schlafzimmer aus, was für sie ein einfaches taktisches Vorgehen war, da sie der körperlichen Liebe nie etwas abgewinnen konnte.

Auch ihre ständigen Hungerkuren müssen vermutlich im psychologischen Zusammenhang mit der Abneigung gegen alles Körperlich-Üppige, vor allem gegen die Sexualität gesehen werden. Aller Wahrscheinlichkeit nach war auch ihr als 16-jähriger Kaiserbraut die alte Regel aller Herrscherhäuser eingebleut worden: „Lege dich einfach hin, mache die Augen zu und denke an das Kaiserreich. Das ist deine Pflicht."

Elisabeth,
Herzogin in Bayern
Zeitgenössische Fotographie
Wien, ÖNB Bildarchiv

Sisis Schwester Mathilde,
verheiratete Gräfin Trani
Zeitgenössische Fotographie
Wien, ÖNB Bildarchiv

18 Ebenda, S. 193.

19 Ebenda, S. 198

Sisis Schwester Helene,
genannt Nene, 1874
Zeitgenössische Fotografie
Wien, ÖNB Bildarchiv

In Wien litt Sisi ständig an psychosomatischen Störungen, die sich jedoch in Nichts auflösten, sobald sie ihren Mann und die Kinder verlassen und abreisen konnte. Ihre ausgedehnten Reisen durch Europa und Nordafrika waren keine Kuraufenthalte oder Urlaube, es war Flucht. Zu ihrer jüngsten Tochter Marie Valerie meinte die Kaiserin einmal: „Die Ehe ist eine widersinnige Einrichtung. Als 15-jähriges Kind wird man verkauft und tut einen Schwur, den man nicht versteht und dann dreißig Jahre oder länger bereut und nicht mehr lösen kann."[20]

Zwar wurden ihr Affären mit dem ungarischen Grafen Gyula Andrássy – nach dem von ihr ausverhandelten Ausgleich mit Ungarn 1867 königlich-ungarischer Ministerpräsident – und ihrem schottischen Reitlehrer Bay Middleton nachgesagt. Es gibt dafür aber keine schlüssigen Beweise, ganz abgesehen davon, daß es für eine Kaiserin von Österreich im 19. Jahrhundert ausgesprochen schwierig gewesen wäre, ein außereheliches Abenteuer zu beginnen. Elisabeth konnte praktisch keine Minute allein sein, sondern sie befand sich ständig in Gesellschaft ihrer wachsamen Hofdamen. Es liegt somit auf der Hand, daß „ihre wichtigsten Bezugspersonen lebenslang Frauen (…) waren." Andere Möglichkeiten hatte sie als Monarchin nicht.

Sisis Hofdamen wurden von ihr selbst ausgesucht, wobei die Herkunft und der gesellschaftliche Rang nicht die Hauptauswahlkriterien waren. Weitaus mehr wurde auf die körperliche Konstitution ihrer Begleiterinnen Wert gelegt, da Sisi oft mehrstündige Gewaltmärsche ohne Pause absolvierte, sowie auf das Verständnis für ihre unkonventionelle Lebensweise. Die meisten ihrer Hofdamen waren Ungarinnen und avancierten zu ihren engsten Vertrauten und Freundinnen. Die Landadelige Ida Ferenczy unterrichtete die Kaiserin in der ungarischen Sprache und stellte den Kontakt zu Andrássy her. Auch Gräfin Marie Festetics stammte aus Ungarn, sie wurde um 1871 Hofdame Elisabeths. Als Marie ein Heiratsangebot eines russischen Prinzen erhielt, sagte Elisabeth zu ihr, daß sie sich zwar mit Männern unterhalten dürfe, aber heiraten käme nicht in Frage. Egozentrisch, wie Sisi war, wollte sie nicht, daß ihre Hofdame sie „eines fremden Menschen wegen" verlasse.

Im ungarischen Schloß Gödöllö hatte Elisabeth – wie einst ihr Vater Max in München –eine Manege bauen lassen, um das Kunstreiten zu erlernen. Als Lehrmeisterinnen beschäftigte sie Emilie Loiset und Elise Petzold, Mitglied des Zirkus Renz. Vor allem Elise galt als Freundin der Kaiserin und erhielt sogar eines ihrer Lieblingspferde als Geschenk. Zur Vermeidung von Kritik an den nicht unbedingt standesgemäßen Lehrerinnen schrieb Sisi an Franz Joseph in Wien, daß „Elise sehr anständig" sei. Der Tratsch aus Gödöllö wußte nebenbei zu vermelden, daß die Kaiserin von Österreich manchmal allein in Lederhosen und Zylinder ausreite.[21]

Elisabeths letzte Hofdame, Irma Sztaray, ebenfalls eine Ungarin, begleitete sie auf ihrem Spaziergang vom Hotel Beau Rivage in Genf zur Schiffsanlegestelle am Genfer See. Auf der Seepromenade wurde Sisi am 10. September 1898 von Luigi Lucheni mit einer Feile erstochen.

Die Kaiserin liebte schöne Frauen, aber sie war auch der Gesellschaft schöner Männer nicht abgeneigt. Sie liebte in erster Linie die Extreme: den Leistungssport, das stürmische Meer und die Einsamkeit. Am wichtigsten war ihr persönliche Freiheit. Sie war eine durchaus gebildete Frau, die sich für Literatur und Archäologie interessierte, Gedichte schrieb und Fremdsprachen lernte. Das dominierendste Moment in ihrem Leben war eine starke Ich-Bezogenheit, wofür ihr Tagesablauf sehr aufschlußreich Zeugnis ablegt:

Aufstehen um fünf Uhr, im Winter um sechs Uhr; Turnen und Gymnastik, dann ein leichtes Frühstück; anschließend Frisieren; dabei ließ sie sich vorlesen oder benützte die Zeit zum Sprachunterricht; dann Ankleiden; nach dem Mittagessen (meist Suppe) eine mehrstündige Tour in hohem Tempo über lange Distanzen; gegen 17 Uhr neuerliches Umkleiden und Frisieren. Wenn es gar nicht anders

20 Zitiert nach Hans Bankl, Die kranken Habsburger. Befunde und Befindlichkeiten einer Herrscherdynastie, München 2001, S. 116.

21 Diese Gerüchte sind Grundlage für den experimentellen Kurzfilm „Sisi auf Schloss Gödöllö" (Ö/D 1994, Regie: Christian Frosch), in dem Elisabeth auch eine lesbische Beziehung mit ihrer Reitlehrerin unterstellt wird.

möglich war, erschien Elisabeth um 19 Uhr beim Familiendiner und traf dort ihren Mann, meistens das einzige Mal am Tag; sie zog sich so bald wie möglich zurück.

Sisi starb so, wie sie es sich immer gewünscht hatte: sehr schnell, ohne Leiden, ohne jemandem durch langes Siechtum zur Last zu fallen. Sie war eine Frau, die ihrer Zeit weit voraus war und eine facettenreiche Persönlichkeit, die in über hundert Jahren nichts von ihrer Faszination verloren hat. Auch aufgrund der Tatsache, daß sie ermordet wurde, lebt sie weiter in Mythos und kollektiver Erinnerung. Oder, wie Hans Bankl es einmal treffend formuliert hat: Der Tod steht ihr gut.[22]

Der gelehrte „Herzherzog"
Ludwig Salvator (1847–1915)

Zu Weihnachten 1892 bekam der „grüne Außenseiter" Erzherzog Ludwig Salvator hohen Besuch: Kaiserin Elisabeth wollte ihren Geburtstag (am 24. Dezember) – wieder einmal – abseits der Familie und im Süden verbringen. Sie stieg diesmal auf Mallorca ab, wo Ludwig Salvator auf seinem Landsitz Miramar ein kleines Reich geschaffen hatte, das eigenen Regeln folgte.

Sisi schätzte ihn aufgrund der vielen Gemeinsamkeiten und wegen seiner Skurrilität: auch er umgab sich lieber mit Büchern als mit der habsburgischen Verwandtschaft. Besonders leidenschaftlich widmete er sich der naturwissenschaftlichen und ethnologischen Forschung.

Mit seiner Jacht „Nixe" unternahm der große Reisen im Mittelmeerraum. Er führte auf seinem Schiff die volle Gleichberechtigung ein und betrachtete sich als gewöhnliches Mannschaftsmitglied. Seinen ausführlichen Studien folgten zahlreiche Bücher, die er Elisabeth stets zur Lektüre übersandte. Er wurde Ehrenmitglied der Österreichischen Akademie der Wissenschaften und unterhielt eine ausgedehnte Korrespondenz, u. a. mit dem Schriftsteller Jules Verne, der von „Luigi" – wie der Habsburger aus der Toskana-Linie gerufen wurde – so beeindruckt war, daß er ihn zur Hauptgestalt in seinem Roman „Mathias Sandorf" machte.

Erzherzog Ludwig Salvator
von Österreich-Toskana
in Uniform als Hauptmann
Zeitgenössische Fotographie
Wien, ÖNB Bildarchiv

Am Kaiserhof in Wien allerdings war der begabte Erzherzog als Sonderling verschrien und wurde meist totgeschwiegen. Wenn er sich „zu Hause" blicken ließ, was selten genug vorkam, erregte er ausgesprochenes Aufsehen. Er war leger bis nachlässig gekleidet und entsprach auch sonst kaum der adeligen Norm. Beispielsweise weigerte er sich zu heiraten; er blieb sein Leben lang Junggeselle, was verschiedenartigste Spekulationen über sein Liebesleben nach sich zog. So kolportierte man, „Luigi" lebe auf Mallorca in einem selbstgebauten Blockhaus (in Wahrheit waren es weitläufige Ländereien) mit fünf Frauen und zwanzig Kindern und streife mit seiner Großfamilie nackt durch die Landschaft.

Die Wahrheit sah doch etwas anders aus. Als Grund für seine Ehelosigkeit gab Ludwig Salvator das Schockerlebnis rund um seine erste große Liebe an. Als 20-jähriger hatte er sich in Mathilde verliebt, eine Tochter des Erzherzogs Albrecht. Sie starb jedoch im Alter von 18 Jahren qualvoll nach einem Brandunfall, als ihr Tüllkleid Feuer fing. Die junge Erzherzogin hatte versucht, ihre brennende Zigarette aus Angst vor Strafe hinter ihrem Rücken zu verbergen. Nach dieser Katastrophe spielten insbesondere zwei Menschen eine wichtige Rolle in Ludwig Salvators Leben: sein Privatsekretär Vladislav Výborny aus Böhmen und Catalina Homar, die „Regentin" seines Haushalts auf Mallorca.

Výborny war seinem adeligen Freund und Arbeitgeber auf die Balearen-Insel gefolgt, verliebte sich dort jedoch in ein einheimisches Mädchen und wollte sie heiraten. Es soll zu heftigen Szenen zwischen den beiden Männern gekommen sein, die schließlich damit endeten, daß Ludwig Salvator Výborny verließ. Die Beziehung hatte sechs Jahre gedauert. Vladislav Výborny verharrte angeblich

22 Hans Bankl, wie Anm. 20, S. 129.

stundenlang auf dem Deck jenes Schiffes, auf welchem seine letzte Auseinandersetzung mit dem Erzherzog stattgefunden hatte. Auf jeden Fall starb er bald darauf, die Ärzte in Palma sprachen von Hitzschlag. Ludwig Salvator war über den plötzlichen Tod seines Freundes zutiefst erschüttert. Er ließ die Leiche einbalsamieren und mit einer Trauerkutsche zu seiner Jacht „Nixe" bringen, die schwarz lackiert wurde. Für den Verstorbenen zelebrierte ein Priester eine Trauermesse, dann stach die „Nixe" Richtung Triest in See. Der hinterbliebene „Luigi" errichtete zur Erinnerung an den toten Ex-Geliebten ein Denkmal aus weißem Marmor.

Mit Francesco Spongia, dem Sohn eines venezianischen Gondoliere, verband Ludwig Salvator ebenfalls eine langjährige Freundschaft. Spongia kam auf Besuch nach Mallorca, wohin er dem erzherzoglichen Freund auch zahlreiche Briefe schrieb, manche davon mit ziemlich eindeutigen Zeichnungen verziert.

Ein anderer italienischer Freund, Vincenzo Atanasio, sandte Ludwig Salvator in seinen Schreiben zwar beharrlich „heiße Küsse und liebevolle Umarmungen", doch ging es in diesen „Schnorrbriefen" meistens nur darum, wiederholt Geldsendungen zu erbitten. Zeitweilig kam Ludwig Salvator diesen Ersuchen nach und bezahlte z.B. die Schneiderrechnungen seiner wechselnden Geliebten.

Zu Antonio Vives, seinem spanischen Sekretär auf Mallorca, unterhielt er eine einzigartige Beziehung. Vives war mit Ana verheiratet, und „Luigi" fungierte bei den vier Kindern des Paares als Patenonkel, was weiteren Anlaß zu wilden Gerüchten gab. In Wahrheit war es wohl eine „Menage à trois"; auf jeden Fall gab es mindestens eine illegitime Tochter aus der Beziehung mit Ana Vives, Luisa Vives, die als Kind ausländische Erzieherinnen hatte, Klavier spielen lernen durfte und mit ihrem „Patenonkel" auch in Wien war. Sie folgte sogar dem Trauerkondukt Ludwig Salvators auf seinem letzten Weg in die Kapuzinergruft.

In jedem Souvenirladen auf Mallorca findet man das Buch, das Seine Kaiserliche Hoheit Ludwig Salvator einer mallorquinischen Landarbeiterin widmete, nämlich Catalina Homar. Sie war auf den Latifundien des Erzherzogs tätig und – obwohl anfangs wahrscheinlich nur eine von seinen vielen einheimischen Freundinnen – stieg bald zur Chefin des gesamten Haushalts auf. Sie lernte unter Anleitung des hochadeligen Geliebten Lesen, Schreiben und Fremdsprachen und begleitete ihn auf seinen Forschungsreisen. Er stellte die Spanierin sogar dem Kaiser in Wien vor. Als „Luigi" und Catalina eine gemeinsame Reise ins Heilige Land unternahmen, infizierte sie sich mit einer lepraähnlichen Krankheit und starb nach langem Leiden. Ludwig Salvator setzte auch ihr ein Denkmal, diesmal ein literarisches. Er widmete ihr ein 192-seitiges Buch, das – im Gegensatz zu anderen Publikationen – unter seinem vollen Namen erschien. Am Wiener Hof war man nur wenig begeistert und kaufte alle verfügbaren Exemplare auf.

An einer Kapellenmauer auf Ludwig Salvators Anwesen auf Mallorca kann man heute noch die Inschrift lesen: „Zum unvergeßlichen Andenken an Catalina Homar, die für viele Jahre Seele dieses Hauses war. Luis Salvator bittet jene, die kommen, für sie zu beten."

Der Erzherzog starb am 12. Oktober 1915 an der Syphilis. Drei seiner Kinder wurden Erben des beträchtlichen Vermögens. Sein ehemaliges Herrschaftshaus in Són Marroig ist heute ein Ludwig-Salvator–Museum, das mit Originalmanuskripten, Fotos, Zeitungsartikeln und Gemälden an den bisexuellen, grünen Aussteiger aus dem Haus Habsburg erinnert.

„Man müßt' ihm als Adjutanten eine Ballerina geben, dann könnt' nix passieren!"[23]
Erzherzog Luzivuzi (1842–1919)

Der jüngste Bruder des Kaisers Franz Joseph kam am 15. Mai 1842 zur Welt. Seine Mutter Erzherzogin Sophie war zu diesem Zeitpunkt bereits 37 Jahre alt, es war vermutlich ihre elfte Schwangerschaft. Vier Söhne erreichten das Erwachsen-

23 Kaiser Franz Joseph über seinen Bruder Ludwig Viktor. Zitiert nach Christian Dickinger, Habsburgs schwarze Schafe. Über Wüstlinge, Schwachköpfe, Rebellen und andere Prinzen, Wien 2000, S. 165.

enalter, eine Tochter starb vierjährig an Epilepsie, von Sophie tief betrauert. Die anderen Schwangerschaften endeten mit einer sogenannten „fausse couche", einer Fehlgeburt.

Das jüngste Kind wurde in der Familie „Bubi", „Hetzi" oder „Luzivuzi" gerufen. Ludwig Viktor war beim Lernen schwerfällig und legte auch später wenig Ehrgeiz an den Tag. Franz Joseph ernannte ihn zwar zum Oberstleutnant der Armee und verlieh ihm den Orden vom Goldenen Vlies, dennoch zeigte „Bubi" keinerlei politische oder militärische Ambitionen. Da Erzherzog Ferdinand Max, der Kaiser von Mexiko, keine Nachkommen hatte, plante er, seinen kleinen Bruder Ludwig Viktor als Erben in Mexiko einzusetzen und ihn zu einer Heirat mit der Erbin des brasilianischen Kaiserreiches zu überreden. Luzivuzi weigerte sich jedoch kategorisch, diese Alibi-Ehe einzugehen, nicht zuletzt vielleicht deswegen, weil die als Ehefrau in Aussicht gestellte Tochter des Kaisers Pedro von Brasilien in Wien als abstoßend häßlich beschrieben wurde. Ludwig Viktor ließ verlauten, daß nur ein kaiserlicher Befehl ihn umstimmen könnte, aber selbst dann würde er sich „als Märtyrer" fühlen. So weit wollte man es nicht kommen lassen. Eine neue Braut wurde ins Auge gefaßt und diesmal fiel die Wahl ausgerechnet auf eine Schwester von Kaiserin Elisabeth, die im übrigen ihren Schwager nicht leiden konnte.

Prinzessin Sophie in Bayern und der Kaiserbruder „Bubi" waren einander allerdings vom ersten Moment an nicht sympathisch, und Herzogin Ludovika sah sich als Sophies Mutter wieder einmal gezwungen, sich bei ihrer gekränkten Schwester Erzherzogin Sophie für das unbotmäßige Benehmen der Tochter zu entschuldigen: „(…) es hat mir viele Thränen gekostet, ein solcher Schwiegersohn wäre ein Glück für mich gewesen", schrieb sie nach Wien.[24] Eine weitere geplante Ehe des Erzherzogs mit Ludwiga Prinzessin Lobkowitz kam ebenfalls nicht zustande.

Erzherzog Ludwig Viktor
Zeitgenössische Fotografie
Wien, ÖNB Bildarchiv

Erzherzog Luzivuzi beschäftigte sich lieber mit anderen Dingen. Als „Handküsser" und Ehrenkavalier war er bei den älteren Damen der Hofgesellschaft sehr beliebt. Stand ein Hofball oder eine vergleichbare Veranstaltung auf dem Programm, hielt er sich bevorzugt in der „Lästerecke" auf: Tratschgeschichten und sein hochmütiges Verhalten in der Öffentlichkeit machten ihn zu einer äußerst umstrittenen Figur. Fürstin Nora Fugger, eine dem Wiener Kaiserhof nahestehende Person, nannte seine Zunge „scharf wie die einer Giftschlange". Er sei „weder militärisch noch kunstverständig" gewesen, dafür aber „schwächlich, unmännlich, geziert und von garstigem Äußeren. (…) Man hatte allen Grund, seine Indiskretionen und Tratschereien zu fürchten."[25]

Die homosexuelle Veranlagung des jüngsten Kaiserbruders war durchaus ein Thema des Hofklatsches in Wien: so blieb beispielsweise ein leidenschaftliches Verhältnis des Erzherzogs mit einem Fiaker nicht verborgen. Ein anderes Mal soll er seinem Kutscher mitten auf der Praterallee befohlen haben, sofort anzuhalten, da er auf dem Weg einen jungen Mann gesehen hatte, der ihm spontan gefiel. Die diversen Liebhaber erhielten als Dank für ihre Dienste eine goldene Uhr mit den erzherzoglichen Initialen – viele dieser Geschenke tauchten später im Auktionshaus Dorotheum auf.

1866 ereignete sich der entscheidende Eklat, nach dem Ludwig Viktor Wien verlassen mußte und nach Kleßheim bei Salzburg verbannt wurde, wo der Erzherzog ein von seiner Mutter geerbtes Schloß besaß. Dieser Vorfall in einem Wiener Bad wurde ebenfalls von Nora Fugger kolportiert:

„(…) denn eines Tages kam es tatsächlich zu einem Handgemenge in der Badeanstalt. Man erzählte sich, der Erzherzog habe eine Ohrfeige erwischt, [nach einem Annäherungsversuch, Anm.] und die Flucht ergreifen müssen. Dem Kaiser wurde die Skandalaffäre geschildert. Er war aufs höchste empört (…)."[26]

Bitten und Vorhaltungen nutzten diesmal nichts. Franz Joseph blieb unerbittlich, und Ludwig Viktor zog ins Exil. In Kleßheim entwickelte sich der verbannte Erzherzog zu einem Freund und Förderer der Schönen Künste und spielte gern

24 Zitiert nach Hamann, wie Anm. 17, S. 416.

25 Zitiert nach Dickinger, wie Anm. 23, S. 171.

26 Zitiert nach Bankl, wie Anm. 20, S. 148 f.

Theater, wobei er zumeist die Frauenrollen übernahm. Das Salzburger Anwesen verfügte über Sportplatz und Schwimmbad, in welches der Hof haltende „Bubi" hin und wieder junge Offiziere zur Erfrischung nach dem Tennisspiel einlud. In den Kabinen soll es keine Badehosen gegeben haben, und so mußten sich die Gäste dem ebenfalls badenden Schloßherrn so zeigen, wie Gott sie erschaffen hatte – was Folgen nach sich zog. Den Soldaten wurde mitgeteilt, „Einladungen nach Kleßheim in Zukunft unter dem Vorwand einer Übung oder dergleichen abzulehnen", da „des Kaisers Bruder (…) unnatürlichen Neigungen huldige".[27]

Da ihm eine Rückkehr nach Wien verwehrt war, wurde Ludwig Viktor im Lauf der Jahre depressiv. Er drohte mit Selbstmord, was den verständnislosen Franz Joseph nur dazu veranlaßte, einen Nervenarzt nach Schloß Kleßheim zu beordern. Wie nicht anders zu erwarten war, bescheinigte der Arzt dem Erzherzog eine Geisteskrankheit, 1915 wurde über ihn die Kuratel verhängt. Ein Vertrauter Franz Josephs, Erzherzog Eugen, wurde zum Kurator für den entmündigten Luzivuzi bestellt.

Vier Jahre später, 1919, starb Erzherzog Ludwig Viktor „in geistiger Umnachtung". Im Gegensatz zu anderen „Abtrünnigen" des Erzhauses kehrte „Bubi" nach seinem Tod nicht in Habsburgs Arme zurück, sein Platz in der Kapuzinergruft blieb leer. Er ruht auf dem Friedhof in Wals-Siezenheim.

Die in diesem Aufsatz genannten Personen stellen selbstverständlich nur eine Auswahl aus einem sicher viel größeren, in diesem Zusammenhang thematisierbaren Kreis dar. Auch Maria Theresias jüngster Tochter, der französischen Königin Marie Antoinette, wurden schon zu ihren Lebzeiten lesbische Beziehungen nachgesagt.

Obwohl – gerade für Frauen des Hochadels – das 18. Jahrhundert mehr persönlichen Freiraum gestattete als das 19., war Homo- oder Bisexualität im habsburgischen Herrscherhaus ein Unding, etwas, das es einfach nicht geben durfte. Jene Männer und Frauen, die ihre Neigung dennoch lebten und dafür sogar kämpften, bezahlten dies meist mit einem Dasein in Unglück und/oder Krankheit. Sie wurden von ihrer repressiven Umgebung psychisch und physisch an den Rand gedrängt. Artikulierte Opposition gegen das unterdrückende System konnte nur in eine Nervenheilanstalt führen, daher wählten viele eine Flucht als einzig möglichen Ausweg.

Der Weg zur Identifikationsfigur oder gar Ikone war auf jeden Fall lang, weit und steinig.

27 Zitiert nach Dickinger, wie Anm. 23, S. 173 f.

William D. Godsey, Jr.

Überlegungen zu Klasse und gleichgeschlechtlicher Liebe im Österreich des Fin de Siècle. Der Fall des Arthur Baron von und zu Eißenstein

Ende November 1992 entdeckte ich im Wiener Haus-, Hof- und Staatsarchiv ein dickes, mit Wachs versiegeltes Kuvert in der Personalakte des einstigen k.u.k. Botschaftsrates in Berlin, Arthur Baron Eißenstein (1846–1912). Das Kuvert wurde am 24. Februar 1910 verschlossen und mit einen Vermerk des damaligen Personalchefs des Außenministeriums, Ottokar Baron Schlechta (1866–1937), versehen: „Nur von Sr. Exzellenz dem Herrn Ersten Sektionschef oder dem Kanzleidirektor zu öffnen." Obwohl inzwischen mehr als achtzig Jahre vergangen waren, fühlte sich der Staatsarchivar, dem ich meinen Fund zeigte, nicht berechtigt, das Kuvert ohne Rücksprache mit seinem Vorgesetzten zu öffnen. Wir gingen gemeinsam – ich etwas schweren Herzens – zum Direktor des Archivs, der, entgegen meiner Befürchtungen, keinen Einwand gegen die Öffnung erhob. Kurz darauf, wieder im Benützersaal, öffnete der Archivar das Kuvert, versah es mit einem zweiten, diesmal kürzeren Amtsvermerk, der das Wort „geöffnet", das Datum und seine Initialen trug, und übergab mir den vermeintlichen Schatz.

Der Inhalt des Kuverts erwies sich als unverhofft fesselnd. Dutzende von Briefen und anderen Schriften gaben Aufschluß über einen homoerotischen Skandal am Rande der großen europäischen Politik am Ende des 19. Jahrhunderts. Er spielte sich, unter Beteiligung vieler bekannter Figuren aus Politik und Gesellschaft, in zwei Hauptstädten ab. Der Wiener Salonlöwe Hans Graf Wilczek (1837–1922) und der ungarische Parlamentarier Albert Graf Apponyi (1846–1933) setzten sich für den in Ungnade gefallenen Eißenstein bei seinem unerbittlichen Chef, Außenminister Gustav Graf Kálnoky (1832–1898, Amtszeit 1881–1895), ein. Am pikantesten jedoch war in der Affäre die Rolle des später so berüchtigten Referenten im Berliner Außenministerium, Friedrich von Holstein (1837–1909), der éminence grise der deutschen Außenpolitik nach dem Sturz Bismarcks. Wenige Monate nach dem Abschied Bismarcks aus der Politik 1890 ergriff Holstein die Initiative im Fall Eißenstein. Im Jahr 1908 nahm er lustvoll an der Verfolgung und Vernichtung des für seine gleichgeschlechtlichen Vorlieben bekannten Fürsten Philipp zu Eulenburg (1847–1921), dem langjährigen Freund und politischen Berater Kaiser Wilhelms II., teil.[1] Wie der Prozeß Oscar Wildes in England, wurden die Prozesse um Eulenburg und seine Freunde ein Wendepunkt in der Geschichte der männlichen gleichgeschlechtlichen Liebe[2] in Mitteleuropa.

In den ersten Dezembertagen des Jahres 1890 wurde Arthur Eißenstein, der erste Beamte der kaiserlichen und königlichen Botschaft in Berlin, von seinem Chef, dem Botschafter Emmerich Graf Széchényi (1825–98), völlig unerwartet mitgeteilt, daß der Ballhausplatz ihn mit sofortiger Wirkung aus Berlin abberufen hatte. In einem Brief an Außenminister Kálnoky drückte selbst der Botschafter sein Erstaunen über diesen Schritt aus:

„Ihr Schreiben vom 1. d[ieses Monats] ist eine Bombe die nicht allein über den armen Eissenstein geplatzt ist, sondern auch über mich, insofern ich einerseits von einem so ernsten Stande der Dinge keine Ahnung hatte, und andererseits mir seitdem ich diene, noch nie ein so peinlicher Auftrag zu Theil geworden ist."[3]

1 Zu Holsteins Rolle in der Eulenburg-Affäre, siehe Karl Nolden, Friedrich von Holstein, Berlin 1983, S. 129–36; Isabel V. Hull, The Entourage of Kaiser Wilhelm II 1888–1918, Cambridge 1982, S. 131–45

2 In diesem Beitrag folge ich die Praxis von Michael S. Foldy, der in seinem Buch, The Trials of Oscar Wilde. Deviance, Morality, and Late-Victorian Society, New Haven und London 1997, den Begriff „same-sex passion" statt „homosexuality" verwendete. Dadurch wollte er vermeiden, daß die Bedeutung des Wortes „homosexuell", wie sie erst im 20. Jahrhundert verstanden wurde, auf die spät viktorianische Gesellschaft fälschlicherweise rückinterpretiert werden könnte.

3 Széchényi an Kálnoky, Berlin, 4. Dez. 1890, Haus-, Hof- und Staatsarchiv (HHStA), Administrive Registratur (A.R.), Fach 4 (F. 4), Karton 81 (K. 81), Personalakte (PA) Arthur Baron Eißenstein.

Offiziell wurde Eißenstein vorgeworfen, sich im betrunkenen Zustand nach Hause getragen haben zu lassen und – noch viel schwerwiegender – sich der Preisgabe von Dienstgeheimnissen schuldig gemacht zu haben. So eindeutig diese Vorwürfe erscheinen mögen, wirft die Abberufung Eißensteins doch mehr Fragen auf als sie beantwortet. Aus dem Brief Széchényis ist ersichtlich, daß die homoerotischen Neigungen Eißensteins ausschlaggebend waren, obwohl gerade sie ihm im Dezember 1890 nicht vorgehalten wurden:

„Übrigens ist mir ja dasjenige was ich über Eissenstein wußte,…daß er gerne mit jungen Offizieren pokulire wobei ihm der Wein leicht zum Kopf steige und er dann oft taktlose Äußerungen mache, niemals durch eine hiesige, bzw. offizielle Persönlichkeit zugekommen… Ich kam dazu wie man eben zu Gerüchten kömmt, und als ich unter der Hand nachfrag erhielt ich die Bestättigung daß Eissenstein in der That durch solche nicht selten wiederholte Schnauffereien, so wie auch durch die kleinliche Ängstlichkeit mit der er darüber wache daß ihm bei Hofe und in der Welt der Rang gegeben werde den er für sich in Anspruch nehmen zu müßen glaubte, ciniges Ridicule hier auf sich ziehe. Mehr war es nicht und vom Nachhause getragen werden im berauschten Zustande oder vom Ausplaudern von Dienstgeheimnißen, hatte ich niemals auch nur das Geringste vernommen."

Im Laufe des 19. Jahrhunderts erfuhr die Pönalisierung der gleichgeschlechtlichen Liebe, die ehedem in erster Linie eine Frage der Moraltheologie war, neuen Antrieb durch die wissenschaftliche Medikalisierung und durch das Aufkommen des Rechtsstaates.[4]

Im gleichen Zeitraum entstand ein neuer „bürgerlicher" Begriff der Männlichkeit, der sich vom älteren aristokratischen Verständnis deutlich unterschied und der die Auffassung der Geschlechterrollen und der gleichgeschlechtlichen Liebe stark beeinflussen sollte.[5] Infolge dieser Entwicklungen setzte sich zudem eine besondere Art der Bestrafung durch, nämlich die informelle gesellschaftliche Brandmarkung eines Menschen wegen seiner gleichgeschlechtlichen Vorliebe, also des modernen „Homosexuellen".

Wie läßt sich der Fall Eißenstein gegen diesen allgemeinen Hintergrund verstehen? Was könnte die Abberufung Eißensteins, dessen Vorliebe für das eigene Geschlecht im Wiener Außenministerium doch nicht unbekannt geblieben war, zu jenem Zeitpunkt erklären?

Die Frage des gesellschaftlichen Umgangs und der Verfolgung von Personen, welche der gleichgeschlechtlichen Liebe huldigten, ist bisher kaum in Verbindung mit klassenspezifischen Momenten in Betracht gezogen worden. Wenn überhaupt, wird Klasse nur im Zusammenhang mit der Frage der Auswahl des Partners besprochen.[6]

Tatsächlich wurde die homoerotische Liebe sehr oft außerhalb eines klassenspezifischen Kontexts verfolgt, etwa in öffentlichen Parks, wo Aristokraten, Bürger und Arbeiter sich anonym treffen konnten. Der Umgang des Staates und der Gesellschaft mit der gleichgeschlechtlichen Gesinnung beschränkte sich aber natürlich nicht auf solche Orte. An seinem Arbeitsplatz, zum Beispiel, war der Mensch in sein gesellschaftliches Umfeld eingebettet. In dem hier vorliegenden Fall war Arthur Eißenstein im österreichisch-ungarischen diplomatischen Dienst tätig, der als Hochburg der Oberschicht, vor allem des Adels, galt.[7] Wie gestaltete sich seine Behandlung durch das Außenministerium sowohl vor als nach dem Ausbruch des Skandals? Wie verflochten waren hier Klasse und gleichgeschlechtliche Liebe? Auf welche Art spielte der Kastengeist des auswärtigen Amtes, der eng mit der Frage der Klassenzugehörigkeit zusammenhing, eine Rolle? Welche Bestrafung erhielt Eißenstein? Inwieweit war sie typisch für ein sexuelles Vergehen im damaligen Außendienst und zugleich für die oben erwähnte zunehmende Pönalisierung der gleichgeschlechtlichen Liebe? Und welche Parallele gibt es zwischen Eißenstein und dem berühmten Oberst Alfred Redl (1864–1913) zwanzig Jahre später?

4 Zur Geschichte der strafrechtlichen Bestimmungen zwischen 1767 und 1971 in Österreich bezüglich der gleichgeschlechtlichen Betätigung, siehe Nikolaus Benke und Elisabeth Holzleithner, Zucht durch Recht. Juristische Konstruktionen der Sittlichkeit im österreichischen Strafrecht, in: L'Homme, Zeitschrift für feministische Geschichtswissenschaft, 9. Jg., Heft 1, 1998, S. 41–88, hier S. 65ff.

5 George L. Mosse, The Image of Man. The Creation of Modern Masculinity, New York 1996

6 Siehe z.B. Rainer Guldin, Lieber ist mir ein Bursch…: Zur Sozialgeschichte der Homosexualität im Spiegel der Literatur, Homosexualität und Literatur, Bd. 8, Berlin 1995

7 Zu diesem Thema siehe William D. Godsey, Jr., Aristocratic Redoubt: The Austro-Hungarian Foreign Office on the Eve of the First World War, Central European Studies, Hrsg. Charles Ingrao, West Lafayette 1999

Biographisches

Arthur Ritter Eißner von und zu Eißenstein wurde am 25. November 1846 in Wien als Sproß einer alten böhmischen Glasfabrikantenfamilie geboren. 1773 hatte Maria Theresia die Familie in den böhmischen Adelsstand mit dem Prädikat „von und zu Eisenstein" erhoben, und eine Generation später erhielt sie den Reichsritterstand. Erst kurz vor seiner Abberufung aus Berlin bekam unser Diplomat selbst den Freiherrnstand.[8] Arthurs Vater, Anton Ritter Eißner von und zu Eisenstein (1798–1867), entstammte einer jüngeren Linie der Familie. Er folgte nicht dem Beruf seiner Vorfahren, sondern wurde Doktor der Medizin. Auch mütterlicherseits gehörte Eißenstein einer böhmischen Industriellenfamilie an. Sein Großvater Johann Pacher (1772–1845) gehörte dem wohlhabenden Prager Handelstand an, wurde Direktor der k.k. Nationalbank und Besitzer bedeutender Textilfabriken. Durch seinen Reichtum erlangte er gleichfalls den Adelsstand, in seinem Fall mit dem Prädikat „Pacher von Theinburg". Seiner Herkunft nach zählte Eißenstein also eindeutig zur sogenannten „zweiten Gesellschaft" der Habsburgmonarchie, das heißt nicht zur hoffähigen Aristokratie, sondern zur viel zahlreicheren, auch staatstragenden Schicht der geadelten Offiziere, Beamten, Unternehmer und ihrer Nachkommen.

Arthur Baron von und zu Eißenstein
Wien, ÖNB Bildarchiv

1870 trat der junge Eißenstein in den diplomatischen Dienst ein. Zwischen seiner Aufnahme und seiner Zuteilung nach Berlin im Jahre 1887, stieg er vom Gesandtschaftsattaché zum Botschaftsrat auf und diente in sechs österreichisch-ungarischen Missionen im Ausland: 1870 in Konstantinopel, 1870–1874 in Stuttgart, 1874–1878 in Athen, 1878–1880 in Stockholm, 1880–1885 in St. Petersburg und 1885–1887 in Bukarest.[9] Unter diesen Posten erwies sich der in der Hauptstadt Rußlands als ausschlaggebend für sein Fortkommen. In St. Petersburg arbeitete er zwei Jahre lang (1880–1881) unter dem damaligen Botschafter und späteren Außenminister Kálnoky, der seine Zuteilung möglicherweise ausdrücklich verlangt hatte. Auf jeden Fall wußte er die Fähigkeiten Eißensteins zu schätzen. Als Kálnoky Außenminister wurde, blieb Eißenstein drei weitere Jahre in St. Petersburg, eigentlich die schönste und herausforderndste Dienstverwendung eines k.u.k. Diplomaten. Danach erhielt er, anders als in seinem ersten Jahrzehnt im Diplomatischen Korps, nur außenpolitisch wichtige Stellen, zunächst in Bukarest und später in Berlin. Der Außenminister beförderte Eißenstein in relativ jungen Jahren zum Botschaftsrat, beschaffte ihm 1889 den Baronstitel und versprach ihm nur wenige Monate vor dem Ausbruch des Skandals einen Gesandtenposten.[10] Kálnoky dürfte seinen einstigen Untergebenen an der Botschaft in St. Petersburg als seinen Protegé betrachtet haben. Dies mag teilweise die Härte erklären, mit welcher der selbst unverheiratete Außenminister später gegen Eißenstein vorging.

Der Hintergrund und der Vorfall

Schon vor dem Skandal war seinem Vorgesetzen Eißensteins Vorliebe für das eigene Geschlecht bekannt. Nachteilige Wirkungen auf seine Karriere wegen der Tatsache per se gab es aber anscheinend keine. Stattdessen wollte der Außenminister mögliche Folgen dieses Faktums, etwa einem peinlichen öffentlichen Vorfall, zuvorkommen. Später berichtete Eißenstein selbst über die Warnung, die er von Kálnoky Anfang 1890 in Wien bekommen hatte:
"Im Januar 1890 machte mich S. E. Graf Kálnoky in Wien darauf aufmerksam, daß meine heufige [sic!] Theilnahme an Liebesmahlen und mein intimer Verkehr mit den jüngeren Offizieren nicht wünschenswert erschienen, und seit dieser Zeit habe ich an Liebesmalen nur sehr selten und ausschließlich auf Einladung des Regimentscommandanten oder des etatsmäßigen Stabsoffiziers hin Theil genommen, ebenso aengstlich habe ich es vermieden, irgendwie mich an den

8 Arthur Eißenstein hat den Familien-namen „Eißner" nicht verwendet und unterschrieb mit „Eißenstein" und gelegentlich „Eissenstein", wohl weil das Prädikat vornehmer klang. Anders als sein Bruder, Richard, benütze Arthur zwei „s" („Eißenstein" statt „Eisenstein"), was an den Familiennamen zumindest erinnerte. 1904 erhielt Eißenstein die ah. Genehmigung sich offiziell mit Weg-lassung des ursprünglichen Familien-namens lediglich nach dem Prädikate nennen und schreiben zu dürfen. Ich habe die Schreibweise Eißensteins beibehalten, obwohl er und Mitglieder seiner Familie fast immer unter „Eisenstein" nachzuschlagen sind.

9 Jahrbuch des K.u.k. auswärtigen Dienstes, Wien 1908, S. 222

10 Eißenstein an Kálnoky, Salzburg, 24. Jan. 1892, HHStA, A.R., F.4, K. 81, PA Arthur Baron Eißenstein

11 Aufzeichnungen Eißensteins, Salzburg, 18. Jul. 1891, HHStA, A.R., F.4, K. 81, PA Arthur Baron Eißenstein

12 Godsey wie Anm. 7, S. 90

13 Béla von Rakovszky an Maximilian Baron Gagern, 10. Aug. 1905, Politisches Archiv I, Karton 644, Kabinett des Ministers, Mappe IX/b-39, f. 1030

14 Koziebrodzki an Berchtold, Stuttgart, 18. Nov. 1913, Moravský zemský archiv (Brno, Tschechische Republik) (MZA), Rodinný archiv Berchtoldů (RAB), Karton 135, Mappe 464/19
1
15 Godsey wie Anm. 7, S. 91

16 Hohenlohe an Leopold Graf Berchtold, Friedstein, 25. Nov. 1907, MZA, RAB, K. 134, Mappe 464/16

17 Jens Rieckmann, Knowing the Other: Leopold von Andrian's „Der Garten der Erkenntnis" and the Homoerotic Discourse of the Fin de Siècle, in: Gender and Politics in Austrian Fiction, hrsg. von Ritchie Robertson und Edward Timms, Edinburgh 1996, S. 61–78, hier S. 61. Zu Andrian erscheint bald das Werk: Leopold von Andrian (1875–1951). Notizen, Essays, Berichte, hrsg. von Ursula Prutsch und Klaus Zeyringer, Wien (im Druck). Ich bin Dr. Ursula Prutsch für ihre freundliche Hinweise bezüglich Andrian sehr dankbar.

geselligen Zusammenkünften der jungen Herren zu betheiligen. Mein Botschafter selbst hat dies anerkannt und sich hierüber lobend ausgesprochen. Ich bin in den letzten zwei Jahren sogar den allabendlichen Offiziersvereinigungen, welche in einem Berliner Weinlocale stattfinden, trotz mehrfachen Drängens ferne geblieben, indem ich den Herrn erklärte, aus Gesundheits-Rücksichten nicht viel trinken zu dürfen".[11]

Im nachhinein versuchte Eißensteins unmittelbarer Vorgesetzter in Berlin, Graf Széchényi, seine Kenntnisse herunterzuspielen, um sich seiner Verantwortung für den Skandal zu entziehen. Die oben zitierten Briefe bezeugen aber, daß der Botschafter von Eißensteins Neigung Bescheid wußte. Zu diesem Thema führte er nur wenige Monate vor der Abberufung Eißensteins auch ein Gespräch mit dem Ersten Sektionschef am Ballhausplatz, Ladislaus von Szőgyény-Marich (1841–1916). Die Unterredung läßt erkennen, daß sich auch der leitende Ministerialbeamte mit der Frage befaßt hatte.

Eißensteins Erfahrungen *vor* dem Skandal und die späteren bekannten Fälle von gleichgeschlechtlich gesinnten Diplomaten deuten auf einen gewissen durch den auswärtigen Dienst gewährten Freiraum hinsichtlich des Privatlebens. Mit den erforderlichen Aufnahmebedingungen und den allgemeinen Dienstverhältnissen wurde es in Kauf genommen, daß Personen, die das eigene Geschlecht bevorzugten, unter den Beamten zu finden waren. In dieser Hinsicht glich das diplomatische Korps gewissermaßen dem Klerus. Kandidaten für die Aufnahme mußten ledig sein, und in der Tat blieb eine hohe Prozentzahl von Diplomaten (35%), auch nachdem sie den entsprechenden Rang erreicht hatten, unverheiratet.[12] Ein Auslandsvertreter sollte wohlhabend und bereit sein, lange Jahre weitab der Heimat zu leben. Zudem legte man großen Wert darauf, adelige Herren mit geschliffenen Manieren im Dienst zu haben. Bei entfernten und materiell schwierigen Posten wurde ein unverheirateter Diplomat sogar bevorzugt.

In den letzten Jahrzehnten vor dem Ersten Weltkrieg war Eißenstein bei weitem nicht der einzige Beamte, dessen Vorliebe im Ministerium zumindest vermutet wurde. Trotz diesbezüglicher Bedenken bekam Thaddäus Graf Koziebrodzki (1860–1916) eine Zuteilung als erster Beamter bei der Botschaft in Paris.[13] Später, während der Amtszeit des Außenministers Leopold Graf Berchtold (1912–1915), wurde er als Gesandter in Württemberg von einem Kellner, mit dem er eine kurze Beziehung gehabt hatte, erpreßt.[14] In einem Brief an Berchtold gestand er diesen Vorfall und sicherte sich offensichtlich das Wohlwollen des Ministers. Mit größter Diskretion wurden der Täter und seine Komplizen von der Polizei in Stuttgart verhaftet. Ihnen wurde der Prozeß gemacht, den man nach Köln verlegte, um dem k.u.k. Gesandten Unannehmlichkeiten zu ersparen.[15]

Die Bereitschaft des Außenministeriums, gleichgeschlechtlich gesinnte Diplomaten zu dulden, hat aber wenig mit modernen Vorstellungen von „Toleranz" zu tun. Unter den Beamten gab es durchaus auch jene wie den Militärattaché in Berlin, Gottfried Prinz Hohenlohe-Schillingsfürst (1867–1932), die eine ablehnende Haltung einnahmen. Während der Eulenburg-Affäre wurde die deutsche Hauptstadt von ihm in „Sodom an der Spree" umgetauft, und er drückte seine Erleichterung aus, daß er sie „noch heterosexuell" verlassen konnte.[16] Da er Nachteile daraus erwartete, fürchtete ein anderer Diplomat, Leopold Baron Andrian-Werburg (1875–1951), daß seine homoerotische Vorliebe am Ballhausplatz bekannt werden könnte. Seine Ängste haben ihm aber wenig genützt. Nicht nur im Außenministerium, sondern auch im Kriegsministerium wurde über ihn gemunkelt.[17] Das hat den Ballhausplatz allerdings nicht davon abgehalten, Andrian zum Amtsleiter des außenpolitisch sehr heiklen Generalkonsulats in Warschau in Russisch Polen zu ernennen. Diese Bestellung war umso erstaunlicher, als sie zeitlich mit der Redl-Affäre zusammenfiel.

Die Abneigung, wie sie in dem Brief Hohenlohes zu finden ist, hat sich allerdings in der Politik des auswärtigen Dienstes nicht durchgesetzt. An Hohenlohe haftete immer noch etwas von einer älteren, aristokratischen Einstellung, welche die Frage der gleichgeschlechtlichen Liebe im Zusammenhang mit moralischer Lässigkeit brachte.[18] Durch die Arbeit von Michael Foldy wissen wir zudem, daß klassenspezifische Momente den Umgang mit der Homoerotik stark prägen konnten:

„Aristocratic men were (if they wished to be – and they often did) largely exempt from this middle-class conception of manliness and also from the correlative social and cultural boundaries which delimited gender roles and proscribed sexual acts. In great part this was because they possessed the requisite wealth and power to command privacy and, if necessary, to circumvent the law".[19]

Obwohl das Ministerium vor dem Skandal von Eißensteins Vorliebe wußte, scheint man in ihm keinen „Homosexuellen" im modernen pathologischen Sinne erblickt zu haben, den man als nicht akzeptablen Menschentypus ausschließen wollte. Die Vorwürfe, die gegen Eißenstein vom aristokratischen Außenministerium erhoben wurden, richteten sich nur bedingt gegen seine gleichgeschlechtliche Vorliebe, die ja längst bekannt war. Einerseits warf man ihm einen Mangel an Selbstbeherrschung vor: Eißensteins Problem mit geistigen Getränken (er selbst sprach spaßhaft von seinem angeblichen Delirium tremens), seine Preisgabe eines Staatsgeheimnisses und die wiederholten Indiskretionen in seinem Privatleben, die seine offizielle Stellung in Berlin schädigten, all das zusammen gab offiziell den Anlaß zu seiner Abberufung. Diese Vorwürfe deuten darauf hin, daß Kálnoky bei Eißenstein eine moralische Verfehlung, die nicht in erster Linie mit der Männerliebe zusammenhing, wahrnahm.[20] Andererseits spielten im Eißensteins Fall gewisse politische Rücksichten, die noch besprochen werden, eine entscheidende Rolle.

Die erwähnten Ermahnungen 1889/90 durch Kálnoky und Széchényi an Eißenstein beweisen nicht nur, daß sie von seiner Vorliebe wußten, sondern auch, daß sein Verhalten sie zu beunruhigen begann. Daß Eißenstein die Gesellschaft von jungen Offizieren bevorzugte, dabei im Weinrausch gelegentlich seine Neigung merken ließ, störte insofern, als sie einen Skandal fürchteten. In der Tat ereignete sich im Februar 1890 ein in seinen Einzelheiten nicht bekannter Vorfall zwischen Eißenstein und dem preußischen Gardeleutnant Carl Graf von der Goltz (1864–1944), der dem Ruf des Botschaftsrates Schaden zufügte.[21] Später bezichtigte Eißenstein Goltz und den Grafen Anton Magnis (1862–1944), der ihn am Anfang seiner Zeit in Berlin zu „Jungherrendiners" mitgenommen hatte, als die Urheber der Gerüchte, die über ihn verbreitetet wurden.

Ausschlagebend für die Abberufung Eißensteins war allerdings seine Beziehung zu einem jungen Beamten des Berliner Außenministeriums, einem „Attaché" von Zansen.[22] Wegen dieser Freundschaft tauchten zum erstenmal politische Bedenken gegen den österreichischen Diplomaten auf, die sich mit den moralischen Rücksichten in einer für Eißenstein fatalen Weise kreuzen sollten. Leider sind die Beweise hier nicht eindeutig, und für sein Verhältnis zu Zansen haben wir bisher nur die Aussage Eißensteins, der jede homoerotische Deutung der Sache bestritt. Erst 1892, nachdem ihm das Wiener Außenamt seine gleichgeschlechtliche Vorliebe zum offenen Vorwurf gemacht hatte, und anderthalb Jahre nach seiner Abberufung, sprach Eißenstein das Thema seiner Freundschaft mit Zansen an:

„Ich möchte mir hier noch erlauben, einer kleinen Episode Erwähnung zu thun, welche die Schwatzhaftigkeit gewißer Leute in's richtige Licht stellt. Mein früherer Chef, Botschafter Graf Széchényi sagte mir seiner Zeit, daß man mir es in Berlin so sehr verübelte, einen jüngeren preußischen Diplomaten und Offizier in auffallender Weise protigirt und in die hohe Berliner Gesellschaft eingeführt zu haben. Herr von Zansen, so heißt der junge Mann, wurde mir bei seinem Eintreffen in Berlin, wo er im Auswärtigen Amte beschäftigt wurde, von befreun-

18 Die Sprache Hohenlohes in einem anderen Brief: „Hier ist alles noch unter dem Eindrucke der Popographen Scandale – die allerdings an Unerhörtheit nichts zu wünschen übrig lassen. Ueber den Scandal wird Gras wachsen – aber die Wunden – die diese ekelhafte Geschichte dem Prestige der höchsten und hohen Gesellschaft geschlagen hat – werden nicht so leicht vernarben… Ausserdem heisst es – es würden noch viele andere als Popographen entlarvt werden – ich weiss es nicht – aber gesund ist die moralische Atmosphäre Berlins momentan gewiss nicht – denn abgesehen von diesen sexuellen Perversitäten herrscht noch überall – wohin ich bisher Gelegenheit hatte – Einblick zu nehmen – eine derartige Eifersüchtelei – eine derartige Missgunst – ein solches Vordrängen auf Kosten seiner Nebenmenschen – dass es einen ordentlich anekelt". Hohenlohe an Leopold Graf Berchtold, Berlin, 17. Juni 1907, MZA, RAB, K. 134, Mappe 464/16

19 Foldy, The Trials of Oscar Wilde, S. 83

20 Zu diesem Thema, siehe Foldy, The Trials of Oscar Wilde, S. 88: „[L]ate Victorian attitudes toward practitioners of same-sex passion are much more consistent with early modern attitudes in that the „sodomite" seems to be viewed primarily as constituting a moral dilemma, not only for the individual himself but also for society. What we do not get… is the sense that sodomitical urges represent the biological imperatives of an aberrant, anomalous species. While the sodomitical act is certainly condemned and criminalized, the crime itself is still represented within the context of moral laxity, and as a function of a personal lack of self-control and a dissolute, debauched lifestyle".

21 Eißenstein an Sektionschef Marius Baron Pasetti, Salzburg, 5. Juli 1892, HHStA, A.R., F.4, K. 81, PA Arthur Baron Eißenstein.

22 Wahrscheinlich handelte es sich hier um Karl von Zansen gen. von der Osten (geb. 1866). Zansen scheint allerdings kein Attaché gewesen zu sein, wie Eißenstein nach Wien berichtete, sondern war ein Kavallerie- Leutnant, der zum Berliner Außenministerium "kommandiert" wurde. Mit der kleinen Unwahrheit wollte Eißenstein vielleicht vertuschen, daß er wieder mit jungen Offizieren zu tun hatte.

23 Eißenstein an Kálnoky, Salzburg, 17. Nov. 1892, HHStA, A.R., F.4, K. 81, PA Arthur Baron Eißenstein.

24 Eißenstein an Sektionschef Rudolf Graf Welsersheimb, Wien, 12 Mai 1892, ibid.

25 Es ist aufschlußreich, daß Zansen aus der Personalaufstellung des Berliner Außenministeriums zu ungefähr der gleichen Zeit verschwindet wie Eißenstein aus jener des k.u.k. Außenministeriums.

26 Leider gibt der Nachlaß Holstein keinen Aufschluß zum Fall Eißenstein. Norman Rich und M.H. Fischer, (Hg.), Die geheimen Papiere Friedrich von Holsteins, 4 Bde., Göttingen 1956–63

27 Konzept eines Telegramms des Grafen Kálnoky an Graf Széchényi, undatiert [4. Dez. 1890], HHStA, A.R., F.4, K. 81, PA Arthur Baron Eißenstein.

28 Széchényi an Kálnoky, Berlin, 6. Dez. 1890, ibid.

29 Eißenstein an Sektionschef Marius Baron Pasetti, Berlin, 5. Jan. 1891, ibid.

30 Aufzeichnungen Eißensteins, Salzburg, 18. Jul. 1891, ibid.

deter Seite bestens empfohlen, und ich stellte ihn auf seine Bitte in der mir näher stehenden Familien vor. Als Gegenleistung theilte mir Herr von Zansen…oftmals wichtige und intereßante Vorgänge am Kaiserlichen Hofe mit…Ich hatte freilich damals keine Ahnung davon, daß man späterhin meine Beziehungen zu dem jungen Mann einer so elenden Kritik unterwerfen würde".[23]

Die genaue Beschaffenheit der Beziehung, ob es eine keusche, vielleicht närrische Verliebtheit Eißensteins war, welche der jüngere Mann ausnützte, um seine gesellschaftliche Stellung zu verbessern, oder eine tatsächliche Liebesaffäre, werden wir wohl nie erfahren. Daß Zansen Eißenstein „von befreundeter Seite" empfohlen wurde, deutet auf jeden Fall auf die gleichgeschlechtliche Vorliebe des deutschen Diplomaten. Ihr gesellschaftlicher Verkehr in den Salons von Berlin, wo Eißenstein möglicherweise seine Verblendung nicht verbergen konnte, zog die Aufmerksamkeit der Tratschsüchtigen auf sie. Eißenstein selbst meinte, daß solche Gerüchte in Berlin an der Tagesordnung standen:

„In der Berliner Gesellschaft ist es zur häßlichen Mode geworden, bei jedem sich diesbezüglich darbietenden Momente die Möglichkeit von widernatürlichen Lastern anzunehmen – es scheint den Berliner Herren eine willkommene Gelegenheit gewesen zu sein, einmal einen Fremden, der zu Beginn seiner Aufenthalt viel mit der Jugend verkehrte, ein ähnliches Laster andichten zu können".[24] Diese Freundschaft blieb im Berliner Außenministerium, wo Zansen tätig war und wo er einer ähnlichen Vorliebe und der Weitergabe von vertraulichen Informationen an eine fremde Macht beschuldigt wurde, natürlich nicht unbemerkt.[25]

Daß die Initiative direkt vom deutschen Außenministerium in der Person Friedrich von Holsteins ausging, beweist, daß die Anschuldigung gegen Eißenstein nicht erfunden wurde oder lediglich dem Gesellschaftstratsch entsprang.[26] Schließlich vertrat Eißenstein, als erster Beamter der k.u.k. Botschaft, eine verbündete Macht, und seine Entfernung konnte nur schwerwiegende Gründe haben. Über den deutschen Botschafter in Wien, Heinrich VII. Prinz Reuß (1825–1906), ließ Holstein den Grafen Kálnoky Ende November/Anfang Dezember 1890 wissen, daß die Anwesenheit von Eißenstein in Berlin nicht mehr erwünscht sei. Der Meinung Holsteins nach sollte „die Affaire Eissenstein in möglichst unauffälliger Weise" beendet werden.[27] Zwei Tage nachdem er Eißenstein von seiner Abberufung in Kenntnis gesetzt hatte, suchte der österreichische Botschafter in Berlin, Graf Széchényi, Holstein in seinem Büro in der Wilhelmstraße auf. Da Holstein den ersten Schritt getan hatte, wollte er nun von ihm wissen, wie er sich die reibungslose Abwicklung der Sache vorstellte.[28] Széchényi und Holstein einigten sich, daß Eißenstein über die Weihnachtsfeiertage in Berlin als Geschäftsträger während der Abwesenheit des Botschafters zu belassen sei, um Aufsehen wegen einer plötzlichen Abreise zu vermeiden. Mit einigem Erfolg versuchte Széchényi Eißenstein vorzuheucheln, daß sein Verbleiben in Berlin als chargé d'affaires bis zum Beginn des neuen Jahrs ein Vertrauensbeweis des Ministeriums darstelle. Erst am 9. Januar 1891 verließ Eißenstein aus „Gesundheitsrücksichten" die deutsche Hauptstadt.

Bestrafung

Die Vorwürfe, die ihm das Ministerium anfangs machte, lauteten – wie bereits erwähnt – auf Preisgabe von Dienstgeheimnissen und öffentliche Trunkenheit. Obwohl er seine Unschuld beteuerte und um ein Disziplinarverfahren ansuchte, verzichtete er sonderbarerweise ausdrücklich darauf, bei seiner Ankunft in Wien Außenminister Kálnoky um eine Audienz zu bitten.[29] Sein Sexualleben wurde ihm zunächst von seiten des Ministeriums nicht offen vorgeworfen, aber Eißenstein fühlte sich trotzdem bald genötigt, sich in dieser Hinsicht zu rechtfertigen.[30] Dem Ersuchen um ein Disziplinarverfahren wurde nicht stattgegeben, zweifellos wegen des heiklen außenpolitischen Charakters der Sache. In Berlin war aufgeflogen, daß ein Diplomat des engsten Verbündeten des Deutschen Reiches über vertrauliche Auskünfte verfügte, die er sich durch eine homoerotische Beziehung zu einem Beamten des deutschen Außenministeriums verschafft hatte. Sowohl die Deutschen als auch die Österreicher hatten daher ein großes Interesse daran, die Angelegenheit, wie Graf Széchényi meinte, „zu vertuschen".[31] Daß Außenminister Kálnoky, trotz seines früheren Wohlwollens, die Bemühungen Eißensteins um seine Reaktivierung jahrelang unerbittlich ablehnte, ist der beste Beweis für die Gewichtigkeit der Beschuldigungen.

Die Abberufung Eißensteins aus Berlin bedeutete gleichzeitig das Ende seiner diplomatischen Laufbahn. Er wurde zunächst „aus Gesundheitsrücksichten" beurlaubt und bekam auch später keine neue Zuteilung, da kein geeigneter Posten – wie ihm mitgeteilt wurde – zur Verfügung stand. 1892 wurde er in Disponibilität und zwei Jahre darauf in den zeitlichen Ruhestand versetzt. Strafrechtlich wurde Eißenstein weder in Deutschland noch in Österreich auf Grund der Bestimmungen des bürgerlichen Gesetzbuchs wegen gleichgeschlechtlicher Betätigung verfolgt. Da ihm kein Disziplinarverfahren seitens des Außenministeriums gewährt wurde, was übrigens ein bezeichnendes Licht auf das damalige Entwicklungsstadium des Rechtsstaates in Österreich wirft, blieb auch eine formelle verwaltungsrechtliche Strafe aus. Um so härter allerdings fiel die gesellschaftliche Ächtung aus, der er sich infolge seiner Entlassung aus dem Dienst ausgesetzt fühlte. Seine Verzweiflung erreichte Ende 1892 ihren vorläufigen Höhepunkt, als er mit einem Heiratsprojekt an das Ministerium herantrat. Er hatte nämlich eine reiche Familie gefunden, die aus Ehrgeiz bereit gewesen wäre, ihre junge Tochter einer Ehe mit dem Diplomaten Baron Eißenstein zu opfern. Der vermeintliche Bräutigam berichtete an den Ballhausplatz: „Die in Rede stehende Familie hat jedoch den ausdrücklichen Wunsch, ja die Bedingung hierfür ausgesprochen, daß ich eine Reactivierung antrete."[32]

Getäuscht hat diese Demarche niemand und sie blieb erfolglos. Die Unnachgiebigkeit des Ministeriums gegenüber Eißenstein bezüglich einer Wiedereinstellung blieb auch unter dem Nachfolger Kálnokys bestehen. Er lebte zunehmend verbittert und in schlechten finanziellen Verhältnissen in einer Art gesellschaftlicher Verbannung in Salzburg bis zu seinem Tode im Jahre 1911.

Nicht nur in Hinblick auf ein etwaiges gleichgeschlechtliches Privatleben der Beamten pflegte der Ballhausplatz, wenn keine Komplikationen sich abzeichneten, eine gewisse Nachsicht obwalten zu lassen. In noch viel größerem Ausmaß galt diese Haltung den sexuellen Abenteuern der nicht homoerotisch gesinnten Auslandsvertreter. Einige davon, wie das Liebesverhältnis eines Gesandtschaftssekretärs in Bukarest mit der Frau des rumänischen Justizministers oder die aufeinanderfolgenden Affären verschiedener k.u.k. Diplomaten in derselben Stadt mit der rumänischen Kronprinzessin, standen der Verbindung Eißenstein-Zansen in außenpolitisch gefährlichen Verwicklungen keineswegs nach.[33] Die Regelung dieser Fälle durch das Außenministerium weist allerdings gewaltige Unterschiede zum Fall Eißenstein auf. Die Bestrafung bestand höchstens in einer Versetzung. Von der informellen, dafür aber um so schmerzlicheren gesellschaftlichen Kaltstellung, wie sie Eißenstein erfuhr, kann keine Rede sein. Hier dürfte die Klassenfrage, wie sie ihm vor dem Skandal zugute gekommen war, zu Eißensteins Nachteil umgeschlagen haben.

Auf Grund der Quellen wird klar, daß Arthur Eißenstein aus dem diplomatischen Dienst nicht wegen seiner gleichgeschlechtlichen Neigung ausgestoßen wurde. Sein Fall mag diesbezüglich allerdings vorübergehend zu einer Verhärtung der Einstellung des Ministeriums geführt haben. Kurze Zeit darauf, noch unter Außenminister Kálnoky, wurde der k.u.k. Legationssekretär Johann Graf Lónyay (1860–1937), dessen homoerotisches Privatleben, nach der Aussage Maximilian Hardens, „an der Isar und an der Spree polizeikundig war", entlassen.[34] Harden glaubte, daß Lónyays „Vorliebe für Soldaten allzu unliebsames Aufsehen machte"

31 Széchényi an Kálnoky, Berlin, 5. Dez. 1890, ibid.

32 Eißenstein an Sektionschef Marius Baron Pasetti, Salzburg, 29. Dez. 1892, ibid.

33 Godsey wie Anm. 7, S. 200

34 Maximilian Harden, Prozesse, Köpfe III. Teil, Berlin 1913, S. 203

35 Leider scheint Lónyays Personalakte im Zweiten Weltkrieg in Budapest, wohin sie auf Grund der Verträge nach dem Ersten Weltkrieg geschickt werden mußte, verloren gegangen zu sein.

36 Zur Frage der gleichgeschlecht-lichen Liebe in der Armee, siehe István Deák, Beyond Nationalism. A Social and Political History of the Habsburg Officer Corps, 1848–1918, New York und Oxford 1990, S. 143–145

und er deswegen entfernt werden mußte. Leider sind die zur Zeit bekannten Quellen nicht ausreichend, um diese Behauptung zu bestätigen oder zu widerlegen.[35] Immerhin scheint sein Abschied zumindest mit einem drohenden öffentlichen Skandal in Verbindung gestanden zu haben.

Der Fall des Obersten Redl läßt sich in mancher Hinsicht mit jenem von Eißenstein vergleichen. Wie bei Eißenstein ist es auszuschließen, daß Redls Kollegen nichts von seiner Neigung wußten.[36] Trotzdem gewährte ihm die Armee einen großen Freiraum für sein homoerotisches Privatleben. Obwohl das Offizierkorps weitgehend verbürgerlicht war, herrschten dort immer noch ältere Vorstellungen der Standesehre, die im Militär gleich dem aristokratischen Geist im diplomatischen Dienst sich auswirkten. Bis zu einem gewissen Grad schirmten die Klassenzugehörigkeit und die Arbeitsverhältnisse des Außendienstes und des Heeres vor der Verfolgung ab, selbst wenn die medizinische Pathologisierung und strafrechtliche Handhabung der gleichgeschlechtlichen Liebe bis 1900 immer deutlicher voranschritten. Diesbezüglich scheint sich in der Zeit zwischen Eißenstein und Redl wenig geändert zu haben.

Nichtsdestoweniger wurde Eißenstein einer informellen, aber vernichtenden gesellschaftlichen Ächtung ausgesetzt, deren Ursache nicht zuletzt in den neuen bürgerlichen, durch die Wissenschaft und das Rechtswesen hervorgerufenen Vorstellungen über den „Homosexuellen" zu suchen sein dürfte.

Hanna Hacker

Lavendelfräulein bis Postqueerstoire

Geschichten schreiben, lesbisch, Wien: Die folgenden Texte, entstanden in den Jahren zwischen 1984 und 2000, thematisieren auf verschiedene Weise, was am Produzieren einer – nicht nur wienerischen – Geschichte der Frauen und der Geschlechter schwierig ist und doch begeistert.

Neu oder wieder lesen, was es schon gab: Die Collage beginnt mit Visionen zur Frauenszene um 1900 und schließt mit Reflexionen zur queeren Politik in Zeiten heftigerer Konservatismen anno 2000. Dazwischen geht es um dramatische Aspekte historischen Forschens, um lesbische Entdeckungen in der Wiener Frauenbewegung der 1970er Jahre und um einige Quicksteps der 90er.

Rosa Engel in den Tuchlauben.
Heute passiert wieder mal alles gleichzeitig

Fräulein Rosa Engel, geboren 1884, geht an einem Frühsommertag im Jahre 1904 um die Mittagsstunde durch die Tuchlauben. Sie fühlt sich sichtlich beschwingt. Soeben hat sie ihr Bewerbungsgespräch im Mädchenlyzeum Luithlen, Tuchlauben Nr. 18, erfolgreich hinter sich gebracht. Ab Herbst wird sie hier Unterricht erteilen. Die Schulleiterin Martha Luithlen, eine Frau in den besten Jahren, hat sich trotz ihres etwas strengen Blicks doch sehr freundlich gezeigt und war schließlich wehmütig ins Plaudern gekommen; hat von ihrer Mutter, Marie Luithlen-Hanke, erzählt, die 1861 nach dem von ihr in Schlesien und Berlin erlebten Vorbild hier die erste höhere Mädchenschule als „Evangelische Lehr- und Erziehungsanstalt für Töchter gebildeter Stände" errichtet und geleitet hat. Martha Luithlen hegt ehrgeizige Pläne, und Rosa Engel wird in den nächsten Jahrzehnten die Umwandlung des Lyzeums in ein Reformrealgymnasium und dann in eine staatlich subventionierte Mädchenmittelschule miterleben. „Wenigstens habe ich noch lange Zeit", denkt Rosa optimistisch, „ehe die Nazis kommen und die Schule schließen."

Fräulein Engel überquert die Straße und betritt die Zentralbibliothek in den Tuchlauben Nr. 13. Entliehene Bücher gibt sie stets fristgerecht zurück. Sie tauscht den für ihren Geschmack etwas zu respektlos gehaltenen Berliner Frauenbewegungsroman „Amazonenschlacht" gegen ein ‚Buch für reife Geister': „Vom neuen Weibe und seiner Liebe". „Warum benötigt Emilie Mataja noch zwölf Jahre, ehe sie den ersten und einzigen Roman aus der Wiener Frauenbewegung schreibt?", geht ihr dabei durch den Kopf. Außerdem wählt sie Mary Wollstonecrafts „Vertheidigung der Rechte der Frauen" in der neuen Übersetzung ihrer mütterlichen Kindheitsfreundin Bertha Pappenheim als anspruchsvolle Bettlektüre und die 117. Auflage von Krafft-Ebings „Psychopathia sexualis" als provisorischen Ersatz für ein abgebrochenes Sofabein.

Dann wird sie allmählich hungrig. Eine gute Gelegenheit, den preiswerten Mittagstisch für erwerbstätige Frauen im Neuen Wiener Frauenklub auszuprobieren. Er befindet sich gleich nebenan auf Nr. 11, und wie die Zentralbibliothek

wird auch der Frauenklub ein regelmäßiger Aufenthaltsort für Fräulein Engel in den nächsten Jahrzehnten sein.

Heute jedenfalls besichtigt sie schnell und neugierig das Lese- und Schreibzimmer, den Raum zum Ausruhen und Toilettemachen sowie das Sitzungszimmer für die Frauenvereine. Der Speise- und Vortragssaal ist ihr, in seiner gesamten imposanten Länge von zwölf Metern, schon von abendlichen Veranstaltungen bekannt. Erst neulich hat sie hier äußerst aufschlußreiche Information über „Die Frauen und das Zweite Gesicht" erhalten. Eine Dame setzt sich zu Rosa Engel an den Tisch und stellt sich als Baronesse Falke von Lilienstein vor. Die Baronesse gibt jeden Dienstagabend im Klub Auskunft über den Verein zur Verbesserung der Frauenkleidung. „Ich trage heute nur ausnahmsweise ein Korsett", versichert Fräulein Engel hastig, „und die Haare lasse ich mir spätestens 1918 abschneiden!"

Die Baronesse beginnt, vom Ersten Wiener Frauenklub zu schwärmen, der vor einigen Monaten nach zweijährigem Bestehen seine Etage im Trattnerhof am Graben, nur hundert Meter von hier, schließen mußte. „Dort gab es noch einen Billard-Room und ein Spielzimmer! Und doch haben die fast achthundert Mitglieder ihre Beiträge nicht mehr gezahlt, und manch schwacher Rückzug, manche Preisgabe der Clubinteressen, manch schwer schädigende Disciplinlosigkeit mußten sich breitmachen."

Rosa Engel langweilt sich ein wenig. Ihre Gedanken schweifen in die Zukunft: In etwas mehr als fünfzehn Jahren könnte sie jetzt aufstehen, sich freundlich verabschieden und einen Stock tiefer in die Wohnung von Dora Stockert-Meynert und ihrer Tochter Emmy von Emmering gehen, um dort einen Kaffee zu nehmen und eine Zigarette zu rauchen. Emmy, die Schauspielerin, würde ihre neue Rolle memorieren, und Dora würde gelassen über ihre vielseitigen Aktivitäten plaudern – über den Frauenklub („schon wieder"), über das im Entstehen begriffene Frauen-Symphonie-Orchester, über den Kinderschutzkongreß. „Aber vieleicht wird sie auch wieder ihre Kindheitserinnerungen an die Mutter ausgraben", denkt Rosa, „wie unermüdlich tätig Johanna Meynert schon vor Jahrzehnten war, und daß sie an der Doppelbelastung Familie und Frauenbewegung gestorben ist, und wie entsetzt die kleine Dora war, als Mutters Freundin Molly Miller zu Aichholz wahnsinnig wurde nach deren Tod ... und von Müttern hab' ich heute schon genug gehört."

Rosa Engel faßt ihren Krafft-Ebing fester und erhebt sich. Sie nickt den Damen an den Tischen zu, schlendert an den Plauderecken im Konversationszimmer vorbei und fängt Gesprächsfetzen auf: Für den späteren Nachmittag wird eine Abordnung des Grazer Damen-Bicycle-Clubs erwartet, und man weiß immer noch nicht genau, wo sie ihre Fahrräder unterbringen werden. Abends hält Marianne Hainisch einen Vortrag über „Aufwand und Erfolg des Wiener Hausfrauenvereines vom Standpunkt der Mutter". Die Österreichische Liga zur Bekämpfung des Mädchenhandels bereitet ihre zweite Generalversammlung vor. Sollte der Klub nicht doch noch einmal eine Veranstaltung zu den heiß umstrittenen Untersuchungen des Herrn Weininger durchführen? Käthe Schirmacher fragt brieflich aus Paris nach, ob sich der österreichische Zweig der Abolitionistischen Förderation nun endlich constituirt habe, oder solle sie wieder einmal in Wien nach dem Rechten sehen? Zwei Damen räumen einen Stapel Frauenzeitschriften beiseite, stecken die Köpfe zusammen und tuscheln über den fürchterlichen Krach bei den Frauen von der 3. Rechtsschutzstelle des Allgemeinen Österreichischen Frauenvereins.

Fräulein Rosa Engel geht durchs Treppenhaus und macht sich auf den Weg zum Graben. Sie hat ihrer Schwester Else versprochen, ihre Nichte von der Schule abzuholen. Else muß der Mama helfen, den nächsten Wohltätigkeitsball für das „Wiener Frauenheim" vorzubereiten – sie verhandeln eben mit der Opernsängerin Selma Kurz –; das Kindermädchen Lisa hat darauf bestanden, ihrer Freundin bei einer Protestversammlung gegen die Hausordnung im Dienstbotenasyl beizustehen, und Elses Ehemann liegt krank darnieder.

„Die Familie ist auch nicht mehr das, was sie einmal war", murmelt Rosa vor sich hin und beobachtet eine Gruppe von Kunststudentinnen, die eben im Haus gegenüber die Kunstschule für Frauen und Mädchen, Tuchlauben Nr. 8, betreten. Die grauhaarige Dame in ihrer Mitte muß Tina Blau sein, die von Rosa Engel sehr verehrte Malerin; aber die jungen Frauen sind ihr doch etwas suspekt. „Sehr frei im Benehmen", denkt sie stirnrunzelnd, kann aber doch den Blick nicht abwenden und stößt daher unsanft mit zwei Herren zusammen, die Arm in Arm aus dem Kinderambulatorium Tuchlauben kommen. Der eine ist Professor Kassowitz, der gerade einen Streit mit seiner Gattin Julie über ihre zeitraubenden Aktivitäten im Verein abstinenter Frauen hinter sich hat; im anderen glaubt Rosa, Dr. Freud zu erkennen – er muß es wohl sein, denn er referiert dem Freunde gemächlich anderthalb Abhandlungen zur Sexualtheorie.

Die Nichte Katharina besucht das Mädchenlyzeum Eugenie Schwarzwalds am Graben. Rosa hat noch Elses unverhohlen bewundernde und neidische Stimme im Ohr: „Kaum aus Zürich zurück, die Frau Doktor, und schon so hartnäckig-hochfliegende Pläne! Nächstes Jahr wird sie sich für die Koedukation einsetzen, und in wenigen Jahren wird sie sich im Häuserblock Wallnerstraße-Herrengasse-Regierungsgasse ein neues Schulgebäude bauen lassen. Was soll man nur von ihren Protégés halten, vom Loos und vom Kokoschka, die dort tätig sein werden? Und dann bekommt sie auch noch das Öffentlichkeitsrecht fürs Lyzeum, wird ein Realgymnasium in ihrer Anstalt unterbringen, humanistische Gymnasialkurse für junge Mädchen und eine Höhere Lehranstalt für wirtschaftliche Frauenberufe, damit sie ihre Schülerinnen für leitende Stellungen in ihren eigenen Erziehungsheimen und Sanatorien ausbilden kann. Und wer weiß, was ihr sonst noch alles einfällt!"

Vorläufig jedoch geht Katharina in eine reine Mädchenklasse, unterrichtet von Lehrerinnen wie der mächtig-schmächtig-energiegeladenen Amalie Mayer, die mitunter in Verachtungsanfälle verfällt, die hohe Wissenschaft der Mathematik an Unwürdige vergeuden zu müssen – an Mädchen, die hauptsächlich zum Heiraten bestimmt sind.

„Man wird sehen", denkt Rosa Engel. Ein warmer Frühsommernachmittag. Fräulein Engel seufzt. „Heute passiert wieder mal alles gleichzeitig." Es läßt sich nicht leugnen, daß sie Lust hätte auf ein Bier im Winterbierhaus gleich um die Ecke in

Rosa (Mayreder-)Obermayer
als Mädchen, um 1873
Historisches Museum der Stadt Wien

der Landskrongasse. Immerhin ist ihre Namensschwester Rosa Mayreder-Obermayer hier aufgewachsen. „Ich glaube, ich tu's", beschließt Rosa Engel übermütig. „Die ‚Kritik der Weiblichkeit' erscheint ohnehin erst nächstes Jahr, und das Haus wird sicherlich bald abgerissen."[1]

Diesen Brief kann ich unmöglich abschicken

Liebste Freundin!
Aber gewiß habe ich Sie nicht vergessen. Ich erinnere mich genau. Als wir uns das erste Mal trafen, befaßten Sie sich leidenschaftlich mit Frauenfreundschaften des neunzehnten Jahrhunderts. Sie trugen Gedichtbände mit Goldschnitt bei sich und liefen stundenlang durch Bibliotheken. Ihre Wangen waren rosig überhaucht, Ihr Lächeln verklärt, wenn Sie mir von Ihrem Herzklopfen erzählten, das Sie beim Lesen zu überkommen pflegte. Bei jeder sich bietenden Gelegenheit zitierten Sie Verse, Briefe und Lebensgeschichten aus dem Gedächtnis. Von „Seelenliebe", „Herzensbund", „seligem Beglücken" sprachen Sie und Ihre wiederentdeckten Vorgängerinnen in gleichermaßen innigem Seufzen. Als ich Sie besuchen durfte, sah ich, was Sie neben den Bildern schöner Damen in langen Röcken noch in der Schublade sammelten: Porträts alter bärtiger Männer, die Sie mit trockenem Zynismus zu kommentieren begannen. Die hätten sich zwischen die Freundinnen gedrängelt, sagten Sie, mit allen Mitteln nach dem Mann in der Frau gesucht, bis sie ihn gefunden glaubten. Die Harmonie sei übrigens so sanft nicht gewesen.
Monate später erst sahen wir uns wieder. Sie zeigten mir einen dicken Ordner, in dem Sie Dokumente der Kämpfe der Frauenbewegung verwahrten: Frauenvereine von A bis Z, Forderungen nach Bildung und Arbeit und Wahlrecht; Einrichtungen der Fürsorge für Witwen und Waisen und hungernde Kinder und proletarische Schwestern im Elend. Verfaßt von Frauen, die einander bedichteten und verehrten und umschwärmten und zusammen wohnten und arbeiteten. Die Rede von der Mütterlichkeit verteidigten Sie aufs heftigste. Mit früheren Freundinnen, die dies verächtlich und verdächtig präfaschistisch fanden, waren Sie zerstritten; Sie sprachen nicht mehr miteinander und gingen auf der Straße mit hocherhobenem Kopf aneinander vorbei. Was Mütterlichkeit zwischen Freundinnen hieße, verrieten Sie mir zu vorgerückter Stunde, hätten Sie im Blick und in den Armen Ihrer Geliebten begriffen!
Einige Tage danach fand ich Sie verändert. Der Seelenliebe-Kitsch hinge Ihnen zum Hals heraus, gestanden Sie mir. Zu lange suchten Sie die Tatsache hin und her zu interpretieren, daß Ihre frauenbewegten Kämpferinnen dem Wort „Homosexualität" auswichen wie den bärtigen Männern, die es in Umlauf setzten. Und Damen, die sich selbst als homosexuell begriffen in jenen Jahrzehnten, könnten Sie auch nur mittels heftiger Geschichtsverbiegung überhaupt auffinden. Sie stürzten sich dann, soweit ich mich erinnere, mit Genuß auf bösartigere weibliche Ausdrucksformen zu Beginn unseres zwanzigsten Jahrhunderts: Flügelkämpfe, bissige Angriffe, Spaltungen und Spannungen und sogar eine Saalschlacht, die auszuschlachten Sie nicht genug bekommen konnten. Jetzt zierten die Wände Ihrer Wohnung vergilbte Bilder von Fechterinnenformationen in Attackeposition. Die Ansichtskarte, auf der Marlene Dietrich eine lebensgroße Gipsstatue ihrer selbst in Stücke haut, verschickten Sie gleich dutzendweise an Feindinnen und Freundinnen.
Ich sah Sie lange nicht. Bei unserer nächsten Begegnung waren Sie kaum wiederzuerkennen. Sie schienen den Ersten Weltkrieg hinter sich gebracht zu haben. Sie kleideten sich in Anzug und Krawatte. Ihre Wangen wirkten blaß. Der Griff um Ihre Zigarette war anders als zuvor. Sie hätten lesbische Chiffren ohne Zahl decodiert, erzählten Sie mir, Sie hätten zwischen den Zeilen von Romanen und noch mehr Romanen die Geheimnisse der blühenden lesbischen Kultur auch

1 Rosa Engel in den Tuchlauben entstand aus Anlaß einer Frauenstadtrundfahrt durch Wien und erschien erstmals in: AUF – Eine Frauenzeitung, 1984 (42/43), S. 48–49.

hierzulande entdeckt. Mit so banal-augenfälligen Zusammenschlüssen wie Vereinen oder Clubs oder Zeitschriften hätten die lokalen Damen sich gar nicht erst aufgehalten! Alle heimlichen Verknüpfungen des Freundinnennetzwerks der tollen zwanziger Jahre rasselten Sie mir herunter, während Sie atemlos in staubigen Bücherkisten von Antiquariaten wühlten: „Fräulein" und „Lila" und „Garçonne" und „Veilchen" und „Skorpion" und … Auf meine Fragen nach dem „wer" und „wo" und „wie viele" reagierten Sie unwirsch. Ich lenkte ein. Auf einem langen Spaziergang ergingen Sie sich in Schilderungen der Liebes- und Leidenschaftsgeschichten gleichgesinnter Freundinnen. Massenhaft hätten Sie diese Schilderungen in den Monaten zuvor verschlungen. Subversive Ironie!, beteuerten Sie eifrig. Freundin-Sein als Identität, nicht als Verhältnis! Lesbische Selbstverständlichkeit, eine eigene Welt, in der frau eine Unbekannte erblickt, und schon liegen sie einander in den Armen! In ihrer eigenen aktuellen Praxis funktionierten diese glutvollen Stummfilmszenen sogar hin und wieder! Ihre ironisch-augenzwinkernde Schreibweise hatte sich nur kurze Zeit in Ihr Gesicht übertragen. Dieser nervöse Tick sei bereits überwunden, beruhigten Sie mich. Zu Geburtstagen erhielten Ihre Freundinnen Veilchenstöcke und Bubiköpfe. Der Militanz von Nichtraucherinnen begegneten Sie mit dem Hinweis auf die alt-lesbische Codewertigkeit des Zigarettenrauchens.

Später wurden die Mythen gelegentlich beängstigend und dämonisch, in die Sie versanken. Tänze des Lasters, des Grauens und der Ekstase: von denen wollten Sie sich jetzt einen Begriff machen. Das herrschende heterosexuelle Tempo und der romantische lesbische Gegendiskurs der Zeit, in der Sie nun aufgingen, begann Sie nachhaltig zu verwirren. Tagsüber schrieben Sie. Abends probten Sie das Maskuline. Nachts lagen Sie manchmal schlaflos. Die Distanz zu Ihren Freundinnen war gewachsen. Sie fühlten sich unverstanden. Eine Zeitlang hatten Klöster für Sie bezwingende Anziehungskraft. Der Gleichung Lesben=Sex trotzten Sie mit dem Wunsch nach Freundschaft und Liebe katholischer Ordensschwestern. Ich weiß, Sie hatten einst als Feministin angefangen. Dann hatten Sie nach lesbischer Historie gesucht. Und tote Freundinnen gefunden: so viele, so verschiedene. Mit der Gegenwart kamen Sie zunehmend schlechter zu Rande.

Auch ich verlor Sie aus den Augen. Sie waren viel unterwegs, glaube ich. Verfochten im Smoking historische Sehnsüchte nach Anmaßung von Männlichkeit und berichteten in Giftgrün von Mörderinnen aus verbotener Leidenschaft. An Ihren Sichtweisen hielten Sie eigenwillig fest. Widersprüche versteckten Sie in Schachtelsätzen. Wunschbehauptungen gewannen durch stete Wiederholung an Plausibilität. Geschichte wird gemacht, und wie es wirklich war, ist ohnehin nicht zu ergründen. Als Sie auf die Dreißig zugingen, gerieten Ihnen Jugendtorheiten zu Alterskrisen. Mit Ihren Freundinnen wollten Sie zu einem Ende kommen. Ein Lebenswerk!

In Ihrem Brief erwähnen Sie, Sie hätten nun zu einem neuen Interesse gefunden? Sie befassen sich mit der Frauenbewegung der neunzehnsiebziger Jahre, lese ich, und mit der lesbischen Kultur der Achtziger? Mit diesem Interesse gehe ich konform. Ich sehe Sie am Schreibtisch sitzen; Sie tragen Ihr altes T-Shirt mit aufgemalten Frauenzeichen und Blümchen und Wölkchen, und Sie proben die richtigen Worte für die Offenbarungserlebnisse, die Freundinnen im euphorischen Aufbruch des Feminismus zueinander finden ließ. Sie kleiden sich schwarz und sinnieren vorzugsweise in Vollmondnächten über den feindseligen Umgangston, der die Freundinnencliquen der Lesbenszene prägt. Meinten Sie, es würde leichter sein, das Feministische und das Lesbische, das Idyll und den Konflikt zu begreifen, nur weil Sie sich jetzt auf die Gegenwart beziehen? Die Meta hat eine Ebene, die Frauen haben eine Bewegung, der Sub hat keine Kultur. Liebste Freundin: Ihre Probleme möchte ich haben! Halten Sie Distanz!
In Freundschaft – Die Ihre.[2]

Renée Sintenis

WAHLNUMMER
DER
ARBEITERINNEN-
ZEITVNC
N°8   16 JAHR

WIEN. DEN 15. APRIL 1907.

Wahlnummer der Arbeiterinnen-Zeitung
Wien, 1907
Historisches Museum der Stadt Wien

2 Diesen Brief kann ich unmöglich abschicken erschien erstmals in: AUF – Eine Frauenzeitung, 1988 (60), S. 9–10.

AUF/Bruch und Begehren:
„Losgelöst vom Zwang zur Andersgeschlechtlichkeit"

„Emanzipation als Mensch": 1972
Wie begriff die Neue Frauenbewegung, ehe es auffällige Lesben in ihrem Inneren gab, Sexualität? Wie formulierte die erste „neufeministische" Organisation, die „Aktion Unabhängiger Frauen" (AUF), das Verhältnis zwischen Frauen? Welche Erfahrungen machten die Aktivistinnen untereinander und miteinander?
Nur ein paar Stichworte: Die Bewegung begriff sexuelle „Widersprüche", sexuelle Ausbeutung, die Gestaltung sexueller Beziehungen als Phänomen des Überbaus, der sich mit der Aufhebung der Klassengegensätze verändern würde, an dem aber gleichwohl jetzt schon und nicht erst nach der Revolution politisch gearbeitet werden müsse. Die Beziehungen zwischen den Frauen der Bewegung wurden zumindest im dominanten Diskurs als Schutzraum definiert, in dem frau Unsicherheiten abbauen und zur richtigen Politisierung gelangen könne. Der unmittelbare Adressat der bewegten Frau war der sozialistische Mann.
Die Frauen, die sich zusammenfanden, organisierten sich natürlich nicht nur auf der Basis einer Einsicht in die objektive Notwendigkeit des Frauenkampfes, sondern auch, zunächst unausgesprochen, aber vielleicht vorrangig, im Kontext von Hoffnung und Wut. Der tägliche Nahkampf in den (Hetero-)Beziehungen war lange vor dem Zulassen einer offiziellen Männerfeindlichkeitsideologie Realität. Eine Annäherung der Frauen aneinander war auch lange schon vor der ersten Verbalisierung des Lesbischen präsent. Viele Frauen hatten lesbische Erfahrungen, ehe sie in die Bewegung gerieten, und das Zentrum der Frauen wurde bald zum Ort des Experimentierens mit „Verkehrsformen". „Zärtlichkeit" zwischen Frauen wurde sehr wohl gesucht und gefunden.
Daß die Frauenbewegung einer sexuellen Revolution den Weg bahnen wolle, blieb eine nirgendwo genauer explizierte Programmformel. Heterosexuelle Identität blieb so weit universalisiert, daß es eben kaum notwendig schien, weibliche Heterosexualität zu definieren oder zu differenzieren.

Thematisierung von „Homosexualität" vor 1975
Wo formte sich in diesen ersten zwei Jahren der neuen Frauenbewegung in Wien das Wort „Homosexualität" oder „Lesbierin" auf dem Papier?
Ein erstes Mal ist es in einem Protokoll vom Frühsommer 1973 zu finden: Arbeitskreise, eine Organisationsform der AUF, schlugen dem Plenum vor, die „Autoritätsgläubigkeit" der „Mitglieder" kollektiv zu problematisieren. In einem einsamen und scheinbar unverbundenen Anhang regten einige Frauen auch an, das „Problem der Homosexualität" zur Sprache zu bringen. Wer darauf kam und warum, worin das „Problem" eigentlich bestand, ob frau dies diskutierte und wie oder nicht, ist nicht dokumentiert und scheint sich auch der Erinnerung damaliger Aktivistinnen zu entziehen.
„Das" Wort wird wieder aussprechbar bzw. schriftlich fixierbar im Kontext einer klassisch linken Antidiskriminierungs- und Antifaschismus-Haltung. Formelhaft heißt es in einem Grundsatzreferat zu „Sozialismus und Feminismus": „Es ist Faschismus, Lesbierinnen und Homosexuelle zu diskriminieren!"
In ihren Selbstdarstellungen nach außen beginnt die Bewegung, das Schlagwort von der Zwangsheterosexualität zu entdecken. 1974 formuliert die AUF programmatisch ihr „Was will die Frauenbewegung" in einer so faszinierenden Hin- und Her-Übersetzung, daß ich dieses Zitat denn auch als Titel dieses Textes gewählt habe. In einem Typoskript heißt es u.a.: (Die Frauenbewegung will) „Legalisierung jeglicher Form des menschlichen Zusammenlebens, losgelöst vom Zwang zu Heterosexualität und Monogamie." Diese Grundsatzerklärung wird in der ersten Nummer der AUF-Zeitung im Oktober 1974 veröffentlicht. Allerdings endredigierte frau für die Öffentlichkeit einige Formulierungen und eben auch

einige Fremdwörter, so daß der Programmpunkt jetzt heißt: „Legalisierung (usw.), losgelöst vom Zwang zu Andersgeschlechtlichkeit und Einehe."

Heterosexualität bedeutet, das Andere zu sein, das andere Geschlecht zu sein, in Beauvoirscher Diktion: Frau zu sein, in der frauenbewegten Sprecherinnenposition aber doch auch die Ahnung, andersgeschlechtlich – also ein Mann – zu sein, da sie sich politisch äußern, sich organisieren, Weiblichkeit als bürgerliches Klischee begreifen. Vom heterosexuellen Zwangscharakter, der juristisch zu durchbrechen ist, kann frau? man? „völlig losgelöst" sein und sich so der gleichgeschlechtlichen Vielehe nähern; ursprünglich eben: der homosexuellen Polygamie.

Weibliche Sexualität als politische Entdeckung: 1975

Historisch schienen nun die Voraussetzungen für einen ganz wichtigen qualitativen Sprung im kollektiven Selbstverständnis gegeben; für einen Bruch im Diskurs, der den eigentlichen Feminismus erst gebar und die spätere Artikulation auffälliger Lesben möglich machte. 1975 – im Jahr der Frau – fand die AUF zu einer Bejahung des vorher zurückgewiesenen linken Schimpfwortes „Feminismus", zum Prinzip der Selbsterfahrung, zur ideologischen Affirmation von Männerfeindlichkeit und feministischer Radikalität und zu den Grenzen der Gemeinsamkeit innerhalb grenzenloser Kollektivität aller Frauen.

Dieser Sprung hat in seinem Zentrum eine sexuelle Kontroverse: Die Frauen entdeckten und politisierten den „Mythos vom vaginalen Orgasmus". Aktivistinnen in zentraler Position erarbeiteten im Selbsterfahrungsaustausch den Schwerpunkt des Zentralorgans der Bewegung und machten „das" Thema Sexualität im Juni 1975 in der AUF-Zeitung öffentlich. Eine der Frauen brachte den Angriff auf die Vaginalität referatsförmig ins Plenum des Frauenzentrums. Die Debatte um die klitorale Aneignung der weiblichen Lust und, auf dieser Basis, um Befreiung, „Glück" und Identität war hitzig und zündend. Gleichzeitig einigten sich die Diskutantinnen nicht über das notwendige Maß an „Behutsamkeit" in der Agitation. Eine Broschüre gegen (heterosexuelle) Frigidität und für die revolutionäre Entdeckung des klitoralen Orgasmus machte Fronten offenkundig: Der in Sachen Öffentlichkeitsarbeit entscheidungsbefugte Vorstand verhängte kurzfristig das Verbot, diese Broschüre, wie ursprünglich geplant, am 1. Mai zu verteilen.

Die lesbische Herausforderung: 1976

1976 gelang den „auffälligen" Lesben, was den „auffällig" klitoralen Frauen nicht gelungen war, nämlich eine Subversion der strukturellen Regeln. Gleichzeitig erfolgte nun ein zweiter diskursiver Sprung. Im Januar 1976 kündigten Frauen in der AUF-Zeitung die Gründung der ersten Lesbengruppe im Frauenzentrum an. Diese Vorgangsweise stellte einen Regelbruch dar; Arbeitskreise hatten bislang nicht ins Leben gerufen – und schon gar nicht öffentlich kundgemacht – zu werden, ohne daß das Plenum, die diversen kleineren Entscheidungsgremien oder überhaupt die aktiven Frauen darüber Bescheid wußten.

Erst von jetzt an existiert ein Lesben-Hetero-Verhältnis, und es existiert als Kluft zwischen den Fronten. Deren eine bilden die Frauen der Lesbengruppe, deren andere anscheinend alle anderen: Frauen, die sich jetzt als heterosexuell bekennen und definieren müssen wie zuvor nicht; Frauen, die erotische und leidenschaftliche Erfahrungen mit anderen Frauen vielleicht längst schon gemacht haben und im Jahr zuvor ihre klitorale Erkenntnis verfochten, aber so wie „diese" Lesben sich nicht verstehen wollen; Frauen, die den klassischen Schritt zur Bewegungslesbe hin vollzogen haben, aber mit „dieser" Gruppe nichts anfangen können und wollen.

Die Selbstdefinition der deklarierten Lesben, die sich von „der" Gruppe nicht distanzieren, konstruiert heterosexuelle Feministinnen und lesbische Frauen als ursprünglich getrennte Gruppen, die sich nun verbünden müßten: „Wir gehören zu euch, wir kämpfen mit euch!"

Wo sich die Lesbengruppe an potentielle Mitgliederinnen wendet, vertritt sie eine Haltung, die heute recht defensiv anmutet, zum Überwinden von Heimlichkeiten und Ängsten ermuntert und sich in einem „Auch wir sind Frauen", „Auch für uns ist Platz an der Sonne" erschöpft. Wo sich diese Frauen an die als heterosexuell vermuteten Frauen im Zentrum richten, kommen ihre Appelle und Selbstdarstellungen als Proteste, Provokationen, Konterdependenzen an.

Für die Organisation als Ganzes war es ein schwieriger Schritt von der Nicht-Diskriminierung als Programmformel zur Erkenntnis, eine/jede Mitkämpferin könne „so" sein und sich selbst ein Kollektiv schaffen. Ein offensives, dem Plenum zu Gehör gebrachtes Papier nennt Lesben „Frauen in Eigenregie", aufgebrochen dahin, keine „guten" Lesben mehr sein zu wollen, und fordert alle auf, sich der Frage zu stellen, wer da wen unterdrückt. An dieser ergiebigen Frage hakt sich das Plenum fest; weicht aus. Die Heterosexualität sei ja gar nicht das Problem, sondern die Zweierbeziehung – die Einehe also, die Monogamie, von der die Bewegung sich legalisiert loslösen wollte, und das Problem sei uns auch gar nicht zu eigen – die bundesdeutsche Diskussion trage Schuld und die Spaltung in unsere „Frauen gemeinsam" -Bewegung hinein. Frau vergesse nicht die Kinder, frau vergesse nicht die Mütter, frau vergesse nicht die Einigkeit.

In diesem gegenseitigen Definitionsspiel bringen die Lesben ein gewaltiges Plus auf ihre Seite: 1976 ist Radikalität ein politischer Wert, die Absage an jeden Mann feministisches Ideal, umfassende Frauenbezogenheit Ausdruck politischer Konsequenz. Die Lesben repräsentieren diese Normen, erfahren sie als Zuschreibung der anderen und nehmen sie für sich in Anspruch. Die nicht-so-radikalen, nicht-so-dogmatischen, nicht-so-konsequenten Frauen wiederum besinnen sich im Verlauf dieser Gestaltung des Lesben-Hetero-Verhältnisses auf den auch eben erst gefundenen Wert der feministischen Weiblichkeit, die hart gegen den Mann und sanft zu jeder Schwester ist, und kehrt dieses Ideal im Zweifelsfall gegen jenen Typus von lesbischer Frau, der die feministische Schule nicht so angepaßt durchlaufen hatte. Sollten Lesben behaupten, die besseren Feministinnen zu sein, so läßt sich ihnen ihr männliches Rollenverhalten entgegenhalten; läßt sich der Vorwurf formulieren – birgt er eine enttäuschte Hoffnung? –, daß sie doch sind wie ein Mann, andersgeschlechtlich also, wie bewegte Frauen nicht mehr sein wollten.

Die Lesbengruppe praktizierte weiterhin die Zurückweisung struktureller Normen und Regeln. Sie hatte so ziemlich als einziger Arbeitskreis das Privileg, bloß da zu sein und weiter nichts zu tun – „lustbetonte Entspannung ohne Programm". Sie geriet in den Ruf, nicht nur als Arbeitskreis untätig und gänzlich undurchschaubar zu sein, sondern auch am Erhalt des gemeinsamen Zentrums und seiner Infrastruktur sich nicht zu beteiligen, keine Hausarbeit zu leisten, nicht zu putzen oder einzukaufen.

Dieses Definitions-Ping-pong, Teil einer kollektiven Geschichte der gesamten Bewegung, ist also als Wechselspiel zwischen verschiedenen und nicht nur zwischen zwei Gruppierungen zu lesen. Sobald ein bestimmter Typus von lesbischer Frau im Frauenzentrum sich offensiv artikulierte, gab es: die Heterofrauen; die heimlichen Lesben; die offenen Lesben; und die Lesben aus der Lesbengruppe. Wichtig scheint, daß es der Bewegung als Ganzes gelang, diese doppelte Subversion – die lesbische Usurpierung des wahren und radikalen Feminismus und den Angriff der Lesben auf herrschende Regeln der Entscheidungsfindung und Aktivitätsbeteiligung – doch insgesamt zu integrieren. Das Frauenzentrum nutzte diese Subversion auch kreativ und produktiv und blieb in seinen reglementierenden Instanzen tendenziell offen für Widersprüche. Die Geschichte der lesbischen Präsenz in den oder am Rande der Frauenbewegungen im „Ausland" sieht anders aus.[3]

3 AUF/Bruch und Begehren ist die gekürzte Fassung des Textes gleichen Titels, der aus Anlaß der Österreichischen Frauensommeruniversität in Linz 1988 entstand und erstmals erschien in: AUF – Eine Frauenzeitung, 1988 (62), S. 27–30.

Plauderei mit einer Tänzerin im Standardfieber

Ach, du hast dich entschlossen, bei B und B den Standardtanzkurs zu machen? Also, da kann ich dir ein paar Tips geben. Deine Entscheidung wird nicht ohne Folgen bleiben – vielleicht kannst du den Angeboten für Fortgeschrittene nicht widerstehen. Mach dich jedenfalls auf präzises Lehren und konzentriertes Lernen gefaßt! Als erstes mußt du wissen, ob du „Frau" oder „Dame" lernen willst. Kein Grund für Identitätsprobleme! „Beide tanzen auf ihren eigenen Füßen", wie Bettina es formuliert, „und sie verlieren die Kontrolle darüber nicht." Übrigens wirst du mit den diversesten Damen/Frauen zusammenkommen, von der an.-schläge-Redakteurin über die feministische Mädchenarbeiterin bis zu der, die du noch nie gesehen hast. Die Frauen stehen entlang der einen Wand, die Damen entlang der anderen, und jetzt steigen wir alle nach links und belasten das Bein. Heidi lehnt an der Theke und portioniert Salat. Was du hier lernst, wirst du mit größter Wahrscheinlichkeit auch wieder nur hier anwenden können.

Die Tänze, naja, die kommen von weit her. Der Walzer war die bürgerliche Revolution auf dem Parkett, Rumba und Cha-Cha-Cha stammen aus Kuba, Samba aus Westafrika und Brasilien, Jive und Boogie Woogie sind ursprünglich nordamerikanische schwarze Rhythmen, und den Foxtrott haben amerikanische Soldaten 1918 importiert. „Zwei Frauen, die miteinander tanzen, drehen diese Geschichte irgendwie um", sagt Birgit. Bekanntlich figuriert Tanz als klassischer Topos auch für lesbische Verführung und hat mit der Entwicklung der mittel-europäischen Frauen-Gegenkultur ziemlich viel zu tun – von den wilden lila Nächten der Zwanziger Jahre über gepflegte Frauenbälle der Fünfziger bis zum feministischen Standardtanz-Boom seit den frühen 1980er Jahren. Meist stand der Tango am Anfang, auch in Wien.

Jetzt tanzst du schon Kreisel, Spiralen, Paraden, Promenaden, Stop and Gos und Hand to Hands, Fans und Cucarachas? Ich habs dir ja gleich gesagt, du verbringst mittlerweile praktisch jeden Freitag dort im Probenraum. Wahrscheinlich hast du im Urlaub heimlich nachts auf Hotelterrassen und Campingplätzen geübt und einmal pro Saison ganz offiziell auf einem leider „gemischten" Ball. Ein Glück, daß deine neue Beziehung auch schon einen Kurs hinter sich hatte. Was hat dir auf internationalen Kongressen besser gefallen: über die feministische Sport- und Bewegungskultur zu diskutieren oder abends mit bislang Unbekannten Ballroom zu tanzen?

Mach mal einen Lock Step zurück. Findest du nicht, daß die Tanzkurse in der Frauenbewegungsszenerie eine ganz eigenartige Position einnehmen, jedenfalls in Wien? Kontinuierlich und professionell wie ein Projekt, fluktuierend von Jahr zu Jahr und zwischendurch doch eine richtige Gruppe. Die Kurse, Tanzabende, Feste und Workshops haben ihr festes Ritual, sie funktionieren als Institution halb im verborgenen und bleiben fast nur der mündlichen Überlieferung an-heimgestellt. Frau lernt hier zu lustvollem Selbstzweck. Ein bißchen Protest gegen die in der Frauenszene vorherrschende Disco-Kultur liegt auch drin. Mit der Musik ist das ja immer so eine Sache. Ich kann Techno nicht feministischer finden als Tango. Nur eintöniger.[4]

Gleich – Anders – Queer. Gerechtigkeit oder zum Status sexueller und geschlechtlicher Identitäten

Bezeichnungen des/der Anderen: Verhält sich Queer zu Lesbisch-Schwul wie Gender zu Feminismus?

Homophil, gleichgeschlechtlich, transgendered, anders, gleich, normal, hetero, straight, und was wem gegenüberstellen … Der Terminus selbst ist schon vor seiner Wahl umstritten. Die Entscheidung für einen Begriff schließt ein erkennt-nistheoretisches Bekenntnis ein und verortet sich selbst unmittelbar historisch.

Aus „Lila Nächte", Adele Meyer (Hg)

4 Plauderei mit einer Tänzerin im Standardfieber erschien in: An.Schläge, (9. Jg.), September 1994, S. 44. Es sei nachdrücklich hervorgehoben, daß sich die gesamte Ballroom-Tanzszene seither grundlegend gewandelt hat!

Foto STICHWORT

Das heißt: Es ist gut vorstellbar, daß allein die Fragestellung nach einer kritischen Reflexion sexueller Ungleichheiten im Österreich des Jahres 1950 oder 1960 keinen Einlaß in den plenaren Diskurs einer seriösen sozialwissenschaftlichen Veranstaltung gefunden hätte. Späterhin, so ließe sich spekulieren, hätten kritische ReflektiererInnen des Handlungsfeldes sexueller Ungleichheiten diesen Eingang selbst vielleicht gar nicht nehmen wollen.

Sexuelle IdentitätEN im Plural gab es 1970 und auch 1980 in Österreich ohnedies noch nicht, und bis 1990 hätte kaum einE österreichischeR IntellektuelleR den Terminus „queer" zu definieren vermocht.

Soll von Statusunterschieden zwischen den Geschlechtern oder zwischen sexuellen Identitäten die Rede sein? Spätestens seit dem Eintreffen der Queer Theory mag die Unterscheidung zwischen Sex und Geschlecht als obsolet gelten. Identitäten jener, die nunmehr „Transgender" und nicht mehr „transsexuell" heißen, fungierten gleichsam als methodologische Knotenpunkte im Ringen um Bezeichnungen der Geschlechtergrenzen, ihrer Einschlüsse und ihrer Überschreitungen.

Der paradigmatische Bezeichnungswechsel von „schwul/lesbisch" zu „queer" mobisilierte einerseits ein Potential an Wildem und Widerspenstigem. Die Produktion geschlechtlicher Identitäten unter dem Zeichen von Queer Culture und Queer Politics schloß an – gleichwohl nicht von „queer" erfundene – radikale Aushebelungen allen, auch sozialwissenschaftlichen, Denkens in binären Oppositionen an. Zu diesen hiemit verworfenen Dichotomien zählen nicht zuletzt die zwischen Identität und Nicht-Identität und jedenfalls Gegensatzpaare wie Natur/Kultur, Frau/Mann, Heterosexualität/Homosexualität, schließlich auch Körper oder Cyborg, Sex oder Gender.

Der queere Dekonstruktivismus weist neben seiner radikalen Seite eine Dimension des Banalen auf, analog etwa zur diskursiven Verschiebung von „Feminismus" zu „Gender". Praxen der neunziger Jahre arbeiteten an der Unverbindlichkeit queeren Chics und einer partiellen Lösung der Verbindung mit lesbischen und schwulen Identitäten.

Gleiches Leben im Ungleichen und Regenbogen für alle

Mehr als hinsichtlich anderer sozialer Differenzen bestimmt hinsichtlich sexueller Statusverhältnisse eine Aufforderung zum Einnehmen des Blickwinkels Gleichheit/Gerechtigkeit die Wahl des Vorzubringenden ideologisch. Es trifft zu, daß eine Politik der Gleichstellung und Gleichbehandlung wirksam und geschichtsmächtig Identitäten produziert hat. Es ist jedoch zu zeigen, daß nicht alle in Rede stehenden „sexuellen" Subjekte in diesen Identitäten bzw. in diesem politischen Ansatz aufgehen.

Wie hielt es etatistische Politik mit der symbolischen und materiellen Wahrnehmung „sexuell anderer" bzw. „gleichgeschlechtlicher" Statusverhältnisse? Erst fast neunzig Jahre nach dem so identifizierten Beginn einer (immer auch legalistisch ausgerichteten) Homosexuellenbewegung im deutschsprachigen Raum, erst zu Beginn der 1980er, beginnt in Österreich die öffentliche Hand, explizit „homosexuelle" soziale, kulturelle, wissenschaftliche Initiativen finanziell zu fördern. Auch staatliche Subventionierung homosexueller Gleichberechtigungsbestrebungen hat/te ein Geschlecht – verglichen mit „schwulen" Vorhaben erhielten „lesbische" Projekte erstmals wesentlich später und grundsätzlich weniger Gelder der öffentlichen Hand. Erwähnt sei, daß viele Jahre lang staatliche Stellen „homosexuelle" Projekte finanziell förderten, deren Realisierung gleichzeitig Gegenstand staatspolizeilicher Überwachung war.

Wie in vielen anderen Industrieländern vollzog sich auch in Österreich eine Kanalisierung der politischen Ausrichtung der Lesben- und Schwulenbewegung in einen mainstream der Gleichbehandlungspolitik und der, wie es scheint, damit kaum löslich verschränkten Normalisierungspolitik. Zivil- und sozialrechtliche Gleichstellung aller Art rückte im letzten Jahrzehnt ins Zentrum der Bemühungen, im Diskurs der SprecherInnen der Bewegung komplettierten Normalitäts- und Normalisierungsattitüden gleichsam den queeren Chic und überlagerten widersprüchlichere und radikalere Ansätze. Als Richtschnur der Gleichstellung und Gleichbehandlung fungieren der Wert der Visibility, das Argument der fixen Zahl und die Zielsetzung der Antidiskriminierung – Gleichheit eher denn Freiheit durch Sichtbarkeit, Überschaubarkeit und Bürgerrecht. (Homosexuelle Menschen leben allein oder in Paaren, sie haben ihre Freizeitgruppen für Sport, Tanz und Kartenspiel und ihre Beratungsstellen, da die Gesellschaft dieser Lebensform manchmal psychische Probleme bereitet, heißt es im Jahr 2000 teilweise wörtlich auf der Website der lesbisch-schwulen Gleichbehandlungsstelle der Wiener Kommunalverwaltung.)

Dieser Strategie auf der Ebene des Politischen entspricht ein Selbstverständnis von Homosexualität als einer wertvollen Lebensform unter anderen und eine Orientierung an Lifestyle auf der Ebene der Alltagskultur. Aktionsformen sind eher Paraden denn Demonstrationen, das KZ-Zitat im Symbol des Rosa Winkel weicht dem bunten Regenbogen. „Regenbogen für alle" korrespondiert auf der Bezeichnungsseite mit der banaleren Lesart des queer chic.

Welche Einwände erheben schweigende Andere?

Grosso modo blieb der organisierte Protest gegen ungleiche sexuelle und geschlechtliche Machtverhältnisse in Österreich mittelschichtige, weiße, bourgeoise und männerdominierte Politik von und für 20- bis 40jährige/n Personen mit westeuropäischer Staatsbürgerschaft und einem Selbstverständnis als homosexuell. (Personen in anderen nicht-heterosexuellen Subjektpositionen brachten wesentlich weniger SprecherInnen ihrer Identität hervor.)

Das hegemoniale Feld scheint an seinen verschiedenen Seiten abgesteckt durch die „we're here, we're queer, we're going shopping"-Position, durch Forderungen nach der rechtlichen Anerkennung homosexueller LebenspartnerInnenschaften – wie von den „Grünen" vorbereitet –, durch gerechte Empörungen wie etwa darüber, daß der Bericht der drei EU-Weisen von September 2000 die ungleiche Schutzalterbestimmung nicht moniert; etc.

Wie steht es mit den Widersetzlichkeiten gegen diese Hegemonie? Was, wenn überhaupt, sprechen die Anderen der Anderen? Als einige der benutzten Kontrapunkte lassen sich identifizieren:

Der Sex. Sex funktioniert immer wieder als ambiguer Streit- und Ansatzpunkt für differente Selbstpräsentationen, sei es in der Deutung einer rebellischen Utopie im Gegenzug zu Normalisierungsbestrebungen, sei es in der Deutung von sexueller Referenz als reduktionistisch und anti-utopisch wie in (zunehmend minorisierten) feministischen Entwürfen.

Das Reden übers Schweigen. Als unpopulär und minorisiert erscheint oft die „akademische" Rede vom taktischen Nutzen des Nicht-Festschreibens, des Nicht-Benennens, des Nicht-Eintretens verworfener Subjektivität in den hegemonialen (heterosexuellen) Diskurs.

Das Immer-schon-Schweigen. In Anlehnung an Analysen differenzfeministischer Autorinnen könnte man hier vom „Einwand des/der schweigenden Anderen" sprechen. Das hartnäckige Verharren in der Unsichtbarkeit, „im Schrank", in Stimmlosigkeit seitens der so vielen homosexuellen Menschen in Österreich, die es laut Quantifizierungsbefund ja geben muß, erweist die Grenzen der Mächtigkeit und Gültigkeit des Quantifizierungs- und Sichtbarkeitsdiskurses. Die – bei einem statistisch fixierten Prozentsatz von 4 bis 11% der erwachsenen Bevölkerung (mit westeuropäischem Paß in Österreich) zu erwartenden – Hunderttausende, auf die sich die zahlenorientierte Identifizierung beruft, werden nie gemeinsam paradieren. Im Prozeß „öffentlicher", semi-prominenter homosexueller ÖsterreicherInnen gegen die katholische Zeitschrift „Der Dreizehnte", die vorgeschlagen hatte, Schwule und Lesben mit Ochsenziemern zurechtzuweisen, mußte ein Strang ihrer anwaltlichen Argumentation darauf bestehen, Homosexuelle seien eine namentlich begrenzbare (und daher beleidigungsfähige) Gruppe, da in Österreich sich höchstens einige Dutzend öffentlich engagieren, und die kennen einander sämtlich gegenseitig.

Zukunft: rassisch, klassisch, sexuell?

Wenn in Österreich alles so bleibt, wie es ist, welche Zukunft gibt es dann für den Sex und welches Schicksal fürs Geschlecht?

Leben Menschen in Österreich seit dem Februar 2000 in einer Gesellschaft, in der jene Nischen und Erfahrungsräume, die von geschlechtlicher und sexueller Hybridität geformt waren, einzubrechen drohen? Wird zugleich die rechtliche und soziale „Schere" zwischen den Geschlechtern wieder größer? Warum? Beziehungsweise: warum glauben wir, daß es so sein könnte; daß es so schon ist?

Schnell entworfen ist das Szenario vom Rückschritt und vom „Vergessen der Errungenschaften", vom Exil oder der inneren Emigration der „Anderen": die ideologische und faktische Restituierung der Kleinfamilie mit Frau, Kind, Küche, Kirche; die archetypische Spaltung von Weiblichkeit in Heilige und Hure, Weiße Eigene und Schwarze Fremde; ein Szenario, in dem „devianter" Sex der Durchsetzung normaler hierarchischer Heterosexualität zuarbeitet und keine Sprech- oder Subjektposition erzeugt; ein Szenario, in dem Gewalt gegen rassisch-klassisch-sexuell „Andere" nicht denunziert wird und jene sexuell Anderen, wie Bischof Laun im Jahre 2000 affirmiert hat, geheilt werden können.

Angesichts der aktuellen innenpolitischen Entwicklungen in Österreich könnte sich ganz unakademisch die Frage stellen, ob Gleichbehandlungs- und Lebensstil-Strategien nicht letzten Endes doch recht behalten. Vielleicht garantieren sie ein Überleben eher, als es weniger „glatte" Taktiken für und gegen geschlechtliche Identitäten gewährleisten könnten, deren Subversivität marginalisierte Theorie bleibt.

Die Gesellschaft, in der mensch im Jahr 2000 in Österreich lebt, mag aber auch prononciert dazu herausfordern, an die im Konzept der Queerness (und der Queerness für alle) angelegte Kritik an dichotomen Oppositionen anzuschließen. Neu erproben und der Dichotomie entreißen ließe sich das Verhältnis etwa zwischen StellvertreterInnenrede und kultiviertem Schweigen, zwischen Bejahung von Gleichstellung und Attackieren von Normalität, grundsätzlich zwischen mainstreaming und Subversion.

Manche alltagstheoretischen Annahmen zum Zusammenhang von polit-ökonomischen System und Sex/Gender-System könnten überdacht werden. Glauben Sie, daß eine Reduktion finanzieller Zuwendungen direkt zum sexuellen Identitätsverlust der betreffenden Person oder Gruppe führt? Meinen wir, daß queere Subjekte dies nur bleiben, wenn auch ihre kulturellen Produktionen so akklamiert werden wie noch im Jahr zuvor?[5]

5 Gleich – Anders – Queer ist eine gekürzte und überarbeitete Fassung eines Plenumsvortrages im Rahmen des Jubiläumskongresses der Österreichischen Gesellschaft für Soziologie in Wien im September 2000.
Der Kongreß stand unter dem Titel „In welcher Gesellschaft leben wir?", der Plenumsschwerpunkt thematisierte verschiedene Statusungleichheiten in der österreichischen Gesellschaft.

LITERATUR, MA NON TROPPO

Susanne Hochreiter

Sattes Violett
Österreichische Literatur von Frauen: lesbische Heldinnen, lesbische Identitäten

Ein kleiner Streifzug durch die „österreichische Lesbenliteratur" seit Anfang des 20. Jahrhunderts ist das, was wir unternehmen wollen. Die gebotene Kürze des Textes erfordert eine Geschwindigkeit, die der Streifzug am ehesten erreicht, aber mit einer geraden Strecke, die reich gesäumt ist von Büchern, Figuren und Literatinnen, darf nicht gerechnet werden. Zudem sind wir schon vor Beginn der Fahrt mit einem leidigen Problem konfrontiert – einem Problem definitorischer Art: Was heißt „lesbisch"?

Der Begriff „lesbisch" ist relativ jung, Frauen, die wir heute ganz klar als lesbisch betrachten würden, bezeichneten sich nicht so und was unsere Vorgängerinnen als Frauenliebe lebten, unterscheidet sich in manchem von heutigen L(i)ebensformen. Schließlich sind wir mit unvollständigen biographischen Quellen konfrontiert und damit, deuten zu müssen, was „Freundschaft" zwischen Frauen bedeutete. Über viele Autorinnen wie z.B. Ingeborg Bachmann oder Hertha Kräftner weiß man nur, daß sie Beziehungen und Affären mit Männern hatten – und NachlassverwalterInnen und Verwandte sorgen dafür, daß ihrer Dichterin nichts Lesbisches vorkommt! Kurz: Wir wissen oft nicht viel, ahnen eine Menge – und schließlich haben wir die Freiheit, eine „Freundschaft" zwischen Frauen als Liebe zu verstehen. Wir haben jedoch auch die Aufgabe, die Zeichen richtig zu deuten und das Verschweigen lesbischer Liebe nicht fortzuschreiben.

Es gilt, in Hinblick auf Autorinnen wie auf ihre Texte, den Begriff „lesbisch" und das, was er bezeichnet, im historischen Prozess seiner Entstehung und Entwicklung zu verstehen, als Geschichte von Definitionen, von Fremd- und Selbstbestimmungen, die nicht voneinander zu trennen sind. Und wenn wir in der k.u.k. Monarchie um 1900 starten, um in der Republik der 1990er anzukommen, dann legen wir auch in Hinblick darauf, was „Österreich" ist, eine große Strecke zurück.

Um 1900

Es gab wohl zu allen Zeiten Frauen, die Frauen geliebt haben, aber während das in früheren Zeiten kein Gegenstand wissenschaftlicher Auseinandersetzung war, verändert sich dies im 19. Jahrhundert radikal. Mit der Entdeckung der Sexualität als Gegenstand der Rede und Mittel der Repression verengen sich die „Spielräume": „Die Sexualität wird sorgfältig eingeschlossen. Sie richtet sich neu ein, wird von der Kleinfamilie konfisziert und geht ganz im Ernst der Fortpflanzung auf."[1]

Sexualität unterliegt nun gesellschaftlicher Kontrolle und Überwachung. Die entscheidende Entwicklung für Homosexualität in diesem Zusammenhang ist, verkürzt gesagt, der Wandel von der Kriminalisierung zur Pathologisierung. Der Homosexuelle ist also nicht länger ein Verbrecher, sondern krank. Weibliche Homosexualität wird als ein Zweig im Projekt der Landnahme des „dunklen Kontinents Frau" durch Männer – entworfen und untersucht.

1 Michel Foucault, Der Wille zum Wissen (=Sexualität und Wahrheit, Bd. 1), Frankfurt am Main 1983, S. 11

Wir müssen uns vergegenwärtigen, daß die sexualwissenschaftlichen Theorien über Homosexualität als Abweichung von der heterosexuellen Norm sowie die starren Konzepte von Männlichkeit und Weiblichkeit, die Frauen Inferiorität gegenüber dem Manne bescheinigten, das Leben und Selbstverständnis von Menschen wesentlich prägten. Frauen, die die ihnen eng gesetzten Grenzen ihres vermeintlich natürlichen „Geschlechtscharakters" überschritten, mußten, wie auch heute noch, mit Sanktionen rechnen: So wurde Frauenrechtlerinnen der Vorwurf gemacht, sie seien unweiblich und/oder lesbisch – eine häufige Strategie der Diffamierung und Spaltung.

„Der Mann ist an und für sich kein annehmbares Beispiel"

Im Jahr 1905 erscheint ein ungewöhnliches Büchlein mit dem Titel „Der Mann als logische und sittliche Unmöglichkeit und als Fluch der Welt. Pessimistische Kardinalsätze von Helene von Druskowitz." Als der Text in seiner ersten Ausgabe erscheint,[2] ist seine in Wien geborene Autorin, die als Philosophin und Literatin bekannt war, schon 14 Jahre lang in der niederösterreichischen Landesirren-anstalt Mauer-Oehling zwangsinterniert. Der Grund dafür? Der Auszug aus der „Krankengeschichte" vom 1. September 1905 mag einen Eindruck geben:
„In ihrem Benehmen vollkommen unverändert, raucht Tabak aus Stummel-pfeifen, findet sich fleißig, siedet sich Tee, verfaßt Gedichte zum Lobe des Alko-hols, schreibt unleserlich philosophisch konfuse Abhandlungen und Dramen, schickt androphobe Satyren an die Frauenzeitungen, fühlt sich auf der Höhe ihres literarischen Schaffens, leidet sehr unter dem Mangel an Anerkennung von Seiten ihrer Mitwelt, dabei harmlos, gutmütig, dankbar für jedes gute Wort – [...]"[3]
Anlaß für die Internierung mag ein „durch übermäßigen Alkoholgenuß ausge-löste[r] paranoide[r] Anfall"[4] gewesen sein; der Umstand, daß von da an jeder Versuch, wieder entlassen zu werden, scheiterte, hat wohl weitreichendere Gründe. Das „Krankenblatt" gibt recht präzise wieder, was die Verrücktheit der Druskowitz ausmacht: Sie raucht, sie trinkt, sie schreibt, sie wendet sich kritisch gegen Männer, sie ist selbstbewußt. Kurz: Sie beträgt sich nicht so, wie es von Frauen ihrer Zeit verlangt wurde. Und: Sie liebt Frauen.
Die „Pessimistische[n] Kardinalsätze" sind gewiss keine konfuse Abhandlung, ganz bestimmt jedoch eine literarisch gelungene Satire auf den androzentrischen und frauenfeindlichen Diskurs der Philosophie à la Schopenhauer, deren ver-quere Konzeptionen von Weiblichkeit und apodiktische Rede von Druskowitz parodistisch für eine „Niederkritisierung" des männlichen Geschlechts angewen-det werden. Weibliche Selbstschöpfung erfolgt hier durch das „zynisch-satirische Sich-Anmaßen einer ‚männlichen' Position absolut gesetzter Superiorität und der Pose unhinterfragbarer [...] Objektivität"[5] – als Beispiel Punkt 4 des Kapitels „Der Mann als logische und sittliche Unmöglichkeit und als Fluch der Welt":
„Der Mann ist ein Zwischenglied zwischen Mensch und Tier, denn er ist eine Spottgeburt und als solche derart zynisch und lächerlich ausgestattet, so daß er weder das eine noch das andere in voller Wirklichkeit sein kann."[6]
Die „Pessimistischen Kardinalsätze" schließen mit einer „Frauentafel", in denen Druskowitz Maximen für Frauen auflistet. Unter Punkt 12 schreibt sie: „Lebt außer in der Eroberung und Behauptung eurer Rechte in der Sympathie für euer Geschlecht sowie in der feinsten Etikette zu demselben, denn euer Geschmack hat nur noch reiner, euer Selbstgefühl gestählter und die Vorliebe für das eigene Geschlecht, für dessen Ansprüche, Rechte und Fortschritte verdichtet zu werden [...]"[7]
Druskowitz formuliert ein feministisches Manifest, dessen Parteinahme für und Bevorzugung von Frauen – in aller Ironie – deutlich zum Ausdruck kommt. Ihre „dramatischen Scherze" zeichnen sich durch den satirischen Ton aus und durch

Helene Druskowitz

2 Helene von Druskowitz, Der Mann als logische und sittliche Unmöglichkeit und als Fluch der Welt. Pessimistische Kardinalsätze. Ein Vademecum für die freiesten Geister, Hg. von Traute Hensch, Freiburg (Breisgau) 1988 [zuerst erschienen Wittenberg 1905]

3 Ebd., S. 90 f.

4 Brigitte Spreitzer, Texturen. Die österreichische Moderne der Frauen (Studien zur Moderne 8), Wien 1999, S. 294

5 Ebd., S. 156

6 Druskowitz wie Anm. 2, S. 34

7 Druskowitz wie Anm. 2, S. 76

den parodistischen Umgang mit Gattungen: In „International" demontiert sie triviale Heiratskomödien.[8] Mme. de Catalesca spielt die Rolle der Kupplerin und kann in dieser Funktion auch für sich selbst eine Frau gewinnen, indem sie dieser die Befreiung aus einer einengenden Ehe ermöglicht – eine erotische Anziehung, zumindest auf Seiten Catalescas, wird angedeutet. Eine homoerotisch interessierte Eheverächterin als Heiratsvermittlerin ist Druskowitz' spöttische Form der Kritik an der heterosexuellen Norm und gesellschaftlichen Konventionen.[9]

Erste Frauenbewegung

Hanna Hacker betont das Naheverhältnis der so genannten Ersten Frauenbewegung und weiblicher „Homosexualität"[10], wiewohl die Meinungen feministischer Forscherinnen in Hinblick auf die Frage, wie dieses Verhältnis gestaltet war, auseinander gehen. Hacker betrachtet das „schwierige und unentschiedene Verhältnis zwischen Frauenbewegungs- und Lesbengeschichte" als „eine von mehreren Dimensionen möglicher [...] Bindungen zwischen Frauen".[11] Tatsächlich gab es enge Freundschaften und auch Beziehungen zwischen Frauen, die sich politisch engagierten, und die Auseinandersetzung mit Geschlecht und Sexualität wurde geführt, wenn auch hauptsächlich von einigen Vertreterinnen des linken, „radikalen" Flügels der Frauenbewegung, wie der feministischen Theoretikerin Rosa Mayreder.[12]

Eine Stimme in der Debatte ist die Frauenrechtlerin Anna Rüling. Sie konstatiert 1904 in ihrer Rede zur Frage „Welches Interesse hat die Frauenbewegung an der Lösung des homosexuellen Problems?": „[...] dass Homosexualität und Frauenbewegung nicht gegensätzlich gegenüberstehen, sondern daß sie vielmehr dazu bestimmt sind, sich gegenseitig zu Recht und Anerkennung zu verhelfen und die Ungerechtigkeit, die sie verdammt, aus der Welt zu schaffen".[13]

Am Beispiel von Helene von Druskowitz wird die Literarisierung der zeitgenössischen Themen und Theorien deutlich. Voraussetzung dafür ist jedoch, daß Frauen nicht länger daran glauben, daß sie keine Dichterinnen und Denkerinnen sein können. So genannte „Frauenliteratur" gibt es schon lange Zeit davor, aber im patriarchalen Diskurs vorgesehen als triviales Genre, das ein konservatives Frauenbild mit enormer Breitenwirkung propagiert. Jetzt wird Literatur von den schreibenden Frauen als emanzipatorisches Mittel begriffen. Sie schreiben Essays und Romane, Abhandlungen und Gedichte, Briefe und Dramen und bestehen darauf, Öffentlichkeit zu erhalten. Zeitungen und Zeitschriften spielen dabei eine große Rolle – auch für die lesbische Subkultur.

„Die Freundin", „Garconne" und andere Damen

Die lesbischen Frauen hatten sich seit der Jahrhundertwende vereinzelt in den von Männern initiierten Homosexuellengruppen organisiert, wie z.B. Magnus Hirschfelds Wissenschaftlich Humanitären Komitees, das auch eine Niederlassung in Wien hatte. Erst rechtliche Errungenschaften wie das Wahlrecht für Frauen und die Lockerung der Zensur in Österreich, die Versammlungsfreiheit sowie die Freiheit der Meinungsäußerung und der Presse in Deutschland ermöglichten die Organisierung lesbischer Frauen.[14]

Zentrum der lesbischen Kultur war Berlin, aber auch in anderen Städten entwickelte sich eine lebendige „Szene". Es gab Vereine, Lokale – und Zeitschriften: „Die Freundin", „Garconne. Junggesellin", „BIF – Blätter idealer Frauenfreundschaften" usw. Diese Blätter wurden auch in Österreich abonniert und waren ein wichtiges Element des länder- und städteübergreifenden Kontakts und Austauschs zwischen den Frauen.[15]

8 vgl. Spreitzer, Texturen, S. 149

9 vgl. ebd.

10 Hanna Hacker, Die Ordnung der Frauen und Freundinnen. Zur Rekonstruktion homosozialer Handlungsmuster und ihrer institutionellen Kontrolle (Österreich, 1870–1938), Diss. Wien 1985, Bd. 1, S. 159

11 Ebd., S. 162

12 Rosa Mayreder, Geschlecht und Kultur. Essays, Wien 1998.; dies.: Zur Kritik der Weiblichkeit. Essays. Wien 1998

13 Anna Rüling, „Welches Interesse hat die Frauenbewegung an der Lösung des homosexuellen Problems?" (Rede gehalten auf der Jahresversammlung des wissenschaftlich-humanitären Komitees im Hotel Prinz Albrecht am 8. Oktober 1904). In: Jahrbuch für sexuelle Zwischenstufen, Hg. wissenschaftlich-humanitäres Comitee von Magnus Hirschfeld. Auswahl aus den Jahrgängen 1899–1923, Frankfurt am Main 1984, S. 119

14 Claudia Schoppmann, Nationalsozialistische Sexualpolitik und weibliche Homosexualität, Pfaffenweiler 1991, S. 11 f.; die Wiener Situation unterschied sich zudem durch das sozialdemokratische Gegenmodell der 20er Jahre – dem „Roten Wien" – dessen Politik die Befreiung der Frauen von konservativen Beschränkungen förderte.

Grete von Urbanitzky, 1926
Bildarchiv, ÖNB Wien

Code connu

Aus der Fremdbezeichnung wurde eine selbstbewusste Aneignung und Füllung von Begriffen. Wie vielfältig und differenziert Chiffren und Codes lesbische Frauen einander erkennbar machten und diese Kultur prägten, hat Hanna Hacker in ihrer Studie „Die Ordnung der Frauen und Freundinnen" untersucht und dargestellt.

Hacker nennt diese besonderen Zeichen der deutschsprachigen lesbischen Kultur „Chiffren des Eigensinns", die sich von der Jahrhundertwende an entwickeln und bis in die 30er Jahre verwendet werden. Beispiele sind Anreden wie „Fräulein" oder „Dame", die quer zum politischen Diskurs über diese Bezeichnungen standen, Begriffe wie „Freundinnen", „Garconne", „Junggesellin", „ledige Frau", Farben wie Grün, Violett und Gold und darüber hinaus Körper-signale und Symbole (Kleidung, Frisur, Zigaretten). Alle diese „Zeichen" sind auf komplexe Weise zu lesen – in einer Differenz zum herrschenden heterosexuellen Diskurs und in Abgrenzung zum mannmännlichen Diskurs. Ein Beispiel für die vielfachen Ebenen des Wortgebrauchs sei die Verwendung der Bezeichnung „Dame". Im politischen Kontext der Frauen-bewegung war „Dame" ein von der radikalen Frauenbewegung gebrauchtes Wort zur Verächtlichmachung der Vertreterinnen der gemäßigten bürgerlichen Frauenbewegung einerseits, die ihrerseits adlige Frauen, zur polemischen Distanzierung, so bezeichnet hatten. An Orten lesbischer Subkultur wurde „Dame" als „Selbstbezeichnung von Frauen mit lesbischem Selbstverständnis" aufgenommen.[16]

Daß es das gibt – Liebe zwischen Frau und Frau...[17]

Der Titel dieses Aufsatzes – „Sattes Violett" – ist ein Zitat. Zitiert wird aus einem Roman, der selbst eine Bezeichnungspraxis „zitiert". Was hier als stetige Reihe angedeutet ist, entspricht (literarischen) Verfahren der Vernetzung und Etablierung bestimmter Zeichen als Codes und Chiffren, die zugleich auf eine Kollektivität verweisen. Codes ermöglichen, sich subversiv mit anderen, Eingeweihten, gleichsam „unterhalb" der ersten Bedeutung des Textes, zu verständigen.

Der Roman, von dem die Rede ist, heißt „Der wilde Garten" von Grete v. Urbanitzky. Erschienen ist das Buch 1927 – und es fand breite Aufnahme. „Als die Sonne schon tiefer stand, und das satte Violett immer siegreicher in das Blau des Meeres, in das Braun, Gold und Grün des Waldes drang und selbst die weißen Klippen mit zärtlichen Schatten umfing, saßen sie am Südhang der Insel, wo der schwarze, rauhe Wein der Fischerleute wuchs."[18]

Das Szenario ist als traditioneller Liebesort wiederzuerkennen: eine ideale Landschaft, eine Insel, die die Liebenden von der Außenwelt schützt. „Sie", das sind zwei Frauen. Die zukünftige Tänzerin Gert und die Künstlerin Alexandra.

Weiß man nun, daß „Violett" als Codefarbe für lesbische Liebe zu lesen ist, dann lässt sich das satte, siegreiche Violett verstehen: satt im Sinne von gestilltem Hunger/Begehren ebenso wie voll oder vollständig – eine klare, tiefe, eindeutige Farbe. Der satt violette Sonnenuntergang ist der Auftakt zur ersten Liebesnacht der beiden Frauen. Daß sie Künstlerinnen sind, spielt da auch eine Rolle. Künstlerin, Wissenschaftlerin, Studentin, Lehrerin – das relativ neue Berufsspektrum lesbischer Figuren. In Urbanitzkys Buch ist die „reine Liebe" konstruiert – die Liebe der freien Subjekte, für „die menschengöttliche Sehnsucht nach einem persönlichen Glück".[19] In Bezug auf die Konzeption der lesbischen Figur wird an dieser Stelle eine prekäre Unterscheidung getroffen: zwischen den genannten „freien Menschen" und den anderen:

„Die Frauen, – ich meine diese Frauen, die so sind – [...] Ich meine, sie, welche die Männer nachahmen und zugleich hassen – sie, sie sind doch lächerlich – sie sind doch krank?

15 Zeitschriften als „Gruppenmedien, Leserinnenzeitschriften und lesbisch-kulturelle ‚Sozialisationsinstanzen'" vgl. Hacker, Bd. 2, S. 311

16 vgl. Hacker, Bd. 2, S. 280

17 vgl. Grete von Urbanitzky, Der wilde Garten, Leipzig 1927, S. 123

18 Ebd., S. 237

19 Ebd., S. 277

Alexandras Stimme klang noch ungeduldiger und ablehnender: ‚Ich sagte Ihnen schon, daß ich nichts von diesen wissen will. Nichts von ihnen, und nichts von den anderen Unzulänglichen, Enterbten und Kranken. Was kümmern mich diese armseligen Verirrungen? […]‘"

Zurecht konstatiert Ursula Huber, daß das Bestehen auf „Reinheit" ein Argument zur Selbstverteidigung sei und aus dieser Haltung behauptet werde, daß „lesbische Beziehungen exem-plarisch die reine und edle Freundschaft verkörpern"[20]. Was diesen Roman paradoxerweise auszeichnet, ist gerade die – wenn auch pathetisch-überhöhte – Darstellung der leidenschaftlichen Sexualität zwischen Frauen.

Interessant ist, daß lesbische Figuren in anderen Romanen derselben Autorin ganz den gängigen Klischees der Zeit entsprechen: mondäne, unmoralische Frauen, vergnügungssüchtig, dekadent. Die lesbische Frau fungiert in Texten der 20er Jahre gern als „modisches Utensil".[21]

Ähnlich könnte das für zwei Titel von Maria von Peteani gelten: In „Die Liebesleiter" sind es Liane Irvings, „eine emanzipierte Amerikanerin mit Männer-allüren"[22] und eine „bildhübsche junge Französin"[23], dic am Maskenball als Liftboy auftritt und ein Faible für Lotte Brant, die Heldin, entwickelt. In „Der Page vom Dalmasse-Hotel" wird das Motiv des Cross dressing aufgegriffen und ausgebaut. Friedel Bornemann findet in Berlin keine Arbeit. Als ein Liftboy für ein Hotel gesucht wird, entscheidet sie sich: Das „passing" gelingt. Sie verliebt sich in einen Mann und findet ihr Glück in recht konventionellen Verhältnissen, aber es liegt Spannung darin, daß Frauen den vermeintlichen Jungen interessiert ansehen oder mit „ihm" flirten.

Lesbisches Lesen

Wie begründet sich der Erfolg dieser beiden Romane unter lesbischen Frauen, finden sich doch bloß lesbische Nebenfiguren oder Andeutungen? Die Antwort liegt in einer spezifischen Rezeptionsweise, im „lesbisches Lesen". Das heißt: Codes dechiffrieren, Maskierungen enthüllen, aber auch eine Nebenepisode in den Mittelpunkt rücken. Es verändert sich der Fokus der Aufmerksamkeit und somit die ganze Geschichte. Einerseits wird dieses Verfahren von unterdrückten Gruppen immer schon praktiziert: der Versuch etwas von der eigenen Existenz in einem Text zu entdecken. Andererseits ist davon auszugehen, daß jeder Text von einem geschlechtlichen Bewusstsein aus geschrieben – und gelesen – wird. Karla Jay und Joanne Glasgow, die das Konzept „Lesen als Lesbe" vorgeschlagen haben, wissen aber auch um die Problematik der festumrissenen Identitäten. Sie betonen, daß „Lesbe" nicht als Identität, sondern als Position zu verstehen sei, als verbindender Term, der einen kleinsten gemeinsamen Nenner unter all der Heterogenität gewährleisten soll.[24] Lesbisch lesen heißt, gegen den Strich zu lesen, Bedeutungsformationen zu unterlaufen und Autoritäten – AutorIn ebenso wie KritikerIn – abzusetzen. Lesbische Leserinnen entwickeln gleichsam ein intellektuelles Sensorium für Subtexte.

Nationalsozialismus

Was die Nationalsozialisten in den 20er Jahren angekündigt und gefordert haben, machten sie mit der Machtübernahme in irrer Geschwindigkeit wahr. 1933 wurden alle Frauenorganisationen verboten oder hatten sich schon vorher selbst aufgelöst. Einzig erlaubt war das „Deutsche Frauenwerk" – alle noch bestehenden Frauenverbände wurden dieser Organisation eingegliedert.[25] Dasselbe geschah 1938 mit dem „Anschluß" Österreichs ans Deutsche Reich. Innerhalb kürzester Zeit war die Frauenbewegung zerschlagen. Das bedeutete auch die Zerstörung der öffentlichen und organisierten Form lesbischen Lebens. Institutionen und

20 Ursula Huber, Frau und doch kein Weib. Zu Grete von Urbanitzky. Monographische Studie zur Frauenliteratur in der österreichischen Zwischenkriegszeit und im Nationalsozialismus, Wien 1990, S. 121

21 vgl. Huber, S. 126

22 Maria von Peteani, Die Liebesleiter, Linz 1969 [erstmals erschienen 1921] S. 172

23 Ebd., S. 230

24 Karla Jay und Joanne Glasgow, Lesbian Texts and Contexts. Radical Revisions, New York 1990, S. 2 ff.

25 Schoppmann wie Anm. 14, S. 34

Marlen Haushofer
Bildarchiv, ÖNB Wien

Vereine wurden verboten, die Lokale wurden geschlossen bzw. überwacht. Wiewohl weibliche Homosexualität im „Deutschen Reich" im Unterschied zu Österreich nicht verboten war[26], wurden lesbische Frauen dennoch verfolgt und ermordet, weil sie Jüdinnen waren, als Asoziale oder Kriminelle klassifiziert wurden, wegen „Wehrkraftzersetzung" oder aus politischen Gründen. Die ideologischen Vorgaben, wie Frauen zu sein hatten, bedeuteten für lesbische Frauen ein hohes Maß an Selbstverleugnung, Anpassung oder Verfolgung.

Selbst Nazi-Sympathisantinnen wie Grete von Urbanitzky, die mit dem 1933 erschienenen Roman „Karin und die Welt der Männer" offen dem Nationalsozialismus huldigte, konnten sich nicht schützen. Urbanitzky, die als Vize-Präsidentin des österreichischen PEN-Clubs die Gleichschaltung der SchriftstellerInnen forcierte, zog 1939 in die Schweiz, um sich fortan als Opfer der Nazis darzustellen. 1941 wurden alle ihre Bücher in Deutschland verboten.

Madeleine Marti nennt für die Zeit von 1933 bis 1945 einen österreichischen Roman, in dem lesbische Figuren (verschlüsselt) dargestellt seien: Ruth Kämpe „Paria" (1933).[27]

Wiederaufbau und Reaktion

Nach 1945 war man in Österreich und Deutschland zunächst mit dem „Wiederaufbau" beschäftigt. Die 50er Jahre waren politisch vom „Kalten Krieg" geprägt. Zum ideologischen Fundament der wachsenden Wohlstandsgesellschaft gehörte auch ein reaktionäres Frauenbild: die Kleinfamilie als kleinste Zelle des Staates und Lebenszweck und -aufgabe der Frau. Der Bruch in Bezug auf die Frauenbewegung und die fortschrittlichen 20er Jahre war so tiefgreifend, daß kaum an diese Traditionen angeknüpft werden konnte.

Für die Frauenliteratur der 50er Jahre beobachtet Marti, daß es kaum Darstellungen lesbischer Frauen gab: „Ganz im Gegenteil: Selbst die Frauenfiguren, die in den Texten der Aufbruchsphase zwischen 1945 und 1952 noch im Zentrum standen, rückten nun an den Rand und machten Männerfiguren und Ich-Erzählern Platz."[28]

Umso erstaunlicher ist es, daß die ersten lesbischen Figuren – trotz des damals in Österreich geltenden gesetzlichen Verbotes der „Werbung für Unzucht mit Personen des gleichen Geschlechts oder mit Tieren" – in Texten österreichischer Autorinnen auftraten: Zuerst in Hertha Kräftners Fragment „Agatha", dann bei Marlen Haushofer, in den 60ern bei Ingeborg Bachmann und Barbara Frischmuth.

Hertha Kräftner notiert 1951 zu ihrem Romanvorhaben „Agatha" über die Figur der Johanna:

„Johanna, ihre Untermieterin, Bildhauerin (vielleicht lesbisch?)".[29]

Vielleicht lesbisch. Das heißt: Welche Wirkung ist intendiert, welche Vorstellung von „lesbischen" Frauen kommen zum Tragen? Wofür steht die lesbische Frau, was repräsentiert sie, was ist ihre Aufgabe als kompositorisches Element? Johanna ist die Gegenspielerin von John um die Gunst von Agatha. Agatha wird John über die Zärtlichkeiten Johannas vergessen – das weitere „Schicksal" der beiden ist nicht skizziert. Wenn auch die Geschichte als unglückliche Verhinderung einer Beziehung mit John entworfen ist, bleibt doch das Vergessen über Johannas Zärtlichkeiten. Ein Ende, das durchaus eine Perspektive beinhaltet.

1955 erschien Marlen Haushofers Roman „Eine Handvoll Leben" im Verlag Paul Zsolnay. Das Buch gilt als ihr erster literarischer Erfolg. In der Rahmenhandlung kehrt Elisabeth als Betty unerkannt in das Haus ihres nun verstorbenen Manns zurück, um es zu kaufen. Es ist viele Jahre her, daß sie ihn und den gemeinsamen Sohn verließ – einen Selbstmord vortäuschend. Im Gästezimmer des Hauses findet sie alte Ansichtskarten und Fotografien. Die Erinnerungen dieser einen Nacht sind Inhalt der Binnenhandlung. In der Klosterschule, diesem seltsam

26 In Österreich blieb auch während des „Dritten Reichs" der §129, der homosexuelle Männer und Frauen kriminalisierte, aufrecht. vgl. Gudrun Hauer, Homosexuelle im Nationalsozialismus. In: Störfaktor 11. Zeitschrift kritischer Psychologinnen und Psychologen. Heft 2, 3. Jg, 1989, S. 6–19

27 Madeleine Marti, Hinterlegte Botschaften. Die Darstellung lesbischer Frauen in der deutschsprachigen Literatur seit 1945, Stuttgart 1991, S. 42. Es war mir nicht möglich, den Roman in die Hände zu bekommen. Der Text scheint zwar im Gesamtverzeichnis deutschsprachigen Schrifttums auf, fand sich jedoch trotz intensiver Recherche in keiner Bibliothek, auch nicht in antiquarischen Beständen.

28 Ebd., S. 46

29 Hertha Kräftner, Kühle Sterne, Klagenfurt 1997, S. 263

fremden, tristen und doch vertrauten Ort, befreundet sich Elisabeth mit Margot und Käthe, den so unterschiedlichen Mädchen. Die Freundschaften sind unbeschwert bis zu dem Zeitpunkt, da der „störende Zwischenfall eintrat und Margot sich in sie verliebte: Es war unfaßbar und schrecklich, aber sie mochte Margots Körper nicht."[30]

Das Unfassbare und Schreckliche ist nicht der Umstand, daß Margot sich in Elisabeth verliebt, sondern jener, daß Elisabeth das Gefühl nicht erwidern kann. Noch im Abschnitt davor lässt die Erzählerin Elisabeth über ihre Freundschaft mit Margot feststellen: „Sie war mein einziger Partner, dachte Betty, erstaunt über diese Erkenntnis."[31] Margot zieht sich zunehmend zurück und widmet sich selbstquälerischen Exerzizien. Später als junge Frau in einer fremden Stadt wird sie von einer Brücke in den Tod springen. Ein häufiges literarisches Lesbenschicksal.[32]

Im Unterschied zum später entstandenen Text von Barbara Frischmuth „Die Klosterschule" (1968) wird die lesbische Episode nicht als bloß kindliche Spielerei dargestellt.

1961 erscheint Ingeborg Bachmanns Erzählung „Ein Schritt nach Gomorrha". Die Möglichkeit, daß eine Frau eine andere begehrenswert finden kann, ist Charlotte, einer verheirateten Pianistin, zunächst ganz fremd. Sie ist schockiert, als sich die Studentin Mara ihr nähert. In der Auseinandersetzung mit Mara wird Charlotte klar, daß sie bloß Teil der Welt ihres Mannes ist und erkennt, welch untergeordnete Rolle sie darin spielt. Der Text formuliert einen Wunsch nach Emanzipation. Die Aufgabe der lesbischen Figur ist es, als das ganz Andere und Fremde ein Anlass zu sein, die Welt anders zu denken.[33] Es geht dabei um eine grundsätzliche Getrenntheit und Geschiedenheit zwischen Frauen, die es zu überwinden gilt. Dieses Problem ist ein Problem der Sprache: Die Sprache, in der sie ist und denkt, ist die Sprache der Männer.

„Wenn sie Mara lieben könnte, wäre sie nicht mehr in dieser Stadt, in dem Land, bei einem Mann, in einer Sprache zu Hause, sondern bei sich – und dem Mädchen würde sie das Haus richten."[34] Das Andere oder Neue denken gelingt nur bedingt: Charlotte entwirft hier eine Rollenumkehr, in der sie selbst die Definitionsmacht inne hat und das Haus der Sprache für die andere Frau richtet, also vorgibt.

In „Der Fall Franza"[35] hat die Markierung „lesbisch" eine ganz andere Funktion. Der Psychiater Jordan, Franzas Ehemann, betrachtet Franza als Studienobjekt. Er macht sich Notizen über sie: „F. bei Telefongespräch beobachtet. F. vermutlich lesbisch."[36] Die Zuschreibung als Moment des Prozesses, in dem Jordan Franza zum Objekt macht, wird als Destruktion der Person, als Gewalttat deutlich. „Vermutlich lesbisch" ist eine zernichtende Diagnose, ein Verdikt. Die Position der Erzählerin ist dabei nicht affirmativ, sie weiß, was „lesbisch" im patriarchalen Diskurs bedeutet: unweiblich, pathologisch, abnorm.

Neue Frauenbewegung – neue Räume

Im Zusammenhang mit dem politischen Aufbruch Ende der 1960er Jahre formierte sich die neue Frauenbewegung – ab 1972 auch in Österreich. Lesbische Frauen waren von Anfang an aktiv, Aufmerksamkeit fanden sie erst im Laufe der ersten Jahre. Ablesbar ist diese Entwicklung an den feministischen Zeitschriften: Erst ab Mitte der 70er Jahre werden Lesben ein Thema. Auslöser dafür ist der Auftritt einer Gruppe von Lesben während des Brüsseler „Gewalt-Tribunals" 1976. Der Bericht über das Brüsseler Treffen ist Anlass für den ersten Beitrag über Lesben in der österreichischen Zeitschrift „AUF".[37]

Mit Beginn der 80er Jahre beginnt die eigenständige Organisation der Lesben: Am internationalen Frauentag 1980 wird erstmals ein eigenes Lesbentransparent getragen, das erste Österreichische Lesbentreffen findet im selben Jahr in Wien

Ingeborg Bachmann
Bildarchiv, ÖNB Wien

30 Marlen Haushofer, Eine Handvoll Leben, München o.J. (vollständige Taschenbuchausgabe), S. 70

31 Haushofer, S. 68

32 Es gibt auch in der deutschsprachigen Frauenliteratur eine Konvention nach der lesbische Figuren häufig Selbstmord begehen: Weirauch „Der Skorpion", Winsloe „Das Mädchen Manuela" (später „Mädchen in Uniform"), Rinser „Die gläsenen Ringe", Frapan „Wir Frauen haben kein Vaterland".; vgl. Marti, Hinterlegte Botschaften, S. 59

33 vgl. Susanne Hochreiter, Vielleicht lesbisch? Über die Funktion der Lesbe in deutschsprachiger Literatur, in: [sic!] 10/11, Dezember 1995. S. 27.; vgl. auch Cäcilia Ewering, Frauenliebe und – literatur, (Un)gelebte (Vor)Bilder bei Ingeborg Bachmann, Johanna Moosdorf und Christa Reinig, Essen 1992 (Männlichkeit/Weiblichkeit 4), S. 23 f.

34 Ingeborg Bachmann, Ein Schritt nach Gomorrha, in: Dies.: Werke. Bd. 2. Erzählungen. Hg. von Christine Koschel und Inge von Weidenbaum, München 1978. S. 205

35 Der Text entstand 1965/66, ist ein Teil des „Todesarten"-Projekts und Fragment geblieben

36 Ingeborg Bachmann, Der Fall Franza, in: Dies., Der Fall Franza. Requiem für Fanny Goldmann, München 1989, S. 76

37 N.N., Die Lesbe, das Monster, in: AUF (7) 1976. S. 24–27

Karin Rick, Côte d'Azur – Schreibpause
Foto Sabine Perthold

statt, die HOSI-Lesbengruppe wird gegründet. 1983 folgt das zweite Lesbentreffen. Der Österreichische Lesbenrundbrief erscheint. Diese Entwicklung verweist auf den immanenten Konflikt zwischen heterosexuellen und lesbischen Frauen innerhalb der Frauenbewegung.

Regelmäßige Hinweise auf Lesbenliteratur finden sich in den feministischen Zeitschriften ebenfalls erst ab den 80er Jahren. In der AUF 22, 1980 gibt es den ersten Schwerpunkt zu Lesbenliteratur, während in der 1983 gegründeten Zeitschrift „an.schläge" erst im vierten Jahrgang (Heft 14) überhaupt der erste Beitrag über Lesben zu finden ist. In der Folge erschienen Beiträge, Gedichte, (literarische) Kurztexte von/über lesbische(n) Frauen.

Barbara Frischmuths 1979 erschienener Roman „Kai und die Liebe zu den Modellen", dokumentiert die Situation Ende der 70er Jahre recht genau. Die Ich-Erzählerin Amy begegnet den Zärtlichkeiten ihrer guten Freundin Helene nicht uninteressiert, reagiert dann eher ängstlich und weist sie schließlich wortlos zurück: „Immer wieder spürte ich Helenes Finger in meiner Armbeuge, ihre Bitte um Nähe, die vielleicht gar nicht mich persönlich gemeint hat. Was weiß ich schon von ihr? Ich glaube nicht einmal, daß sie Frauen liebt. Vielleicht ist es nur über die Literatur gelaufen. Es ist so viel darüber geschrieben worden, welch neue Dimensionen sich daraus für enttäuschte Frauen ergeben würden. Nur für enttäuschte? [...]"[38]

Lesbische Liebe war schon als Thema relevant, und zwar als Möglichkeit für jede Frau, ging es doch ganz grundsätzlich um selbstbestimmte Sexualität, also um Wahlmöglichkeiten. Neue Konzepte setzten sich durch: Lesbisch sein wurde zu „lesbisch leben", weniger ein Mangel, mehr zu einer bewussten Entscheidung. Adrienne Rich hatte das „lesbische Kontinuum" proklamiert – die größere Bandbreite sollte mehr Frauen einschließen. Lesben verstanden sich als „frauenidentifiziert" und wiesen die bloß sexuelle Definition zurück.

Literatur – theoretische Texte ebenso wie literarische (z.B. Verena Stefans „Häutungen") – spielten, das wird in obigem Zitat deutlich, für die Verbreitung emanzipatorischer Ideen eine große Rolle. Wenn auch gewiß viel Mist publiziert wurde, so war Literatur wichtig für die Verständigung darüber, wie „lesbisch" gedacht und gelebt werden kann – und nicht zuletzt für ein wachsendes Selbstbewußtsein.

In Folge der gesellschaftlichen Fortschritte weiten sich auch die Räume der lesbischen Figuren in literarischen Texten. Aus den Nebenfiguren werden Hauptfiguren. Aus den Coming-out-Stories werden Geschichten selbstbewußter Frauen, die selbstverständlich lesbisch leben. Aus dem zaghaften Versuch wird leidenschaftliche Entschlossenheit. Formal ist eine Ausweitung auf alle Genres zu beobachten.

Der Literaturbetrieb erfuhr ebenso beträchtliche Veränderungen: In den 80er Jahren stieg die Zahl der Veröffentlichungen, die Lesben thematisierten, sprunghaft an, in Deutschland wurden Lesbenverlage gegründet. 1986 erschien erstmals „Virginia – Frauenbuchkritik", ein Rezensionsorgan für Bücher von Frauen, das eine große Bedeutung für die Entwicklung des lesbisch-feministischen Buch- und Zeitschriftenmarkt war. Frauenbuchläden waren entstanden und hatten sich zu Lese- und Diskussionsforen entwickelt, die eine wichtige soziale Funktion erfüllten.

Die 90er: Unverschämt und selbstbewußt

Karin Rick veröffentlicht 1991 im Konkursbuchverlag Claudia Gehrke ihren Erzählband „Sex, Sehnsucht und Sirenen". Erotische Geschichten, die auch lesbisches Begehren zur Sprache bringen und nicht länger verschämt aussparen. Dies entspricht einer internationalen Entwicklung: Die Entstehungsgeschichte vom „Schrei zwiefacher Lust"[39] wird mitgeliefert. In den 90er erscheinen in

38 Barbara Frischmuth, Kai und die Liebe zu den Modellen, Salzburg 1979, S. 65

39 Urbanitzky, Der wilde Garten, S. 244

Deutschland gleich mehrere Anthologien lesbischer oder lesbisch/schwuler Sexgeschichten.[40] Die PorNo-Debatte scheint ausgelaufen zu sein, ebenso die Kritik an der literarischen Darstellung sadomasochistischer Praktiken, die schon in den frühen 80ern Gegenstand höchst kontroversiell geführter Diskussionen waren.

Selbstbewusst und unverschämt: Das sind auch die Protagonistinnen in Karin Ricks Roman „Côte d'Azur".[41] Die Ich-Erzählerin und ihre Freundin bewegen sich ganz selbstverständlich in der heterosexuellen Umwelt. Statt ängstlicher Zurückhaltung konfrontieren sie die anderen mit sich. Es sind dann auch die anderen, die wegsehen oder die Augen senken. Die Darstellung der Sexualität folgt keinem voyeuristischen Blick – beschrieben werden keine Körper(-teile), sondern die Intensität von Berührungen und die Lust der beiden aneinander.

Die Geschichte vom heterosexuellen „Rückfall"[42] einer lesbischen Frau erscheint 1993 und beweist einmal mehr, daß Rick keine Scheu vor Reiz- und Tabuthemen hat.[43]

Helga Pankratz
Foto Michaela Bruckmüller

In den 90er Jahren setzt sich fort, was in den 80ern angefangen wurde – mit Rückschritten und Fortschritten. Viele feministische Literatur-Orte, Frauenverlage und Frauenbuchhandlungen, überlebten nicht. Und auch die Entdeckung der Nische „Frauenliteratur" durch die großen Verlage kann kaum als Erfolg betrachtet werden. Andererseits gibt es – immer noch oder neuerdings – Verlage, die sich auf feministische und/oder auf lesbische(-schwule) Literatur speziali-sierten (Milena Verlag in Wien, Quer-Verlag in Berlin). Explodiert ist die deutschsprachige lesbische Literaturproduktion nicht. Aber die Ausweitung der Genres, die Vielfalt der Themen, der dargestellten Lebenszusammenhänge und Figuren bedeuten positive Bedingungen und Impulse für die literarische Qualität vieler Texte.

Helga Pankratz' Buch „Long distance" ist ein gutes Beispiel für die Variation der Form. Sie schreibt Lyrik[44] ebenso wie Prosa und hat Elemente beider Gattungen in diesem Text verbunden: Zwei Frauen lernen einander kennen, verbringen zwei Tage und zwei Nächte miteinander. Die eine geht nach Amerika, die andere bleibt in Wien. Zweieinhalb Jahre lang pflegen sie eine Long-distance-Beziehung. Der Text beschreibt das erneute Zusammentreffen in Wien – Besuch aus Amerika für zwei Wochen. Diese Begegnung wird poetisch verdichtet aus der Perspektive der in Wien Lebenden aufgezeichnet: Mißverständnisse, Ent-täuschungen und schließlich das Ende, das eine Desillusionierung und ein Neuanfang ist:

> „in den ersten tagen
> nach deinem abflug
> erwache ich zu neuem leben.
> DAS LEBEN NACH DIR
> beginnt mit einem explosiven lustschrei. […]"[45]

Der 1998 publizierte Band „Amore?"[46] dokumentiert Pankratz' Prosaarbeiten. Die besondere Qualität dieser Texte liegt im kritisch-ironischen Blick auf lesbischen Common sense und die (Wiener) Lesbenszene, deren Normen und Spielregeln. So treffen in der Erzählung „Coming out" Magdalena und Inge in einem Szenelokal aufeinander. Nichts Ungewöhnliches auf den ersten Blick. Nur: Mag-dalena ist gut 25 Jahre älter und als Tante eigentlich nur die Begleitung ihres schwulen Neffen Ernstl. Kurz: Die beiden Frauen finden einander sympathisch und es ergibt sich, daß Magdalena mit Inge nach Hause geht. Später, als sie überrascht und zufrieden nebeneinander liegen: „Dann wandte Magdalena sich ihr zu, mit laut klopfendem Herzen und dem Bemühen, ganz natürlich und selbstverständlich zu klingen: ‚Ich habe vorhin vergessen, dir etwas zu sagen. […]' ‚Und?' ermunterte Inge trotz ängstlicher Verwirrung. ‚Ich habe vor dir

40 Allein im Berliner Querverlag sind drei Titel erschienen: Luise Schmidt, Tussi di Mare, 1997; SEXperimente: lesbisch-schwule Sexgeschichten, hrsg. von Rainer Falk, 1999; Bisse und Küsse. Sexgeschichten, hrsg. von Sophie Hack und Stephanie Kuhnen, 2000

41 Karin Rick, Côte d'Azur. Zwei Frauen – eine Liebesgeschichte, Wien 1993 (Phasetten 8)

42 Karin Rick, Der Rückfall, Wien 1996

43 Ihr jüngstes Buch heißt „Sex ist die Antwort". Tübingen 1999

44 1989 erschien im Wr. Neustädter Merbod-Verlag Helga Pankratz' Gedichtsammlung „Ein Moment Leben".

45 Helga Pankratz, Long distance, Wien 1995 (Phasetten 14), S. 58

46 Helga Pankratz, Amore? Erzählungen, Wien 1998

noch nie mit einer Frau geschlafen.' Magdalena atmete tief durch und drückte dem Traum warm und Einverständnis suchend die Hand. ‚Ich war bisher nicht lesbisch.'"[47]

Selbst Jahre der Diskussion über die Notwendigkeit, Differenzen anzuerkennen und starre Identitätskonzepte aufzulösen, können nur wenig gegen Vorurteile und Ausschließungsprozesse ausrichten. Pankratz' ironischer Zugang bringt die Kritik an diesen Mechanismen an – aber nicht von außen. Die Autorin denunziert ihre Figuren nicht und nicht das soziale Gefüge, wie sie es kennt und erlebt. Vielleicht lesbisch – das ist unter Umständen eine Frage von Augenblicken …

47 Helga Pankratz, Coming out, in: Amore? S. 48–69, S. 69

Andreas Brunner

Die höllische Sexualmoral der „Fackel"

Schon im Jahr 1902 beginnt eine entscheidende Wende in der inhaltlichen Zielsetzung der von Karl Kraus herausgegebenen und zum Großteil auch selbst geschriebenen Zeitschrift „Die Fackel": Zentraler Angelpunkt ist der Aufsatz „Sittlichkeit und Kriminalität", der im Fackel-Heft Nr. 115 erscheint. In ihm formuliert Kraus ausgehend von einem aufsehenerregenden Ehescheidungsprozess das Programm der „Fackel" für die nächsten Jahre, eine Zeit, die Kraus selbst später mit den Worten des „moralischen Niedergangs der ‚Fackel'" (F 185, 1)[1] beschreiben wird. Und auch von der „höllische[n] Sexualmoral der ‚Fackel'" (F 194, 27) spricht Karl Kraus selbst in einer kurzen Glosse über Prostitution.

„Der Gesetzgeber [...] eifert stets dort, wo Trieb und freier Wille mündiger Menschen ein Einverständnis schufen. Bei allen sexuellen Möglichkeiten. Wie erst bei den homosexuellen! Die Moral erhält [...] ihre Genugtuung: der einer perversen Handlung Überführte wird durch die mehrmonatliche Gewöhnung an schlechtere Kost sittlich geläutert. Aber inzwischen blüht auf dem Fettboden der Strafsanktion der Weizen der Erpressung."[2]

Aber schon im Fackel Heft 39 von Ende April 1900 legt Kraus seine grundlegende Argumentationslinie zur Debatte über Homosexualität in den folgenden Jahre dar. In einem satirischen Verriß der Tätigkeit des Gerichtspsychiaters Josef Hinterstoisser schildert Kraus seine Sicht der „mysteriöse[n] Angelegenheit" (F 39, 10) des Schriftstellers Carl Freiherr von Levetzow. Dieser war wegen „Unzucht wider die Natur", nach §129 I b des österreichischen Strafgesetzes, angeklagt. Hinterstoisser verfaßte ein Gutachten, in dem er nachwies, daß dieser als Dichter moderner Lyrik nicht zurechnungsfähig sei. Kraus kommentiert dieses ungewöhnliche Gutachten auf seine Art:

„Wir wünschen Herrn von Levetzow von Herzen seine Freiheit, nichtsdestoweniger scheint uns diese Begründung denkwürdig. Ganz abgesehen davon, dass diese Gedichte eines ‚desorientierten Gehirns' bei ihrem Erscheinen von Herrn Hugo v. Hofmannsthal in der ‚Zeit' höchst lobend rezensiert wurden, ist uns dank diesem Gutachten endlich ein Mittel an die Hand gegeben, den §129 des Strafgesetzes unwirksam zu machen. Jeder Päderast[3] trägt von nun an seinen Band freier Rythmen in der Rocktasche." (F 39, 11)

Neben Sexualstrafrecht und Justiz, die Kraus heftig befehdet, ist es die Doppelmoral[4] von Presse und (katholischem) Bürgertum, die Kraus kritisiert. In F 40 von Anfang Mai 1900 moniert er, daß die von ihm so gehaßte Tagespresse (insbesondere die „Neue Freie Presse" und das „Neue Wiener Tagblatt") im Anzeigenteil schwule und lesbische Kontaktanzeigen (natürlich gegen Bezahlung) schaltet, im Hauptblatt aber gegen Homosexuelle Front macht.[5]

Kraus entwickelt in diesen Jahren „des moralischen Niedergangs" eine eigenständige Begrifflichkeit aus zwei Wortpaaren, die den Spannungsbogen seiner Bemühungen darstellt, „das Privatleben gegen Moral und Begriffe zu sichern in einer Gesellschaft, die die politische Durchleuchtung von Sexualität und Familie, von wirtschaftlicher und physischer Existenz unternommen hat".[6] Er verwendet

1 Wie in der Kraus-Forschung üblich wird die Zeitschrift „Die Fackel" als Sigle zitiert. Die erste Zahl steht für die Nummer, die zweite für die Seite.

2 Karl Kraus, Sittlichkeit und Kriminalität. Frankfurt am Main, S. 16 (=Schriften, Band 1, hrsg. v. Christian Wagenknecht, =st 1311) In der Folge werden Zitate aus dieser von Kraus selbst 1908 zusammengestellten Sammlung von Texten aus der „Fackel" mit der Sigle SK analog zu den Fackel-Zitaten im Text zitiert.

3 Kraus verwendet die Bezeichnung Päderast synonym mit Homosexueller, Homosexualer oder Conträrsexueller. Die ältere Bezeichnung Urning findet sich bei Kraus nicht mehr.

4 Dass Levetzow adelig war, ist für Kraus ein weiterer Unrechtsfaktor. In einer kurzen Glosse in F 104, 11 f aus dem Jahr 1904 macht er dies deutlich. Dort geht es darum, dass ein kleiner Gauner, der Erzherzog Ludwig Viktor, den homosexuellen Bruder von Kaiser Franz Joseph, in einem Herrenbad in Abbazia beraubte, zu einer besonders harten (auch strafrechtlich ungerechtfertigten) Strafe verurteilt wurde. „Die Strafrechtsreformatoren mögen ersehen, wie notwendig es ist, neue Diebstahlsparagraphen zu schaffen. Dafür gibt es ja wieder andere, die sie aufheben können..." (F 104, 12) Mit dem aufzuhebenden Paragraphen meint Kraus natürlich den §129.

5 Dieses Thema greift Kraus nochmals in F 227–228, 36 f auf.

6 Walter Benjamin: Karl Kraus, in: Walter Benjamin: Illuminationen. Frankfurt am Main, S. 353–384, hier S. 360

7 Reinhard Merkel, Strafrecht und Satire im Werk von Karl Kraus. Baden-Baden 1994, S. 256, Fußnote 38

8 Die umfangreiche Sekundärliteratur zu Kraus ist zum Thema Homosexualität ausgesprochen schweigsam, insbesondere wenn man sieht, welchen Stellenwert die Diskussion in der „Fackel" selbst hatte. Kraus widmete ihr zahlreiche Artikel, es erschienen ganze Nummern der Zeitschrift zu dieser Frage (vgl. „Kinderfreunde", F 187 oder F 234–235). So streift sie Edward Timms in seiner großen Kraus-Biografie nur sporadisch (vgl. Timms, Karl Kraus. Satiriker der Apokalypse. Leben und Werk 1874–1918. Wien: 1995). Die Aufsätze von Heinz Müller-Dietz, die konkret zu rechtsphilosophischen Fragen „Sittlichkeit und Kriminalität" betreffend geschrieben wurden, sind völlig unbrauchbar und zeigen deutlich, daß der Autor von der homosexuellen Emanzipationsbewegung der Zeit keine Ahnung hat (vgl. Müller-Dietz, Sittlichkeit und Kriminalität. Zur Aktualität des Werkes von Karl Kraus. und ders.: Kriminalität und Kriminalitätsverarbeitung in der ‚Fackel'. beide in: ders.: Grenzüberschreitungen. Baden-Baden 1990, S. 303–341 und 341–370, insb. S. 386 f).
Einzig der in Fußnote 7 zitierte Reinhard Merkel und Nike Wagner (vgl. Nike Wagner, Geist und Geschlecht. Karl Kraus und die Erotik der Wiener Moderne. Frankfurt am Main 1987) bringen intellektuellen Zugewinn.

9 Das Herrenbad des Centralbades, die heutige Kaiserbründl Sauna, war um die Jahrhundertwende und danach ein beliebter Treffpunkt für schwule Männer. So war auch der Bruder von Kaiser Franz Joseph, Erzherzog Ludwig Viktor, genannt Luziwuzi, Stammgast in diesem Etablissement.

10 vgl. Christian Wagenknecht, Die Vorlesungen von Karl Kraus. Ein chronologisches Verzeichnis. In: Kraus Hefte 35/36, 1985

„‚Sittlichkeit' nicht im Sinne von ‚Sexualmoral', sondern in der allgemeinen und eigentlich korrekten Bedeutung von ‚Ethik' bzw. ‚Moral' […]. ‚Kriminalität' steht […] einfach für ‚Strafrecht'. Das ist freilich eine logisch und semantisch ungenaue, dafür aber plastische Synonymisierung von ‚Ethik und Strafgesetz' mit ‚Sittlichkeit und Kriminalität'".[7]

Wenn sich Kraus nun der „Sache der Homosexuellen" annimmt, so tut er dies aus einem einzigen Grund: Selbstbestimmung und Eigenverantwortung des Individuums. „Das Strafgesetz ist eine soziale Schutzeinrichtung. Je kulturvoller der Staat ist, umso mehr werden sich seine Gesetze der Kontrolle sozialer Güter nähern, umso weiter werden sie sich aber auch von der Kontrolle individuellen Gemütslebens entfernen. Wenn ich mein eigenes materielles, leibliches, moralisches Wohl gefährde, wenn ich hazadiere, von der Eisenbahn abspringe, mich prostituiere, so kann nur die Beschränktheit in Volksschulzucht zurückgebliebener Gesetzgeber mich ‚schuldig' werden lassen." (SK, 67f)

Homosexualität kommt in obiger Aufzählung nicht expressis verbis vor, kann aber ohne Zweifel beigefügt werden, liest man den kurzen Aufsatz „Ethik und Strafgesetz" weiter, aus dem dieses und nachfolgendes Zitat stammen. Daß Kraus zu Fragen der männlichen Homosexualität (weibliche Homosexualität war für ihn kein Thema) keine widerspruchsfreie Position einnimmt – seine Sichtweise von Prostitution, Ehebruch oder Kuppelei sind eindeutiger –, deren strafrechtliche Verfolgung im Zusammenhang von Sittlichkeit und Kriminalität aber an den Pranger stellt, wird in der Folge gezeigt.

„Aber auf dem Gebiete der Sexualmoral können bloß die Unmündigkeit, die freie Selbstbestimmung und die Gesundheit als Rechtsgüter in Betracht kommen, nie und nimmer die Sittlichkeit als solche; und nur für die Schädigung des andern Teils kann ich zur Verantwortung gezogen werden." (SK, 69)

Kraus stand der Tätigkeit des „Wissenschaftlich Humanitären Komitees" (WHK) rund um Magnus Hirschfeld anfangs positiv gegenüber.[8] So greift Kraus die auch innerhalb des WHK heftig diskutierte Idee eines konzertierten Massen-Going-Public von berühmten Homosexuellen durchaus wohlwollend auf und gibt unumwunden zu, daß er sich, wäre er „Päderast", in diese Liste eintragen würde: „Wäre ich's wirklich, ich hätte das Bekenntnis als Motto vor meinen Artikel gesetzt" (SK, 196). In der Sache argumentiert er weiter:

„Denn ich bin der Ansicht, daß nur dann ein Sieg über den menschenmörderischen Paragraphen in Deutschland und Österreich zu erringen sein wird, wenn die namhaftesten Homosexuellen sich öffentlich zu ihrem Verhängnis bekennen, wenn die ‚feudale Liste' – wie sie ein Berliner Machthaber fast neidvoll genannt hat – nicht von der Polizei, sondern von den Märtyrern selbst angelegt sein wird." (SK, 196f)

Ironischer sieht er hingegen eine Eingabe des WHK an den österreichischen Justizminister Dr. Franz Klein aus dem Mai 1907, betreffend eine Novellierung des österreichischen Strafgesetzes, die Kraus in F 227–228, 8ff zitiert und kommentiert: „Sonderbare Schwärmer! Die nicht wissen, daß in Österreich nicht die Menschlichkeit Sexualgesetze macht, sondern die Sittlichkeit, nicht die Lebenserfahrung, sondern die Unverdorbenheit, nicht der Fortschritt, sondern die Feigheit, nicht Phantasie, sondern die normale Sexualität eines Universitätsprofessors und eines Oberstaatsanwaltes. […] Wahrlich, ich sage euch, es wird noch viel Wasser in das Bassin des Centralbades[9] fließen […], ehe sich die Erkenntnis Bahn bricht, daß kein Staatsbürger für die Richtung seiner Nervenbahnen verantwortlich gemacht werden kann!" (F 227–228, 9f)

Mit dem Bild von der „Richtung der Nervenbahnen" deutet Kraus sein Verständnis männlicher Homosexualität an. In der Vielzahl der Aufsätze und Glossen, die er in den Jahren 1902 bis 1909 (danach greift er Sittlichkeit und Kriminalität in der „Fackel" kaum noch auf, und auch in seine 700[10] Vorlesungen nimmt er keinen der zentralen Texte aus dieser Zeit auf) zur Gänze oder teilweise

Karl Kraus
Wiener Stadt- und Landesarchiv

diesem Thema widmet, hat er nie zu einer einheitlichen Sprachregelung gefunden. Mal spricht er von „perversem Geschlechtsverkehr" (F 150, 3), „Geschmacksrichtungen und Nervenstörungen" (F 123, 25), dann von einer „homosexuellen Vergehung" (F, 154, 28) oder von „konträrer Sexualempfindung" (F 159, 2).

Zentral zum Verständnis von Kraus' Vorstellungen über männliche Homosexualität bzw. den männlichen Homosexuellen an sich ist der Aufsatz „Perversität" vom November 1907, den er mit einem satirischen Paukenschlag beginnt: „Nervenärzte und andere Laien schwätzen jetzt über Homosexualismus." (SK, 301) – um dann selbst auf nur fünf Seiten sein aus heutiger Sicht recht krauses Konstrukt auszubreiten.

„Die Menschheit wird sich mit der Zeit – in etwa 129 bis 175 Jahren[11] – wahrscheinlich zur schwindelnden Höhe jener Erkenntnis emporschwingen, die die angeborene Homosexualität für eine Krankheit erklärt, die sie definitiv verzeiht, und die ‚erworbene' für ein Laster, das sie nach wie vor der strafrechtlichen Verfolgung, der sozialen Acht und dem Erpressertum überantwortet. Sie wird die Unterscheidung den psychiatrischen Schergen überlassen, die durch die bekannte Bordellprobe – vergleichbar der Wasserprobe des Hexenglaubens – untrüglich festzustellen vermögen, ob einer ein Kranker oder ein sogenannter ‚Wüstling' ist." (SK, 301)

Kraus greift die beiden Pole der zeitgenössischen Diskussion auf. Auf der einen Seite stehen die Vertreter der Auffassung, dass es sich bei Homosexualität um ein Laster handelt, dem man ja entsagen könne. So empfiehlt der Elektrotherapeut und Pathologe Moriz Benedikt in „Die Zeit" vom 27. Oktober 1905 Enthaltsamkeit, Zuchthaus oder Chirurgie als die drei Möglichkeiten, die Homosexuellen offen stehen, und gibt sich damit als einer der psychiatrischen Schergen zu erkennen, die Kraus oben verurteilte.[12] Auf der anderen Seite sieht sich Kraus eins mit der jungen Sexualwissenschaft und den führenden Exponenten Richard Freiherr von Krafft-Ebing, Magnus Hirschfeld[13] oder Sigmund Freud[14] und stellt Homosexualität als angeboren dar. So unterschiedlich die Positionen der eben Genannten auch sind, bei ihnen allen fährt der Zug mit unterschiedlichem Tempo in Richtung Entkriminalisierung der Homosexualität.

„Der Paragraph wird den ‚unwiderstehlichen Zwang' anerkennen, also wenigstens der Krankheit gegenüber Gnade für Recht ergehen lassen, aber die Schmach einer

11 Kraus spielt hier auf die §129 und §175 des österreichischen bzw. deutschen Strafgesetzes an, die „Unzucht wider die Natur" unter Strafe stellen.

12 Um Mißverständnisse zu vermeiden: mit den psychiatrischen Schergen meint Kraus nicht die Psychoanalyse. Es ist wohl eher an Gerichtspsychiater wie den schon erwähnten Hinterstoisser oder eben Benedikt zu denken, letzterer ein Lieblingsfeind von Kraus. Dieser, bezeichnete Benedikt als einen „der wirrsten Köpfe, die je in Psychologie und Psychiatrie ihr Unwesen getrieben" (F 140, 13) und verlieh ihm den Beinamen „Vater, leih' mir die Scher'"–Benedikt (F 236, 18). Kraus ist erzürnt über den „pathologischen Exzeß" des Psychiaters und bestürzt über die Tatsache, „daß sich so aggressiver Schwachsinn heute in die Öffentlichkeit wagt" (SK, 184).

13 Das Verhältnis von Kraus zu Hirschfeld kühlt sich im Zuge des Streits um die Erfindung des Begriffs „Bisexualität" zwischen Wilhelm Fließ und Sigmund Freud ab. Beide greifen in diesen Konflikt publizistisch ein, wobei Kraus Freud unterstützt und Hirschfeld sich betulich zu vermitteln versucht, ohne zur Sache Wesentliches beizutragen. Vgl. dazu Edwin Hartl, Karl Kraus und die Psychoanalyse. Versuch einer Klarstellung. In: Merkur, 31. Jg., (Heft 2) Feb. 1977, S. 144–162, hier S. 151ff und Manfred Herzer, Magnus Hirschfeld. Frankfurt am Main: 1992, S. 97–102. Der endgültig Bruch vollzieht sich im Zuge der Affäre Eulenburg, der Kraus aufgrund seiner Gegnerschaft zu Maximilian Harden in der „Fackel" breiten Raum gab. Eulenburg wurde von Harden der Homosexualität bezichtigt. Im aufsehenerregenden Prozess trat Hirschfeld als Gutachter auf, worauf er von Kraus mit Verachtung gestraft wurde (vgl. F 234, 26 f; F 237, 18 und F 242, 43). In F 254, 39 lässt Kraus seinen Mitarbeiter Otto Soyka über Hirschfeld schreiben: „Eulenburg wird das Opfer eines argen wissenschaftlichen Unfugs, der heute in Blüte steht."

14 Mit Sigmund Freud sitzt Kraus zu dieser Zeit noch in einem Boot. Zur fortschreitenden Entfremdung Kraus' von der Psychoanalyse vgl. den erkenntnisreichen Aufsatz von Edwin Hartl in Fußnote 13.

15 Kraus spielt hier auf eine Stellungnahme von Freud zum Sensationsprozess gegen Dr. Theodor Beer aus der Tageszeitung „Die Zeit" vom 27.10.1905 an (ohne allerdings die Quelle des von ihm gehassten Mediums zu nennen). Dort äußerte sich Freud „ungefähr folgendermaßen: [...] Ich verfechte gleich vielen Gelehrten den Standpunkt, daß der Homosexuelle nicht vor das Forum eines Gerichtshofes gehört. Ich bin sogar der festen Überzeugung, daß Homosexuelle nicht als Kranke behandelt werden müssen, denn der pervers Veranlagte ist deshalb noch lange nicht krank."

16 Für das Grundsätzliche zu dieser Debatte sei auf das ausgezeichnete Buch Nike Wagners „Geist und Geschlecht" verwiesen.

17 Otto Weininger, Geschlecht und Charakter. München, 1980 (Reprint), S. 443. Dank an Nike Wagner für das Schlagwort, das sie aber mit falscher Seitenangabe zitiert.

18 Nike Wagner, Geist und Geschlecht, S. 153.

19 Karl Kraus: Sprüche und Widersprüche. In: Kraus: Aphorismen. Frankfurt am Main, hier S. 16 (= Schriften, Band 8, hrsg. v. Christian Wagenknecht, =st 1318). In der Folge zitiert mit der Sigle A, Seite.

20 Ich verwende hier die Begrifflichkeit von Kraus, die Nike Wagner, wie folgt, interpretiert: „Weil der Ausdruck ‚Weib' den gattungsmäßigen, geschlechtsgebundenen, naturhaft-mythischen Aspekt der Frau betont, bevorzugen ihn Dichter und Schriftsteller gegenüber der ‚Frau', die sich unpoetisch ausnimmt, real und vom Odium des Frauenrechtlertums umgeben." (Wagner wie Anm. 18, S. 132)

21 Wagner, wie Anm. 18, S. 163.

Menschheit vermehren, die sich von der Jurisprudenz an die Genitalien greifen läßt. Nie wird sich das Gesetz dazu entschließen, das Einverständnis zweier mündigen Menschen unbehelligt zu lassen, und wenn es schon anerkennen muß, daß Krankheit kein Verbrechen ist, so wird es dafür das ‚Laster' für ein umso größeres halten. Die unbefleckte Ahnungslosigkeit, die Gesetze macht, wird höchstens jenem Naturdrang ein Opfer bringen, vor dem es kein Entrinnen gibt." (SK, 301)

Obwohl außer Zweifel steht, daß Kraus für die vollkommene Straffreiheit von Homosexualität eintrat – dazu zitiert er als Autorität auch Sigmund Freud: „Mit Professor Freud habe man die Einsicht und den Mut, zu bekennen, daß der Homosexuelle weder ins Zuchthaus noch in den Narrenturm gehört," (F 187, 21)[15] – behält er in seiner Abhandlung „Perversität" die Gegensatzpole der angeborenen und erworbenen Homosexualität bei und offenbart damit sein grundsätzliches Verständnis von Geschlechterbeziehungen. Das ausgesprochen komplizierte und anspielungsreiche Geflecht, in dem sich Kraus verheddert, kann hier nicht zur Gänze ausgebreitet werden.[16]

Den größten Einfluß auf Kraus übte der antisemitische, frauenfeindliche und anti-homosexuelle Bestseller „Geschlecht und Charakter" von Otto Weininger aus. In der „Fackel" begeistert rezensiert, hält Kraus ihm unkritisch die Treue. Vier Jahre nach Weiningers Selbstmord offenbart Kraus: „,Ein Frauenverehrer stimmt den Argumenten Ihrer Frauenverachtung mit Begeisterung zu', schrieb ich an Otto Weininger, als ich sein Werk gelesen hatte." (F 229, 14) Weininger steht für die Thesen von Karl Kraus Pate. Seinen Definitionen vom weiblichen und männlichen Prinzip folgt er. Verkürzt gesagt, steht die Frau für Geschlecht, der Mann für Charakter. In sexualitätsfeindlichem Furor greift Weininger die, wie er es nennt, „Koitus Kultur"[17] an.

„Sie bedeutet den Untergang des Mannes durch das Weib, denn im Mahlstrom der geschlechtlichen Anziehung werde, nach Weininger, das vernichtet werden, was die Männlichkeit des Mannes ausmacht: Geist, Bewußtsein, Wille, Ethik, Logik, Eros, Genie, Transzendenz."[18]

Kraus ist der sexuelle Mann insofern ein Gräuel, weil er damit auf der tieferstehenden Entwicklungsstufe der Frau stehengeblieben ist. In einem Aphorismus heißt es : „Die Begierde des Mannes ist nichts, was der Betrachtung lohnt."[19] In einem anderen Aphorismus spricht er von der „wertlose[n] Geschlechtlichkeit des Mannes"(A, 16). Die Gedankenwelt von Kraus scheint sich immer aus Gegensatzpaaren aufzubauen. Die Paarungen „Weib – Geist"[20] und „Mann – Geschlecht" sind für ihn undenkbar. Ähnlich verhält es sich mit dem Paar „Sexus – Eros", denn „[d]em Erotiker wird das Hauptmerkmal des Geschlechts nie Anziehung, stets Hemmung." (A, 25) Kraus sieht sich demnach selbst nicht als sexueller sondern als erotischer Mann.

„Die geistige Frau und der geschlechtliche Mann, die vermännlichte Emanzipierte und der effeminierte Ästhet (auch der Feminist) sind für ihn denaturierte, amphibische Wesen, ‚Halbweiber' und ‚Halbmänner'"[21], oder auf Vorstellungen von Kraus in Bezug auf männliche Homosexualität übertragen: der geborene Homosexuelle ist ein geschlechtliches Wesen, die erworbene Homosexualität, das „Laster", ist die für Kraus eigentlich anerkennungswürdige Form homosexuellen Verhaltens. Der geborene Homosexuelle unterliegt dem Zwang seiner Objektwahl, die wie die weibliche Sexualität naturgegeben ist, für den „Wüstling" stellt sie eine Wahlmöglichkeit dar.

„Auf die Gefahr hin, sich selbst dem Verdacht der ‚erworbenen Homosexualität' preiszugeben, müßte jeder denkende Mensch laut aufschreien über die Schändlichkeit, die eine staatliche Norm für die Betätigung des Geschlechtstriebs vorschreibt, und laut und vernehmlich das Recht auf erworbene Homosexualität proklamieren. Der fromme Blödsinn hat jede Nuancierung der Lust, jede Erweiterung der Genußfähigkeit und die Eroberung neuer erotischer Sphären, die in allen Kulturen, nicht bloß der griechischen, das ureigenste Recht des Künstlers und den Vorzug jedes höher organisierten Menschen gebildet haben, als Wüstlingslaster verfemt, und die Staatsidioten sind der Ansicht, daß der Mann, der die Homosexualität ‚erworben‘ hat, sich in keinem Wesenszug von jenem unterscheidet, der nichts dafür kann.“ (SK, 302)

In der verschlungenen Argumentationskette offenbart sich langsam der anti-homosexuelle Duktus der Kraus’schen Theoriebildung zur männlichen Homo-sexualität. Fest verankert in seiner misogynen Weltsicht, folgert er weiter: „Die männlichsten, geistig und ethisch vollkommensten Männer, die seit Sokrates dem ‚Laster‘ gefrönt haben, sehen demnach zum Verwechseln den weiblichsten Weiberseelen ähnlich, die ein vertrackter Zufall in einem männlichen Leib gesperrt hat. Daß sie dort ihre peinlichen Exzesse treiben, und daß die Nichtanderskönner eine soziale Unbequemlichkeit sind, wer könnte es leugnen?“ (SK, 302)

Kraus diffamiert schwulen Sex als „peinlichen Exzeß“ und den geborenen Homo-sexuellen als „soziale Unbequemlichkeit“, kurz darauf spricht er von der „unnötige[n] Komplizierung der Lebensverhältnisse“, wenn es zur „Einschaltung eines sexuellen Stroms zwischen Mann und Mann“ (SK, 302f) käme. Es fragt sich dann aber, warum Kraus eigentlich die Barrikaden der jungen homosexuellen Emanzipationsbewegung besteigt und jahrelang mit nicht enden wollender Hart-näckigkeit die Straffreiheit für Homosexualität fordert? Kraus selbst argumentiert mit „Paradoxen“, die man „der Menschheit […] auf den Schädel hämmern [muß]“ (SK, 303), denn man müsse ihr, der Menschheit, sagen:

„Perversität kann eine Krankheit, sie kann aber auch eine Gesundheit sein. Das Widerspiel der Norm, aber auch die letzte, untrügliche Probe der Norm. Un-appetitlich an der Sache ist höchstens die Terminologie. Wer das Weibliche sogar im Mann sucht, ist nicht ‚homosexuell‘, sondern in der homosexuellen Handlung ‚heterosexuell‘. Pervers ist vielmehr, wer das Männliche sogar im Weib sucht.“ (SK, 303)

Das Paradoxon zieht weitere Kreise. Kraus ist im ersten Jahrzehnt des 20. Jahr-hunderts einer der konsequentesten Kämpfer für die Entkriminalisierung homo-sexueller Handlungen, aber er tut dies nicht im Anschluß an und in Zusammen-arbeit mit Emanzipationsbestrebungen der unterschiedlichen homosexuellen Gruppierungen, den Kampf, den er als politischen Akt ausgibt, bezieht er im Grunde auf sich selbst, wenn er offenherzig schreibt:

„Wenn ich die Wahl zwischen einem Antinous und einer Frauenrechtlerin habe, – ich bin nicht pervers genug, um zu schwanken, und ich bin nicht Heuchler genug, um nicht zu bekennen, daß bloß der Gesetzeswahnsinn, dem ich die Frei-heit außerhalb des Kerkers opfern muß, mir die Praxis meiner Wahl verwehrt.“ (SK, 303)

Der heterosexuell agierende Dichter und Satiriker, einer der umstrittensten Intellektuellen seiner Zeit, phantasiert davon, sein Sexualleben durch das straf-freie Ausüben homosexueller „Wüstlings“-Akte bereichern zu können, denn der Wüstling ist für ihn einer, „der auch dort noch Geist hat, wo andere nur Körper haben“ (A, 27). Die Frau mit Geist, die Frau als intellektuelles Wesen erfüllt den Künstler mit Unbehagen. „Die Frau ist da, damit der Mann durch sie klug werde. Er wird es nicht, wenn er aus ihr klug werden kann. Oder wenn sie zu klug ist.“ (A, 21) So wird die geschlechtliche Beziehung als sublimierter kreativer Akt gedeutet und überhöht. „Ein Liebesverhältnis, das nicht ohne Folgen blieb. Er schenkte der Welt ein Werk.“ (A, 21) Der auf ein heterosexuelles Verhältnis ge-münzte Aphorismus kann auch in Bezug auf das homosexuelle Liebesverhältnis analog gelesen werden. Im Liebesakt lebt der Mann seinen Geist aus und dieses Ausleben beflügelt seine Kreativität. „Des Weibes Sinnlichkeit ist der Urquell, an dem sich des Mannes Geistigkeit Erneuerung holt.“ (A, 13)

Das Bisexualitätsmodell Weiningers aufgreifend geriert sich Kraus als eben der Künstler, von dem oben die Rede war: „Der volle Mann, dem die Möglichkeit der doppelgeschlechtlichen Naturanlage nie versperrt sind und der die Lust am Weibe nicht nur beweist, sondern vermehrt, wenn er die Lust am Manne versucht, steht dem pathologischen Homosexuellen ungleich ferner als dieser dem Weib." (SK, 304)

Der Mann, der seine angeborene Homosexualität auslebt, der „pathologische Homosexuelle", steht für Kraus auf der Stufe des Weibes. Er ist auf der Ebene der Sinnlichkeit angesiedelt und kann den vollen Mann, der den homosexuellen Akt mit ihm vollzieht, in seiner geistigen Produktivität unterstützen. Vier „Fackel"-Nummern nach der Ausgabe, in der er den Aufsatz „Perversität" veröffentlicht hatte, faßt Kraus in einem längeren Aphorismus unter der Rubrik „Illusionen" noch einmal seine Vorstellungen zusammen.[22]

„Das Weib kann Sinnlichkeit auch zum Weibe führen. Den Mann Phantasie auch zum Mann. Hetären und Künstler. ‚Normwidrig' ist der Mann, den Sinnlichkeit, und das Weib, das Phantasie zum eigenen Geschlecht führt. Der Mann, der mit Phantasie auch zum Mann gelangt, steht höher als jener, den nur Sinnlichkeit zum Weibe führt. Das Weib, das Sinnlichkeit auch zum Weibe führt, höher, als jenes, das erst mit Phantasie zum Mann gelangt. Der Normwidrige kann Talente haben, nie eine Persönlichkeit sein. Der andere beweist seine Persönlichkeit schon in der ‚Perversität'. Das Gesetz aber wütet gegen Persönlichkeit und Krankheit, gegen Wert und Defekt. Es straft Sinnlichkeit, die das Vollweib zum Weibe und der Halbmann zum Mann, es straft Phantasie, die den Vollmann zum Mann und das Halbweib zum Weibe führt." (A, 25)

Nike Wagner glaubt zu erkennen, dass der erbitterte Kampf von Kraus gegen die Gerichtsmedizin und deren Diffamierung alles Andersartigen (Homosexualität, Sadismus oder Fetischismus) als pathologisch, pervers und krank sich aus seinem Mißtrauen gegenüber dem „sogenannten ‚gesunden Volksempfinden'" herleitet, für deren Vertreter „Perversionen kulturschädigend [sind] und, im Interesse des Ganzen, ausgemerzt werden [müssen]".[23] Dem muss zumindest teilweise widersprochen werden. Kraus ist sowohl sprachlich als auch gedanklich diesem System ebenso verhaftet, wie die Benedikts, Hinterstoissers oder Nordaus[24], die er kritisiert. Ich habe versucht zu zeigen, daß Kraus sowohl in der Wortwahl als auch in der Begrifflichkeit, die er verwendet, in der Welt verhaftet bleibt, die er angreift. Allerdings – für Ausmerzung ist Kraus in keiner wie immer gearteten Form eingetreten.

Im Unterschied zu seinen Erzfeinden ist sein Denken aber nicht eindimensional, sondern von einer Widersprüchlichkeit geprägt, die es seinen Kritikern oftmals fast unmöglich macht, ihn auf eine Position „festzunageln". Er liefert stets Argument und Gegenargument. In Bezug auf die Frauen spricht Nike Wagner von der „paradoxe[n] Verbindung von Misogyn und Troubadour in einer Person".[25] Diese Widersprüchlichkeit kann man auch auf die Homosexualität beziehen. Kraus ist einerseits einer der wortmächtigsten Kämpfer für die Befreiung der Homosexuellen von der menschenverachtenden Drohung durch das Strafrecht, andererseits zwängt er das homosexuelle Individuum (und dabei ist es egal, ob er an den geborenen oder angelernten Homosexuellen denkt) in das enge Korsett seiner Auffassung der menschlichen Sexualität. Insofern steckt der Befreier seine Opfer in das Gefängnis der „höllischen Sexualmoral der ‚Fackel'".

22 Kraus hat in diesen sechs Wochen kaum einen Beitrag in der „Fackel" selbst verfasst. Interessant ist die Zusammenstellung der Autoren: Fritz Wittels, Psychoanalytiker und späterer Erzfeind von Kraus, schreibt unter dem Pseudonym „Avicenna" eine ganze Nummer über Syphilis; ein Essay des polnischen Autors Stanislaw Przybyszewski und die deutsche Erstausgabe eines Essays von Oscar Wilde stehen neben dem einzigen Gedicht des homosexuellen Lyrikers Alfred Grünewald, das Kraus in die „Fackel" aufnahm.

23 vgl. Wagner wie Anm. 18, S. 118

24 Der zionistische Theoretiker und Journalist prägte den Begriff der „Entartung", den die nationalsozialistische Rassenpolitik als Grundlage ihres Vernichtungskrieges einsetzte.

25 Wagner, wie Anm. 18, S. 150

Michael Berthold

Homoerotische Spurensuche bei Heimito von Doderer

Kaum ein anderer Schriftsteller wurde im Österreich der Nachkriegszeit so sehr als Nationaldichter empfunden wie Heimito von Doderer. Dies zeigt sich nicht nur in den zahlreichen Ehrungen, die er in den fünfziger und sechziger Jahren erhielt – erwähnt sei der Große Österreichische Staatspreis für Literatur 1957 und die Verleihung des Ehrenrings der Stadt Wien 1966 –, sondern auch in der internationalen Anerkennung und den hohen Auflagenzahlen.

„Jutta Bamberger" – die Geschichte eines lesbischen Coming-out

Eines der ersten größeren erzählerischen Projekte, mit denen sich der angehende Schriftsteller Heimito von Doderer nach seiner Rückkehr aus russischer Kriegsgefangenschaft in den zwanziger Jahren des vorigen Jahrhunderts beschäftigte, war die Geschichte der Jutta Bamberger. Obgleich Fragment geblieben und erst aus dem Nachlaß 1968 publiziert, beschäftigte den Autor dieser Stoff bis an sein Lebensende. Ausgeführt sind allerdings nur zwei Teile: der sogenannte „Erste Satz", der in vier Kapitel unterteilt Kindheit und Jugend Juttas schildert, und die „Episode f", auf die später noch eingegangen wird. Doderer bemühte sich in seinen Romanen häufig, Gliederungsprinzipien aus der Kompositionslehre auf die Literatur zu übertragen, was Bezeichnung und Aufbau des „Ersten Satzes" erklärt. Den vier Kapiteln dieses „Ersten Satzes" werden jeweils altersmäßig genau begrenzte Lebensabschnitte der Hauptfigur zugewiesen.

Doderer hatte ursprünglich geplant, für dieses Thema die „lockere Form des ‚Divertissements' (‚novellistische Unterhaltungen')" zu wählen. Bald bekennt er aber in seinem als „Journal" bezeichneten Tagebuch, daß „aus ‚Jutta' eine biographisch zentrierte Sache"[1] wurde. Die Änderung des ursprünglichen Konzepts dürfte auch mitverantwortlich für Doderers Scheitern an diesem Projekt gewesen sein.

Wichtig zum Verständnis der Figur der Jutta Bamberger ist die Kenntnis ihrer Physiognomie. Während eines Aufenthalts in Assisi beginnt Doderer sein „Tagebuch eines Schriftstellers", das er als lose Sammlung von Eindrücken als Gegenpol zu seinen formal streng gebundenen literarischen Kompositionen verstand, mit der Beschreibung der äußeren Erscheinung Jutta Bambergers: „Das rothaarige Mädchen, das dort geht ist unhübsch, wenn nicht gar ‚hässlich' im Sinne der (bei mir u. den Meisten) geltenden sexuellen Kurswerte; es ist mittelgroß, mager, fast knochig, bleich im Antlitz. Es heisst Jutta Bamberger."[2] In einer Notiz vom 16.11.1922 beabsichtigt Doderer, sich für das „grosse Divertissement", womit wohl die Arbeit an Jutta Bamberger gemeint ist, Orientierung über „den ganzen Komplex lesbischer Erscheinungen"[3] verschaffen zu wollen.

Nun aber zu Juttas Geschichte im Detail: Aus großbürgerlichem Umfeld stammend, ist das Schicksal Jutta Bambergers von früher Kindheit an von dem

1 H. v. D., Tagebücher 1920–1939, Bd. 1, hg. von Wendelin Schmidt-Dengler, Martin Loew-Cadonna und Gerald Sommer, München 1996, S. 143, 28. VII. 1923.

2 wie Anm. 1, S. 282.

3 wie Anm. 1, S. 95 f.

Gefühl der Anderssartiggkeit und der Erfahrung der Fremdheit geprägt. So kann sie sich – sehr im Gegensatz zu ihren Schwestern, Zwillingen – nicht wirklich für das Spielen mit Puppen begeistern. Die geschenkten Puppen werden von Jutta zu zirkusreifen Akrobaten ausgebildet, wobei sie „unter anderem mit Geduld und Geschick, zweien von den Pfleglingen das Kopfstehen" beibringt. „Solches befremdete allgemein; man hatte mehr Mütterlichkeit, An- und Ausziehen, Zu-Bett-Legen und so weiter erwartet – aber diese Ansprüche an frühe Weiblichkeit kamen nur bei den possierlichen Zwillingen auf ihre Rechnung, die sich hierin schon talentvoll erwiesen."[4]

Mit großer Einfühlsamkeit wird die erste große Enttäuschung des Mädchens geschildert, als Jutta von ihrer Schulfreundin Evelyn, deren Besuch sie mit großer Vorfreude und Ungeduld erwartet, aus nichtigem Grund versetzt wird. In einem Akt früher Wirklichkeitserkenntnis bricht Jutta völlig mit der zuvor noch so verehrten Freundin. „[…] – das kleine scharfe Messer ihrer frühen Intelligenz blitzte fröhlich auf und schnitt den Faden zu Evelyn hinüber glatt und klar ab."[5]

Im Alter von vierzehn Jahren besucht Jutta ein für die Zeit als modern geltendes koedukativ geführtes Gymnasium, wo sich eine Freundschaft zu Hans von Schlaggenberg entwickelt. Jutta, die nicht bemerkt, daß sich Schlaggenbergs Freundschaft zu ihr in Verliebtheit gewandelt hat, genießt bei einem Badeausflug unbeschwert das Zusammensein mit ihrer Freundin Flora Xidakis. Als Revanche für eine Neckerei Floras läßt sich Schlaggenberg dazu hinreißen, Flora einen Kuß auf den Nacken zu drücken. „Während des Gelächters geschah das Folgende fast unbemerkt: In Jutta Bamberger, ihr selbst unbegreiflich, hob sich augenblicks, als Flora Xidakis von dem Gymnasiasten liebkosend berührt ward, eine heftige Qual, mit gleicher Schärfe wirkend wie plötzlicher körperlicher Schmerz."[6] In dieser Situation entflieht Jutta der Gemeinschaft: „Sie beobachtete sich aber bereits, und zwar mit größter Verwunderung. Das war also unerträglich…? Es war unerträglich zu sehen, wie Flora berührt, liebkost wurde!"[7] Als Jutta ein kurzes Gespräch ihrer Freundinnen belauscht, wird ihr deutlich, daß das Vorgefallene von diesen ganz anders wahrgenommen wurde als von ihr selbst. Diese waren nämlich allesamt der Meinung, Jutta hätte sich deswegen gekränkt, weil Schlaggenberg vor aller Augen Flora und nicht sie geküßt hat. In Wahrheit gelten Juttas zärtliche Gefühle aber Flora, und beobachten zu müssen, wie diese von einem anderen liebkost wird, bereitet ihr nahezu körperliche Pein. War das Motiv des Andersseins, des Mißverstandenwerdens und der Ausgeschlossenheit schon mehrmals im Text angedeutet worden, so wird doch erst jetzt wirklich klar, woher dies alles stammt. Der Leser vollzieht auf diese Weise den langsamen und schmerzhaften Prozeß der Bewußtwerdung der Hauptheldin mit, ist ihr in der Beurteilung der Situation selten und – wenn überhaupt – nur ein kleines Stück voraus.

Obwohl Jutta die volle Konsequenz des Erlebten noch nicht wirklich klar vor Augen steht, hat sie auf der Rückfahrt deutlich den Eindruck, daß „es nicht mehr so werden konnte wie früher".[8] Prägend ist die Erfahrung der Abtrennung von den anderen. Leitmotivisch greift Doderer die Metapher vom durchschnittenen Faden wieder auf: „gleich darauf war der Faden zu der kleinen Blonden (gemeint ist Flora Xidakis, M.B.) hinüber glatt durchgeschnitten."[9] Am Ende des Tages kann Jutta das Erlebte für sich abschließen: „Evelyn vorbei – nein! Flora Xidakis! – sie wunderte sich tief über solche Verwechslung, auch über die Art, wie sie die ehemalige Freundin jetzt beim vollen Namen nannte."[10] Uns aufmerksame Leser kann dies weniger wundern als die Hauptfigur, da wir doch durch die Parallelität der Metaphern und der Situationen auf Trennungen dieser Art vorbereitet sind. Sowohl bei der Episode mit Evelyn als auch jetzt bei ihrer Enttäuschung über Flora hatte Jutta Gefühle in ein Mädchen investiert, die nicht erwidert wurden. In jedem Fall gelingt ihr aber eine abschließende und endgültige Trennung von der ehemals Verehrten.

Dieser inneren Ablösung von der Freundin Flora geht ein Gespräch mit Hans

4 H. v. D., Jutta Bamberger. In: Heimito von Doderer, Frühe Prosa. Die sibirische Klarheit/ Die Bresche/ Jutta Bamberger/ Das Geheimnis des Reichs. Herausgegeben von Hans Flesch Brunningen, Wendelin Schmdt-Dengler und Martin Loew-Cadonna, München 1996, S. 214.

5 wie Anm. 4, S. 224.

6 wie Anm. 4, S. 238 f.

7 wie Anm. 4, S. 239.

8 wie Anm. 4, S. 245.

9 ibidem

10 wie Anm. 4, S. 251.

Heimito von Doderer,
in der Uniform der Dreierdragoner, 1915
Wien, Archiv W. Fleischer

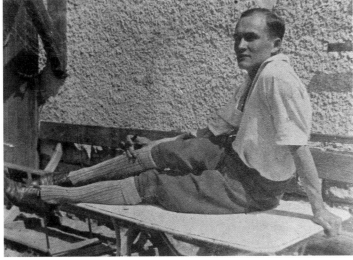

Heimito von Doderer,
In den 20er Jahren auf dem Riegelhof
in Prein an der Rax, aufgenommen von
Gusti Hasterlik, seiner ersten Frau
Wien, Archiv W. Fleischer

von Schlaggenberg voraus, in dem Jutta erkennt, daß auch er ihre Reaktion auf den Kuß als Eifersucht auf ihn deutet. Als sie ihn – offenbar um ihre Regungen auf die Probe zu stellen – bittet, sie zu küssen, kommt er zwar dieser Aufforderung mit Ungestüm nach, verfehlt aber bei Jutta die intendierte Wirkung. Im Gegenteil: „Ihr Gewissen war schlecht, sozusagen, sie empfand deutlich das Unechte, sie fühlte irgendwie, daß sie betrog, und mehr noch: daß sie hier in etwas Fremdes hineingerissen wurde, dem sie nicht gewachsen war."[11]

Mit der Schilderung dieser Episode am Ende des zweiten Kapitels, das mit „Ab dem 12. Jahr" überschrieben ist, wird jener Punkt in der Erzählung erreicht, der in Juttas Selbsterkenntnis eine Art Wendepunkt darstellt. Sie scheint zwar noch nicht zu wissen, wohin sich ihr erotisches Interesse richtet, erlebt aber in klarer Deutlichkeit das Gefühl der Abgrenzung von den Freunden. Daß sie Schlaggenbergs Verliebtheit nicht erwidern kann, rundet diese Erfahrung nur ab.

Als Jutta ihre erste Menstruation erlebt, findet sie keinerlei Unterstützung bei ihrer Mutter; diese hatte lediglich ein Päckchen samt erklärenden Bemerkungen auf einem handgeschriebenen Zettel im Badezimmer für ihre Tochter vorbereitet. „Es war dieser Augenblick der erste, in dem Jutta Drohendes nahe voraus ahnte."[12] Juttas Bruder Karl hat mittlerweile ein Medizinstudium in der Stadt begonnen und wohnt – nach einem Schulbesuch in einer anderen Gegend – wieder im Haus der Eltern. Das innig vertraute Verhältnis der Geschwister ist rasch wiederhergestellt. Die Abende verbringen sie häufig auf Karls Zimmer. „… wieder hat er ihr aus der Stadt kleine Geschenke gebracht (Frau Hermine hätte gesagt: ‚lächerlich! wie einer Braut –'– es war auch fast so)."[13]

Ein von Karl aus der Anatomie mitgebrachter fünf Monate alter Fötus ergibt die Gelegenheit zur sexuellen Aufklärung der jüngeren Schwester. Jutta folgt den Ausführungen des Bruders, als dieser auf die körperliche Vereinigung von Mann und Frau als Voraussetzung für Schwangerschaft und Geburt zu sprechen kommt mit technischem Interesse.

„Jutta schweigt nach allem eine Weile, dann sagt sie: ‚Dies – ist also sozusagen – notwendig, ich meine: es muß sein? – Es gilt also für Jede und Jeden und Niemand entgeht dem?' ‚Nein, kein Mensch – oder: kein gesunder Mensch.' Pause. ‚Wie unangenehm –' sagt sie langsam. ‚Du solltest es nicht so nehmen, Jutta. Es ist nicht angenehm, nicht unangenehm, es ist das Leben, alles in allem – es ist so."[14]

Juttas Reaktion auf die ihr in Aussicht gestellten Perspektiven ist bezeichnend: sie möchte es vermeiden, das bereits mit ihrem inneren Wesen als Unvereinbar Erkannte; angstvoll fragend sucht sie nach einer Alternative. Karls lapidarer Hinweis, so sei das Leben nun einmal, ruft bei ihr blankes Entsetzen hervor. Ein anderer Lebensentwurf als der von Heirat und Kinderziehung ist für eine Tochter aus großbürgerlichem Haus in der Zeit vor dem Ersten Weltkrieg, in der das Romanfragment offensichtlich spielt, kaum vorstellbar.[15] Karls Darstellung des Sexuellen – er ist seiner Schwester an Erfahrungen überlegen – ist auffallend ambivalent. Hier scheinen zwei Motive zusammenzufallen: zum einen wirkt sein häßliches Äußeres in der Regel auf Frauen abschreckend („Karl Bamberger's Antlitz glich jetzt ungefähr einem Mittelding zwischen Orang-Utan und vertrockneter Zitrone."–„… seine Physiognomie wirkte auf weibliche Wesen natürlicher Weise fast immer schreckhaft und abstoßend…")[16] zum anderen scheint gerade hierin die Wurzel für seine zärtliche Beziehung zur Schwester zu liegen. Denn sie – in ihrem Äußeren und ihrer Empfindungslage wesentlich von der Mehrheit der Frauen unterschieden – empfindet den Bruder nie als häßlich. Im Gegenteil: „…sie liebte ihn wie noch nie." und „… sie sah seine Häßlichkeit jetzt so wenig wie früher in Kindertagen."[17] Auch die Tatsache, das die Mutter Karls Geschenke an Jutta mißbilligt, erscheint so in einem anderen Licht: instinktiv nimmt sie die inzestuöse Färbung von Karls Verhältnis zu Jutta wahr.

Die enge Vertrautheit der Geschwister bringt es mit sich, daß Jutta – die Schulzeit ist für sie bereits zu Ende – ihren Bruder nahezu überallhin begleitet. So führt er

11 wie Anm. 4, S. 250.

12 wie Anm. 4, S. 252.

13 wie Anm. 4, S. 259.

14 wie Anm. 4, S. 264.

15 Zu Fragen der inneren Chronologie in Jutta Bamberger vgl. Wendelin Schmidt-Dengler, Heimito von Doderers „Jutta Bamberger". Entstehung, Aufbau, Thematik. In: Zeitschrift für Deutsche Philologie. Hrsg. von Hugo Moser und Benno von Wiese. 89 (1970) S. 585 f.

16 wie Anm. 4, S. 253.

17 ibidem

sie auch in das Atelier eines befreundeten Malers, wo sie die Bekanntschaft von Jekaterina, der Schwester des Malers, und von Flavia Boscarolli, einer schönen vierzigjährigen Frau, macht. Dieser Abend wird zum großen gesellschaftlichen Erfolg für Jutta; allerdings in ganz anderem Sinn, als dies die Mutter für sie wünscht und wofür sich Jutta mehr und mehr ungeeignet erweist: Ein Bild des Malers, „die schöne Magd" betitelt, beeindruckt — wohl gerade wegen der lasziven Erotik der Dargestellten – Jutta Bamberger so sehr, daß der Gastgeber es ihr zum Geschenk macht. Als jemand im Hintergrund Klavier zu spielen beginnt, läßt sich Jutta, welche die von ihrer Mutter verordneten Tanzstunden bisher immer verabscheute, wie selbstverständlich auffordern. „Ja?' sagt Jekaterina und verbeugt sich wie ein Herr vor Jutta, beim Tanzen aber spielt Jutta den Mann und führt die Partnerin, die liebliche, blonde, weiche –"[18] Die eben geschilderte Szene ist in mehrfacher Hinsicht bedeutsam: sie bildet den Anfang von Juttas Freundschaft mit Flavia Boscarolli; sie stellt die erste Begegnung von Jutta und Jekaterina dar, ihrer späteren Geliebten, und sie wirft ein bezeichnendes Licht auf das Verhältnis von angelernten und für Jutta erfolgreich anwendbaren Verhaltensmustern. Karl ist auf dem Heimweg ganz begeistert von Juttas Tanzkünsten: „Aber das Tanzen hast du herrlich gelernt, Kindlein, man muß es der Mutter lassen, dafür hat sie gesorgt."[19] Juttas Mutter war peinlich darauf bedacht, ihrer Tochter all das beizubringen, was sie für einen gesellschaftlichen Erfolg benötigte und was ihr beim Kennenlernen eines potentiellen Ehemannes hilfreich sein könnte. Bei genauem Hinsehen hat Jutta an dem Abend im Atelier aber nicht das angewendet, was ihr in den Tanzstunden beigebracht wurde, sondern das Gegenteil: sie übernimmt ja beim Tanzen den männlichen Part und „führt die Partnerin". Was Jutta so leicht von der Hand geht und was verantwortlich ist für ihren gesellschaftlichen Erfolg, ist also die Umkehrung des von ihr erwarteten Verhaltens.

Bevor der Leser Zeuge der großen Liebesszene zwischen Jutta und Jekaterina werden darf, gilt es ein zeitgleich stattfindendes Gespräch zwischen Karl Bamberger und Flavia Boscarolli zu belauschen. Karl ist beunruhigt über die Freundschaft Juttas und Flavias. Grund für seine Sorge um die Schwester ist Flavias Doppelleben: betreibt sie doch in vornehmer Abgeschiedenheit hinter „gutbürgerlicher Außenfront"[20] ein Edelbordell, das von einem engen Zirkel hochgestellter Persönlichkeiten frequentiert wird. Die ausgefallensten Dienste werden dort von Professionisten und Dilettanten beiderlei Geschlechts angeboten. Karl, der von einem Freund in den Kreis der Eingeweihten eingeführt wurde, tritt Flavia im Zustand hoher Erregung entgegen, bringt aber nicht viel mehr als ein drohendes „Wehe Ihnen!" hervor. Flavia, die über Karls Ausbruch eher belustigt als erschrocken ist, kann ihn prinzipiell beruhigen, da die in ihrem Etablissement Tätigen niemals von ihr angeworben worden seien, sondern ihre Mitarbeit freiwillig anböten. Und im übrigen hält sie Jutta „ihrer ganzen Natur nach" in diesem Punkt nicht für sonderlich gefährdet. „Ihre Schwester ist ein einzigartiges Wesen, zur Liebe geschaffen, wie man sagt – aber nicht für Männer!" – „Jutta wird Frauen lieben und – hoffen wir's – auch von Frauen geliebt werden, und sie wird den Mann verabscheuen."[21] Bezeichnend für Karl ist seine Reaktion: „Merkwürdig, er fühlt sich erleichtert. ,Nun ja, mag es so sein – vielleicht ist's besser so! (jetzt schreit er) Dann wird sie mit diesen elenden Kerlen eben nichts zu tun haben! Dann wird sie eben nicht warten müssen, bis einer die Gnade hat sie zu heiraten!' "[22]

Die Sorge, die geliebte Schwester in den Armen Unwürdiger zu wissen, weicht rasch neuer Ungewißheit; weist ihn doch die Boscarolli auf die entscheidenden Umstände eines solchen Schicksals hin: der gesellschaftliche und familiäre Druck, eine standesgemäße Ehe einzugehen, die Verständnislosigkeit, mit der die Umwelt auf ein solches „Spiel der Natur" reagieren wird. Auf Karls eingehendes Nachfragen, weshalb Flavia sich in der Beurteilung Juttas so sicher sei, bekennt diese freimütig, mit der Schwester „in wesentlichen Dingen Gemeinsames" zu

18 wie Anm. 4, S. 268.

19 ibidem

20 wie Anm. 4, S. 270.

21 wie Anm. 4, S. 274.

22 wie Anm. 4, S. 274.

haben, was ihr „die nötige Witterung" eingetragen habe.[23] Dies kann nun nichts anderes bedeuten, als daß auch Flavia Boscarolli nicht frei von lesbischen Neigungen ist. Jutta selbst wisse vorläufig nichts von ihrer Veranlagung, wie sie überhaupt in allgemeinen Fragen des Lebens auffallend unwissend sei. Abschließend erfährt Karl noch, daß sein Vater nicht nur zu den Gründern des wie eine Stiftung organisierten Edelbordells, sondern auch zu dessen regelmäßigen Besuchern zählt.

Das letzte Kapitel des „Ersten Satzes" bringt nun die bereits erwähnte Liebesszene zwischen Jutta und Jekaterina. Diese ereignet sich zur selben Zeit wie das Gespräch zwischen Flavia und Karl. Doderer hat sich in diesem Werk besonders um das gestalterische Problem zeitgleicher Abläufe bemüht, ein Problem, das er manchmal in Zweispaltentechnik zu lösen versuchte. Somit wird auch Flavias Einschätzung von Juttas Unwissenheit um ihre sexuelle Orientierung zumindest teilweise relativiert, da sie ihre erotische Initialzündung gerade erlebt. Jutta besucht Jekaterina im Atelier, sie sind allein. In dem überheizten Raum entledigen sie sich rasch ihrer Kleidung.

„Jutta […] legt den Arm um Jekaterina's Nacken. Jekaterina läßt sich sinken, streichelt und küßt. – Ein Strom bricht Jutta Bamberger durch die Glieder, der die Gewebe aufmacht, den eigenen Leib erst erobert. Keine Faser bleibt arm. Sie gibt einen leisen miauenden Ton und ihre Arme pressen, dann bäumt sie auf. Jekaterina wird plötzlich weich und leicht, läßt sich zurücklegen in die Kissen, schließt die Augen, wendet den Kopf zur Seite. Jutta beginnt zu küssen, von den Schultern herab, jeder Kuß ist der einzige und stülpt sie ganz aus sich heraus wie abgründiger Schwindel. Sie vergräbt sich; die Schultern; die Lenden; der Schoß. Sie streckt sich hin, gießt sich über die Geliebte wie flüssig geworden, wird umarmt, fühlt Nachgeben, Öffnen, Entgegendrängen. Da faßt sie eine letzte Gewalt an, von selbst und himmelsgegeben, während die Geliebte mit ausgebreiteten Armen unter ihr liegt: sie spürt Gottes Faust in ihrem Schoß, in den sie gleichsam versinkt, ein Turm der in sich zusammenstürzt, eine Flamme, die sich vom Scheit löst, frei in sich selbst lodernd."[24]

Es ist dies die ursprüngliche Fassung der Liebesszene, die Doderer später im Manuskript durch eine kürzere und gestraffte Version ersetzt hat. Insgesamt gab es fünf Varianten zu dieser von Doderer offensichtlich als zentral erachteten Szene, wovon zwei in den Manuskripten erhalten blieben. „An der Komposition der Liebesszene Jutta – Jekaterina hat Doderer besonders intensiv gearbeitet."[25] Alle Handlungsstränge laufen auf diese zu, bis zum Ende des „Ersten Satzes" scheint das gesamte folgende Geschehen ein Reflex auf Juttas sexuelles Erweckungserlebnis.

Bald werden erste Anzeichen einer Trübung ihres Verhältnisses zu Jekaterina spürbar. Diese kommt oft zu Besuch in die Villa Bamberger, versteht sich mit Frau Hermine und führt Gespräche über Handarbeiten, was Jutta absolut unerträglich findet. „Jutta fragt, ob Pawel Wassiliewitsch nicht wieder einmal verreisen werde, aber Jekaterina weiß darüber nichts Bestimmtes. –"[26] Dies kann als Jekaterinas Absage der Fortführung ihrer sexuellen Beziehung zu Jutta gedeutet werden, da ja das erste erotische Erlebnis der beiden während der Abwesenheit Pawels in dessen Atelier stattgefunden hat und aus einleuchtenden Gründen die Villa Bamberger keinen geeigneten Rahmen für derlei Aktivitäten darstellt.

Obwohl ein Besuch Jekaterinas bei Jutta vereinbart ist, wartet diese vergeblich auf die Freundin. Jutta wehrt sich immer noch gegen das Offensichtliche, auch als sie die Geliebte Arm in Arm mit Simon Cristoforelli spazierengehen sieht – genau an jenem Nachmittag, an dem eigentlich sie mit Jekaterina verabredet gewesen war.

Einen tiefen Riß erleidet Juttas Beziehung zu ihren Eltern, als sie ihnen ganz empört von den sexuellen Annäherungsversuchen ihres Onkels erzählt, und ihr nicht geglaubt wird. Angeregt unterhält sich der Onkel mit seiner Nichte, während sie auf Juttas Eltern warten. „… (sie hält für ganz unmöglich, daß er mit

23 wie Anm. 4, S. 275.

24 wie Anm. 4, S. 499 f.

25 Schmidt-Dengler, wie Anm. 15, S. 591.

26 wie Anm. 4, S. 284.

der Hand nach jener Strumpfbewunderung weiter und über's Knie rücken könnte, dennoch, es geschieht; da glaubt sie, er weiß es nicht, tut es in Gedankenlosigkeit, weil er spricht [...] immer arbeitet die Hand sich ein wenig tiefer unter Jutta's Röcke)"[27] Eine Eskalation der Situation verhindert das Eintreffen des Vaters, woraufhin der Onkel seine Avancen sofort einstellt. Die folgende Nacht bringt für Jutta Momente großer Verzweiflung, Wut und Scham. Die Eltern, denen sie sich zuletzt anvertraut, sind eine große Enttäuschung für sie: „Man hatte ihr nicht geglaubt."[28] Juttas Reaktion ist ein noch nie gekannter Haß gegen die eigenen Eltern.

In dieser Situation klammert sie sich an die Hoffnung, die sie mit Jekaterina verknüpft. Doch auch die Geliebte bereitet ihr Schmerz und Enttäuschung. Während eines Spazierganges im Wald spricht Jekaterina – zuerst zögernd, dann mit steigender Begeisterung – von ihren Zukunftsplänen mit Simon Cristoforelli. „Von ihm spricht sie immer wieder, der ihr Mann werden wird; und Jutta Bamberger hält sich mannhaft... "[29] Mit diesem sprachlichen Paradoxon – Jutta erweist sich als männlich angesichts der Tatsache, daß Jekaterina beabsichtigt, ihr Leben mit einem Mann zu verbringen – ist der „Erste Satz" beinahe schon zu Ende. Jutta geht noch ein Stück des Weges für sich, als die Freundin sich verabschiedet: „Ihr ist als ginge sie auf eine Reise, als sollte sie gar nie mehr zurückkehren, und als ließe sie die Geliebte da hinter sich."[30]

Da der „Erste Satz" die einzige geschlossene Passage des Romanfragments darstellt, das sich direkt mit Jutta Bamberger beschäftigt, bedeutet das Ende dieses Teilstücks auch, daß sich der Leser an einem entscheidenden Punkt ihres Lebenslaufs von ihr verabschieden muß. Über den weiteren Verlauf der Handlung sind wir nur durch Andeutungen des Autors in groben Zügen informiert[31]: Jutta wird von ihrer Freundin Quanina Alwersik mit dem russischen Komponisten Sascha Slobedeff bekannt gemacht. Bei einem Maskenball wird Jutta Opfer einer erotischen Täuschung. Sie verliebt sich in Slobedeff, der als Mädchen verkleidet auftritt; dieser fühlt sich von Jutta, die den Ball in einem Herrenkostüm besucht, stark angezogen. Beide verlieben sich also auf den ersten Blick in Personen des (vermeintlich) eigenen Geschlechts. Bei einer späteren Begegnung erkennen sie einander zuerst nicht, können im weiteren Verlauf ihrer Bekanntschaft das Mißverständnis aber klären. Sascha setzt sich nun in den Kopf, in Jutta auch die Frau lieben zu können, was letzten Endes alle Beteiligte überfordert. Jutta zerbricht an diesem inneren Konflikt und begeht Selbstmord. Sascha folgt ihr in den Tod.

Von all dem oben Skizzierten ist freilich nichts zur Ausführung gelangt. Lediglich eine „Episode f", in deren Mittelpunkt Slobedeff steht, wurde von Doderer ausgearbeitet. Ein direkter Zusammenhang mit der Handlung um Jutta Bamberger ist nicht zu erkennen, lediglich die Erwähnung des Edelbordells von Flavia Boscarolli stellt eine Verbindung zum „Ersten Satz" her.

Slobedeff, der in den Revolutionsjahren mit Hilfe einer Fürstin, die ihn – als Zofe verkleidet – über die Grenze brachte, aus Rußland geflohen war, trifft in dieser Episode auf Wladimir Lancornin, einen jungen Schriftsteller, der sich in einer tiefen inneren Krise befindet. In einem langen Gespräch gelingt es Slobedeff, Lancornin einen Ausweg aus seiner schwierigen Situation aufzuzeigen, wobei am Ende als Therapie ein Besuch in Flavia Boscarollis Etablissement beschlossen wird.

Schon aus diesem Lösungsvorschlag wird deutlich, daß die Problemlage im Erotischen wurzelt. Nur aus einer Reihe von vagen Andeutungen lassen sich einige Rückschlüsse auf die Veranlagung Lancornins ziehen. Slobedeff, der eine Analyse der Vergangenheit Lancornins versucht, spricht vom „Anders-Sein", das jeder junge Mensch als Schuld empfinde. Lancornin habe mit wechselndem Erfolg versucht, diesen Teil seines – als schuldhaft empfundenen – Wesens zu verleugnen und zu verdrängen. Nach einigen Jahren der „Hölle" habe er aber plötzlich eine

27 wie Anm. 1, S. 290.

28 wie Anm. 1, S. 292.

29 wie Anm. 1, S. 293.

30 ibidem

31 wie Anm. 1, S. 13, 28. VII. 1923.

neue Erfahrung gemacht: „Das war die Frau."[32] Diese habe ihn – wenn auch nur vorübergehend – von seinem Übel geheilt, „einen besseren Menschen" aus ihm gemacht. Spätestens an dieser Stelle muß deutlich werden, daß Lancornins Problem seine unausgelebte Homosexualität ist.

Slobedeff rät nun zur Wahrhaftigkeit und zur positiven Annahme des eigenen Wesens: „…darin liegt Rettung, wenn Sie dieses Wort schon wollen: in der Aufrichtigkeit; nur in der Liebe zur Wahrheit, zur Wirklichkeit – das ist immer befreiend –".[33] Lancornin macht Slobedeff allerdings auf einen wichtigen Umstand in seiner Biographie aufmerksam: „… ich habe ja nie, niemals noch – irgendwelche Befriedigung für diese meine unglückselige Anlage gehabt. …"[34] Damit hatte Slobedeff zwar nicht gerechnet, doch nun fühlt er sich umso mehr bestrebt, dem Freund Rettung zu verschaffen; sein Entschluß steht fest: „ … für Sie gibt es nur mehr einen einzigen Ausweg: restlose Befriedigung."[35] Um diese Befriedigung zu erlangen, lädt Slobedeff Lancornin zu einem gemeinsamen Besuch bei Flavia Boscarolli, wo Lancornin dann Erfüllung findet und danach befreit und erlöst wirkt. Völlig ungezwungen kann er zu Hause seiner Gattin gegenübertreten, die freudig seine positive Veränderung bemerkt. „Das Verschweigen ihr gegenüber schien Lancornin eine leichte und einfache Aufgabe, eine simple Pflicht, die er gerne erfüllte, wenngleich sie nicht vergnüglich war."[36] An dieser Stelle verlassen wir die Figur Lancornin endgültig und müssen feststellen, daß vieles an ihr unklar bleibt. Doderer dürfte die Absicht gehabt haben, diese Gestalt noch deutlicher zu charakterisieren. Welche Funktion Lancornin im Romangeschehen haben sollte, muß ebenso offen bleiben wie die genaue Klärung seines Verhältnis zu Slobedeff. Fest steht lediglich, daß gelebte und verdrängte Homosexualität in beider Biographie einen zentralen Stellenwert einnimmt.

Slobedeff – die schwule Lichtgestalt

Slobedeffs eigene homoerotische Empfindungen erhellen schon aus der für den Romanplot entscheidenden Episode am Maskenball, wo er sich in die als junger Mann verkleidete Jutta Bamberger verliebt, gerade weil er die Maskerade zu Beginn nicht durchschaut. Der russische Komponist ist auch in anderen Werken Doderers präsent, so zum Beispiel in seinem ersten veröffentlichten Roman „Die Bresche" von 1924. Er spielt dort eine ähnliche Rolle wie in der „Episode f" aus „Jutta Bamberger". „Die Bresche" behandelt die Geschichte Jan Herzkas, der in einem plötzlichen sadistischen Anfall seine Verlobte Magdalena Güllich mißhandelt und vergewaltigt. Geschockt von seiner eigenen Tat irrt Jan ruhelos durch die Stadt, gelangt schließlich nach einigen Wirrnissen aufs Land, wo er – völlig erschöpft und leicht verletzt – auf Sascha Slobedeff trifft. Dieser nimmt sich seiner an, läßt sich dessen Geschichte erzählen und trägt durch einfühlsames Zuhören zu Jans Läuterung bei.

In unserem Zusammenhang ist vor allem Slobedeffs Vorgeschichte und die Beschreibung seines Äußeren von Interesse. Gleich zu Beginn von „Die Bresche" wird er als S.A. Slobedeff eingeführt, „der russische Tondichter, … bekannt zu seinen Lebzeiten auch als Träger des sonderbaren Beinamens ‚Fräulein Sascha‘, zu dem er offenbar durch seine äußere Erscheinung gekommen war".[37] Slobedeffs weibliche Züge werden bei seiner ersten Begegnung mit Jan Herzka nochmals betont: „Der Gesamteindruck, der sich jetzt deutlicher zusammenfaßte, machte Herzka glatt perplex: dies war das Gesicht eines Mädchens, ganz einfach!"[38] Auch Slobedeffs Kleidung mutet merkwürdig feminin an: „Das offenstehende lilafarbene Hemd wurde von den sehr breiten und geraden Schultern links und rechts auseinandergezogen, dazwischen lag die bräunliche Brust frei." Außerdem fällt „das stark weiblich anmutende Schuhzeug" ins Auge.[39] Der feminine äußere Eindruck Slobedeffs paßt sehr gut zur Geschichte seiner Flucht aus Rußland, die er in Verkleidung einer Kammerzofe der Fürstin Masunow

32 wie Anm. 4, S. 311.

33 wie Anm. 4, S. 314.

34 ibidem

35 wie Anm. 4, S. 315.

36 wie Anm. 4, S. 326.

37 H.v.D., Die Bresche. In: Heimito von Doderer, Frühe Prosa. Die sibirische Klarheit/Die Bresche/Jutta Bamberger/Das Geheimnis des Reichs. Herausgegeben von Hans Flesch Brunningen, Wendelin Schmidt-Dengler und Martin Loew-Cadonna, München 1996, S. 121.

38 wie Anm. 37, S. 170.

39 wie Anm. 37, S. 171.

bewerkstelligen konnte, und erhöht auch die Glaubwürdigkeit der geplanten Maskenballszene aus „Jutta Bamberger".

Dies alles würde aber noch keinen Hinweis auf Slobedeffs Homosexualität geben, wäre da nicht die entscheidende Szene, als Jan völlig erschöpft das Angebot Saschas annimmt, sich in dem Gasthof, in dem sich Slobedeff eingemietet hat, auszuruhen. Während Slobedeff das Gästebett zurecht macht, entledigt sich Jan seiner verschmutzten Kleidung. „Jan ließ wie erlöst die Wäsche fallen. …Er schlief nahezu schon. – Der Fremde (gemeint ist Slobedeff, M.B.) hob Herzka auf und trug ihn quer vor sich auf den Unterarmen zum Diwan (so wie man eine Frau auf das Lager trägt, die sich hingibt)."[40] Auffallend ist an dieser Szene allerdings die Umkehrung der Rollen: man würde nach all der äußeren Beschreibung von Slobedeff eher erwarten, daß er die weiblich Rolle übernimmt. Da das Romangeschehen in „Die Bresche" hauptsächlich auf die Geschichte Jan Herzkas ausgerichtet ist, wird auf Slobedeffs Veranlagung nicht näher eingegangen und der Leser muß aus so zarten und versteckten Andeutungen wie den obigen auf dessen homoerotische Neigungen rückschließen.

Für die Konzeption der Figur Slobedeffs und dessen Homosexualität mag eine Theorie Otto Weiningers verantwortlich sein. Der Ausgangspunkt von Weiningers These war die Überzeugung, daß es kein reines Geschlecht gebe, M[ann] und W[eib] bei jedem Menschen in einem bestimmten Mischungsverhältnis auftrete. Dem weiblichen Element spricht Weininger jedes geistige Eigenleben ab. Nachweislich war die Lektüre Weiningers für Doderer sehr prägend. Sein ausgesprochen negatives Bild der Frau – im Leben nicht weniger als im Werk – erhielt dort wesentliche Impulse.

Für die Konzeption der Figur Slobedeffs ist weniger Weiningers Antifeminismus, als vielmehr dessen Überlegungen zur Homosexualität in Betracht zu ziehen. „Männer, die sich sexuell von Männern angezogen fühlen, sind auch ihrem äußeren Habitus nach weibliche Männer, und ebenso zeigen jene Frauen körperlich männliche Charaktere, die andere Frauen sinnlich begehren."[41] Das heißt mit anderen Worten, daß homosexuell empfindende Männer immer auch weiblich aussehen, und lesbische Frauen äußerlich männliche Züge tragen. Prinzipiell lehnt Weininger Versuche, Homosexuelle zu therapieren, ab. Wenn es überhaupt eine Möglichkeit gibt, daß Homosexuelle das jeweils andere Geschlecht attraktiv finden, dann sieht Weininger das so: „Fragen wir unsere Formel nach dem Komplemente des Konträrsexuellen (d.h. des männlichen Homosexuellen, M.B.), so erhalten wir vielmehr das allermännlichste Weib, die Lesbierin, die Tribade. … Wenn also eine ‚Therapie' der konträren Sexualempfindung unbedingt sein muss und auf ihre Ausarbeitung nicht verzichtet werden kann, so ergibt diese Theorie den Vorschlag, den Konträren an die Konträre, den Homosexuellen an die Tribade zu weisen."[42]

Die oben zitierte These scheint wie der theoretische Überbau über der Konzeption der Charaktere Jutta Bamberger und Sascha Slobedeff und der mit ihnen verbundenen Handlung zu schweben. Der homosexuell empfindende, feminine Sascha fühlt sich zur lesbischen, unweiblichen Jutta hingezogen. Entsprechend Weiningers These von den sexuellen Zwischenstufen scheint aber Juttas Lesbentum stärker ausgeprägt zu sein als Saschas Homosexualität. Daher hält sie dem Druck, der von einer ins Auge gefaßten Beziehung zu Slobedeff für sie ausgeht, nicht stand, und wählt den Freitod.

Doderer und die Männer – „...einiges von den feminen Seiten seines Wesens"[43]

Die Thematisierung von Homosexualität und lesbischer Liebe im frühen Romanwerk Doderers wirft nun abschließend die Frage auf, ob und in welcher Form der Autor selbst Erfahrungen auf diesem Gebiet gemacht hat. Es ist der hervorragen-

40 wie Anm. 37, S. 173.

41 Otto Weininger, Geschlecht und Charakter. Eine prinzipielle Untersuchung, München 1980, (Nachdruck von 1903) S. 53.

42 Weininger, wie Anm. 41, S. 60.

43 Im April 1921 berichtet Doderer über einen Briefwechsel mit seiner Cousine Marion: „Im Jänner mag es gewesen sein, daß ich ihr einen Brief schrieb, der, eitel und aufrichtig zugleich, einiges von den femininen Seiten meines Wesens enthüllte". H.v.D., Tagebücher 1920 bis 1939. Bd. I, wie Anm. 1, S. 37, 22. IV.1921. Der angesprochene Brief ist nicht erhalten, enthielte aber wahrscheinlich einiges Aufschlußreiches über Doderers homosexuelle Erfahrungen.

den und amüsant zu lesenden Biographie Wolfgang Fleischers[44] zu verdanken, daß wir auch auf diesem Gebiet über einige Informationen verfügen.

Doderers sexuelle Initiation fand in seinem fünfzehnten Lebensjahr statt. Mit Hilfe eines – wohl schon etwas erfahreneren Schulfreundes – erkundete er den Prater und angrenzende Gegenden, wo billige Huren in fortgeschrittenem Alter ihre Dienste anboten. Die erotische Fixierung auf üppige Formen beim weiblichen Geschlecht scheint in diesen jungen Jahren ihren Anfang genommen zu haben und blieb Doderer sein Leben lang erhalten. Emotional hatte er aber an Frauen dieses Typs wenig Interesse, lediglich sexuell erregten sie ihn wie kaum etwas anderes. In unserem Kontext ist aber gerade dieses andere von besonderem Interesse.

Die Darstellung von Doderes homosexuellen Erfahrungen leidet entschieden an einem Mangel an schriftlichen Quellen. Dies verwundert auf den ersten Blick, da Doderer bei der Offenlegung seiner erotischen Obsessionen sehr freimütig war, nicht nur in den Tagebüchern, sondern auch im Romanwerk. Fleischer[45] sieht einen Grund dafür in der Tatsache, daß Homosexualität zu Doderers Lebenzeiten ein strafbares Delikt war und daß er daher bemüht war, keine ihn belastenden Zeugnisse zu hinterlassen. Dies mag zutreffen. Ein anderes nicht weniger wichtiges Motiv für sein Schweigen zu diesem Punkt könnte mit der Persönlichkeitsstruktur Doderers zusammenhängen. Obgleich homosexuellen Erfahrungen nicht abgeneigt, begriff sich Doderer nie als Homosexueller, ja man könnte vielleicht so weit gehen, seine penible Theorie der Sexualität, die sein ganzes Oeuvre durchzieht, als Versuch zu deuten, eine ihm und den gesellschaftlichen Anforderungen entsprechende Form der Erotik zu finden. Dies scheint dazu zu passen, daß nicht wenige Romane Doderes damit enden, daß eine männliche Hauptfigur in den Hafen der Ehe einläuft, nachdem die schlimmsten erotischen und sexuellen Verstrickungen überwunden sind. Als Beispiel sexueller Befangenheiten seien Kajetan von Schlaggenbergs Leidenschaft für „Dicke Damen" und Jan Herzkas Begeisterung für mittelalterliche Märtyrerinnen – beide dargestellt in „Die Dämonen", letzterer auch in „Die Bresche"– erwähnt.

Wir sind also weitgehend auf mündliche Berichte von Zeitgenossen und die Interpretation von versteckten Hinweisen im Werk und in den Tagebüchern angewiesen, wenn wir uns über die homosexuelle Komponente in Doderers Leben informieren wollen. Sein Biograph Fleischer beruft sich in diesem Punkt auf Gespräche mit Dorothea Zeemann, seiner letzten großen Liebe, und mit Peter von Tramin.[46]

Etwa zeitgleich mit den erotischen Ausflügen in den Prater zu den billigen Vorstadthuren machte der junge Heimo – so wurde er in diesen Jahren von Familie und Freunden genannt – sexuelle Erfahrungen ganz anderer Art: sein homoerotischer Initiator wurde Albrecht Reif, sein „Hofmeister"– wie die etwas altertümliche Bezeichnung für den Nachhilfelehrer im Gästebuch des Riegelhofs, einer stattlicher Sommerresidenz der Doderers in Prein an der Rax, lautete. Reif war fünf Jahre älter als Heimo und studierte Jus. Den Sommer 1911 verbrachte er mit anderen Familienmitgliedern am Riegelhof, um Heimo für das nächste Schuljahr fit zu machen. Doderer hat Albrecht Reif auch ein literarisches Porträt gewidmet: Albert Lehnder in „Ein Mord den jeder begeht".

Conrad Castiletz, die Hauptfigur des Romans, erhält zur Vorbereitung auf den Besuch einer Handelsschule – und nicht zur Abwendung drohenden schulischen Unheils wie im Falle Heimos – Unterricht durch einen Privatlehrer. Dieser erweist sich als pädagogisch sehr geschickt, denn „der Junge lernte eigentlich ihm zuliebe". Darüber hinaus verfügt der Privatlehrer noch über weitere Vorzüge: „Zudem war dieser Studiosus und Bankbeamte ein reichlich hübscher Bursche, ja eigentlich schön, von einer etwas feuchten und haarigen Schönheit allerdings, möchte man sagen."[47] Lehnder wird nun – wie auch Albrecht Reif – eingeladen, den Sommer mit seinem Schüler auf dem Land zu verbringen. Dort macht er

44 Wolfgang Fleischer, Das verleugnete Leben. Die Biographie Heimito von Doderers, Wien 1996. Wolfgang Fleischer sei an dieser Stelle nicht nur für die Überlassung des interessanten Bildmaterials aus seinem Doderer-Archiv, sondern auch für interessante und anregende Gespräche über Doderers erotische Vorlieben herzlich gedankt.

45 wie Anm. 44, S. 61.

46 wie Anm. 44, S. 63.

47 H.v.D., Ein Mord den jeder begeht. München: dtv 1991, S. 45.

dem jungen Conrad häufig Komplimente wegen seines guten Aussehens und gibt ihm Platons „Symposion" in deutscher Übersetzung zu lesen. Interessant ist die Reaktion des jungen Lesers auf die Lektüre dieses philosophischen Werkes, in dem an nicht nur einer Stelle die körperliche Liebe zwischen gebildeten Männern in prächtigsten Farben geschildert und gepriesen wird: „Was ihn angenehm berührte, das war wesentlich das Gelüftete und Gewaschene dieser ganzen Welt und dieser Männer, die hier sich unterredeten und gemischten Wein tranken." Wenn man in Betracht zieht, daß die im „Symposion" beschriebenen Männer nicht nur miteinander sprechen und Wein trinken, sondern auch wechselseitig Gefallen an ihren körperlichen Vorzügen finden, mutet die oben zitierte Bewertung doch ein wenig seltsam an. „An Sinn gewinnt diese Bemerkung erst, wenn man sie vor dem Hintergrund der dumpfen Atmosphäre von Petroleumlampen sieht, wo die fetten Vetteln hausten."[48] Verständlich wird das oben Geschilderte erst aus der Kombination von Fiktion und Realität. Offensichtlich stand der Sommer 1911 mit Reif als Lehrer am Riegelhof Pate für die im „Mord" beschriebene Szenerie. Es wird auch Reif gewesen sein, der Heimo Platons „Symposion" zu lesen gab, wohl mit der Absicht, seine homoerotischen Ambitionen philosophisch zu untermauern. Die Reaktion Conrads, die der des jungen Heimo entsprochen haben dürfte, versteht sich aus dem Gegensatz zu dessen Erfahrungen mit den billigen Praterhuren und deren Umfeld. Dieser Polarität von blanker sexueller Geilheit, erlebt bei Frauen üppigsten Ausmaßes, auf der einen Seite und von sauber und wohlriechend empfundener Erotik mit Männern auf der anderen dürfte für Doderer ein Leben lang bestimmend geblieben sein. Fleischer bezeichnet Doderer unter diesem Blickwinkel „als homoerotisch und heterosexuell".[49]

An dieser Stelle berühren sich die Thesen Weiningers, der der Frau jedes geistige Eigenleben absprach, mit der im „Symposion" gefeierten Homoerotik. Den Frauen kommt die Rolle des Sexualobjekts zu, den Männern jene des geistigen Austausches und der stimulierenden Erotik (letzteres bei Weininger allerdings nicht explizit). Daß Doderer das Männliche prinzipiell mehr schätzte als das Weibliche, ist auch daraus zu erkennen, daß er – sollte ihm eine Frau gelegentlich Achtung abringen – diese in der Anrede vermännlichte. So wird seine spätere erste Frau Gusti Hasterlik in Briefen zum „Bruder" und Lotte Paumgarten, die vom Typus im übrigen Jutta Bamberger entsprach, zum „Kameraden" und „Grafen".[50]

Wie sehr Doderer sein Erlebnis mit Reif geprägt hat, zeigt eine Eintragung in den Tagebüchern fünfzehn Jahre nach dessen Tod: „… und doch ist praesent, was in der Prein im ‚Atelier' geschah."[51] Da diese Bemerkung nicht weiter kommentiert wird, muß ihre letztgültige Interpretation offen bleiben, doch scheint es nach all dem Dargelegten naheliegend, darin eine Anspielung auf Doderes erotische Erfahrungen mit Albrecht Reif zu sehen.

Nach Ausbruch des Ersten Weltkriegs rückte Heimito von Doderer im April 1915 in der Breitenseer Kaserne als „Einjährig-Freiwilliger" zu den Dreier-Dragonern, einem der vornehmsten Kavallerieregimenter, ein. Aus dieser Zeit dürfte auch das Foto Doderers in Uniform stammen. Nach der Schlacht bei Olesza in Ostgalizien am 12. Juli 1916 geriet er in russische Kriegsgefangenschaft, aus der er erst 1920 nach abenteuerlicher Flucht – zu Fuß die Kirgisensteppe durchwandernd – nach Wien zurückkehrte. Die erzwungene Ruhe, die diese Zeit der Gefangenschaft für ihn bedeutete, brachte die endgültige Entscheidung Schriftsteller zu werden. Als Offizier genoß Doderer eine relativ privilegierte Behandlung, die sich erst am Ende der Gefangenschaft verschlechterte, und konnte sich so seinen ersten schriftstellerischen Versuchen widmen.

Beim Eintreffen in Chabarowsk, der zentralen Stadt der russischen Mandschurei, ca. 250 km von der Küste des Japanischen Meeres entfernt, gab es für Heimo gleich eine freudige Überraschung: Albrecht Reif war bereits mit einem früheren Gefangenentransport dorthin gekommen und mittlerweile Bibliothekar des Lager,

Weihnachtskarte von A. Kunft

48 wie Anm. 44, S. 62.

49 wie Anm. 44, S. 63

50 ibidem

Weihnachtskarte von A. Kunft

51 H.v.D., Commentarii 1957–1962. Tagebücher aus dem Nachlaß II. Hrsg. von Wendelin Schmidt-Dengler. München: Biederstein Verlag 1986, 23. 11. 1959.

52 wie Anm. 44, S. 95.

53 wie Anm. 44, S. 105.

54 wie Anm. 44.

geworden. In dieser Eigenschaft konnte er seinen ehemaligen Schüler mit Lektüre versorgen, und außerdem war es ihm gelungen, ein Dreibettzimmer für sich, Heimo und einen weiteren Kameraden zu organisieren, was ihnen allen die Unannehmlichkeit des Schlafsaales ersparte.

Es versteht sich fast von selbst, daß die Abgeschiedenheit neuerlichen erotischen Beziehungen förderlich war. Heimo – auf diesem Gebiet jetzt nicht mehr unerfahren – avancierte rasch zum umworbenen Star unter den Mitgefangenen. Auch gab er Albrecht Reif Anlaß zu Eifersucht, als er sich einmal auf dem Weg zum Bahnhof am Wegrand mit einem Tänzer einließ, mit dem er dort wohl rasch zur Sache kam.[52]

Zu Weihnachten 1918, als die Gefangenen wieder einmal in ein anderes Lager verlegt wurden und die Feiertage in Transportwaggons verbringen mußten, erhielt Doderer gezeichnete Weihnachtswünsche eines A. Kunft. Auf einem der insgesamt drei erhaltenen Karten ist Heimo im Vordergrund eindeutig zu erkennen. Ein gestiefelter Amor stört den offensichtlich mit schriftstellerischer Arbeit Beschäftigten, indem er das Tintenfaß umwirft. Die homoerotische Implikation der Weihnachtswünsche wird in einer anderen Karte fast noch deutlicher: Über eine russische Landschaft fliegt ein ebenfalls nur mit Reiterstiefelchen bekleideter Amor auf einem Steckenpferd, das an einen Phallus denken läßt. Heimo dürfte Kunft aber trotz seiner innigen Angebote nicht erhört haben. Seine Spur verliert sich. Die Karten hat Doderer aber bis zu seinem Lebensende aufbewahrt.

Doderer hat während seiner Gefangenschaft noch einige Beziehungen zu anderen Männern aufgebaut und gelöst – so zu Hans Eggenberg und Felician Siegl. Den letzteren dürfte Heimo besonders intensiv umworben haben – in Umkehrung der für ihn üblichen Situation. Letztlich aber trug Eggenberg den Sieg davon, der auch nach der Heimkehr noch jahrelang mit Felician zusammenwohnte und mit ihm in Berlin sein Glück beim Film versuchte.[53]

Im Oktober 1920 verbrachte Heimo eine Woche mit Felician am Riegelhof. Ob das dort gemeinsam Erlebte Eingang in die zu dieser Zeit im Entstehen begriffenen Romane „Die Bresche" und „Jutta Bamberger" fand, kann nicht restlos geklärt werden. Die erhaltenen Tagebuchaufzeichnungen beginnen erst im November 1920.

Abschließend sei eines der wenigen Selbstzeugnisse Doderers zu seiner Homosexualität zitiert. Gegenüber Dorothea Zeemann hat er einmal gesagt, er sei in diesem Bereich „nie ein Tuer, sondern immer bloß ein Lasser"[54] gewesen. Ob er damit tatsächlich die sexuelle Praxis gemeint hat oder lediglich zum Ausdruck bringen wollte, daß – wie das bei Albrecht Reif und in Sibirien häufig der Fall war – die Initiative vom anderen ausgehen sollte, muß ebenfalls offen bleiben. Nachgewiesenermaßen aber hat Doderer zeit seines Lebens sexuelle Beziehungen zu Männern unterhalten und geschätzt, wenngleich er peinlich bemüht war, in seinem Werk wenig Spuren davon zu hinterlassen. Es bedarf also eines besonders geschärften Blicks, eine homoerotische Spurensuche bei Heimito von Doderer erfolgreich werden zu lassen.

Margit Hauser

Lesben im Archiv

Im folgenden Beitrag wird ein Überblick über die Geschichte von STICH-WORT. Archiv der Frauen- und Lesbenbewegung. Bibliothek. Dokumentation. Multimedia (Wien) gegeben. Ausgehend von der Praxis im STICHWORT werden Angelpunkte des Dokumentationswesens zur Lesbenbewegung vorgestellt. Abschließend gibt der Beitrag einen Einblick in die STICHWORT-Bestände zur Lesbenbewegung und stellt die Dokumentationsweise anhand eines Beispiels vor.

STICHWORT: Archiv der Frauen...

Der Beginn
1979 mieteten einige Frauenbewegungs-Aktivistinnen – aus der Uni-Frauengruppe, ÖH-Frauen und Studentinnen – eine knapp 50 m² große Substandardwohnung im 9. Bezirk an. Zweck: ein Kommunikationszentrum für Studentinnen. Ab dem darauffolgenden Frühjahr 1980 fanden dann im Uni-Frauenzentrum (UFZ) erste Arbeitskreise statt.[1] Zu diesem Zeitpunkt war die Umstrukturierung der Wiener Frauenbewegung von einem gemeinsamen Kommunikations- und Aktionszusammenhang im einzigen Frauenzentrum hin zu einer dezentralen Vielfalt von Gruppen, Themen und Projekten in vollem Gang.[2] 1982 wurde in den Räumen des UFZ der Verein Frauenforschung und weiblicher Lebenszusammenhang gegründet, der zur Förderung und Vernetzung der gerade an der Universität Wien Fuß fassenden Frauenforschung ins Leben gerufen wurde. Im Herbst 1983 formierte sich innerhalb des Vereins die Sektion „Archiv", um einen Ort für „die Sieben Häute der großen Schlange Neue Frauenbewegung" einzurichten.

Primäres Anliegen war die Dokumentation der frauenbewegten Aktivitäten in Österreich, das Sammeln ihrer schriftlichen Äußerungen und Produkte. Es existierte zu diesem Zeitpunkt bereits der Grundstock zu einer feministischen Bibliothek:[3] Belletristik von Autorinnen und aus dem Umkreis der Frauenbewegung, Forschungsliteratur zu allen Themenbereichen, die die Frauenforschung aufgriff. Und auch lesbische Romane und Erzählungen sowie erste Studien zu Lesben aus dem deutschsprachigen Raum fanden sich unter den ersten Bibliothekseingängen im STICHWORT: „Lesben Nation" von Jill Johnston, Christa Reinigs „Die Frau im Brunnen", Ilse Kokulas „Weibliche Homosexualität um 1900," um nur einige Beispiele zu nennen.

Lesbisches Lesen
Anfang bis Mitte der 80er Jahre gab es zwei Orte in Wien, wo Lesbares über lesbisches Leben zu finden war: die Buchhandlung Frauenzimmer (gegründet 1977) und das Archiv der Neuen Frauenbewegung. Außerdem bot die Homosexuelle Initiative Wien seit 1980 lesbische und schwule Zeitschriften zum Schmökern an. Innsbruckerinnen stand schon seit 1974 die Bibliothek des AEP offen.

Foto STICHWORT

1 Das UFZ war einer der ersten Frauenräume in Wien und in den folgenden Jahren sollten sich hier verschiedenste Gruppen treffen: Frauengruppe der Jungen Generation (1980), Vorbereitungsgruppe zum Historikerinnentreffen '84 (1983–1984), AUF-Zeitungsgruppe (nach dem Auszug aus dem Theater in der Drachengasse 1981), Uni-Lesbengruppe (1986–1988, s.u.), sowie verschiedene Seminargruppen. Es fungierte auch als Kontaktstelle, z.B. für den internationalen Friedensmarsch 1982.

2 Brigitte Geiger, Sieben Häute der großen Schlange. In: 10 Jahre Berggasse 5/24, hrsg. v. Stichwort. Archiv der Frauen- und Lesbenbewegung, Wien 1990, S. 47.

3 Eröffnung am 27. April 1981.

Foto STICHWORT

Erst ab den späteren achtziger Jahren sollte das Angebot weiter werden: 1988 richtete die Beratungsstelle Rosa Lila Tip in der „Villa" eine Bibliothek ein. Ab 1989 konnten auch Grazerinnen im DOKU Graz eine feministische Bibliothek mit lesbischer Literatur nutzen.

Als zweite Buchhandlung, die teilweise ebenfalls Lesbenliteratur im Sortiment hat, eröffnete 1993 die Buchhandlung Löwenherz in Wien. Lesbenzeitschriften und eine Dokumentation über frauen/lesbenbewegte Aktivitäten in Tirol führt das 1993 gegründete Innsbrucker feministische Archiv ArchFem. In Bregenz bietet die Luise-Pusch-Bibliothek des Frauengetriebe seit 1995 Bücher und Videos an, in Feldkirch findet frau ein klein wenig Lesbenliteratur im Femail Informationszentrum (seit 1995). Literatur zu und von Lesben in Ländern des Südens bietet die Frauensolidarität in Wien, ebenfalls seit 1995.

Von der Zettelsammlung zum Archiv der Neuen Frauenbewegung – von der Minibibliothek zur Infrastruktur für Frauenforscherinnen

Bibliothek und Archiv wuchsen stetig, und die beiden kleinen Räume füllten sich mit Regalen, mit Büchern, Ordnern, Mappen. 1983/84 wurde ein Archivierungs- plan erstellt und im Folgenden die mit Überarbeitungen und Erweiterungen bis heute gültige Schlagwortsystematik erarbeitet. Diese Arbeit, das Erfassen und Erschließen der Bücher und Archivalien, die nötige Administration, die Journal- dienste: all das wurde von den ca. fünf – zehn Frauen der Archivgruppe in den ersten Jahren großteils ehrenamtlich und unbezahlt geleistet. Ab Herbst 1988 konnte mit Hilfe von laufend ein und bald auch zwei und mehr arbeitsmarkt- geförderten Stellen ein kontinuierlicher Betrieb mit 20 Öffnungsstunden pro Woche eingeführt werden.

Die Bibliothek stand aus der Sicht der Nutzerinnen schon bald im Vordergrund. Studentinnen, die Lehrveranstaltungen zur Frauen- und Geschlechterforschung belegten, benötigten die im STICHWORT vorhandene wissenschaftliche Literatur für ihre Arbeiten, aber auch Journalistinnen, Lehrerinnen, Mitarbeiterinnen von Frauenprojekten entdeckten für ihre Recherchen diese spezialisierte Bibliothek, deren Bestände etwa mit den siebziger Jahren, also zu einem Zeitpunkt ansetzen, wo „Frauenbücher" für größere institutionelle Bibliotheken noch kein Thema waren. Ein umfangreicher antiquarischer Bestand – größtenteils Frauenliteratur von 1920 bis 1940 – ergänzt seit 1986 den Bestand. Die Nutzerinnen profitierten auch von Beginn an von der detaillierten und feministisch reflektierten inhaltlichen Erschließung der Literatur nach der eigenen Schlagwortsystematik.[4]

Mit der Bibliothek eng verwoben ist das Archiv, das die Neue Frauenbewegung und Lesbenbewegung international, mit Schwerpunkt Österreich, dokumentiert. Kernstück des Archivs ist die Dokumentation österreichischer Frauen/Lesben- gruppen. Weiters gibt es eine internationale feministische Zeitschriftensammlung, wobei die österreichischen autonomen feministischen Zeitschriften praktisch vollständig vorhanden sind, und ein Zeitungsausschnittarchiv. Ende der achtziger Jahre wurde auch ein Bild-Ton-Archiv eingerichtet. Wir begannen mit dem Sammeln von Videos (Spielfilmen, Dokumentationen, zuletzt auch Kunstfilmen), vorwiegend dokumentarischem Audiomaterial und dem Anlegen eines kleinen Fotoarchivs. Das Archivmaterial dient heute einerseits als Grundlage für For- schungsarbeiten zur Neuen Frauenbewegung und Lesbenbewegung in Österreich und wird andererseits immer wieder für Ausstellungszwecke oder Publikationen genutzt.

Seit der Übersiedlung in größere Räume in der Diefenbachgasse 1996 bietet STICHWORT auch ein Veranstaltungsprogramm mit Lesungen, Buchpräsenta- tionen, Diskussionen, Internet-Workshops u.a. sowie einen Internetpoint für Frauen. 1999 wurde das Projekt eines Feministischen Informationsdienstes gestartet, ein Rechercheservice für den Bereich feministische und Lesben-For- schung bzw. Frauen/Lesbenbewegung.

4 Mitte der achtziger Jahre gab es im gesamten deutschen Sprachraum keinen publizierten frauenspezifischen Thesaurus. Der erste feministische Thesaurus, mit dem die Indexierungs- systeme der Bibliotheken in feministischer Hinsicht revolutioniert werden sollten und eigene Hilfsmittel für frauenspezifische Bibliotheken geschaffen wurden, erschien 1977 in den USA (Joan K. Marshall, On Equal Terms), der erste deutschsprachige war der Feministische Thesaurus, hrsg. von Alice Schwarzer und Ursula Scheu, 1994. Die Debatte um den Sexismus in der Sacherschließung des Bibliotheks- wesens wurde im deutschsprachigen Raum Anfang der neunziger Jahre federführend von Dagmar Jank in Gang gebracht.

Foto STICHWORT

Vernetzte Informationsexpertinnen

Mit der Übersiedlung von der Berggasse in die Diefenbachgasse vollzogen sich weitere Professionalisierungsschritte. Dazu gehören, soweit finanzierbar, konservatorische Maßnahmen für die mittlerweile auch von den Nutzerinnen als „historisch" gesehenen Quellen, stärkere personelle Kontinuität, interne Umstrukturierungen und, bereits mit Beginn der Neunziger, eine vielfältige Vernetzungsarbeit.

1990/91 war STICHWORT an der Gründung des Vereins frida, der Vernetzung der frauenspezifischen Informations- und Dokumentationsstellen in Österreich beteiligt, in der sowohl Frauen aus institutionellen Einrichtungen als auch aus autonomen Frauenarchiven mitwirken. STICHWORT beteiligt sich auch an den gemeinsamen Projekten von frida, wie der Herausgabe eines österreichspezifischen feministischen Thesaurus, der mittlerweile im gesamten deutschsprachigen Raum Anwendung findet oder der Erarbeitung von Lehr- und Forschungsgrundlagen des feministischen Dokumentationswesens im Projekt kolloquiA.[5]

Bereits seit 1989 nimmt STICHWORT an den Vernetzungstreffen der deutschsprachigen Frauenarchive und -bibliotheken teil, die als halbjährliche Arbeitstreffen ein Forum für Austausch, gemeinsame Weiterbildung und Projekte bieten. Seit dem Vorjahr ist STICHWORT auch Mitglied in i.d.a., dem eng mit dem Archivetreffen verknüpften Dachverband der Frauen/Lesbenarchive und -bibliotheken in Deutschland, Schweiz und Österreich. Die Teilnahme an der letzten internationalen Konferenz der Fraueninformationseinrichtungen Know How 1998 in Amsterdam brachte STICHWORT Kontakte und Austausch mit verwandten Einrichtungen in aller Welt, wie den Lesbian Herstory Archives in New York, der Glasgow Women's Library bzw. Lesbian Archive and Information

5 Mehr Information: Verein Frida (1997–2001), Projekte.
<http://www.frida.at/> Rev. 2001.03.18. Einen kurzen Überblick über kolloquia gibt der Artikel von Gitti Geiger, kolloquiA – ein frida-Projekt, in: STICHWORT-Newsletter 10/2000, S. 4–8.
kolloquiA erscheint im Frühjahr 2001: Helga Klösch-Melliwa et al., KolloquiA. Frauenbezogene/feministische Dokumentation und Informationsarbeit in Österreich. Lehr- und Forschungsmaterialien. Hrsg. v. frida – Verein zur Förderung und Vernetzung frauenspezifischer Informations- und Dokumentationseinrichtungen in Österreich. (Materialien zur Förderung von Frauen in der Wissenschaft, Bd. 11), BM für Bildung, Wissenschaft und Kultur, Wien, 2001.

Foto STICHWORT

Centre Glasgow oder den Gay and Lesbian Archives of South Africa, GALA. Seit seinem Bestehen ist STICHWORT in den immer wieder entstandenen Vernetzungszusammenhängen der Wiener Frauenprojekte und in den letzten Jahren auch in der österreichweiten Vernetzungsplattform Schlaflose Nächte aktiv.

Die Finanzierung der Einrichtung war lange Zeit und immer wieder äußerst schwierig und ist auch im 18. Jahr des Bestehens in keiner Weise abgesichert.[6] Die über die Jahre schwierige und treffend als „permanente Mangelverwaltung" zu bezeichnende Finanzsituation kann den wachsenden Ansprüchen als über die Grenzen Österreichs genutzte feministische Informationseinrichtung[7] und der österreichischen Frauen/Lesbenbewegung verpflichtete Dokumentations- und Forschungseinrichtung weiterhin nur mit einem hohen Ausmaß unbezahlter Arbeitsleistung gerecht werden.

... und Lesbenbewegung

Die Umbenennung

Die ersten sieben Jahre firmierten wir unter dem Namen Archiv der Neuen Frauenbewegung, kurz Frauenarchiv genannt. Im Zuge der Vorbereitungen zum Jubiläum „10 Jahre Berggasse 5/24 – 10 Jahre Uni-Frauenzentrum" wurde in der Archivgruppe auch eine Umbenennung diskutiert. Die Suche nach einem „richtigen" Namen bedurfte vieler Diskussionen und zerbrochener Köpfe bis mit STICHWORT ein griffiger und bedeutungtragender Name gefunden wurde, der anläßlich der Jubiläumsfeier am 12. Juni 1990 erstmals vorgestellt wurde. Im Untertitel sollte auch die Lesbenbewegung endlich genannt und sichtbar werden: Archiv der Frauen- und Lesbenbewegung. Der Vorschlag, daß Lesben im Namen vorkommen sollten, wurde von der langjährigen, in Lesbenforschung und -bewegung engagierten Mitarbeiterin Hanna Hacker eingebracht und ohne längere Diskussion sofort angenommen.

Der Name setzte sich überraschend schnell durch. Freilich konnten sich nicht alle BriefeschreiberInnen überwinden, in der Anrede „das furchtbare L-Wort"[8] zu benutzen und STICHWORT taucht – mit fataler Konnotation – bis heute immer wieder als Frauen- und Lebensbewegung in Verzeichnissen und Adreßsätzen auf. Auch löst es immer wieder Erstaunen aus, daß STICHWORT, „trotz dieses Namens", immer eine gemischte Gruppe von Lesben und Heteras war und ist. Im großen und ganzen wurden sehr positive Rückmeldungen verzeichnet. Wenn wir auch erst kürzlich – von ministerieller Stelle und in wohlmeinender Absicht – gewarnt wurden, daß es mit unserem Namen in Zeiten wie diesen schwierig werden könnte, Fördermittel zu lukrieren …

Eingeleitet und begleitet wurde die Umbenennung vom Wunsch einiger Mitarbeiterinnen, das Frauenarchiv müsse nach außen wie nach innen „lesbischer" werden. Als wichtiger Schritt hierzu sollten mehr lesbische Mitarbeiterinnen angeworben werden. In Stellenausschreibungen forderten wir daher besonders Lesben auf, sich zu bewerben; ein tragendes Kriterium bei Personalentscheidungen war dies dennoch nie.

Die geforderte Outness, die sich offenbar nicht so einfach herstellen ließ und die teilweise Abwertung heterosexueller Mitarbeiterinnen hat einiges an Spannungen in der Gruppe verursacht. Trotzdem gab es eine nach außen vielleicht klarere Positionierung als im Innen ablesbar war, zu lesbischen Aktionen und Themen – Formen der Selbstdarstellung, die zwar zu dieser Zeit immer von Lesben in der Archivgruppe initiiert, aber von der gesamten Gruppe unterstützt und nach außen mitgetragen wurden. Diese Solidarität der Heteras wurde von einigen lesbischen Mitarbeiterinnen geschätzt, von anderen als Mangel an aktivem Engagement interpretiert. Eine Frage, die sich übrigens mit dem Abklingen der Spannungen in den letzten Jahren nicht mehr stellen sollte. Letztlich hat dieses Shifting großen Einfluß auf die Entwicklung der Bestände und der Darstellung

6 Sie erfolgt größtenteils durch, jährlich neu zu beantragende und in Zusage und Höhe immer wieder ungesicherte Förderungen öffentlicher Stellen und zu einem kleinen Teil aus Eigenmitteln wie Mitfrauenbeiträgen und Nutzungsgebühren.

7 Das „Einzugsgebiet" von STICHWORT umfaßt den Raum Baden, Wr. Neustadt, St. Pölten, Krems und reicht bis ins Waldviertel, ins nördliche Burgenland, nach Graz, westlich bis Linz, und bis Bratislava. Anfragen und Rechercheaufträge kommen aus ganz Österreich und aus dem angrenzenden Ausland sowie vor allem aus Großbritannien, Skandinavien und den USA.

8 Der Ausdruck stammt von Daphne du Maurier, zit. n. Ines Rieder, Wer mit wem? Hundert Jahre lesbische Liebe (Reihe Dokumentation Bd. 10), Wien, Wiener Frauenverlag 1994, S. 116.

von STICHWORT in der feministischen/lesbenbewegten Öffentlichkeit gehabt. Mit der Nennung der Lesbenbewegung im Namen stellte sich auch die Forderung nach einer stärkeren Repräsentation von Lesben in den Sammlungen von Archiv und Bibliothek. Anfang der neunziger Jahre wurde der Bibliotheksbestand auf Literatur zur Lesbenforschung und -geschichte überprüft und gezielt um die wichtigsten Standardwerke deutsch- und englischsprachiger Lesben-/Homosexualitätsforschung ergänzt. Von da an sollte Lesbenforschung und -literatur stärker als bisher in die Bücherankäufe einbezogen werden.

Foto STICHWORT

Lesben sichtbar machen

Lesben in Namen und Bezeichnungen sichtbar zu machen, war eine Diskussion, die etwa Ende der 80er Jahre einsetzte und ab Mitte der neunziger an Vehemenz verlor. Seit der Umbenennung befleißigte sich auch STICHWORT in den meisten Texten der üblich gewordenen Schreibweise „Frauen/Lesben".

Am deutschsprachigen Frauenarchivetreffen gab es von 1991 an einige Treffen hindurch einen regelmäßigen Arbeitskreis „Lesben in Ordnern", der sich der Frage widmete, wie lesbische Geschichte, Subkultur und Bewegung am besten sichtbar gemacht und lebendig vermittelt werden konnte. Diskutiert wurde über Fragen der Definition, der Inhaltserschließung, der Schwerpunktsetzung beim Erwerb, der Zusammenarbeit zwischen Lesben und Heteras in den Gruppen, der politischen Intention und pädagogisch-aufklärerischen Funktion von feministischen Archiven. Die Protokolle spiegeln dabei ein zunehmendes Bewußtsein für diese Punkte bei vielen Archiven wieder. Lesben wurden von nun an auch im Namen der Vernetzung selbst genannt, und zwar an erster Stelle: Treffen der deutschsprachigen Lesben/Frauenarchive und -bibliotheken. Ein wichtiger Vorschlag dieses Arbeitskreises war es beispielsweise, Bücher zu lesbischen Themen speziell zu kennzeichnen. Viele Frauen/Lesbenbibliotheken führten daraufhin Zusatzkleber, z.B. Doppelaxt-Symbole, auf dem Buchrücken ein. Eine gesonderte Aufstellung unter der Kategorie Lesben wurde als Gettoisierung gesehen, die Mehrfachzuordnung ist aber, zumal in Bibliotheken ohne detaillierte Inhaltserschließung durch Katalog oder Datenbank, oft nicht möglich.

STICHWORT entgeht der aporetischen Situation dadurch, daß die Aufstellung der Werke nach fortlaufender Signatur erfolgt und die thematische Recherche in (früher) Katalog bzw. (heute) Literaturdatenbank über die bereits erwähnte Schlagwortsystematik erfolgt, die von Anfang an den Hauptbegriff Lesben/-bewegung geführt hatte. Die Archivetreffen-Diskussion hat uns aber die Notwendigkeit einer doppelgleisigen Beschlagwortung für Lesbenliteratur ins Bewußtsein gerufen: Kein Buch ist ausschließlich unter „Lesben" erfaßt und somit für Heteras per se auszuklammern. Ignorieren soll unmöglich gemacht werden. Auch wenn viele Nutzerinnen dann Datensätze, in deren Titelfeld das Wort Lesben aufscheint, überspringen, werden sie doch zumindest bei der Recherchearbeit am Bildschirm mit der Existenz lesbischen Lebens konfrontiert.

Angelpunkte einer Dokumentation der Lesbenbewegung[9]

Vielfalt lesbischer Dokumentation

Lesbenarchive gehören mit zu den ersten Frauendokumentationseinrichtungen, die in der Neuen Frauenbewegung bzw. im Gay Movement gegründet wurden: Das Lesbian Herstory Archives (New York) und das Berliner Lesbenarchiv (jetzt Spinnboden) wurden bereits 1973 gegründet. Dezidierte Lesbenarchive im deutschsprachigen Raum sind: Spinnboden und Lila Archiv in Berlin, die Lesbenarchive in Bielefeld und Zürich und Lebendiges Lesbenleben (LLL) Frankfurt/Main.[10]

STICHWORT dokumentiert Lesben unter dem Aspekt politischer Aktivität, als Bewegung. Eine andere Vorgangsweise wäre es, lesbisches Leben in biograph-

[9] Die im folgenden dargestellten Probleme treffen weitestgehend auch auf die Dokumentation der Neuen Frauenbewegung zu.

[10] Eine, wenn auch nicht vollständige, Zusammenstellung von lesbischen und schwulen Informationseinrichtungen ist unter http://hallcarpenter.tripod.com/hca/links.html zu finden. Den besten Überblick über Frauen/Lesbendokumentationsstellen weltweit bringt die Datenbank Mapping the World of Women's Information des IIAV Amsterdam: http://www.iiav.nl/mapping-the-world. Links und Informationen zu deutschsprachigen Frauen- und Lesbenarchiven enthält die Website des Vereins i.d.a.: http://www.ida-dachverband.de/. Siehe auch: Gitti Geiger, Lesbische Kultur und Geschichte dokumentieren, in: STICHWORT-Newsletter 7/1999, S. 4–5.

Foto STICHWORT

ischer Form zeitgeschichtlich zu dokumentieren. Eine solche Vorgangsweise hat z.B. das Lesbian Herstory Archives gewählt, wo Nachlässe mit privaten Briefen, Tagebüchern, Fotos u. a. die Lebensgeschichte und -situation lesbischer Frauen in diesem Jahrhundert veranschaulichen. Einen weiteren interessanten Zugang hat das Lesbian Resource and Research Centre, Sakhi, in New Delhi gewählt, das lesbische Aspekte, Bilder und Texte in den indischen Kulturen sichtbar machen möchte.

Das Spezifikum des Archivierens von Dokumenten aus der Lesbenbewegung kann, am Beispiel von STICHWORT, anhand von drei Punkten beschrieben werden: der Frage der Bewegungs-Definition durch dokumentarische Kriterien (1), der Vertrauensfrage gegenüber der dokumentierten Zielgruppe bzw. Personen (2) und der implizierten politischen Aufgabe (3).[11]

1. Die Dokumentation einer neuen sozialen Bewegung wie der Lesbenbewegung bedeutet gleichzeitig auch, diese Bewegung anhand der Dokumentationskriterien zu definieren.

Da in einer Bewegung wie der Lesben- oder der Frauenbewegung keine formale Mitgliedschaft existiert, gibt es erst einmal keine klaren Kriterien, auf die die Archivarin sich beziehen könnte. Die Hauptkriterien für die Sammlung österreichischer Frauen- und Lesbengruppen im STICHWORT sind Autonomie und politische Intention sowie das Vorhandensein von Dokumenten. Autonomie als Unabhängigkeit von politischen Parteien und männlich dominierten Institutionen war grundlegend für die Entstehung und Identität der Neuen Frauenbewegung und einer der Hauptkonflikte der Frauenbewegung in den siebziger und achtziger Jahren. In noch stärkerem Maße trifft dies für Gruppen der Lesbenbewegung zu. Die Frage der Autonomie ist jedoch nicht immer einfach zu entscheiden.

Lesbengruppen widmen sich nicht nur politischen Aktivitäten im herkömmlichen Sinn, sondern auch sozialen, kulturellen und kommerziellen Aktivitäten. Eine offene Frage ist zum Beispiel die Unterscheidung zwischen einer Lesbeninitiative, die auf kommerzieller Basis arbeitet, aber klare Wurzeln in der Frauen/Lesbenbewegung hat, zu einem kommerziellen Unternehmen, das von einer Lesbe geführt wird oder im Sinne der Lesbenbewegung arbeitet oder letztlich durch die Lesbenbewegung möglich wurde. Diese Frage ist relevant für die Zuordnung zur Gruppendokumentation – es besteht aber immer die Möglichkeit, vorhandene Dokumente in einer anderen Sammlung von STICHWORT zu archivieren.

Eine andere Frage betrifft den Grad der „Privatheit" versus „politischer Intention" als Kriterium der Aufnahme in das STICHWORT-Gruppenarchiv. Einerseits muß die Selbstdefinition der Gruppe berücksichtigt werden, andererseits die immense Bedeutung informeller Netzwerke und sogenannter „privater" Aktivitäten bei der Schaffung einer lesbisch-feministischen Kultur in Betracht gezogen werden. So sind Lesbensportgruppen – inklusive einer ihrer Intentionen, einfach Spaß miteinander zu haben – von besonderer Bedeutung für die lesbische Community.

Somit versuchen wir, bei Zuordnungen tendenziell einschließend vorzugehen und ein weites Spektrum von Positionen und Aktivitäten zu repräsentieren.

2. Der Erwerb des Archivmaterials ist in besonderem Maße eine Frage der Information, des Bewußtseins und des Vertrauens der Community.

Ein Archiv der Frauen- und Lesbenbewegung aufzubauen hängt weitgehend von einer permanenten Informationspolitik ab, die bei der Zielgruppe einerseits das Vertrauen in die Kompetenz der Einrichtung herstellt und die andererseits die Bedeutung des Bewahrens und Sichtbarmachens der Bewegungsdokumente vermittelt. Bei Lesbengruppen und einzelnen politisch aktiven Lesben in einem permanenten Prozeß das Bewußtsein zu schaffen, daß ihre Aktivitäten es wert sind, für die Zukunft bewahrt und erschlossen zu werden, ist ein grundsätzliches

11 In den folgenden Ausführungen stütze ich mich auf Brigitte Geiger, Documenting a Movement While Beeing a Part of the Movement – A View of STICHWORT. The Archives of the Women's and the Lesbians' Movements in Austria. Vortrag bei der internationalen Konferenz Know How – The World of Women's Information, Amsterdam 1998. (Unveröff. Manuskript, unter Mitarbeit von Waltraud Ernst und Margit Hauser)

12 STICHWORT ist auch für Transgender-Personen offen.

Anliegen von STICHWORT. Der ständige und persönliche Kontakt trägt dabei erfahrungsgemäß am maßgeblichsten zum Aufbau dieses Vertrauensverhältnisses bei. Jenseits der persönlichen Ebene stellt sich das Vertrauen über das öffentliche Image des Archivs her. Wichtig ist es uns zu vermitteln, daß die von STICH-WORT vertretenen Positionierungen bzw. der persönliche Standpunkt von Mitarbeiterinnen nicht das Spektrum der dokumentierten Gruppen beeinflussen und womöglich einschränken. Für die nötige „Objektivität" sind vor allem das Selbstverständnis als Archivarinnen, die Anwendung der Archivierungskriterien (gegebenenfalls mit Falldiskussion im Team) und das Fachwissen der Archivfrauen zur Frauen-/-Lesbenbewegung entscheidend.

Schließlich wird Vertrauen auch über die Information bezüglich der Benützungsregeln und -voraussetzungen für das Archivmaterial hergestellt Die Zugänglichkeit von STICHWORT ausschließlich für Frauen[12] ist hierbei ein wichtiges Kriterium. Außerdem sind wir speziell behutsam mit internen Papieren wie Protokollen, Teilnehmerinnenlisten und Korrespondenzen, die als „Top Secrets" Zugangsbeschränkungen unterliegen. Ebenso lassen wir im Umgang mit Bildmaterial besondere Vorsicht walten, zumal es hier um die persönlichen Rechte der abgebildeten Frauen geht.

3. Ein Bewegungsarchiv stellt mehr als einen Ort des Bewahrens dar.
Feministische Archive fungieren immer auch als Informationszentren und tragen zur Bildung von Netzwerken in der Bewegung bei. Ihre Arbeit wirkt bewußtseinsbildend im Sinne der Wahrnehmung der historischen Dimensionen feministischer und lesbischer Kämpfe. Obwohl STICHWORT im letzten Jahrzehnt immer stärker als Serviceeinrichtung gesehen wird, sind wir nach wie vor um ein interaktives Verhältnis und die Positionierung innerhalb der Bewegung bemüht. In diesem Sinne verstehen wir auch unser Veranstaltungsprogramm, das in besonderem Maße lesbische Theorie und Literatur sowie verschiedene Fragen lesbischer Lebensweisen zur Diskussion stellt.

Foto STICHWORT

Die Dokumentationssituation zur Lesbenbewegung im STICHWORT

Fakten und Namen
Wie sehen nun die lesbischen Bestände im STICHWORT aus? Die Bibliotheksdatenbank mit derzeit rund 23.000 Datensätzen enthält 1100 mit Lesben/-bewegung beschlagwortete Dokumente: Monographien, Beiträge in Sammelwerken und Artikel in wissenschaftlichen Periodika. Der Begriff Lesben/-bewegung wird in der Schlagwortsystematik in 20 Unterpunkten spezifiziert, wie z.B. Lesbengeschichte/Geschichte der Frauenfreundschaften; Kongresse/Veranstaltungen; Lesbische Mütter, Rechtsstatus von Lesben; Sexualität – Diskussionen sowie Lesben und Sport.

Die Zeitschriftensammlung enthält 57 definitive Lesben- (bzw. lesbisch-schwule) Zeitschriften. Aus Österreich sind 11 Titel vertreten: Lesbenrundbrief (1983–1991), Lilien Postilien (1983–1993), das Infoblatt Smile-News (1991–?), Lila Schriften (1995–lfd.) und Sappho (1996–?) als reine Lesbenzeitschriften und schwul-lesbisch gemischte Zeitschriften wie Lambda Nachrichten (1979–lfd.), die V. (vormals tamtam, 1989–lfd.), Pride (vormals Blickwechsel bzw. Hosi-Info, 1991–lfd.) u. a. Weiters finden sich bekannte Lesbenzeitschriften wie frau anders (Weimar), Lesbia Magazine (Paris), Queer (Köln), die Lesbenzeitschrift (vormals Lesbenfront bzw. Frau ohne Herz, Zürich) sowie verschiedene kleinere Infoblätter. Bislang nicht im Bestand sind Magazine wie Diva, Advocate oder Out. Als Periodikum, das sich ausschließlich lesbischer Theorie widmet, ist Ihrsinn, komplett inhaltlich erschlossen, vorhanden.

Im Videoarchiv zählen, neben Independent-Kunstfilmen, Lesbenspielfilme zu den meistgefragten Filmen, ob für die Seminararbeit oder für den gemütlichen

Foto STICHWORT

Abend zu zweit. Im Mittelpunkt der Sammlungen von STICHWORT steht die Dokumentation österreichischer Frauen-/Lesbengruppen. Die derzeit rund 450 Gruppen werden anhand von Flugblättern, Selbstdarstellungen, Interna wie Protokollen und Korrespondenzen, Plakaten, Fotos, Dokumentationsvideos und Audiomitschnitten, Zeitungsausschnitten und Publikationen dokumentiert. Unter diesen Gruppen sind 20 definitive Lesbengruppen und weitere 10 Lesbisch-schwul-transgender-Gruppen. Wir finden Lesben(gruppen) in schwul-lesbischen Organisationen wie die HOSI-Lesbengruppen in Wien, Linz und Vorarlberg, die Rosarote Panther Lesbengruppe (Graz), Lesben im Rosa-Lila-Tip (Wien), das Österreichische Lesben- und Schwulenforum (Wien); uni-nahe Lesben wie Uni-Lesbengruppe (Wien); Lesbengruppe der ÖH Uni Graz und die LesbiSchwul-TranshetGruppe Boku (Wien); im Zuge von Veranstaltungsvorbereitungen gegründete Gruppen wie das Organisationskomitee Lesbentreffen FKZ, das Aktionskomitee für das 6. Österreichische Lesbentreffen und die Vorbereitungsgruppe zum Projekt Lesben und Gewalt sowie Sport- und Freizeitgruppen wie Marantana Volleyballverein, Sappho Singers Unlimited und Resis.danse Frauen-TanzClub Wien.

Durch das detaillierte Erfassungssystem von STICHWORT sind aber auch die Materialien und Aktivitäten jeder anderen Gruppe zu Lesbenthemen nachvollziehbar.[13] Anhand eines Beispiels soll die Dokumentationsweise im STICHWORT dargestellt werden.

Signatur G082

„Wir brauchen eine Uni-Lesbengruppe" rief ein Flugblatt zum Gründungstreffen am Mittwoch, dem 15. Oktober 1986, in der Sonderbar auf. Es schlug vor, weibliche Homosexualität an der Uni zum Thema zu machen, und forderte die kritische Auseinandersetzung mit der männlichen „Wissenschaft". Als Domizil fungierte übrigens dann das Uni-Frauenzentrum, in dem bereits das Archiv der Neuen Frauenbewegung arbeitete. Ein kleines Plakat „Die Walküren (d.i. Uni-Frauengruppe) laden ein zum Frauenfest" (23. Jänner 87, Sonderbar) zeugt von einer der Veranstaltungen, welche die Uni-Lesbengruppe im Laufe ihres einein-halbjährigen Bestehens initiierte, und transportiert eine stichwortartige Analyse der „Situation für Lesben in der Institution Universität" und daran anknüpfende Forderungen und Ziele der Uni-Lesbengruppe.

Ein Zeitungsausschnitt aus MOZ, September 1987, berichtet vom Auftreten der Uni-Lesbengruppe als „Cabarett ‚Wurzelbehandlung'" mit der Postfeministischen Modeschau auf der Bühne der ARGE-Kultur Nonntal (im Zuge der Frauensommer-uni Salzburg, Juli 1987). Ein Faltblatt vom 6. österreichischen Lesbentreffen (30. Oktober – 1. November 1987) kündigt die Aufführung des „Postfeministischen Lust/Spiels Schöne fremde Frau" an (bzw. den Arbeitskreis zum Kabarett); das Manuskript dazu ist ebenfalls unter G082 aufzufinden. Protokolle geben Aufschluß u.a. über die Vorbereitungen zum Beitrag der Uni-Lesbengruppe zum Feministischen Kongreß.[14]

Ein Einladungsschreiben der Lesbengruppe Linz für die Frauensommeruni 1988 (Februar 1988) in Linz zeugt vom Interesse für die kabarettistischen Auftritte der Uni-Lesbengruppe. Mit einem weiteren Schreiben baten die FSU-Vorbeitungsfrauen um Mitteilung der Erfahrungen als Lesbengruppe in der Frauenbewegung. Aus der Zeit vor der Auflösung der Uni-Lesbengruppe liegt uns ein detaillierter Fragebogen vor, der von Helga Pankratz als Vorbereitung zu einem Referat bei der Frauensommeruni in Linz zusammengestellt wurde und dank dessen wir Näheres über die Zusammensetzung der Gruppe, Anlaß der Gründung, Veränderung in den Themen, Zusammenarbeit mit anderen Gruppen und vieles mehr erfahren. Weiteres interessantes Material ist, getrennt verwahrt, unter „Top Secret" abgelegt, wie Korrespondenzen, Dokumente zu Auseinandersetzungen rund um den feministischen Kongreß u.a.

13 Ein Beispiel wären die Lesben-Hetera-Konflikte und die Gründung einer Lesbengruppe im Frauenzentrum innerhalb der Aktion Unabhängiger Frauen/AUF bzw. Frauenzentrum Wien (Tendlergasse/Stumpergasse), die von Ulrike Repnik untersucht wurden, s. Beitrag im selben Band.

14 Der Feministische Kongreß hat letzten Endes nicht stattgefunden.

Bei den ÖH-Wahlen finden wir die Uni-Lesbengruppe als Mitunterzeichnerin des Plakats der links-feministischen Frauenliste „Tritt gegen die Männerwelt!" (1987, Wien, IP 126). Als Mitunterzeichnerin scheint sie auch bei den Flugblättern „VIELFALT STATT EINFALT oder: ES GEHT UM DIE BEWEGUNG!!!" (1987, Wien), das sich auf die Auseinandersetzungen um den Feministischen Kongreß bezog und weiters von an.schlägen, female, offensiven frauen, sonderbar und frauenarchiv unterzeichnet wurde, sowie SOAL, „Frauen, wir werden beschissen! 8. März 1987" (Wien), auf.

Foto STICHWORT

Not for lesbians only

Während in früheren Jahren vor allem Studentinnen und Wissenschafterinnen, welche – soweit für uns nachvollziehbar – aus eigener Erfahrung mit lesbischen Lebensweisen vertraut waren, Lesbenthemen im STICHWORT beforschten, hat die langsame Etablierung von Feministischer Forschung bzw. Queer Studies an den Universitäten hier eine Veränderung mit sich gebracht: Immer mehr werden auch von heterosexuell lebenden Studentinnen lesbische Themen für ihre Arbeiten gewählt oder Aspekte in sie einbezogen. Als Zeichen eines beginnenden „Mainstreaming" kann dies positiv bewertet werden. Es ist auch Teil einer Entwicklung, in der die feministische Forschung, in deren Rahmen lesbische Themen zumeist beforscht werden, sich teilweise in den Kanon der Pflichtlehrveranstaltungen integrieren konnte und Studierende folglich bei der Wahl ihrer Seminararbeitsthemen nicht mehr unbedingt von eigener Betroffenheit und dem Wunsch nach eigener Weiterentwicklung motiviert sind, wie in den 80er und Anfang der 90er Jahre zu beobachten war. Und schließlich führt es auch zu Skurrilitäten, wenn von lesbischer Bewegung und Politik unberührte Studentinnen bei diesbezüglich ebenso unwissenden LehrveranstaltungsleiterInnen eine Arbeit verfassen und dabei wenig sinnhafte Themenstellungen entwickeln. Wenn etwa eine junge Studentin im STICHWORT „reine" Lesbenzeitschriften aus Österreich vorgelegt bekommen möchte, welche in Ausrichtung und Produktionsweise mit der „Wienerin" vergleichbar sein mögen und die Auskunft, diese seien nicht existent, sie möge auf ausländische Lesbian Lifestyle Magazine ausweichen oder die Fragestellung abändern, dann als Mangel in der Serviceleistung von STICHWORT interpretiert.

Wie jüngere Auswertungen der im STICHWORT beforschten Themen gezeigt haben[15], gehören sowohl die Bibliotheksbestände zur Lesbenforschung und -literatur wie auch die Archivalien zur Lesbenbewegung zu den meistgenutzten Materialien im STICHWORT. Die Fragestellungen sind dabei ebenso vielfältig wie die Ergebnisse lesbischer Forschung und Theoriebildung und die Diskussionen und Aktivitäten in der Lesben/Frauen- bzw. Lesben/Schwulenbewegung selbst. Und letztlich gelingt uns hier die vermittelnde Position zwischen Forschung und Bewegung, Service und Informationsrückfluß vielleicht am allerbesten.

15 Verein Frauenforschung und weiblicher Lebenszusammenhang, Tätigkeitsberichte 1998–2000 (Unveröff.)

SOSTENUTO

Franz X. Eder

Degeneration, Konstitution oder Erwerbung?
Die Konstruktion der Homosexualität bei Richard von Krafft-Ebing und Sigmund Freud

In den letzten Jahrzehnten des 19. Jahrhunderts avancierte die „Sexuelle Frage" zu einem neuen Dauerthema der wissenschaftlichen und medialen Diskussion. Neben der „Regulierung der Prostitution" und der „Lösung der Geburtenfrage" ging es dabei vor allem auch um die Neueinschätzung der „konträren Sexualempfindung". Viele fragten, ob es sich bei ihr um eine angeborene oder erworbene Eigenart handelte, eine Degeneration oder Krankheit oder bloß um eine der vielen natürlichen Varianten des menschlichen Sexuallebens. Je nach Position wollte man die Betroffenen einsperren, zu einer Therapie zwingen oder ihre Eigenart einfach tolerieren. Besonders die neuen „Sexualforscher" versuchten diese Probleme mit großem Engagement zu lösen.[1] Zwei österreichische Spezialisten, Richard von Krafft-Ebing und Sigmund Freud, trugen mit ihren Theorien über die gleichgeschlechtliche Begierde maßgeblich zu dieser Diskussion bei und etablieren eine neue Sicht des Sexuellen.[2]

Daß sich Ärzte und Psychologen ausführlich mit der gleichgeschlechtlichen Sexualität befaßten, war bis in die letzten Jahrzehnte des 19. Jahrhunderts nicht selbstverständlich. Mediziner kamen mit der „Sodomie" und „Päderastie" hauptsächlich dann in Kontakt, wenn vor Gericht über einen Fall von „widernatürlicher Unzucht" verhandelt wurde und sie forensische Gutachten liefern mußten. Die im Vergleich zu anderen Ländern strikten strafrechtlichen Bestimmungen determinierten deshalb auch den sexualpathologischen Diskurs.[3] Wobei die Aufgabe der Ärzte lange Zeit klar war:[4] Gerichtsmediziner hatten bis weit ins 19. Jahrhundert vor allem die physiologische Examination durchzuführen und damit zur Klärung des Tatbestandes – der analen Penetration – beizutragen. Für eine womöglich „homosexuelle Seele" eines Delinquenten oder die Frage, ob seine Begierde angeboren oder erworben sei, interessierten sie sich, wenn überhaupt, nur peripher. In der zweiten Jahrhunderthälfte übernahmen diese Aufgabe zunehmend die neuen „Nervenspezialisten" und konnten damit ihre Zuständigkeit auf das Gebiet der ‚devianten' Sexualäußerungen ausdehnen. Psychiatrisches Gutachterwissen war nun schon alleine deshalb von Vorteil, weil vor Gericht nicht mehr ausschließlich über Penetration verhandelt wurde, sondern über alle „beischlafähnlichen Handlungen". Auch die seelische Konstitution der Delinquenten und ihre womöglich verminderte Verantwortung und Schuld kamen ins Spiel. Als Folge der Psychologisierung des „Sodomiten" übernahmen Sexualpathologen ab den 1870er Jahren die weitere Konstruktion der „Homosexualität" – ein Terminus, der 1869 erstmals vom österreichisch-ungarischen Schriftsteller Karl Maria Kertbeny verwendet wurde.[5] Angesehene Psychiater und Psychophysiologen kreierten nun eine „Psychopathia sexualis", die sich im Gegensatz zur traditionellen „Gemüths-Lehre" auf empirisch-naturwissenschaftliche Beschreibung und neuropathologische Modelle stützte.[6]

Der Berliner Psychiater Karl Westphal setzte 1869 mit einem Artikel über die „konträre Sexualempfindung" einen ersten Meilenstein in der pathologischen Umformung der gleichgeschlechtlichen Begierde.[7] Mit der Bezeichnung „kon-

1 Einen kompakten Überblick bringt Ulfried Geuter, Homosexualität in der deutschen Jugendbewegung. Jugendfreundschaft und Sexualität im Diskurs von Jugendbewegung, Psychoanalyse und Jugendpsychologie am Beginn des 20. Jahrhunderts, Frankfurt am Main 1994, 214 ff.

2 Zu den hier genannten Personen und ihren Theorien vgl. Rüdiger Lautmann (Hg.), Homosexualität. Handbuch der Theorie- und Forschungsgeschichte, Frankfurt a. M. 1993; dort auch biographische Daten und die weiterführende Literatur.

3 Franz X. Eder, Von „Sodomiten" und „Konträrsexuellen". Die Konstruktion des „homosexuellen" Subjekts im deutschsprachigen Wissenschaftsdiskurs des 18. und 19. Jahrhunderts, in: Que(e)rdenken. Weibliche, männliche Homosexualität und Wissenschaft, hrsg. v. Barbara Hey/Ronald Pallier/Roswitha Roth, Innsbruck 1997, S. 15–39, hier 24 ff.

4 Maren Lorenz, Kriminelle Körper – Gestörte Gemüter. Die Normierung des Individuums in Gerichtsmedizin und Psychiatrie der Aufklärung, Hamburg 1999, 189 ff.

5 Karl Maria Kertbeny (Pseud. für Karl Maria Benkert), Paragraph 143 des Preußischen Strafgesetzbuches vom 14. April 1851 und seine Aufrechterhaltung als Paragraph 152 im Entwurfe eines Strafgesetzbuches für den Norddeutschen Bund, Leipzig 1869, S. 50

6 Vgl. Klaus Müller, Aber in meinem Herzen sprach eine Stimme so laut. Homosexuelle Autobiographien und medizinische Pathographien im 19. Jahrhundert, Berlin 1991, S. 111 ff. u. Katrin Schmersahl, Medizin und Geschlecht. Zur Konstruktion der Kategorie Geschlecht im medizinischen Diskurs des 19. Jahrhunderts, Opladen 1998, S. 118 ff.

Richard von Krafft-Ebing
Bildarchiv, ÖNB Wien

träre Sexualempfindung" etablierte er einen Begriff, der den elementaren Wandel der psychophysiologischen Wahrnehmung signalisierte. Nach Westphal sollte die gleichgeschlechtliche Sexualität eine anlagebedingte neuropathologische Störung, eine Gehirn- und Nervenkrankheit darstellen, die bei beiden Geschlechtern auftreten könnte. Die Verkehrung der ‚normalen' Geschlechtsbegierden sollte nicht nur auf das geschlechtliche Empfinden beschränkt sein, sondern das gesamte Wesen dieser Menschen umfassen – konträrsexuale Männer besäßen eine weibliche Psyche, gegengeschlechtlich veranlagte Frauen eine männliche. Angesichts fehlenden psychiatrischen Fallmaterials stützte Westphal seine Theorie hauptsächlich auf autobiographische Emanzipations- und Bekennerschriften, insbesondere auf die Apologien des Juristen Karl Heinrich Ulrichs. Dieser hatte in den 1860er Jahren ein Reihe von Schriften zu Forschungen über das Rätsel der mannmännlichen Liebe verfaßt und war darin aufgrund von Selbstbeobachtung zur Ansicht gelangt, daß der „Urning" wegen einer weiblichen Seele zu seinen sexuellen Vorlieben kam.[8] In der „Urningin" oder „Uranierin" wiederum sollte die Seele und Begierde eines Mannes eingeschlossen sein. Ulrichs autobiographische Schriften bildeten eine wichtige Basis für die psychiatrische „Zergliederung" und prägten auch die weitere schwule Subjektkonstruktion.[9]

Richard von Krafft-Ebing: „Degenerierte" ohne Schuld

Als der in Graz tätige Psychiater Richard von Krafft-Ebing in den Jahren 1877 und 1882 erste wissenschaftliche Beiträge zur „konträren Sexualempfindung" veröffentlichte, konnte er sich auf nicht mehr als ein Dutzend bekannter Fallgeschichten berufen.[10] Dieser Mangel hielt ihn jedoch nicht davon ab, die Grundzüge seiner Homosexualitätstheorie mehr oder weniger festzuschreiben: Die angeborene „konträre Sexualempfindung" müßte als neuropathologischer Zustand, als vererbte krankhafte Abweichung im Gehirn und damit als funktionelles Degenerationszeichen und evolutionäre Andersentwicklung verstanden werden. Wie schon Ulrichs und Westphal nahm auch Krafft-Ebing essentielle Unterschiede im sexuellen Empfinden der Geschlechter an und ordnete dem homosexuellen Begehren jeweils gegengeschlechtliche Attribute zu. Diese Verkehrung sollte den gesamten Charakter prägen: „Mannliebende Männer interessieren sich demgemäß für männliche Formen, für weibliche Kleidung, Beschäftigung, da sie sich als Weib dem Manne gegenüber fühlen. Das Umgekehrte gilt für weibliebende Weiber."[11] Je nach Fortschritt der degenerativen Konstitution würden im leichtesten Fall nur einzelne Empfindungen konträr laufen, im schwersten Fall sogar die Körperform dem anderen Geschlecht angenähert sein. Als typische Zeichen dieser angeblich phylogenetisch entstandenen Abweichung würde es bei vielen dieser Menschen Formen des Irreseins und andere psychische Anomalien geben.

Krafft-Ebing erwies sich damit als Gefolgsmann der von Benedict Auguste Morel begründeten Degenerationslehre, die seit den 1860er Jahren in ganz Europa Anhänger fand.[12] Anders als in der Lehre Darwins sollte es nach Morel während der Evolution auch zu krankhaften, „degenerierten" Entwicklungen gekommen sein. Degenerative Erscheinungen würden sich im äußeren Erscheinungsbild des Menschen genauso zeigen wie in Gehirnschäden und in psychischen Phänomenen. Als Ursache der Pathogenese wurden neben Vererbungsfehlern vor allem soziale und kulturelle Übel angenommen, die sich in den Körpern festgesetzt hätten. Besonders das moderne städtische Leben galt vielen als Brutstätte psychischer Mißbildungen, die verkörperlicht an die Nachkommen weitergegeben würden. Mit der Heredität eingepflanzter psychischer Schäden stand ein Modell zur Verfügung, mit dem auch sittliche Fragen biologisch-anthropologisch rückgebunden werden konnten. Nach Krafft-Ebing offenbaren sich die Degenerationszeichen der „Homosexualen" schon früh, zum Beispiel in Form starker

7 Carl von Westphal, Die conträre Sexualempfindung. Symptom eines neuropathischen (psychopathischen) Zustandes, in: „Archiv für Psychiatrie und Nervenkrankheiten" 2 (1869), H. 1, S. 73–108

8 Karl Heinrich Ulrichs, Forschungen über das Rätsel der mannmännlichen Liebe, Reprint der Originalausgaben, 1864

9 Vgl. Volkmar Sigusch, Karl Heinrich Ulrichs. Der erste Schwule der Weltgeschichte, Berlin 2000

10 Richard v. Krafft-Ebing, Über gewisse Anomalien des Geschlechtstriebes und die klinisch-forensische Verwertung derselben als eines wahrscheinlich funktionellen Degenerationszeichens des zentralen Nervensystems, in: Archiv für Psychiatrie und Nervenkrankheiten 7 (1877), S. 291–312 u. ders., Zur „konträren Sexualempfindung" in klinisch-forensischer Hinsicht, in: „Allgemeine Zeitschrift für Psychiatrie und psychisch-gerichtliche Medizin" 38 (1882), H. 2/3, S. 211–227

11 Ders., konträre Sexualempfindung, S. 220

12 Benedict Auguste Morel, Traité des dégénéréscences physiques, intellectuelles et morales de l'espèce humaine, Paris 1857; zur Entstehung dieser Theorie vgl. Daniel Pick, Faces of Degeneration. A European Disorder, 1848–1918, Cambridge 1989

sexueller Regungen. Später zeigte sich die „konträrsexuelle" Liebe als schwärmerisches Gefühl und exaltiertes Gehabe. Auch am Gang und an der Körperhaltung könnte man bald den voll ausgeprägten Typ erkennen. Anomal sei auch, daß sich in dieser Menschenart viele musisch und literarisch begabte Personen fänden, aber genauso viele Geisteskranke und sogenannte „moralisch Irre". Auffälligstes Degenerationszeichen sei aber, daß die konträre Sexualempfindung das gesamte Bewußtsein okkupieren und sämtliche Lebensäußerungen bestimmen würde. Nach Krafft-Ebing hätten „die Träger der sexuellen Anomalie eine neuropsychopathische Persönlichkeit".[13]

Als gewissenhafter „Schilderer" und „Zergliederer" seines Untersuchungsfeldes unterschied er zwischen einzelnen Stufen der „konträren Sexualempfindung". In den immer erweiterten Auflagen seiner Psychopathia sexualis (erstmals 1886 erschienen) und den dort abgedruckten Fallgeschichten wurde die Systematik durch klinische und autobiographische Befunde untermauert.[14] Grundsätzlich sollte man bei den Konträrsexualen zwischen Perversion und Perversität unterscheiden: „Perversität darf nicht für Perversion gehalten werden. Sehr oft kommen perverse sexuelle Akte zur Beobachtung, ohne daß ihnen Perversion zugrunde läge. Dies gilt ganz besonders für sexuelle Handlungen unter Personen desselben Geschlechtes. (…) So finden wir homosexuellen Verkehr bei impotent gewordenen Masturbanten oder Wollüstlingen oder faute de mieux bei sinnlichen Weibern und Männern in Gefängnissen, Schiffen, Kasernen, Bagnos, Pensionaten usw. Zum normalen Geschlechtsverkehr wird sofort zurückgekehrt, wenn die Hindernisse für denselben entfallen."[15] Bei den eigentlichen Perversen sollte es folgende Entwicklungsstufen geben: „1. Bei vorwaltender homosexualer Geschlechtsempfindung bestehen Spuren heterosexualer (psychosexuale Hermaphrodisie). 2. Es besteht bloß Neigung zum eigenen Geschlecht (Homosexualität). 3. Auch das ganze psychische Sein ist der abnormalen Geschlechtsempfindung entsprechend geartet (Effeminatio und Viraginität). 4. Die Körperform nähert sich derjenigen, welcher die abnorme Geschlechtsempfindung entspricht."[16] In den entwickelten Stufen unterschied sich der homosexuelle „Perverse" grundlegend vom bisherigen straf- und kirchenrechtlichen „Täter", der durch sein Handeln und seine ungezügelte Wollust definiert war.[17] Krafft-Ebing strich diese Differenz besonders heraus: „Das Entscheidende ist hier der Nachweis der perversen Empfindung gegenüber dem eigenen Geschlechte, nicht die Konstatierung geschlechtlicher Akte an demselben. Diese zwei Phänomene dürfen nicht miteinander verwechselt werden, Perversität darf nicht für Perversion gehalten werden."[18] Echte „Homosexuale" würden einen eignen, kranken und „perversen" Menschentyp bilden.

Mit dieser Zuordnung stellte sich auch die Frage nach der Verantwortung für das homosexuelle Handeln neu. Wenn die Begierde nach dem eigenen Geschlecht Ausdruck eines durch die Natur implantierten, meist besonders starken sexuellen Triebes darstellte, dürften diese Menschen laut Krafft-Ebing aus mehreren Gründen nicht mehr strafrechtlich verfolgt werden: Erstens würden die Betroffenen ihre sexuellen Begierden nicht als krankhaftes oder abartiges, sondern als natürliches Bedürfnis empfinden. Zweitens fänden gleichgeschlechtliche Sexualhandlungen meist zwischen zwei erwachsenen Personen und im gegenseitigen Einverständnis statt und fügten so niemandem Dritten Schaden zu. Gegen die österreichische und deutsche Rechtspraxis erhob er schon alleine deswegen Einspruch, weil von den Gerichten nicht nur anale Penetration verfolgt wurde, sondern gleich alle „beischlafähnlichen" Handlungen. Hier sollte es zu einer generellen Liberalisierung kommen und „Unzucht wider die Natur" nur dann bestraft werden, wenn sie vor Zeugen, an Minderjährigen oder unter Anwendung von Gewalt begangen wurde.[19] Päderasten seien weiterhin zu bestrafen, weil sie sexuell unreife und nicht entscheidungsfreie Personen schädigten. Anhand der gesammelten Fallgeschichten glaubte Krafft-Ebing beweisen zu können, daß

13 Krafft-Ebing, konträre Sexualempfindung, S. 222

14 Zwischen 1886 und 1903 erschienen alleine 12. Auflagen; zwei weitere unter dem Titel Neue Forschungen auf dem Gebiet der Psychopathia sexualis. Vgl. Harry Oosterhuis, Stepchildren of Nature. Krafft-Ebing, Psychiatry and the Making of Sexual Identity, Chicago 2000, S. 152 ff.

15 Richard von Krafft-Ebing, Psychopathia sexualis, München 1984 (Erstausgabe 1886; hier Nachdruck der 14. Ausg. von 1912), S. 226 f.

16 Ebd., S. 257

17 Klassisch dazu Michel Foucault, Der Wille zum Wissen. Sexualität und Wahrheit Bd. 1, Frankfurt am Main 1977, 58.

18 Krafft-Ebing, Psychopathia sexualis, S. 226

19 Ders., Der Conträrsexuale vor dem Strafrichter. De Sodomia ratione sexus punienda. De lege lata et de lege ferenda. Eine Denkschrift, Leipzig/Wien 1895, 29.

päderastische Beziehungen in der Praxis jedoch selten vorkamen: „Nur ganz ausnahmsweise, bei tiefstehender Moralität, d.h. moralischem Defekt oder abnorm heftigem und jedenfalls krankhaft gesteigertem sexuellen Drang, gelangt der conträrsexuale Mann zu activ päderastischen Acten, eher noch, aber nur als schwer degenerativer Weibmann, gibt er sich zu passivem her."[20]

Die Arbeitsteilung zwischen Gericht und Psychiatrie schien damit festzustehen: Gerichte sollten für die Verfolgung der Päderasten zuständig sein, Psychiater für die Begutachtung und Diagnose der Homosexualität. Sexualpathologen stünde dabei allerdings keine leichte Aufgabe bevor, sähen sich doch die Betroffenen meist nicht als degenerierte Kranke oder psychiatrische Patienten: „Die Individuen fühlten sich glücklich in ihrer perversen Geschlechtsempfindung und unglücklich nur insofern gesellschaftliche und strafrechtliche Schranken sie an der Befriedigung hinderten. Die Liebe dieser Individuen ist eine ebenso mächtig die Gefühle in Anspruch nehmende wie die normal Fühlender."[21] Da die homosexuelle Identitätsfindung einen schwierigen Prozeß darstellte, eröffnete sich dem Psychiater ein Aufgabengebiet, mit dem er neben professioneller Anerkennung auch neues Klientel gewinnen konnte. Für Krafft-Ebing und andere „Nervenärzte" stand fest, daß „Homosexuelle" nur mit Hilfe von Spezialisten zu den wahren Ursachen ihres Fühlens und Handelns vorstoßen könnten. Den wichtigsten Schritt dorthin sollte die Selbstanerkennung als homosexuelles Subjekt, als „Homosexuelle/r" darstellen.

Krafft-Ebings Psychopathia sexualis vermittelte die Idee von der identitätsstiftenden Wirkung der „Homosexualität" an eine breite Öffentlichkeit. Das gebildete Publikum – zu dem zweifelsohne auch Karl Kraus gehörte – konnte sich um 1900 bereits problemlos in sexualpathologischen Termini verständigen.[22] Für viele stand der Unterschied zwischen Hetero- und Homosexualität fest: Während Heterosexuelle als Individuen galten, die neben vielen anderen Eigenschaften eine willentlich kontrollierbare Sexualität besäßen, wurden „Homosexuelle" als eine eigene „Art", als „Homo-Sexuelle" eingestuft und damit als Menschen, die durch ihre spezifischen sexuellen Begierden gelenkt würden. Gleichgeschlechtlich Begehrende könnten deshalb ihre Identität nur im Zeichen des Sexuellen verstehen. Autobiographische ‚Bekennerschreiben' an Krafft-Ebing und das von ihm publizierte Fallmaterial belegen, daß die Betroffenen vom sexualpathologischen Modell und den dort vorgestellten Typen der Selbstwahrnehmung teilweise stark beeinflußt wurden.[23]

Viele von ihnen nahmen sich in den psychiatrischen Kategorien wahr, schrieben ihre lebensgeschichtliche Erzählung als „perverse" Fallgeschichte und konstruierten ihre Identität im Zeichen der „Homosexualität". Falsch wäre es jedoch, Krafft-Ebing und andere Psychiater ausschließlich als Agenten der Pathologisierung und umgekehrt die Betroffenen als hilflose Objekte des psychiatrischen Diskurses zu sehen. Gerade die an Krafft-Ebing gerichteten Patientenbriefe belegen, daß es hier zu einer Interaktion von Selbst- und Fremdkonstruktion kam. Harry Oosterhuis hat dieses interaktive Verhältnis treffend zusammengefaßt: „New ways of understanding sexuality emerged out of a confrontation and intertwining of professional medical thinking and patients' self-definition. The theory of degeneration and emphatic understanding of individual predictaments existed side by side."[24]

Dies galt auch für Krafft-Ebings Sicht der weiblichen Homosexualität. In diesem Bereich konnte er allerdings auf viel weniger Beobachtungen verweisen und entwarf die weibliche „Kontärsexuelle" in Analogie zum männlichen Modell. Entgegen der öffentlichen Meinung sollte gleichgeschlechtliches Sexualverhalten von Frauen nicht nur mutuelle Masturbation, sondern auch Cunnilingus, Penetration mit Dildos und viele andere Praktiken umfassen. Bei der Analogiebildung ging er sogar so weit, auch eine entsprechende strafrechtliche Verfolgungspraxis zu fordern – noch gab es kaum Fälle von Frauen, die wegen §129 angeklagt waren.

20 Ebd., 8 f.

21 Ders., Konträre Sexualempfindung, S. 221

22 Franz X. Eder, Diese Theorie ist sehr delikat. Zur Sexualisierung der Wiener Moderne, in: Die Wiener Jahrhundertwende. Einflüsse, Umwelt, Wirkungen, hrsg. v. Jürgen Nautz/ Richard Vahrenkamp, Wien 1993, 159–178

23 Vgl. Harry Oosterhuis, „Plato war doch gewiss kein Schweinehund". Richard von Krafft-Ebing und die homosexuelle Identität, in: „Österreichische Zeitschrift für Geschichtswissenschaften" 9 (1998), H. 3., S. 358–384

24 Ders., Stepchildren, S. 212

Die Begründung für die unterschiedliche Behandlung konträrsexueller Frauen glaubte er in der Doppelmoral und der Fixierung auf die Penetration gefunden zu haben, insbesondere darin, „daß das Weib die konträre Sexualempfindung nicht so geniert wie den Mann, weil sie jenes physisch nicht beischlafunfähig macht; weil das Weib an und für sich und jedenfalls auch das konträrsexuale nicht so sinnlich und aggressiv in der Erreichung des Geschlechtsbedürfnisses ist, wie der Mann, so daß der konträr-sexuale Verkehr unter Weibern nicht so auffällig ist und vom Laien als bloße Freundschaft gedeutet wird.“[25] Indem Krafft-Ebing die lesbische Sexualität als psychiatrisches Phänomen und in Analogie zum männlichen „Homosexuellen" konstruierte, gliederte er die „Mannweiber" in die für die Männer konstruierten Kategorien ein.[26] Wenn auch mit Abstufungen und Übergängen sollten diese Frauen ebenfalls eine distinktive Art darstellen, die nach den Polen „männlich" und „weiblich" geordnet und nach dem jeweiligen Grad der angeborenen neuropathologischen Degeneration dem maskulinen Empfinden und Geschlechtercharakter zugeordnet werden könnte.

Sigmund Freud: Konstitution und Lebensgeschichte

Daß Homosexuelle eine womöglich degenerierte, eigene Art darstellten, lehnte Freud zwei Jahrzehnte später kategorisch ab: „Die psychoanalytische Forschung widersetzt sich mit aller Entschiedenheit dem Versuche, die Homosexuellen als eine besonders geartete Gruppe von den anderen Menschen abzutrennen. [...] Der Psychoanalyse erscheint vielmehr die Unabhängigkeit der Objektwahl vom Geschlecht des Objekts, die gleich freie Verfügung über männliche und weibliche Objekte, wie sie im Kindesalter, in primitiven Zuständen und frühhistorischen Zeiten zu beobachten ist, als das Ursprüngliche, aus dem sich durch Einschränkung nach der einen oder der anderen Seite der normale wie der Inversionstypus entwickeln. Im Sinne der Psychoanalyse ist also auch das ausschließliche sexuelle Interesse des Mannes für das Weib ein der Aufklärung bedürftiges Problem und keine Selbstverständlichkeit, der eine im Grunde chemische Anziehung zu unterlegen ist.“[27]

Nach Freuds Meinung hätten sich die bisherigen Sexualforscher vor allem deshalb auf die Psychophysiologie, insbesondere auf Fragen der Degeneration und der Vererbung gestützt, weil sie die Genese der „Inversion" psychologisch nicht erklären könnten. Gleiches unterstellte er ihnen bezüglich des starren Mann-Frau-Gegensatzes. Ulrichs Annahme eines weiblichen Gehirns in einem männlichen Körper schien für Freud wissenschaftlich nicht haltbar, würde man doch über die Eigenheiten des „weiblichen Gehirns" nicht Bescheid wissen und bei vielen „Urningen" auch männliche Verhaltensweisen feststellen können. In Krafft-Ebings Psychopathia sexualis sah er analoge Unstimmigkeiten – vor allem dessen Theorie eines pathologisch-konträrsexuellen Gehirns schien ihm unvertretbar.

Beide Modelle würden nur zu einer Verschiebung psychologischer Probleme in den neurologischen Bereich führen und damit der Empirie nicht mehr zugänglich sein. Die Degenerationsthese könnte nach Freud aus mehreren Gründen nicht aufrechterhalten werden: Einmal würden sich homosexuelle Begierden auch bei Personen zeigen, deren Leistungsfähigkeit, intellektuelle Entwicklung und ethisches Niveau nicht degeneriert sei. Auch die Tatsache, daß Homosexualität bei „wilden und primitiven Völkern" und in früheren Kulturen weit verbreitet war, spräche gegen diese Sicht.

Gegenüber den angeborenen Anteilen der Inversion äußerte sich Freud weniger ablehnend: „Zwei Gedanken bleiben [...] immerhin bestehen: daß auch für die Inversion eine bisexuelle Veranlagung in Betracht kommt, nur daß wir nicht wissen, worin diese Anlage über die anatomische Gestaltung hinaus besteht, und daß es sich um Störungen handelt, welche den Geschlechtstrieb in seiner

Sigmund Freud
Bildarchiv, ÖNB Wien

25 Krafft-Ebing, Psychopathia sexualis, S. 297

26 Vgl. Hanna Hacker, Männliche Autoren der Sexualwissenschaft über weibliche Homosexualität (1870–1930), in: Homosexualität – Handbuch der Theorie- und Forschungsgeschichte, hrsg. v. Rüdiger Lautmann, Frankfurt am Main 1993, S. 134–140

27 Sigmund Freud, Drei Abhandlungen zur Sexualtheorie (1905), in: ders., Studienausgabe Bd. 5: Sexualleben, Frankfurt am Main 1982, S. 37–145, hier S. 56. Die zitierte Passage wurde von Freud erst 1915 angefügt.

28 Ebd., S. 55

DREI ABHANDLUNGEN ZUR
SEXUALTHEORIE

VON

PROF. DR. SIGM. FREUD

IN WIEN

439591-R.

LEIPZIG UND WIEN
FRANZ DEUTICKE
1905

Bildarchiv, ÖNB Wien

29 Ders., Über einige neurotische Mechanismen bei Eifersucht, Paranoia und Homosexualität (1922), in: ders., Studienausgabe Bd. VII: Zwang, Paranoia und Perversion, Frankfurt a. M. 1982, 217–228, hier S. 226

30 Ders., Die Kindheitserinnerungen des Leonardo da Vinci (1910), in: ders., Studienausgabe Bd. 10: Bildende Kunst und Literatur, Frankfurt am Main 1982, S. 87–159, hier S. 125

31 Ders., Drei Abhandlungen, S. 56 (Zusatz aus dem Jahre 1915)

32 Ders., Über die Psychogenese eines Falles von weiblicher Homosexualität (1920), in: ders., Studienausgabe Bd. VII: Zwang, Paranoia und Perversion, Frankfurt am Main 1982, S. 255–281, hier 267

33 Ders., Mechanismen, S. 226 ff.

34 Zur Einführung des Konzept der Bisexualität vgl. Sigmund Freud. Briefe an Wilhelm Fliess 1887–1904, hrsg. v. Jeffrey Mousaieff Mason, Frankfurt am Main 1986, 508 ff.

35 Freud, Drei Abhandlungen, S. 58

Entwicklung betreffen."[28] Als Pragmatiker forderte er, bei „Anerkennung des organischen Faktors der Homosexualität" vorerst die „psychischen Vorgänge bei ihrer Entstehung zu studieren".[29]

Für die Objektwahl der Invertierten müßte nach Freud vor allem eine „Störung" der psychischen Entwicklung verantwortlich gemacht werden. Bei männlichen Invertierten hätte es in der frühen Kindheit – unter anderem wegen des Wegfalls eines starken Vaters[30] – eine sehr intensive, aber kurzlebige Fixierung auf die Mutter oder jene Frau, die ihre Position einnahm, gegeben. Nach deren Überwindung identifizierten sich diese Personen mit der Mutter/Frau und machten sich selbst zum Sexualobjekt. Als Spätfolge der narzisstischen Fixierung begehrten sie jugendliche, der eigenen Person ähnliche Männer und blieben auf den Penis als Sexualziel fixiert bzw. könnten bei Liebesobjekten nicht auf ihn verzichten. Gegenüber den sexuellen Reizen einer Frau seien Invertierte nicht grundsätzlich unempfindlich, vielmehr würden sie diese Erregung fortwährend auf das männliche Objekt übertragen, ein Mechanismus, der sich lebenslang wiederholte. Freuds Fazit aus dem Jahre 1915 lautete: „Ihr zwanghaftes Streben nach dem Manne erwies sich als bedingt durch ihre ruhelose Flucht vor dem Weibe."[31] Ob es tatsächlich zu dieser permanenten Flucht kam, sollte von einem Zusammenspiel konstitutioneller und lebensgeschichtlicher Faktoren abhängen. Auch in späteren Jahren behielt Freud diese Sicht bei, nahm allerdings nicht mehr nur ein einziges Kindheitsmuster als bestimmenden Faktor an und glaubte, daß es auch in späteren Jahren zur gleichgeschlechtlichen Fixierung kommen könnte. Selbst bei Heterosexuellen würde die Libido lebenslang zwischen den Sexualobjekten und Geschlechtern schwanken.[32] Die Konkurrenz mit dem Vater bzw. die Angst vor ihm und starke eifersüchtige Regungen gegenüber Brüdern gewannen als zusätzliche Faktoren der Inversionsgenese an Bedeutung. Im Zuge dieser Konflikte sollten die früheren Rivalen zu ersten homosexuellen Liebesobjekten mutieren.[33]

Extremen Inversionstypen unterstellte auch Freud eine „archaische Konstitution" und einen „primitiven psychischen Mechanismus", der auch zu einer Zentrierung auf die Analzone führen würde. Aber selbst diese Extremform sollte keinem physiologischen Automatismus folgen und sich nur quantitativ und nicht qualitativ von den restlichen Invertierten unterscheiden. Der durch konstitutionelle Spezifika gekennzeichnete Inversionstyp könnte nicht von den anderen getrennt und als eigene Art behandelt werden. Nach Freud sollten alle Menschen zu einer unbewußten, gleichgeschlechtlichen Objektwahl fähig sein. Hetero- und homosexuelle Orientierung müßten deshalb als gleichwertige Entwicklungen und als Teil ein und desselben Phänomens eingestuft werden. Außerdem sollte die Wahl des Sexualobjekts im Seelenleben der Invertierten keine andere Rolle spielen als in dem der Heterosexuellen. Physiologische Basis beider Erscheinungen sei die grundsätzlich „bisexuelle Konstitution" des Menschen:[34] „Der Geschlechtstrieb ist wahrscheinlich zunächst unabhängig von seinem Objekt und verdankt wohl auch nicht den Reizen desselben seine Entstehung."[35]

Dieses zentrale Postulat wurde durch eine weitere Annahme untermauert: Anders als die meisten psychophysiologischen Wissenschaftler vor ihm, behauptete Freud, daß die sexuelle Objektwahl unabhängig sei von den jeweiligen männlichen und weiblichen Bewußtseinsanteilen im Subjekt. Ob Männer dem Geschlechtercharakter nach maskulin, „normal" oder effeminiert seien, hätte keine Auswirkungen auf die Wahl ihrer Sexualobjekte. Aufgrund der individuellen seelischen Entwicklung könnten sie weibliche Sexualobjekte genauso wählen wie männliche. Freud entkoppelte die sexuellen Vorlieben der Invertierten von ihren sonstigen psychischen Eigenschaften. Einem weiteren zeitgenössischen Vorurteil trat er ebenfalls mit Vehemenz entgegen: Das Sexualziel der Invertierten – die Form der sexuellen Handlung zu der der „Trieb" drängt – sollte nicht uniform sein. Wie schon frühere Psychiater und Sexualpathologen, erkannte auch Freud, daß der Analverkehr keine ausschließlich von männlichen Invertierten praktizierte Handlung darstellte und daß andere Sexualpraktiken bei ihnen viel häufiger vorkamen.

Die landläufige Vorstellung von homosexuellen Praktiken unter Frauen – gegenseitige Masturbation und damit kein ‚richtiger‘ Geschlechtsverkehr – stellte Freud ebenfalls in Frage. Mit weiblichen Invertierten hatte Freud aber schon alleine deswegen Schwierigkeiten, weil ihm nicht genügend Fallgeschichten zur Verfügung standen. Auf die in der Psychopathia sexualis und anderen Schriften zugänglichen Fälle konnte er sich mangels analytischer Tiefe der präsentierten Lebensgeschichten kaum stützen.[36] Seine Überlegungen zur weiblichen Homosexualität blieben deshalb fragmentarisch und teils widersprüchlich. Diese Unsicherheit war schon in den Drei Abhandlungen zur Sexualtheorie (1905) angelegt und gipfelte im Satz: „Eindeutiger sind die Verhältnisse beim Weibe, wo die aktiv Invertierten besonders häufig somatische und seelische Charaktere des Mannes an sich tragen und das Weibliche von ihrem Sexualobjekt verlangen, wiewohl auch hier sich bei näherer Kenntnis größere Buntheit herausstellen dürfte.“[37] Theoretische Uneindeutigkeit prägte auch die Interpretation des einzigen analysierten Falles weiblicher Homosexualität (1920). Grundsätzlich sollte auch bei homosexuellen Frauen der physische Hermaphroditismus vom psychischen unabhängig sein. Auch weibliche Invertierten würden „drei Reihen von Charakteren“ zu eigen sein, nämlich „somatische Geschlechtscharaktere (physischer Hermaphroditismus) – psychischer Geschlechtscharakter (männl./weibl. Einstellung) – Art der Objektwahl, die bis zu einem gewissen Grade voneinander unabhängig variieren und sich bei den einzelnen Individuen in mannigfachen Permutationen vorfinden“ ließen.[38]

Den Weg der Frau zum „normalen Weib“ stellte sich Freud generell schwieriger vor als die Normalentwicklung des Mannes: Erstens müßten Frauen, um ihre vollständige Weiblichkeit zu entfalten, die klitoriszentrierten Empfindungen der phallischen Phase ganz oder zumindest teilweise hinter sich lassen und zu einer vaginazentrierten Sexualität finden. Zweitens müßten sie einen Wechsel des Liebesobjektes, nämlich von der Mutter zum Vater vollziehen. Beide störanfällige Aufgaben blieben den Knaben erspart. Wie gelangte das Mädchen „aus ihrer männlichen in die ihr biologisch bestimmte weibliche Phase“?[39] Die aktiv-männliche Objektbindung an die Mutter würde durch mehrere Ereignisse zerstört: durch das Auftauchen eines Geschwisters, durch das Verbot lustvoller Betätigung an den Genitalien und insbesondere durch den weiblichen Kastrationskomplex, den „Penisneid“. Mädchen würden die Mutter für diesen Geschlechtsunterschied verantwortlich machen und ihr diese Benachteiligung nie verzeihen. Als Reaktion auf den Penisneid könnte sich die weibliche Psyche in drei Richtungen entwickeln: Im Normalfall würde das Mädchen seine Penislosigkeit akzeptieren, die phallisch-aktive Sexualität und damit die Masturbation aufgeben und sich von der Mutter ab- und dem Sexualobjekt Vater zuwenden. Mit der Übertragung des Kind-Penis-Wunsches auf den Vater würde das Mädchen in die ödipale Phase und damit in ihre passive, weiblich-mütterliche Rolle eintreten, wobei die Vagina den Part der Klitoris übernahm. Abweichungen von dieser Normalentwicklung würde es in zwei Richtungen geben: In der einen würden Mädchen bzw. jungen Frauen, infolge des Penisneids tiefen Haß gegen alles Sexuelle und Weibliche, auch in der eigenen Person, entwickeln und dabei einen Gutteil der Libido verdrängen – weibliche Frigidität und Masochismus fänden hier ihre Wurzeln. Im zweiten Fall entstünde ein starker „Männlichkeitskomplex“, die wichtigste Ursache der weiblichen Homosexualität.

Mit „Männlichkeitskomplex“ meinte Freud, „daß das Mädchen sich weigert, die unliebsame Tatsache [den fehlenden Penis] anzuerkennen, in trotziger Auflehnung seine bisherige Männlichkeit noch übertreibt, an seiner klitoridischen Betätigung festhält und seine Zuflucht zu einer Identifizierung mit der phal-

36 Etwa Havelock Ellis, Sexual Inversion (Studies in the Psychology of Sex 2), London 1897; Magnus Hirschfeld, Der urnische Mensch, Leipzig 1903; ders., Die Homosexualität des Mannes und des Weibes (Handbuch der gesamten Sexualwissenschaft in Einzeldarstellungen 3), Berlin 1914 u. Iwan Bloch, Das Sexualleben unserer Zeit in seinen Beziehungen zur modernen Kultur, Berlin 1907, bes. 535 ff.

37 Freud, Drei Abhandlungen, S. 57

38 Ders., Psychogenese, S. 279

39 Ders., Die Weiblichkeit. 33. Vorlesung der Neuen Folge der Vorlesungen zur Einführung in die Psychoanalyse (1933), in: ders., Studienausgabe, Bd. 1: Vorlesungen zur Einführung in die Psychoanalyse. Neue Folge der Vorlesungen zur Einführung in die Psychoanalyse, Frankfurt a. M. 1982, S. 447–608, hier S. 550

lischen Mutter oder dem Vater annimmt".[40] Der Primat frühkindlicher, aktiv-männlicher Sexualregungen würde bei weiblichen Homosexuellen nicht oder nur ungenügend in Passivität und damit in weibliche Sexualität umgeformt. Zwar hätten auch diese Mädchen den Vater einige Zeit zum Sexualobjekt genommen und sich damit in eine Ödipussituation und in Konkurrenz zur Mutter begeben, doch würden sie letztlich in die frühe phallische Männlichkeit regredieren. Diese Regression müßte nicht unbedingt in der Kindheit stattfinden, sondern könnte auch während des Wiederaufflammens des infantilen Ödipuskomplexes in der Pubertät geschehen. Die Frage, warum es bei manchen Mädchen zu einer solchen Entwicklungsstörung kommt, beantwortete Freud nur ungenügend: „Die Über-macht des konstitutionellen Moments scheint unbestreitbar, aber die zwei Phasen der Entwicklung der weiblichen Homosexualität spiegeln sich sehr schön in den Praktiken der Homosexuellen, die ebenso oft und ebenso deutlich Mutter und Kind miteinander spielen wie Mann und Weib."[41]

Das Changieren zwischen Konstitution und lebensgeschichtlichen Faktoren war bezeichnend für die ambivalente Haltung, die Freud auch in späten Jahren gegen-über der Homosexualität einnahm. Zum einen ermöglichte ihm die Annahme ursprünglicher Bisexualität, gleichgeschlechtliche Begierden als Entwicklungs-potential jedes Menschen zu verstehen. Selbst „absolute" Homosexuelle stellten für ihn deshalb keine abartige oder degenerative Erscheinung mehr dar. Homo-sexuelle würden sich zwar graduell, keinesfalls aber essentiell von den Hetero-sexuellen unterscheiden. Letztere wären ebenfalls lebenslang gleichgeschlecht-lichen Regungen ausgesetzt. Durch die Normalisierung der Homosexualität grenzte sich Freud grundlegend von der um die Jahrhundertwende gängigen Pathologisierung und Alterisierung der Invertierten ab. Zum anderen fiel diese Differenz bei der Frage der konstitutionellen Ursachen der Homosexualität viel weniger deutlich aus. Hier blieb er zwar skeptisch gegenüber hereditären Faktoren und einer angeborenen Geschlechterdifferenz, ließ sich aber im Zweifelsfall doch zu einer essentialistischen Rückbindung hinreißen.[42] Daß die biologische Deter-mination bei weiblichen Homosexuellen größeren Einfluss haben sollte als bei männlichen belegt, daß selbst er nicht alle psychosexuellen Paradigmen seiner Zeit überwinden konnte. Freud befreite die Homosexualität aus den Fesseln der Degeneration, Krankheit und Vererbung – die neu gewonnene Freiheit teilte er jedoch recht ungleichmäßig unter den Geschlechtern auf.

40 Ebd., S. 560

41 Ebd.

42 Vgl. Peter Gay, Freud. Eine Bio-graphie für unsere Zeit, Frankfurt am Main 1989, S. 164 ff.

Neda Bei

Die sozial unschädliche Verbrecherin: Frauen und der §129 I b StG

Bekanntlich ist 1971 die Änderung des österreichischen Strafgesetzes in Kraft getreten, die als „kleine Strafrechtsreform" historisch geworden ist: Sex zwischen Frauen über vierzehn war nicht mehr als Verbrechen der „Unzucht wider die Natur" strafbar. Als wichtiges Motiv galt die geringere Sozialschädlichkeit der weiblichen Homosexualität im Vergleich zur männlichen. Bis dahin hatte seit dem Jahr 1852 der §129 I b Strafgesetz (StG) gegolten:

„§129. Als Verbrechen werden auch nachstehende Arten der Unzucht bestraft:
I. Unzucht wider die Natur, das ist
a) mit Tieren;
b) mit Personen desselben Geschlechtes."

Über die praktische und symbolische Bedeutung dieser Bestimmung für Frauen gehen die Meinungen auseinander. Einzelne mögen ja sogar meinen, daß die Strafrechtsdrohung ausschließlich für Sex zwischen Männern gegolten habe. In dieser phantasmatischen Verkennung der historischen Wirklichkeit ist die Wahrheit aufgehoben, daß das Strafrecht Frauen und Männer unterschiedlich trifft. Über die Wirklichkeit der Anwendung des §129 I b StG auf Frauen wissen wir allerdings nur in Fragmenten Bescheid. Das liegt nicht nur an Gegebenheiten des Archivbestandes (Wiener Strafakten der Neuzeit und der Zeitgeschichte), die uns auf Rekonstruktion und Analyse der Normebene verweisen.

Ich möchte im folgenden einige solcher vorgefundenen[1] Fallfragmente dokumentieren.

1887: Betti S.

In seiner Entscheidung vom 18. Februar 1887, Z 11 854 (Slg 1028) verwarf der k.k. Oberste Gerichtshof die Nichtigkeitsbeschwerde von Betti S. gegen das Urteil des Kreisgerichtes Znaim; das Kreisgericht hatte sie „des im §129 I b St.G. vorgesehenen Verbrechens, begangen durch die als ‚Lesbische Liebe' bezeichnete Unzucht wider die Natur" mit Maria K. schuldig erkannt. Betti S. brachte vor, daß die Kriterien der angewendeten Strafbestimmung nicht zuträfen, und sie nicht zurechnungsfähig sei.

Aus den in dieser Entscheidung behandelten Rechtsfragen können wir begrenzte Rückschlüsse auf den Sachverhalt und das Verfahren in den Vorinstanzen ziehen. So hatte sich Betti S. darüber beschwert, daß das Kreisgericht Znaim im Urteil die §§127 und 128 StG entgegen dem Analogieverbot im Strafrecht angewendet hätte. Der k.k. Oberste Gerichtshof merkte nebenher an, daß „die Formulirung des Schuldspruchs" für diesen Vorwurf „nicht den mindesten Anhaltspunkt" gewähre. Zugleich rügte die oberste Instanz jedoch das Znaimer Kreisgericht für die überflüssige Erwähnung dieser Bestimmungen „im Urtheilsenunciate" (die §§127 und 128 StG bezogen sich auf Notzucht und Schändung und relevieren eine Altersgrenze von 14 Jahren; vermutlich war Maria K. noch nicht 14 Jahre alt). Deutlicher als der vermutliche Sachverhalt sind Themen in der Entscheidung

1 Neda Bei, Legitimität und Krise. Zur sozialen Kontrollfunktion des Rechts am Paradigma der Homosexualität. Österreichische Gesellschaft für Homosexuellenforschung und Lesbierinnenforschung (ÖGHL), Soziale Probleme sexueller Minderheiten. Die Situation der männlichen und weiblichen Homosexuellen in Österreich. Endbericht im Rahmen des Forschungsprogramms des Bundesministeriums für Wissenschaft und Forschung „Verarbeitungsmechanismen der Krise", Wien 1986 und 1987 (unveröffentlichter Projektbericht), S. 116/1 – 116/332, S. 389 und Anhang I – XXIII. Kopie in der Sozial- und wirtschaftswissenschaftlichen Studienbibliothek der Arbeiterkammer Wien; Neda Bei, Das Monstrum ist der Fall. Báthory, Kadivec, Luner, Papin & Papin und die Grenzen eines semantischen Feldes, in: Wie werden aus Menschen Monstren? (Projekt im Auftrag des BMWuF; Projektleitung: Adolf Holl), manuskripte 109 (1990), S.118–139

reflektiert, die der juristischen Praxis und in der Legistik zur Diskussion standen: Homosexualität als schuldausschließende krankhafte Veranlagung; ein ausschließlich auf männliche Homosexualität bezogener strafrechtlicher Unzuchtsbegriff. Der Gerichtshof brachte beide darauf bezogenen Argumentationslinien der Verteidigung von Betti S. zum Scheitern.

Die behauptete Unzurechnungsfähigkeit erachtete der Gerichtshof als unerheblich, da er in „technischen Fragen" nicht an ein Experten-Gutachten gebunden sei. In das Zentrum seiner Entscheidung stellte der Gerichtshof die Auslegung der Worte „Unzucht mit Personen desselben Geschlechtes": mit diesem Wortlaut sei im §129 I b StG auch „die inter feminas verübte sodomia ratione sexus gemeint, [...] jene von der Ordnung der Natur abweichende Befriedigung des Geschlechtstriebes, welche unter dem Namen der Lesbischen Liebe (Tribadie) bekannt ist." Dieses Ergebnis leitete der Gerichtshof historisch ab. Er belegte knapp und so gut wie lückenlos die inhaltliche Kontinuität des österreichischen Strafrechts seit der Constitutio Criminalis Carolina 1532.[2]

Diese Figur des Rekurses auf einen historischen Unzuchtsbegriff baute der k.k. Oberste Gerichtshof in einer Entscheidung aus 1902 sogar noch weiter aus (12.9. 1902, Z.1 835, Slg 2 747). Der Kontext der Entscheidung Slg 2 747 war freilich ein anderer; hier hob der Gerichtshof den Freispruch des Siegbert G. von der Anklage nach §129 I b StG auf. Begründung: das Landesgericht Graz habe durch Abstellen auf die Beischlaffähigkeit rechtsirrig entschieden; diese sei nicht zuletzt im Hinblick auf die Strafbarkeit lesbischer Handlungen irrelevant, da „ein beischlafähnlicher Akt zwischen Frauenspersonen kaum denkbar [wäre]".[3] Dazu zitierte der Gerichtshof in einer ausführlichen Fußnote eine eigene Entscheidung aus dem gleichen Jahr, in der er rechts- und ideenhistorisch das antilesbische bzw antischwule österreichische Strafrecht der Neuzeit bis zum kanonischen Recht zurück verfolgte.[4]

Diese beiden Entscheidungen zeigen eine spezifische Tatbestandskontinutität im österreichischen Strafrecht bis zum Inkrafttreten des Strafgesetzes 1852. Antihomosexuelles bzw antilesbisches Strafrecht erschien am Ende des 19. Jahrhunderts offenbar nur mehr durch einen Rekurs auf das Kirchenrecht zweifelsfrei begründbar; die aufgehobene Entscheidung des Freispruchs von Siegbert G. durch das Landesgericht Graz wiederum belegt liberale Tendenzen der Rechtsnwendung. Damit ist der bestimmende Gegensatz aufklärerisch-liberaler und neoabsolutistisch-restaurativer bzw klerikal-konservativer Positionen in der Geschichte der österreichischen und deutschen Strafrechtsreform im 19. Jhdt angesprochen. Der restaurative und neoabsolutistische Charakter des Strafgesetzes 1852 wird bei der Homosexualität nicht zuletzt daran deutlich, daß eine Strafdrohung von einem bis zu fünf Jahren schweren Kerkers in qualifizierten Fällen bis zu zehn bzw zwanzig Jahren (§130 StG 1852) die wesentlich mildere Strafdrohung des Strafgesetzes 1803 ablöste, Kerker zwischen sechs Monaten und einem Jahr. Damit verbunden war eine systematische Änderung: hatte §113 StG 1803 die „Verbrechen der Unzucht gegen die Natur und der Blutschande" zu einem Tatbestand zusammengefaßt, faßte das StG 1852 im Tatbestand der „Unzucht wider die Natur" die Tatbilder der männlichen und weiblichen Homosexualität als sodomia ratione sexus in der Tradition des Sodomiedelikts der Peinlichen Halsgerichtsordnung Karls V. mit der sodomia ratione generis zusammen. Bestrebungen zur Reform des österreichischen Strafrechts im 19. Jhdt. scheiterten. Weder der Strafgesetzentwurf von Hye (1867) noch der Entwurf, den Julius Glaser 1874 als Regierungsvorlage einbrachte, gelangten überhaupt zu einer Beratung im Plenum des Abgeordnetenhauses. Der Entwurf Glaser hatte die Zurückdrängung der Todesstrafe zum Schwerpunkt und war am deutschen StG von 1870 orientiert; er sah in §190 eine gänzliche Entkriminalisierung der weiblichen Homosexualität vor und systematisierte die männliche Homosexualität als Vergehen. Die von der feudalkonservativen Regierung 1889 und 1891 vorgelegten, ebenfalls nicht verwirklich-

2 Bei, Legitimität, Abschnitt 4.2., S. 116/22 – S. 116/108. Artikel 116 CCC lautete: „Straff der Vnkeusch, so wieder die Natur beschicht. Item so ein mensch mit einem Viehe, Man mit Man, Weib mit Weib Vnkeusch treibenn, die habenn auch das lebenn verwurckt, Vnd man solle sy, der gemeynen gewonheit nach, mit dem feure vom lebenn zum tode richten."

3 Vgl ebda, S.120

4 Volltext des Zitats aus der Cassationsentscheidung vom 11.4.1902, Z.13.517, zur Genesis des §129 St.G. im Faksimile: Bei, Monstrum, Anhang I: Selbszitat des k.k. Obersten Gerichtshofs in seiner Entscheidung vom 12. September 1902, Z. 1.835 (Slg. 2.747), S.138

ten Strafgesetzentwürfe Schönborn kehrten zwar zur grundsätzlich gleichen Strafbarkeit weiblicher und männlicher Homosexualität in der Tradition des Sodomiedelikts zurück, systematisierten sie jedoch nicht mehr als Verbrechen.[5]

Krafft-Ebings 1894 erschienene Schrift „Der Conträrsexuale vor dem Strafrichter", ein Plädoyer für die Schuldfreiheit der homosexuellen „Naturanlage", hatte ein ambivalentes Ergebnis: die Schuldfreiheit hatte die Einschränkung der Rechtssubjektivität zum Preis; die Untersuchung des Geisteszustandes sollte verpflichtend werden.[6] Die Praxisrelevanz dieses Zugangs ist in der zitierten Entscheidung des k.k. Obersten Gerichtshofs aus 1887 dokumentiert. Krafft-Ebings Zugang bedeutet eine Abkehr von der Tradition des Sodomiedelikts, einen Paradigmenwechsel von der Kriminalisierung zur Pathologisierung durch die neue scientia sexualis. Die Sexualwissenschaft schrieb die Lesbierinnen und Homosexuellen in die perverse species der „Degenerierten" ein; Michel Foucault erblickte darin die kommenden Staatsrassismen.

1924: Edith Kadivec[7]

Am 27. Februar 1924 begann am Landesgericht für Strafsachen Wien vor einem dreiköpfigen Schöffensenat der „Sadistenprozeß". Angeklagt war Ida Edith Kadivec, damals Mitte vierzig, der Schändung (§128 StG), der Verführung ihrer Aufsicht anvertrauter Personen zur Unzucht (§132 III StG), der Unzucht wider die Natur mit Personen desselben Geschlechts (§129 I b StG) und der Verfälschung einer Personenstandsurkunde (Übertretung nach §320 e StG). Zugleich der Schändung und/oder Verführung zur Unzucht angeklagt waren Eugenie Degrassi sowie sechs Männer. Nach Verlesung der Anklageschrift wurde die Öffentlichkeit von der Verhandlung ausgeschlossen.[8] Am 1. März 1924 zog Staatsanwalt Kadecka die Anklagen gegen den Burgschauspieler Hermann Romberg und den Statthaltereisekretär a.D. Leopold Chlumecky zurück; sie wurden freigesprochen.[9] Die Schöffen befanden Edith Kadivec am 1.März 1924 folgender Verbrechen schuldig: der Schändung ihrer Tochter sowie anderer ihrer Aufsicht anvertrauten Kinder; und der Verführung Abhängiger – ihrer Tochter sowie einer sechzehnjährigen Schülerin – zur Unzucht. Ebenfalls fanden sie Kadivec des Urkundendelikts schuldig. Über die Anklage nach §129 StG berieten die Schöffen jedoch nicht mehr (diese hatte der Staatsanwalt offenbar zurückgezogen). Edith Kadivec erhielt eine Strafe von sechs Jahren schweren Kerkers.[10]

Bis zur Berufungs- bzw Revisionsentscheidung des Obersten Gerichtshofs am 13.6.1924 war Kadivec gegen Kaution enthaftet und wurde im Sanatorium Hacking betreut. Der OGH setzte die Strafe auf fünf Jahre schweren Kerkers herab. Kadivec wurde zum Strafvollzug nach Sankt Pölten überstellt; im November 1924 wurde sie vorübergehend am Steinhof (Wien) psychiatrisch stationär betreut. Zur gleichen Zeit war am Steinhof der Sensationsjournalist Valentin Schuster, später in der NS-Presse tätig, wegen „Kokainismus" in Behandlung; er entwendete aus der Anstaltsregistratur wesentliche Teile des Strafakts von Edith Kadivec.[11] Darunter dürften diejenigen Aktenstücke sein, die uns direkt über den juristischen Kern des Verfahrens im Jahr 1924 Aufschluß geben könnten: das erste psychiatrische Gutachten über Edith Kadivec, die Anklageschrift, das Protokoll der – teilweise nicht öffentlichen – Hauptverhandlung, das Urteil erster Instanz, u.U. eine Durchschrift der oberstgerichtlichen Entscheidung. Diesbezüglich sind wir auf die Berichterstattung der seriösen Tagespresse und Rückschlüsse aus vorhandenen Aktenstücken angewiesen. Weitgehend erhalten sind die zahlreichen Wiederaufnahmeanträge, mit denen Edith Kadivec zunächst eine Aufhebung der Strafhaft, nach ihrer Entlassung aus der Strafhaft die Wiederherstellung ihres Rufes, die Wiedererlangung der Vormundschaft über ihre Tochter und andere Wiedergutmachungen anstrebte. Kadivec befaßte ohne Erfolg die Instanzen der Ersten Republik, das klerikalfaschistische Regime, das national-

5 Bei, Legitimität, S. 116/40–116/46, mwH auf die Interdependenzen der deutschen und österreichischen Strafrechtsreformdiskussion

6 vgl Bei, Legitimität, Abschnitt 4.2.2.2.Anmerkungen zum rassehygienischen Diskurs, S. 116/52 ff.; ausführlichst nunmehr Claudia Schoppmann, Nationalsozialistische Sexualpolitik und weibliche Homosexualität, Pfaffenweiler 1991, 119 ff. mit weiteren Hinweisen auf die Arbeiten von Hanna Hacker

7 sprich: Kadíwetz

8 Der Sittenprozeß gegen die Sprachlehrerin Kadivec und ihre Mitbeschuldigten, in: Neue Freie Presse, Nr. 21 359, 27. Februar 1924

9 Aus dem Gerichtssaal. Der Prozeß Kadivec, in: Neue Freie Presse, 1. März 1924, S. 10

10 Vr XI 150/24 ON 24 Beratungsprotokoll 27.2.24, Wiener Stadt- und Landesarchiv, Strafakt Edith Kadivec; Neue Freie Presse 2. März 1924, Morgenblatt, S. 15

11 Der Mungo der „Doetz", in: Arbeiter-Zeitung, 21.9.1933; Verbrecherlaufbahn eines führenden braunen Journalisten, in: Reichspost (Wien), 20.9.1933, Tagblattarchiv in der Arbeiterkammer Wien, Valentin Schuster. MwH siehe: Eckart Früh, Valentin Schuster alias Mungo – das ist der Name eines tropischen Stinktiers im braunen Blätterwald, in: Macht Literatur Krieg. Österreichische Literatur im Nationalsozialismus, hrsg. v. Uwe Baur/Karin Gradwohl-Schlacher/Sabine Fuchs (Fazit. Ergebnisse aus germanistischer und komparatistischer Literaturwissenschaft 2), Wien – Köln – Weimar 1998, S. 227–245

sozialistische Regime und auch noch die Zweite Republik mit Eingaben und Wiederaufnahmeanträgen. Diese lassen sich als Intertext zu den unter ihrem Namen erschienenen autobiographischen Texten lesen, in denen das Strafverfahren eine bedeutende Stelle einnimmt[12]; der Intertext der Wiederaufnahmeanträge erhellt die apologetische Intention des autobiographischen Texts.

Daß das Strafurteil, insbesondere das Strafausmaß von ZeitgenossInnen durchaus kritisch beurteilt wurde, ist allerdings dokumentiert.[13] Eine Rekonstruktion und Bewertung des Strafverfahrens gegen Edith Kadivec bleibt komplex, vor allem wenn wir versuchen, die Berichterstattung der seriösen und der Boulevard-Presse im zeithistorischen Kontext einzubeziehen. Aus dem vorhandenen Aktenmaterial läßt sich in Ansätzen der Zugang der polizeilichen Ermittler und der Justiz rekonstruieren, und unsere Wahrnehmung vermag zu kippen: identifizieren wir uns mit der Sichtweise der Polizei und lassen uns auf die Details der Ermittlung und Voruntersuchung ein, mag die Apologie als Verleugnen und Beschönigen erscheinen. Die Berichterstattung der Presse schien eine verwirrende Vielzahl von ZeugInnen und Aussagen generiert zu haben und auch nicht ohne Eindruck auf den U-Richter geblieben zu sein.

Der sensationelle „Sadistenprozeß" des Jahres 1924 kam am 23. Dezember 1923 durch eine Abgängigkeitsanzeige in Gang. Die Büglerin und Wäscherin Anna Griessl war sowohl bei Edith Kadivec als auch in einem anderen Privathaushalt beschäftigt; ihr zweiter Arbeitgeber erstattete für sie die Anzeige über die Abgängigkeit ihrer zwölfjährigen Tochter Gretl Pilz (Gretl führte den Namen ihrer Mutter, bevor diese geheiratet hatte). Edith Kadivec lebte zusammen mit ihrer gleichnamigen, dreizehnjährigen Tochter in einer Atelierwohnung im ersten Bezirk; in diesen Haushalt hatte sie Gretl als Pflegekind aufgenommen und sich im Juli 1923 zur Vormünderin bestellen lassen. Gretl war seit 22.12.1923 abgängig; sie war zu einer Bekannten gelaufen, die mit ihr am 24.12.1923 zum Jugendgericht ging und Anzeige erstattete. Der Staatsanwalt beim Jugendgericht, Kadecka, leitete polizeiliche Erhebungen ein. Edith Kadivec war dem Jugendgericht durch ein bezirksgerichtliches Strafverfahren aus dem Jahr 1922 bekannt; sie war in zweiter Instanz vom Vorwurf der Mißhandlung eines Schülers (§420 StG) freigesprochen worden; Anzeige hatten dessen Eltern erstattet.

Am 3.1.1924 wurde Gretl amtsärztlich untersucht und von der Polizei vernommen. Sie berichtete über ihre Verpflichtung zur Hausarbeit, und die gute Kost. Als Grund, warum sie davongelaufen sei, und das zum dritten Mal seit der Übernahme der Pflegschaft durch Edith Kadivec, schilderte sie detailliert Bestrafungen, Inszenierungen, ständige Schläge, die sie nicht mehr ausgehalten habe. Kadivec habe sie auch in der Anwesenheit männlicher Zuschauer geschlagen, die Kadivec dafür Geld gegeben hätten. Auch sagte Gretl Pilz:

„Einmal kam ich in den Salon und überraschte sie, wie sie einen Herrn, der den Popo entblößt hatte und über dem Diwan lag, gerade durchgepeitscht hatte; die Peitsche warf sie weg, haute mir links und rechts eine herunter, sodaß ich zu Boden fiel."[14]

Am 3.1.1924 unternahm die Sittenpolizei (Polizeidirektion Wien) eine Hausdurchsuchung in der Wohnung von Edith Kadivec und fand „derartig überraschendes Belastungsmaterial", daß an den Angaben von Gretl Pilz „nicht der geringste Zweifel mehr möglich war". Die Ermittler waren von Gretl Pilz' erster Aussage und deren prompter Bestätigung durch die Ergebnisse der Hausdurchsuchung nachhaltig beeindruckt; sie beschlagnahmten eine „Kollektion von Peitschen, Ruten und Rohrstaberln, sadistischen Bildern, Katalogen, etc.", umfangreiche Korrespondenzen und ein Notizbuch, in dem Kadivec verschlüsselte Aufzeichnungen über in Inflationszeiten nicht unerhebliche Einnahmen führte.[15] Edith Kadivec und ihre Tochter wurden festgenommen, danach Edith Kadivec junior ebenso wie Gretl Pilz der Fürsorge übergeben.

In ihrer ersten polizeilichen Vernehmung gab Edith Kadivec senior am Abend

12 Edith Kadivec / Edith Cadwé, Mein Schicksal. Bekenntnisse. Leipzig – Wien o.J.; Edith Cadivec, Bekenntnisse und Erlebnisse. München (heyne) 1977; Edith Cadivec, Eros der Sinn meines Lebens, München (heyne) 1978

13 Bei, Monstrum, S. 126 ff.

14 Vr XI 150/24 ON 11 Polizeierhebungsakt: Vernehmungsprotokolle 3.1.1924 im Anhang zur Anzeige der PolDion Wien 7.1.1924 zu S.A. 138/24, Wiener Stadt- und Landesarchiv, Edith Kadivec

15 Vr XI 150/24 ON 11 Polizeierhebungsakt: Anzeige der PolDion Wien 7.1.1924 zu S.A. 138/24, Wiener Stadt- und Landesarchiv, Edith Kadivec

des 3.1.1924 zu Protokoll: „Ich bin (masochistisch) sadistisch veranlagt und stand bei einem Kliniker, dessen Namen ich vorläufig nicht preisgebe, seit 6 Jahren in Behandlung; ich fühle sexuell nicht normal. [...] Ich bin mehr sadistisch als masochistisch sexuell orientiert; einen normalen Geschlechtsverkehr mit Männer[n] perhorresziere ich.“[16]

Sie berief sich somit von Anfang an auf ihre Naturanlage als Sadistin und Mutter; dies wurde rechtlich als Geständnis ausgewertet, auf psychologischer Ebene stützte es die Einschätzung, daß Kadivec hochtrabende und hochstaplerische Züge aufwies. Inwieweit diese „zynischen“ Aussagen darüber hinaus provozierten, bleibt Gegenstand der Vermutung.

Weitere Vernehmungen von Besuchern und SchülerInnen folgten am 4.1.1924. Am 5.1.1924 überstellte das Sittenamt bei der Polizeidirektion Wien Edith Kadivec in das Gefangenenhaus des Landesgericht für Strafsachen I.[17] Am 7.1. 1924 erstattete die Polizeidirektion Wien Anzeige an die Staatsanwaltschaft gegen Edith Kadivec, Walter Taussig und Paul Kotányi wegen der §§93, 128 und 132 StG (Einschränkung der persönlichen Freiheit, Schändung, Verführung zur Unzucht – Kuppelei). Die Anzeige der Polizeidirektion Wien begann – nachvollziehbar und exakt – mit den Worten: „Schwere sadistische Verfehlungen an Kindern haben sich zuschulden kommen lassen: [...]“ und endete mit dem Hinweis auf eine oberstgerichtliche Entscheidung aus 1906 zur Strafbarkeit von Zuschauern bei sadistischen Vorführungen.[18] Am gleichen Tag wurden die gerichtliche Voruntersuchung eingeleitet und die Untersuchungshaft verhängt.

Allerdings dürfte die tatbestandsmäßige Einordnung der zunächst scheinbar klar feststehenden, dann sich immer mehr auffächernden Tatsachen die Justiz vor Probleme gestellt haben. So wurde erst durch die Berufungsentscheidung des OGH im „Sadistenprozeß“ klargestellt, daß das sadistische Auspeitschen von Kindern den Tatbestand der Schändung erfülle (OGH 13.6.1924 SSt IV 63). In der Tagespresse vom 8. und 9. Jänner 1924 erschienen die ersten Sensationsberichte über die Verhaftungen; einzig die „Arbeiterzeitung“ kritisierte die Polizei – und damit wesentlich Polizeipräsidenten Schober – wegen ihrer Praxis, „den kapitalistischen Blättern“ Informationen zur Verfügung zu stellen, „während sich die offizielle Polizeikorrespondenz in Schweigen hüllt“, und forderte Diskretion im Interesse der Untersuchung.[19]

Parallel dazu erfolgten die ersten Beschuldigtenvernehmungen durch den U-Richter; der Kreis der ZeugInnen und Beschuldigten weitete sich aus. Am 10.1.1924 erging eine Nachtragsanzeige der Polizeidirektion Wien an die Staatsanwaltschaft gegen Eugenie Degrassi, die sich bereits im Strafverfahren 1922 gegen Edith Kadivec mit einem anonymen Schreiben an den zuständigen Richter gewandt haben wollte; „sie habe auch darauf aufmerksam gemacht, daß die Mutter mit ihrer Tochter Edith ein lesbisches Verhältnis unterhalte“ (dies konnte dieser Richter jedoch gegenüber der Polizei nicht bestätigen).[20] In diesem Sinne vernahm der U-Richter jedenfalls Edith Kadivec junior als Beteiligte bzw. Beschuldigte der „Unzucht wider die Natur“ (für sie wäre das Jugendgericht zuständig gewesen) und hielt ihr §129 I b StG vor.

„Bezüglich des Vorhaltes in der Richtung des §129 I b Stg. bleibe ich bei meinen polizeilichen Angaben, die ich nicht wieder wiederholen will [Anm NB: Referenzstelle unklar]. Der erwähnte Vorfall ereignete sich dreimal in längeren Intervallen und ist es richtig, daß mir meine Mutter, die mich übrigens darüber, wie die Kinder zur Welt kommen, vollkommen aufgeklärt hatte, zu mir sagte, das sei die richtige Liebe zwischen Mutter und Kind. Meine Mama sagte mir auch öfters, daß ich, wenn ich größer werde, heiraten oder auch ledig bleiben könne, sie schreibe mir da garnichts vor.

Ein einziges Mal vor einigen Monaten habe ich die Mama aus Spaß im Bade auf ihren Geschlechtsteil geküßt. Die Mama sagte gar nichts dazu. Ich tat dies aus eigenem Antriebe, nicht über Verlangen meiner Mama. Ich habe sonst alles bei der

16 Vr XI 150/24 ON 11 – Polizeierhebungsakt: Vernehmungsprotokoll 3.1.1924 im Anhang zur Anzeige der PolDion Wien 7.1.1924 zu S.A. 138/24, Wiener Stadt- und Landesarchiv, Edith Kadivec

17 Vr XI 150/24 ON 4 Übernahmsbericht Kadivec Wiener Stadt- und Landesarchiv, Edith Kadivec

18 Vr XI 150/24 ON 11 Polizeierhebungsakt: Anzeige der PolDion Wien 7.1.1924 zu S.A. 138/24, Wiener Stadt- und Landesarchiv, Edith Kadivec

19 Bei, Monstrum, S.128

20 Vr XI 150/24 ON 20 Nachtragsanzeige der PolDion Wien 10.1.1924 zu S.A. 138/24, Wiener Stadt- und Landesarchiv, Edith Kadivec

Polizei wahrheitsgemäß erzählt und möchte nicht noch einmal alles wiederholen. V.g.g. Edith Cadwé"

„Amtsvermerk [Anm NB: des U-Richters]: Die Angezeigte brach während ihrer Vernehmung wiederholt in heftiges Weinen aus, sodaß sich eine eingehendere Befragung als nicht möglich erwies. Sie machte einen intelligenten Eindruck, sieht in körperlicher Beziehung wie ein Mädchen von 15 Jahren aus und machen ihre Angaben den Eindruck der Glaubwürdigkeit. Dr. Berger"[21]

Es erscheint aus heutiger Sicht erschreckend, daß das mögliche Objekt einer inzestuösen und libidinösen Verstrickung selbst eine strafrechtliche Verfolgung zu gewärtigen hat. Es ist unklar, inwieweit diese Vorgangsweise üblich war, oder ob im besonderen Fall Druck auf Edith Kadivec ausgeübt werden sollte. Die Tagespresse berichtete während des Monats Jänner 1924 weiterhin über Verhaftungen prominenter Beschuldigter. Am 22.1.1924 verfügte der U-Richter die psychiatrische Untersuchung aller Beschuldigten mit Ausnahme des Statthalterei-sekretärs a.D. Chlumecky. Auch im Kontext einer möglichen Schuldaus-schließung oder Unzurechnungsfähigkeit ist die Berufung auf die Naturanlage als Sadistin und Mutter zu sehen. Erschwerend aus Sicht der verfolgenden Behörden erschien sicherlich der listige Aufwand, mit dem Edith Kadivec sich ärztliche Gutachten über reduzierte kognitive Fähigkeiten von Gretl Pilz beschaffte; sicherlich nicht zu Unrecht nahmen Polizei und Justiz an, daß Edith Kadivec nicht, wie sie behauptete, aus uneigennützigen Motiven an einem armen Kind gehan-delt hatte, sondern aus dem Motiv, in einer sozial und ökonomisch benachteilig-ten Schicht auf weniger Widerstand gegen ihre Verfügungsgewalt als Vormünderin zu stoßen.

Gehen wir nach der Berichterstattung über den Sadistenprozeß in der Wiener Presse, so war dieser viel wichtiger als der zeitgleich in München stattfindende Hochverratsprozeß gegen Adolf Hitler.[22]

1948: Valerie Mieszkovsky und Stefanie Hein

Im April 1948 wurden vor dem Oberlandesgericht Wien als Schwurgericht drei Frauen verurteilt. Die achtundzwanzigjährige Angestellte Valerie Mieszkovsky wurde zum Tod durch den Strang verurteilt: Mord; Unzucht wider die Natur (§129 I StG); Brandlegung; und schließlich auch noch das Vergehen des Waffen-besitzes. Ihre Mutter Amalie Mieszkovsky wurde wegen Beteiligung am Mord zu zweieinhalb Jahren schweren Kerkers verurteilt (verschärft mit vierteljährlichem harten Lager). Stefanie Hein, die Witwe des Ermordeten, wurde wegen §129 I b StG mit einem Jahr schweren, mit hartem Lager verschärften Kerkers bestraft.[23]

Die Beziehung von Stefanie Hein und Valerie Mieszkovsky hatte während der Kriegsjahre begonnen; als Karl Hein, Stefanies Ehemann, aus der Kriegsgefangen-schaft heimkehrte, entwickelte sich „ein sonderbares Dreieck". Er starb im Früh-jahr 1947 an einer vergifteten Cremeschnitte und an einer Tasse Tee, die mit Veronal versetzt war.[24]

Zwei psychiatrische Gutachter bejahten die Zurechnungsfähigkeit von Valerie Mieszkovsky.[25] Während der Verhandlung der Vorwürfe nach §129 I StG war die Öffentlichkeit ausgeschlossen. Ob Mutter und Tochter Mieszkovsky Rechtsmittel ergriffen und ob die Todesstrafe vollstreckt wurde, ist unklar. Dazu sei daran erinnert, daß die Todesstrafe in Österreich formal erst im Februar 1968 aufge-hoben wurde (Strafrechtsänderungsgesetz 1968, BGBl 74, und Bundesgesetz vom 26. März 1969, BGBl 145, über die Einführung eines Strafvollzugsgesetzes). Den weiteren Kontext der Fragen der Rechtsüberleitung des zwar im Grunde ab 1938 weitergeltenden, jedoch durch Tatbestandssubstitutionen materiell geänderten österreichischen Strafrechts, sowie auf die Fragen der Rechtsüberleitung antihomosexuellen Strafrechts nach 1945 unter den unterschiedlichen Bedingungen in der DDR, der BRD und in Österreich kann ich hier nur generell ansprechen.[26]

21 Vr XXXI 150/24 ON 49 Beschul-digtenvernehmung Edith Kadve (Edith Cadwé iun.), Wiener Stadt- und Landesarchiv, Edith Kadivec

22 Vgl jedoch: Hitlerprozeß, in: Wiener Bilder 9 (1924), S. 4

23 Giftmischerin: Tod durch Strang, in: Wiener Zeitung, Nr. 99, Dienstag, 27. April 1948, S. 3

24 Rachemord einer Giftmischerin, in: Wiener Zeitung, Nr. 97, Samstag, 24. April 1948, S. 4

25 Todesurteil gegen einen Capo von Dachau [NB: mit Berichterstattung über weitere Strafverfahren], in: Wiener Zeitung, Nr, 98, Sonntag, 25. April 1948

26 Bei, Legitimität, Abschnitt 4.2.2.3. Das Problem antihomosexuellen Straf-rechts nach 1945. S. 116/60–116/66, mit detaillierten normativen Hinweisen zur Weitergeltung des österreichischen Strafrechts ab 1938 und zur Rechts-überleitung; bezüglich der öster-reichischen Rechtslage faktisch aus-führlich Schoppmann, National-sozialistische Sexualpolitik, S. 110 ff.

1949: Ferdinand Höfler

Margarethe Höfler war transident Ferdinand Höfler und mußte sich 1949 im Alter von 34 Jahren in Graz strafgerichtlich verantworten.

Er trug seit 1932, seinem 17. Lebensjahr, die seiner subjektiven Geschlechtsidentität entsprechende Kleidung. Mit 26 Jahren, im Jahr 1941, lernte Ferdinand auf einem Krankenpflegekurs in Marburg Olga Jaschowitz kennen; er heiratete sie zuerst standesamtlich, dann kirchlich. 1945 wurde Ferdinand zum Volkssturm, einer Miliz mit Kombattantenstatus, eingezogen. Er lebte sieben Jahre mit seiner Frau zusammen, bis gegen ihn nach dem §129 I b StG Anklage erhoben wurde. Nach seiner Vernehmung wurde die Hauptverhandlung für nicht öffentlich erklärt und vertagt, um ein Fakultätsgutachten einzuholen.[27] Der Ausgang des Verfahrens ist mir nicht bekannt.

Männliche Zeitzeugen erlebten die vierziger Jahre und fünfziger Jahre hinsichtlich der Strafdrohung als Kontinuum; das Weiterbestehen der Strafdrohung und ihre Anwendung wirkten in den fünfziger Jahren in Österreich zweifelsohne als Zensur für das Sprechen über Erfahrungen im Faschismus.[28] Ab Mitte der sechziger Jahre schien „der Paragraph" nur mehr so zurückhaltend angewendet worden zu sein, daß schwule Männer die kleine Strafrechtsreform nicht mehr als wesentliche Änderung im Tatsächlichen wahrnahmen.[29] In Wien ist mir ein einziger Fall bekannt geworden, in dem eine Frau, vielleicht nicht zufällig ein kesser Vater, „in den Paragraphen gefallen" ist; diese Tatsache machte allerdings ihre Geliebte im Scheidungsverfahren durch den Ehemann erpreßbar. Sie stimmte einer Scheidung zu sehr schlechten Bedingungen zu.[30]

Was wissen die Juristen?

Der Jurist wisse über die Möglichkeiten der Liebesbedingungen und -wirkungen Bescheid und greife mit merkwürdigen Voraussetzungen und Erfolgen in das Räderwerk der Natur ein, meinte der als Jurist ausgebildete Psychoanalytiker Viktor Tausk[31] und sagte damit etwas über das Unbewußte des juristischen Diskurses aus. Die juristische Institution beruht nach Pierre Legendre auf einer Technik des Glauben-Machens und auf der Ordnung der Zensur/Kirchenstrafe, die jedem Fremden den Eintritt verwehrt und eine Ordnung im Namen des Einen ist. Gott hat den Menschen nur als Mann gemacht: die dogmatische Ordnung ist ein radikal anthropologischer Diskurs.[32] Der strafrechtlichen Kategorie „Unzucht" konnotiert die Begriffsopposition (Zucht/Unzucht) und damit nicht nur ein generelles Unwerturteil über nicht prokreative sexuelle Praktiken, sondern auch ein Menschenbild.

27 Ferdinand ist eine Margarete: Unzuchtsprozeß in Graz, in: Wiener Zeitung, Nr. 224, Sonntag, 25.9.1949, S. 5

28 Bei, Legitimität, Abschnitt 4.3.5 Erfahrungsfragmente / 4.3.5.9. Gespräch: K. Zeilen 985–1020, S. 116/149–218

29 Ebda., Zeilen 45–90, S.116/149–217 f.

30 Bei, Legitimität, Abschnitt 4.3.5. Erfahrungsfragmente/4.3.5.6. Gespräch: Mia, Zeilen 655–1380, S. 116/149–145 ff.

31 Viktor Tausk, Zur Psychologie des Deserteurs (1916), in: Gesammelte psychoanalytische und literarische Schriften, hrsg. v. H.J. Metzger, Berlin – Wien 1983

32 Zu den Thesen von Pierre Legendre, L'amour du censeur. Essai sur l'ordre dogmatique, Paris 1974 siehe Bei, Monstrum, S. 120 f.

Textanhang: Selbstzitat des k.k. Obersten Gerichtshofs in der Entscheidung 12.9.1902, Z 1.835, Slg 2.747

[...] Die Cassationsentscheidung vom 11. April 1902, Z. 13.517, enthält zur Genesis des §129 St. G. unter anderem nachstehende Bemerkungen: „Die weitesten Grenzen sind dem Begriffe der fleischlichen Vergehen im canonischen Rechte gezogen. Auf Grundlage des Can. 13, Caus. 32, Qu. 7 (Flagitia, quae sunt contra naturam, ubicumque et semper detestanda et punienda sunt, qualia Sodomitarum fuerunt), entwickelte sich für derlei Vergehen die allgemeine Bezeichnung Sodomie, unter welche folgende Einzelfälle subsumiert wurden: 1. Sodomia ratione generis (sogenannte Bestialität). 2. Sodomia ratione sexus (Unzucht mit Personen desselben Geschlechtes). 3. Sodomia ratione ordinis naturae (auch genannt concubitus praeposterus, widernatürliche Wollustbefriedigung zwischen Personen verschiedenen Geschlechtes). 4. Incestus (Blutschande). 5. Crimen onaniticum (jeder wie immer geartete abusus genitalium, soferne er einen onanieartigen Charakter hatte, dann die libido in cadavere exstincta). Die Carolina (Constitutio criminalis Carolina Karls V. vom Jahre 1532) schränkte zwar in Art. 116 („Item so eyn mensch mit eynem vihe, mann mit mann, weib mit weib, unkeusch treiben, die haben auch das leben verwürkt, ..." [Siehe Zoepfel's, „Die peinliche Gerichtsordnung Kaiser Karls V. nebst der Bamberger und der Brandenburger Halsgerichtsordnung."]) das Gebiet der widernatürlichen Unzuchtsdelicte auf die sodomia ratione generis und ratione sexus ein, doch gieng der Gerichtsgebrauch in Anlehnung an das canonische Recht über diese Einschränkung hinweg, und so griff denn auch die constitutio criminalis Theresiana vom 31. December 1768 wieder auf die Bestimmungen dieses Rechtes zurück. Unter der Ueberschrift von „Unkeuschheit wider die Natur" bestimmt Art. 74, §1: „Das abscheulichste Laster der Unkeuschheit wider die Natur oder sodomitische Sünd wird verübt, erstlich wenn von einem Menschen mit dem Viehe oder toden Körpern; andertens: wenn zwischen Personen einerley Geschlechts, als Mann mit Mann, Weib mit Weib, oder Weib mit Mann wider die Ordnung der Natur Unzucht getrieben wird, worzu drittens gewissermassen auch die von Jemanden allein begehend widernatürliche Unkeuschheiten zu rechnen sind." Das Strafgesetz Josefs II. vom 13. Jänner 1787 hat im §71, welcher lautet: „Wer die Menschheit in dem Grade abwürdigt, um sich mit einem Viehe oder mit seinem eigenen Geschlechte fleischlich zu vergehen, macht sich eines politischen Verbrechens schuldig", den Begriff der Unzucht wider die Natur abermals auf die sodomia ratione generis und sexus eingeschränkt. Es entfällt gegenüber dem Theresianischen Gesetzbuche die Strafbarkeit der libido in cadavere exstincta, des concubitus praeposterus und der allein verübten Selbstschändung. Aus dieser geschichtlichen Entwickelung des Josefinischen Gesetzbuches, welches die Grundlage des heutigen §129 St. G. wurde, ergibt sich Nachstehendes:

Die Theresiana hat, wenn sie die allein verübte Selbstschändung strafte, die zwischen Personen desselben oder verschiedenen Geschlechtes verübte Onanie sicher nicht straflos lassen wollen. Da nun aus dem Thatbestande nach der Theresiana durch das Josefinische Gesetzbuch neben der Leichenschändung und der Unzucht zwischen Personen verschiedenen Geschlechtes nur noch die allein verübte Selbstschändung ausgeschieden wurde, gelangte man zu dem Schlusse, daß nach dem Josefinischen Gesetze die zwischen Personen desselben Geschlechtes verübte Onanie strafbar blieb. An dieser Folgerung vermag die im Josefinischen Gesetzbuche gewählte Ausdrucksweise „fleischlich sich vergehen" nichts zu ändern, weil das Wort „fleischlich" als Synonym von „sinnlich" gebraucht wurde (Fleischeslust ist Sinneslust), wie ja auch dieses Wort in dem wenige Jahre später erschienenen westgalizischen Strafgesetze als überflüssig weggelassen und seither nicht mehr gebraucht wurde. Das Strafgesetz vom Jahre 1803 recipierte im §113 den durch das Josefinische Gesetzbuch umschriebenen Begriff der widernatürlichen Unzucht in der allgemein gefaßten Bezeichnung „Unzucht wider die Natur" und erst jenes vom Jahre 1852, welches sich im Kundmachungspatente nur als eine neue Ausgabe des Gesetzes vom Jahre 1803 bezeichnet, fügte jener allgemein gehaltenen Begriffsbestimmung die nähere Bezeichnung a) mit Thieren, b) mit Personen desselben Geschlechtes hinzu. Daß aber das Strafgesetz vom Jahre 1803 und demnach auch jenes vom Jahre 1852 sich in der Begriffsbestimmung „Unzucht wider die Natur" durchaus an das Josefinische Gesetzbuch anschließen wollten, das beweist der die Erläuterung des §113 (jetzt §129) bezweckende Protokollauszug vom 15. Juli 1824 (Nr. 405 bei Maucher). Dort wird ausdrücklich hervorgehoben, dass unter Unzucht wider die Natur nach §113 des Strafgesetzes vom Jahre 1803 nur die im §71 (II. Theil) des Josefinischen Strafgesetzes bezeichneten Unzuchtsfälle zu verstehen seien. Ferner spricht hiefür auch das Hofdecret vom 14. August 1824 (Nr. 405a bei Maucher), mit welchem über die (offenbar im Hinblicke auf die in der Theresiana enthaltene Strafbarkeit der allein verübten Selbstschändung) vorgelegte Frage, ob Selbstschändung als Unzucht gegen die Natur strafbar sei, auf die dem §113 des Strafgesetzes vom Jahre 1803 zugrunde liegende nähere Bezeichnung im §71 des Josefinischen Strafgesetzbuches zu verweisen befunden wurde."

Stefan Dobias

Homosexualität im österreichischen Recht
Historischer Überblick

Die österreichische Rechtslage ist gekennzeichnet davon, daß es bis heute eine Sonderstrafbestimmung für homosexuelle Betätigung gibt. Zumindest seit dem Hochmittelalter war Homosexualität damit auf dem Gebiete Österreichs niemals gänzlich straffrei bzw. mit verschiedengeschlechtlicher Sexualität gleichgestellt[1]. Das Strafgesetz 1852, welches in diesem Punkt unverändert bis 1971 galt, bestimmte in §129 I b als Verbrechen wider die Natur die „Unzucht … mit Personen desselben Geschlechtes" und sah einen Strafrahmen von sechs Monaten bis zu fünf Jahren schweren Kerkers vor. Besonders hervorzuheben ist, daß gleichermaßen Frauen wie Männer von dieser Bestimmung betroffen waren, wodurch sich Österreich insbesondere von Deutschland unterschied. Dieser Unterschied blieb auch während der Naziherrschaft aufrecht, da das österreichische Strafrecht weiter galt. Die Anzahl der verurteilten Männer war freilich stets weitaus größer. Erst durch eine Gesetzesnovelle[2] 1971 wurde §129 geändert und damit das Totalverbot homosexueller Betätigung abgeschafft. Dennoch sah man die Notwendigkeit, gleichgeschlechtliche Sexualität unter Männern nicht ganz straffrei zu stellen. So wurde eine Bestimmung mit dem Titel „Unzucht mit Minderjährigen" eingeführt, eine Bestimmung die heute noch als §209 StGB – in geringfügig geänderter Form – gilt. Somit galt für heterosexuelle und lesbische Kontakte die allgemeine Mindestaltersgrenze von 14 Jahren, für schwule Beziehungen jedoch 18. Der alte Strafrahmen – sechs Monate bis fünf Jahre – wurde beibehalten.

Gleichzeitig wurden aber drei völlig neue Strafbestimmungen eingeführt. So wurde für notwendig erachtet, „Werbung für Unzucht mit Personen des gleichen Geschlechts oder mit Tieren" zu bestrafen und „Verbindungen zur Begünstigung gleichgeschlechtlicher Unzucht" sowie die männliche Prostitution unter Strafe zu stellen, letztere mit strengem Arrest bis zu zwei Jahren. Heterosexuelle Prostitution war legal. In der Praxis geschah es allerdings durchaus, daß homosexuelle Beziehungen dennoch auch als Verletzung der Sittlichkeit oder Schamhaftigkeit verfolgt wurden (§516 StG).

Zur Entstehung dieses Werbeverbotes lohnt sich ein Blick in die Regierungsvorlage[3] zu §517 StG, wo folgende Ansicht vertreten wurde: „Die Kultur, auf der die Gesellschaft der Gegenwart und ihre Rechtsordnung beruhen, ist heterosexuell orientiert. Homosexuelle Akte stehen dazu in einem Spannungsverhältnis. … Die Strafdrohung erfaßt jegliche Form öffentlicher Propaganda. Nicht nur wer zu gleichgeschlechtlichen Sexualhandlungen geradezu auffordert, propagiert diese Form der Unzucht, sondern auch, wer sich mit ihnen öffentlich in einer Weise auseinandersetzt, die anderen Personen eine gleichgeschlechtliche Betätigung nahelegen könnte. Gedacht ist hier vor allem an Schriften, in denen die gleichgeschlechtliche Veranlagung und Betätigung mit dem Nimbus des Edlen und kulturell Wertvollen umgeben, die homosexuelle Lebensart als der heterosexuellen überlegen gepriesen wird." §517 StG wurde nahezu unverändert in das neue Strafgesetzbuch[4] in §220 übernommen.

Die praktisch häufigsten Anwendungsfälle des Werbeverbotes stellten Medien-

1 Ausführlich zu dieser Zeit: Hans-Peter Weingand, Vom Feuertod zu einem Monat Gefängnis. Gleichgeschlechtliche sexuelle Handlungen und Strafrecht in Österreich 1499–1803, in: Invertito, Jahrbuch für die Geschichte der Homosexualitäten, Jg. 1, Hamburg, 1999

2 Strafrechtsänderungsgesetz 1971, BGBl. 273/1971

3 Regierungsvorlage vom 2.6.1970, 39 der Beilagen zu den stenographischen Protokollen des Nationalrates XII. GP., Erläuternde Bemerkungen S. 18

4 Strafgesetzbuch vom 23. Jänner 1974, BGBl. 60 (StGB)

delikte dar. So fand vor dem Landesgericht für Strafsachen Wien[5] 1992 ein Verfahren nach dem Mediengesetz statt, in dem auf Einziehung einer Schrift der Deutschen Aids-Hilfe erkannt wurde. Es handelte sich dabei um eine Aids-Präventionsbroschüre für Schwule, mit dem Titel „Schwuler Sex. Sicher.". Diese war im Oktober 1990 durch das Zollamt am Wiener Südbahnhof sichergestellt und anschließend aufgrund eines richterlichen Beschlusses beschlagnahmt worden. Das Gericht begründete sein Urteil damit, daß durch den gezeigten Oralverkehr, sowie durch eine Textstelle, welche zur Masturbation zu zweit aufforderte, der objektive Tatbestand des §220 StGB erfüllt sei. Gerade in diesen Veröffentlichungen sei die homosexuelle Betätigung als besonders wertvoll, schön und genußreich dargestellt, und die Veröffentlichung sei geradezu eine Aufforderung zu homosexueller Betätigung, deren Vorzüge in hymnischer Weise gepriesen würden. Bei der beschlagnahmten Broschüre handelte es sich um die damals einzige, die für Österreich verwendbar war.

Ein weiterer wichtiger, indirekter Anwendungsbereich dieser Bestimmung lag im Bereich der Pornographie. Die Gerichte interpretierten die Pornographiebestimmungen im Zusammenhang mit dem Werbeverbot immer als Werbung für gleichgeschlechtliche Unzucht, sodaß homosexuelle Pornographie generell als sogenannte harte Pornographie qualifiziert wurde und deren Vertrieb daher verboten war.

Zum Vereinigungsverbot (§518 StG bzw. §221 StGB) war einem Kommentar zum Strafgesetzbuch[6] lediglich zu entnehmen, daß auch diese Bestimmung dem Schutz der heterosexuellen Orientierung unserer Gesellschaft in organisierter Form diene.

Die geschilderten Tatbestände des Strafrechtsänderungsgesetzes 1971 wurden durch die Einführung des neuen Strafgesetzbuches 1974 nicht geändert, sondern nahezu wortgleich übernommen. Erst 1988 wurde §209 StGB geringfügig geändert (siehe später). Ein Jahr darauf wurde dann das Verbot der homosexuellen Prostitution (§210 StGB) abgeschafft;[7] die von Teilen der Gegnerschaft befürchtete Entstehung eines Straßenstrichs und ähnlicher Phänomene konnte nicht beobachtet werden. Grund für die Beseitigung der Prostitutionsbestimmung war, daß nach Ansicht der Gesundheitsbehörden diese Norm effektive Aids-Prävention verhindere.

Die nächste Änderung erfuhr das Homosexuellenstrafrecht durch die Abschaffung der Werbe- und Vereinigungsverbote (§§220, 221 StGB) im Jahre 1996[8]. Erst im Jahre 2000 bestätigte schließlich das Oberlandesgericht Graz, daß nach Wegfall des Werbeverbots auch der Vertrieb homosexueller Pornographie nicht mehr strafbar sei. Damit wurde festgestellt, daß es keinen Unterschied zur Heteropornographie gibt.

§209 Strafgesetzbuch

Die durch das Strafrechtsänderungsgesetz 1971 herbeigeführte Rechtslage entsprach damit aber in keiner Hinsicht den Empfehlungen der Strafrechtskommission. Bereits 1956 hatte diese vorgeschlagen, nur für die „Verführung zur Homosexualität" Regelungen im Strafrecht vorzusehen. Doch der Justizausschuss meinte, daß dies dem Schutzzweck nicht genügt hätte. Kurios ist die Begründung des Gesetzgebers für die Aufhebung der Strafbarkeit lesbischer Beziehungen. In der Regierungsvorlage steht zum Thema lesbischer Sexualität: „Schließlich wären die Tathandlungen in der Regel nur schwer faßbar. Die Grenzen zwischen freundschaftlichen und Zärtlichkeitsbezeugungen, Berührungen im Zug von Hilfeleistungen bei der Körperpflege udgl. einerseits und echten gleichgeschlechtlichen Akten anderseits entzögen sich weitgehend der Feststellung im Strafprozeß".

Im Zuge der Anhebung des Strafmündigkeitsalters von 18 auf 19 Jahre trat erst 1988 bei §209 StGB eine Änderung ein.[9] Der Text ist in diesem Wortlaut bis

5 Urteil vom 7.7.1992, 9aE Vr 10701/90-Hv 2856/92

6 Leukauf – Steininger, Kommentar zum Strafgesetzbuch, 2. Auflage

7 Bundesgesetz vom 27. April 1989, BGBl. 243/1989

8 Strafrechtsänderungsgesetz 1996, BGBl. 762/1996

9 Jugendgerichtsgesetz 1988, BGBl. 599/1988

heute gültig geblieben. Unter der Überschrift „Gleichgeschlechtliche Unzucht mit Personen unter achtzehn Jahren" wird bestimmt: „§209. Eine Person männlichen Geschlechtes, die nach Vollendung des neunzehnten Lebensjahres mit einer Person, die das vierzehnte, aber noch nicht das achtzehnte Lebensjahr vollendet hat, gleichgeschlechtliche Unzucht treibt, ist mit Freiheitsstrafe von sechs Monaten bis zu fünf Jahren zu bestrafen."

Auf juristische Details soll hier nicht näher eingegangen werden. Genannt sei bloß, daß nicht nur beischlafsähnliche Handlungen, sondern insbesondere auch die Masturbation erfasst sind. Als Begründung für die Existenz dieser Bestimmung wird – unter anderem in einschlägigen Kommentaren und Lehrbüchern – argumentiert, daß sich männliche Jugendliche in einem prägbaren Alter befänden und deshalb vor gleichgeschlechtlichen Erlebnissen geschützt werden müssten, die sie in ihrer Triebrichtung beeinflussen und auf Homosexualität festlegen könnten. Diese Argumentation ist bereits seit Jahren widerlegt und in der Wissenschaft finden sich keinerlei Gegenmeinungen. In den letzten Jahren sank auch unter den Autoren einschlägiger Literatur die Zahl der Befürworter; einige Strafrechtslehrer unterzeichneten eine gemeinsame Erklärung, mit der sie die Abschaffung dieses diskriminierenden Gesetzes forderten.

§209 stellt keineswegs totes Recht dar. Die aktuellen Zahlen der Kriminalstatistik beweisen das: 1998 wurden 35 Personen nach §209 StGB verurteilt. Davon wurden 74,3% zu Freiheitsstrafen verurteilt, 11,4% sogar zu unbedingten Freiheitsstrafen. Die Strafhöhe reicht meistens von sechs bis zwölf Monaten (38,5%), nur in 19,2% der Fälle wurde eine Strafe zwischen drei und sechs Monaten verhängt, nur jeder dreizehnte hat das Glück, eine Strafe zwischen einem und drei Monaten auszufassen. Fast ebenso hoch ist der Prozentsatz der zu einer ein bis dreijährigen Haftstrafe Verurteilten: 11,5% haben dieses Schicksal und fast jeder vierte wird zu einer teilbedingten Haft verurteilt[10]. Mit Stichtag 19. März 1999 befanden sich 11 Männer wegen §209 StGB in Haft; je fünf in Untersuchungs- bzw. Strafhaft und einer sogar in einer Anstalt für geistig abnorme Rechtsbrecher – und das für unbestimmte Zeit. Im Jahr 2000 stieg diese Zahl sogar noch an. Zu Jahresbeginn saßen 8 Männer in Strafhaft und zwei Menschen in einer Anstalt für geistig abnorme Rechtsbrecher. Darin zeigt sich ein krasser Unterschied zur Situation, die in anderen Ländern kurz vor der Abschaffung ähnlicher Bestimmungen herrschte: entweder die Strafverfolgungsbehörden verzichteten auf die Verfolgung – allenfalls nach Zahlung einer Geldbuße – oder es wurden nur Geldstrafen verhängt. In Österreich hingegen ist kein einziger Fall bekannt, bei dem mit Diversionsmaßnahmen (z.B. außergerichtlicher Tatausgleich) vorgegangen worden wäre. Es wird stattdessen mit voller Härte verfolgt, es werden sinnlose Hausdurchsuchungen vorgenommen, Untersuchungshaft verhängt, Menschen der Gefahr den Arbeitsplatz zu verlieren ausgesetzt und das weitere Fortkommen erschwert, indem eine Eintragung im Strafregister den Menschen auch noch einige Jahre nach dem Prozeß nachhängt. Die Verfolgungsintensität hat erstaunlicherweise in den neunziger Jahren einen Rekord erlebt. Amnesty International hat 2001 einen Gefangenen nach §209 Strafgesetzbuch als Gewissensgefangenen anerkannt.[11]

Die Absurdität von §209 Strafgesetzbuch zeigt sich unter anderem anhand folgender Betrachtung: Ein Vierzehnjähriger und ein Siebzehnjähriger können – vorübergehend – eine legale Beziehung führen. Die Beziehung zwischen dem vierzehn bzw. siebzehn Jahre alten Jugendlichen wird von §209 noch nicht erfasst. Nach zwei Jahren macht sich jedoch der ältere der beiden eines Sexualverbrechens schuldig und kann nach §209 StGB zu einer Freiheitsstrafe von bis zu fünf Jahren verurteilt werden. Erst nach weiteren zwei Jahren, nach Vollendung des achtzehnten Lebensjahres des jüngeren, wird die Beziehung der beiden legal. Im Juli 2000 wurde etwa ein zwanzigjähriger Zivildiener als verurteilt, weil er als Neunzehnjähriger mit seinem damals fast siebzehnjährigen Freund

10 Dazu ausführlich Helmut Graupner, Homosexualität und Strafrecht in Österreich– Eine Übersicht, Rechtskomitee Lambda, Wien, 2001

11 Jus Amandi, Zeitschrift für gleichgeschlechtliche Liebe und Rechte, Rechtskomitee Lambda, Wien (1), 2001

im Bett war.[12] Der Fall dieses „Sexualverbrechers" (mit einem Strafrahmen von bis zu fünf Jahren Haft zählt §209 zur Kategorie der Verbrechen) erregte breites Medieninteresse und -echo und zog eine Berichterstattung gegen den §209 nach sich, auch in eher konservativen Blättern.

Daneben zeigt sich auch noch die Ungleichbehandlung von Beziehungen zwischen Männern gegenüber Beziehungen zwischen Frauen bzw. Männern und Frauen. Von vier gleichgelagerten Fällen, bei denen jeweils ein Partner unter achtzehn ist, der/die andere über neunzehn, ist nur einer strafbar: nämlich derjenige, in dem der sexuelle Kontakt zwischen zwei Männern stattfindet.

Kurios ist auch jene Konstellation, bei der sich ein Inländer strafbar macht, wenn er, etwa mit einem siebzehnjährigen Franzosen, in Österreich ins Bett geht. Den französischen Strafverfolgungsbehörden ist das egal, da Frankreich seit der Französischen Revolution keine Strafbarkeit der Homosexualität mehr kennt. Doch kam es schon zu ähnlichen Fällen, wo sich dasselbe Gericht zweimal bei ausländischen Justizministerien nach der dortigen Rechtslage erkundigte, und dann erfahren musste, daß in diesen Ländern keine Sonderbestimmungen gegen homosexuelle Kontakte mehr existieren. Dies gilt sogar für das Fürstentum Liechtenstein, das eine lange Tradition in der Übernahme des österreichischen Strafrechts hat. So übernahm es 1988 fast unverändert das österreichische Strafgesetzbuch von 1974 in seine Rechtsordnung, schaffte die mitübernommenen antihomosexuellen Sonderbestimmungen aber vor kurzem ab.

Der Verfassungsgerichtshof entschied 1989 über die Verfassungsmäßigkeit des §209 aufgrund zweier Anträge.[13] Die Richter erblickten jedoch in der gesetzgeberischen Maßnahme ein geeignetes Mittel des Schutzes vor „sexueller Fehlentwicklung". Die Differenzierung zwischen Schwulen und Lesben sei auch deswegen sachlich gerechtfertigt, da „homosexuelle Einflußnahme männliche Heranreifende in signifikant höherem Grade gefährdet als gleichaltrige Mädchen".

Im November 1996 scheiterte die gleichzeitige Aufhebung von §209 Strafgesetzbuch mit dem Werbe- und Vereinigungsverbot an einer einzigen Stimme. Es ergab sich im Nationalrat eine Pattsituation (91:91 Stimmen),[14] wodurch der Abschaffungsantrag als abgelehnt galt. Dies alles trotz einer im Oktober 1995 im Justizunterausschuß stattgefundenen Anhörung, bei der sich von dreizehn Experten elf für eine ersatzlose Streichung aussprachen.[15]

Die Europäische Kommission für Menschenrechte verurteilte das Vereinigte Königreich im Fall Sutherland vs UK 1997 und entschied, daß höhere Altersgrenzen für homosexuelle Beziehungen unzulässig sind. Das englische Parlament hat mittlerweile die diskriminierende Rechtslage beseitigt. Dennoch ignorieren die Bundesregierung und das Parlament seit Jahren alle entsprechenden Aufforderungen internationaler Organisationen. Die Vereinten Nationen, das Europaparlament und der Europarat haben Österreich wiederholt zur Abschaffung von §209 aufgefordert. Mit dieser einzigartigen Rechtslage läuft damit Österreich damit ernsthaft Gefahr, vom Europäischen Gerichtshof für Menschenrechte in Straßburg verurteilt zu werden. Mehrere Beschwerden sind mittlerweile anhängig und es ist zu erwarten, daß die Entscheidung zugunsten der Beschwerdeführer ausfallen wird.

Gleichgeschlechtliche Lebensgemeinschaften

Im Strafrecht kam es 1998 jedoch in einem nicht unwesentlichen Punkt zur Gleichstellung gleichgeschlechtlicher Lebensgemeinschaften mit heterosexuellen[16]. Unter Angehörigen werden seither nicht mehr nur verschiedengeschlechtliche Paare verstanden, so daß unter anderem nunmehr für gleichgeschlechtliche PartnerInnen das Zeugnisentschlagungsrecht und einige Begünstigungen im materiellen Strafrecht gelten.[17]
In einigen Gesetzen werden an das Bestehen verschiedengeschlechtlicher Lebens-

12 Jus Amandi, Zeitschrift für gleichgeschlechtliche Liebe und Rechte, Rechtskomitee Lambda, Wien (3), 2000

13 Erkenntnis vom 3. Oktober 1989, G 227/88, G 2/89 (VfSlg 12182)

14 Namentliche Abstimmung in der 47. Sitzung der XX. GP. am 27.11.1996

15 Zusammenfassende Darstellung der Sitzung des Unterausschusses des Justizausschusses vom 10. Oktober 1995, XIX. GP

16 BGBl. I Nr. 153/1998

17 Z.B. ist der unbefugte Gebrauch von Fahrzeugen unter Angehörigen straffrei (§136 Abs. 4 StGB), bei Begehung bestimmter anderer Vermögensdelikte im Familienkreis gelten niedrigere Strafen (§166 StGB).

gemeinschaften bestimmte Rechtsfolgen geknüpft. So haben Lebensgefährten nach dem Tod des anderen ein Eintrittsrecht in den Wohnungsmietvertrag.[18] Der Gesetzestext definiert diese Lebensgemeinschaften als „in wirtschaftlicher Hinsicht gleich einer Ehe eingerichtete … Haushaltsgemeinschaft". In einer Entscheidung sprachen sich sowohl das Erst- als auch das Berufungsgericht zugunsten des/der Hinterbliebenen aus. Der Oberste Gerichtshof schloss sich der Ansicht der Unterinstanzen nicht an und versagte – trotz vom Wortlaut eindeutig anwendbarer Bestimmung – das Eintrittsrecht in den Mietvertrag.[19]

Im Arbeitsrecht gibt es zwar die neutral formulierte Möglichkeit der Pflegefreistellung,[20] doch aufgrund der eben genannten höchstgerichtlichen Entscheidung wäre zu befürchten, daß im Streitfall ähnlich abschlägig entschieden werden würde und gleichgeschlechtliche PartnerInnen nicht in den Genuss der Pflegefreistellung kämen. Im Sozialversicherungsrecht wiederum haben alle Versicherungsträger entschieden, für verschiedengeschlechtliche LebensgefährtInnen von Versicherten die Mitversicherung zu ermöglichen. Gleichgeschlechtlichen Paaren steht diese Möglichkeit nicht offen.[21]

Die Schlechterstellung lesbischer und schwuler Beziehungen mit Kindern besteht insbesondere auf dem Gebiet der Einkommensteuer. Heterosexuellen Paaren mit Kindern stehen Begünstigungen verschiedenster Art zu, auf Familien eines gleichgeschlechtlichen Paares sind diese Bestimmungen nicht anwendbar[22]. Daß dies indirekt auch eine Benachteiligung der Kinder nach sich zieht, scheint den Gesetzgeber nicht zu interessieren. In der Praxis sind solche PartnerInnenschaften mit Kindern gar nicht so selten. Ähnliches gilt für die landesgesetzliche Wohnbauförderung und Sozialhilfe.

Darüber hinaus gibt es etliche Benachteiligungen gegenüber der Ehe, wozu exemplarisch die wichtigsten Probleme angeführt seien: fehlende Möglichkeit der Aufenthaltsgenehmigung für ausländische PartnerInnen (Familienzusammenführung), wesentlich höhere Erbschafts- und Schenkungssteuer, kein gesetzliches Erbrecht, kein gemeinsamer Wohnungskauf, keine Möglichkeit einen Mietvertrag zu übernehmen, erschwerter Staatsbürgerschaftserwerb, Aussagepflicht in Zivilprozessen, Verwaltungsstrafverfahren und vor Finanzbehörden, sofern keine vorherige Verfügung getroffen wurde, Ausschluss von der Bestimmung über die Bestattung des/der LebensgefährtIn, usw.

In der Praxis wird jedoch von der Stadt Wien gleichgeschlechtlichen PartnerInnen ein Eintrittsrecht nach dem/der verstorbenen PartnerIn in den Mietvertrag einer gemeindeeigenen Wohnung gewährt, und bei der Vergabe solcher Wohnungen werden gleichgeschlechtliche Lebensgemeinschaften nicht diskriminiert. Außerdem werden im Dienstrecht für die Bediensteten der Stadt Wien gleichgeschlechtliche PartnerInnen hinsichtlich der Pflegefreistellung gleichgestellt. Auch das Land Steiermark behandelt homosexuelle Gemeinschaften im Bereich der Pflegefreistellung gleich[23].

Schutz vor Diskriminierung

Die einzige Vorschrift über den Schutz vor Diskriminierung aufgrund sexueller Orientierung findet sich im Polizeirecht. §5 Absatz 1 der Richtlinienverordnung zum Sicherheitspolizeigesetz bestimmt, daß Organe des öffentlichen Sicherheitsdienstes bei der Erfüllung ihrer Aufgaben alles zu unterlassen haben, was geeignet ist, auch nur den Eindruck der Voreingenommenheit aufgrund der sexuellen Orientierung zu erwecken.

Der oberösterreichische Landtag hat anlässlich einer kürzlichen Novelle im Artikel 9 Absatz 4 der oberösterreichischen Landesverfassung ein Bekenntnis zum Verbot jeglicher Diskriminierung im Sinn der Europäischen Menschenrechtskonvention festgelegt. Das Verbot der Diskriminierung aufgrund sexueller Orientierung ergibt sich dabei nur mittelbar aus dem entsprechenden Landtags-

18 §14 Mietrechtsgesetz

19 Entscheidung des Obersten Gerichtshofes vom 5.12.1996, 6 Ob 2325/96x

20 §16 Urlaubsgesetz

21 vgl. z.B. §123 Allgemeines Sozialversicherungsgesetz (ASVG)

22 §106 EStG

23 hiezu ausführlich Helmut Graupner, Keine Liebe zweiter Klasse– Diskriminuerungsschutz & Partnerschaft für gleichgeschlechtlich L(i)ebende, Rechtskomitee Lambda, Wien, 2001

ausschussbericht,[24] ist aber dennoch eine bislang einzigartige Geste. Abgesehen von diesen beiden Vorschriften gibt es für Schwule und Lesben keinerlei Schutz vor unsachlicher Ungleichbehandlung. Die Bundesverfassung schützt zwar vor Benachteiligung aufgrund der Geburt, des Geschlechts, des Standes, der Klasse und des Bekenntnisses, nicht aber vor Benachteiligung aufgrund sexueller Orientierung. Einer Beschwerde wegen einer benachteiligenden Behördenentscheidung könnte daher der Verfassungsgerichtshof den Erfolg versagen. Ebenso verhält es sich mit einer grundsätzlich recht weit reichenden Verwaltungsstrafbestimmung, wodurch zwar rassische, ethnische, nationale, religiöse und behinderte Bevölkerungsgruppen vor Benachteiligung und gegen den Ausschluss von öffentlich zugänglichen Orten oder von der Konsumation öffentlich angebotener Dienstleistungen geschützt sind, die sexuelle Orientierung stellt jedoch keine Schutzkategorie dar.[25] Verschiedene Bundes- und Landes-Gleichbehandlungsgesetze im arbeitsrechtlichen Bereich schützen nur vor Diskriminierung aufgrund des Geschlechts.

Ein Defizit stellt auch das Fehlen eines strafrechtlichen Schutzes vor Verhetzung dar. Nur ethnischen, nationalen und religiösen Bevölkerungsgruppen wird Schutz vor Hetze gewährt, Schwule und Lesben werden hingegen nicht geschützt.[26] Anlässlich eines Kongresses des Österreichischen Lesben- und Schwulenforums 1997 in St. Pölten gab es in einem rechtskatholischen Blättchen namens „Der 13." Äußerungen wie „Homosexuelle kriechen jetzt wieder wie Ratten aus ihren Löchern", „sie sollten geschlechtsspezifisch mit Peitsche und Ochsenziemer gezüchtigt werden". Gleichzeitig wurde den Lesben und Schwulen unterstellt, mit Nazimethoden zu agieren, weil sie vor dem St. Pöltner Dom demonstriert hatten. Und wer Nazimethoden anwende, solle mit eben solchen behandelt werden, wurde im besagten Artikel gefordert. Die Gerichte wiesen die Strafanträge jedoch ab, da der Tatbestand der Verhetzung nur den Kriterien der Volkszugehörigkeit, der Religionszugehörigkeit und der „Rasse" folge, aber nicht der geschlechtlichen Orientierung. Außerdem sei die Gruppe der Lesben und Schwulen so groß, daß auf sie der Tatbestand der Kollektivbeleidigung nicht zutreffen könne.

Der österreichischen Rechtsordnung fehlen damit nicht nur Bestimmungen über die Anerkennung gleichgeschlechtlicher Beziehungen und wirksame Instrumente gegen Diskriminierung. Vielmehr verfügt Österreich über eine einzigartige Strafbestimmung gegen schwule Männer, verurteilt und steckt sie in Gefängnisse und produziert damit jährlich von Amnesty International anerkannte Gewissensgefangene.

24 AB 914/2000 GP XXV

25 Art. IX Abs. 1 Z. 3 EGVG

26 vgl. §283 StGB

SENZA PAROLE

Niko Wahl

„Dame wünscht Freundin zwecks Kino und Theater"
Verfolgung gleichgeschlechtlich liebender Frauen im Wien der Nazizeit

Die Aufnahmen strahlten Lebensfreude aus. Aktaufnahmen von zwei Freundinnen – vermutlich in den Alpen. Eine ihrer Brüste ist auf dem Foto derart in Perspektive genommen, daß sie als ein Gipfel vor den Berggipfeln im Hintergrund erscheint.

Die Fotos hatte mir eine alte Frau aus Wien gegeben. Ich hatte sie im Rahmen eines Interviewprojektes mit Zeitzeugen der Nazizeit angeschrieben, ob sie nicht über ihr Leben erzählen wolle. Sie wollte nicht, kam jedoch überraschend in mein Büro, brachte mir diese Fotographien, und ging gleich wieder.[1]

Von der Ausstrahlung her schienen mir die Fotos immer ein lesbisches Paar zu zeigen. Ob das der Realität entspricht oder nicht, bleibt unklar, ihr Leben wollte oder konnte die Frau mir nicht erzählen. Die Erforschung der Geschichte homosexueller Frauen und Männer ist generell nicht einfach. Stets ist man darauf angewiesen, aus verhältnismäßig wenigen Indizien eine Perspektive zu gewinnen. Vieles bleibt der eigenen Vorstellungskraft überlassen. Es entsteht eine Situation, in der man entweder auf überregionale oder historische Konstanten bauen muß oder durch bewußt eingesetzte Verwendung weiterführender Annahmen mit den wenigen vorhandenen Hinweisen ein Bild zu zeichnen hat.[2]

Generell ist es oft nicht leicht, historische Anhaltspunkte für die Geschichtsschreibung von Minderheiten zu finden. Im Fall der Geschichte homosexueller Frauen erfährt die Schwierigkeit eine Verdoppelung durch das Zusammentreffen der Diskriminierung von Frauen im allgemeinen und der von homosexuellen Menschen im besonderen. Das Fehlen von Geschichte einer Gruppe wiederum erschwert die Entwicklung einer eigenen Identität, was wiederum weitere Geschichtsschreibung erschwert – es handelt sich also um eine Art Teufelskreis.

Was wir heute an historischen Dokumenten über lesbisches Leben in Wien während der Nazizeit finden, stammt zumeist nicht von überlebenden Opfern, sondern von den Tätern.[3] Die Verfolgerbehörden dokumentierten ihr Vorgehen gegen homosexuelle Frauen penibel. Nachdem die lesbischen Frauen der Polizei gemeldet und bekannt waren, wurden sie verhört, zu Geständnissen genötigt, mitsamt den intimsten Details ihres Lebens in Gerichtsprozessen an die Öffentlichkeit gezerrt, um dann nach der (meist bedingten) Verurteilung im Normalfall wieder in ihren Alltag entlassen zu werden – einen Alltag, von dem nach dem gesamten Vorgang sicherlich nicht mehr allzuviel vorhanden war.[4]

Die nationalsozialistischen Behörden bewahrten jedoch auch Dokumente, die lesbisches Leben abseits der besonderen Polizeiverfolgung dokumentieren: Wurde eine Frau wegen des Verdachtes auf „Unzucht wider die Natur" (wie der korrekte Verfolgungstitel der Nationalsozialisten sowie der österreichischen Behörden bis 1972 hieß) festgenommen, so kam es meist auch zu Hausdurchsuchungen, in einigen Fällen wurden dabei Briefe, Gedichte und Fotographien gefunden, die dann den Akten als „Evidenz" beigefügt wurden.[5] Diese Dokumente sind mitunter die einzigen Überreste, die uns einen Einblick in lesbisches Leben dieser Zeit geben können.

[1] Die Fotos finden sich in der Austrian Heritage Collection/Leo Baeck Institute/New York.

[2] Siehe dazu zum Beispiel: Claudia Schoppmann, Verbotene Verhältnisse. Frauenliebe 1938–1945, Berlin 1999

[3] Hier sind vor allem die Aktenbestände der Wiener Landegerichte I und II im Wiener Stadt- und Landesarchiv, sowie die eher spärlichen Aktenbestände von Gestapo und Kripo am Dokumentationsarchiv des Österreichischen Widerstandes (DÖW) zu nennen.

[4] Dieser Ablauf ergibt sich aus der Mehrheit der erhaltenen Akten der Wiener Landesgerichte. (Wiener Stadt- und Landesarchiv)

[5] Zum Beispiel: LG I/ Vr. 1738/39; LG I/ Vr. 1464/42. (Wiener Stadt- und Landesarchiv)

Lebensumstände

Die Lebensumstände homosexueller Frauen unterschieden sich grundlegend von jenen homosexueller Männer. Männer hatten eine vergleichsweise große halb-öffentliche „Szene", die ihren Raum in Parks, öffentlichen Toiletten (in Wien euphemistisch „Logen" genannt) und in einigen öffentlichen Bädern fand. Außerdem gab es eine ganze Anzahl von Lokalen, die mehr oder weniger dafür bekannt waren, daß man dort problemlos mit homosexuellen Männern in Kontakt kommen konnte.[6]

Was homosexuelle Frauen betrifft, so bin ich lediglich auf ein einziges Lokal gestoßen, das in den dreißiger Jahren als Lokal mit starkem lesbischem Publikumsanteil genannt wird (die „Kopernikusstube" im sechsten Bezirk).[7] Eine Parkszene oder auch vermehrte lesbische Kontakte in Bädern gab es wohl nicht.

Sicherlich bedingt durch die in einem patriarchalischen Gesellschaftssystem erfolgten Zuweisungen unterschiedlicher Geschlechterrollen, gingen homosexuelle Frauen ganz anders vor als Männer. Orte der Begegnung standen, soweit dies aus den Akten der Verfolgerbehörden hervorgeht, wesentlich stärker im Bezug zu den sonstigen Lebensräumen der jeweiligen Frauen. So fanden Partnerinnen einander am gemeinsamen Arbeitsplatz oder durch einen gemeinsamen Freundeskreis, der durchaus heterosexuell geprägt sein konnte. Eine weitere, vielfach praktizierte Variante der Kontaktaufnahme mit anderen gleichgeschlechtlich empfindenden Frauen waren die Inseratenteile einiger Zeitschriften und Zeitungen.[8]

All diese Kontaktaufnahmen fanden vor den Augen heterosexueller Mitbürger statt, weshalb es zur Entwicklung bestimmter sprachlicher und körperlicher Codes kam.[9] Neben der äußeren Erscheinung, die sich gleichgeschlechtliche Frauen zugelegt haben mögen, gab es vor allem verschiedene sprachliche Codes. So kam es, daß eine lesbische Frau, die via Inserat eine Partnerin suchte, die Annoncen „Fräulein sucht Briefwechsel mit Freundin unter Modern" und „Dame wünscht Freundin zwecks Kino und Theater" schaltete.[10] Die Inserentin wurde verstanden. Auf die zweite Annonce meldeten sich zumindest zwei interessierte Frauen. Den umfangreichen Untersuchungen Hanna Hackers zufolge werden gleich mehrere starke Codewörter in den kurzen Texten angeführt: Die Bezeichnungen „Dame" und „Fräulein" waren durch intensive Bemühungen der Frauenbewegung bereits weitgehend dem egalitäreren Begriff „Frau" gewichen. Lesben verwendeten diese Begriffe weiterhin als Codewörter in einer fast als spielerisch zu bezeichnenden Art und Weise, wodurch die ursprüngliche Konnotation der Worte relativiert wurde.[11] Auch den Begriff „Freundin" prägten lesbische Gruppen auf ihre Art, was sich zum Beispiel durch den Ausdruck „Sie ist auch eine Freundin" (der eigentlich „Sie ist auch lesbisch" bedeutete) zeigt.[12] Die Chiffre „Modern" mag schließlich auch die letzten Ungeklärtheiten beseitigt haben.

Verfolgung/Einzelfälle

Die Verfolgungspraxis, der Lesben durch Gestapo und Kripo ausgesetzt waren, unterschied sich aufgrund unterschiedlicher sozialer Umgangsformen gravierend von jener, mit der homosexuelle Männer rechnen mußten. Hatte die Polizei mit Schwulen ein leichtes Spiel, indem sie einfach in unregelmäßigen Abständen die bekannten öffentlichen und halböffentlichen Treffpunkte observierte und Razzien veranstaltete, sie – in der Sprache der Gestapo – „überholen" ließ, so waren lesbische Frauen nur über gezielte Suche nach einzelnen Personen auffindbar, als Randergebnisse anderer Nachforschungen oder durch die häufige Kollaboration der Bevölkerung mit den nationalsozialistischen Behörden.

Im oben erwähnten Fall der Inserentin, die eine „Freundin zwecks Kino und Theater" suchte, war es eine der regulären Postkontrollen, die die Gestapo durch-

6 Eine gute Beschreibung der schwulen Wiener Szene geben z.B. Andreas Brunner/Hannes Sulzenbacher (Hg.), Schwules Wien, Wien 1998, S. 67–84

7 Ebd., S. 92. sowie: Hanna Hacker, Die Ordnung der Frauen und Freundinnen. Zur Rekonstruktion homosozialer Handlungsmuster und ihrer institutionellen Kontrolle. (Österreich, 1870–1938), Diss. Wien 1985, S. 355

8 Siehe dazu: Ebd., S. 315–319

9 Zu den entwickelten Codes, siehe: Ebd., S. 273 ff.

10 Dies geht aus den polizeilichen Akten hervor. LGI/ Vr. 768/42

11 Hacker, wie Anm. 7, S. 280–286

12 Ebd., S. 281

führte.[13] Die Gestapostelle Lienz/Osttirol hatte zufällig einen Brief geöffnet, dessen Inhalt als eindeutig lesbisch erkannt und die Wiener Gestapo verständigt, worauf die Ausforschung der Frauen begann.

Der Brief, den die Gestapo 1942 abfing, ist durch seinen Inhalt bereits ein Zeugnis der Verfolgungssituation. Liesbeth L., die Absenderin, drückt immer wieder ihre Angst vor Entdeckung aus. Sie schlägt auch vor, die künftigen Briefe in „Gabelsberger Stenographie" zu verfassen, damit sie nicht so einfach zu lesen seien. Gleich zu Beginn ihres Briefes spricht sie die offensichtlich bereits zwischen den beiden diskutierten Vorsichtsmaßnahmen an:„Mein kleiner Liebling! Deinen Brief, sowie Telegramm habe ich erhalten. Du bist ja ein süßer Kerl, aber wie kann man nur so eine Angst haben, eigentlich hast Du ja recht. Du machst mir solch eine Angst, daß ich mich überhaupt gar nicht zum Schreiben getraue."[14]

Die Gestapo spürte schließlich auch Maria K., eine Wiener Freundin von Elisabeth L. auf, führte bei beiden Frauen eine Hausdurchsuchung durch und beschlagnahmte einige Briefe, deren Inhalt darauf schließen ließ, daß die beiden eine (auch körperliche) Beziehung miteinander führten. Die Beziehung war offensichtlich bereits zu Ende: Der Abschiedsbrief von Maria K. wurde als Evidenz dem Akt beigefügt. Die Briefe, intimen Inhalts einer Liebesbeziehung zweier Menschen, wurden schließlich in der Hauptverhandlung öffentlich vorgetragen. Beide Angeklagte waren geständig, zweimal sexuellen Verkehr miteinander gehabt zu haben, und wurden nach einem Berufungsverfahren zu drei Monaten (für Liesbeth L.) bzw. zwei Monaten (für Maria K.) verurteilt.[15]

Liesbeth L. trat ihre Haftstrafe jedoch nie an. Zunächst stellte ihr Anwalt mehrfach erfolglose Anträge auf Umwandlung der Verurteilung in eine bedingte Strafe. Schließlich brachte Liesbeth L. ein ärztliches Gutachten ein, in dem ihr Haftunfähigkeit bescheinigt wurde. Mehrmals erhielt sie Strafaufschub und übersiedelte schließlich nach Mähren zu ihren Eltern. Nach weiteren Anträgen erging im Juni 1943 der Bescheid, daß die Strafe mit einer Bewährungsfrist von drei Jahren ausgesetzt würde. Liesbeth L. hatte in der Zwischenzeit geheiratet und lebte mit ihrem Gatten außerhalb der „Ostmark". Da dieser Umstand im Akt extra Erwähnung fand, ist davon auszugehen, daß die Entscheidung zur Aussetzung der Strafe auf die Eheschließung zurückging. Wie viele lesbische Frauen auf diese Art und Weise zur Ehe gezwungen wurden, läßt sich heute nicht mehr feststellen. Die Ehe war jedoch keineswegs ein sicherer Hafen für lesbische Frauen. Viele Verfolgungsfälle nahmen gerade dort ihren Ausgang. In mehreren der erhaltenen Fälle zeigten Ehegatten ihre Frauen als homosexuell an. Diese Beschuldigung, mit oder ohne Realitätsbezug, erscheint als Mittel in der Auseinandersetzung zwischen Ehepaaren beliebt gewesen.

1939 brachte der Zimmermann Franz R. im Rahmen der Scheidung von seiner Frau Berta die Klage ein, daß sie lesbisch sei, mit dem Zweck, seine Unschuld am Scheitern der Ehe zu dokumentieren.[16] In der Klagsschrift steht folgendes zu lesen: „Die Beklagte ist an der vollständigen Zerrüttung dieser Ehe allein schuldtragend und begehre ich aus nachstehenden Gründen Scheidung derselben. 1.) Seit dem Jahre 1934 pflegt die Beklagte mit mehreren Freundinnen widernatürlichen Verkehr. Sie hat mir dies wiederholt zugestanden und sich vollkommen darauf ausgeredet, dass ich sie vernachlässige. Ich habe von diesen widernatürlichen Beziehungen im Jahre 1934 Kenntnis erlangt und mit ihr den Geschlechtsverkehr vollkommen unterbunden, weil mir aus angeführten Gründen vor ihr ekelt. [...] 3.) Ich habe mich immer nach Nachkommenschaft gesehnt und von der Beklagten ein Kind gewollt; trotz meiner wiederholten Bitten und Vorhalte hat sie alles unternommen, um die Geburt eines Kindes zu verhindern."[17]

Wohl um die damaligen Klischees einer „typischen Homosexuellen" zu zeichnen gab er weiters auch folgendes über den Charakter seiner Frau an: „Die Beklagte ist eine nervöse und leicht gereizte Person, die bei den geringsten Anlässen Streit beginnt und mich wiederholt mit den gemeinsten Ausdrücken belegt hat, die hier

13 LGW I/Vr. 768/42

14 Evidenz im Anschluß an die Klagsschrift, in: LGW I/Vr. 768/42

15 Hauptverhandlungsprotokoll, ebd.

16 LGW I/Vr. 1738/39

17 Aus der Klagsschrift, LGW I/Vr. 1738/39

nicht wiederzugeben sind."[18] Berta R. leugnete vehement, lesbisch zu sein, und führte sieben Zeuginnen an, die dies bestätigen sollten. Als Beweis brachte der Gatte den liebevollen Brief einer Freundin an seine Frau. Als Zeugin der Anklage führte er Ernestine Z. an, jene Frau, mit der er nun selbst eine Beziehung hatte. Ernestine Z. gab an, nach einem langen Abend beim Ehepaar R. übernachtet zu haben, aus Platzmangel im Ehebett der beiden, wo sie, während Franz R. seelenruhig neben ihr schlief, von dessen Gattin quasi vergewaltigt worden wäre: „Plötzlich fiel sie über mich her, küßte mich leidenschaftlich und fing an, mit ihrem Geschlechtsteil an mir herumzuwetzen, wie beim Geschlechtsakt. Neben uns beiden schlief der Gatte der Beklagten fest. Ich habe mich aus diesem Grunde nicht stärker gewehrt, um ihn nicht zu wecken. Am nächsten Tage in der Frühe frug ich die Beklagte, was sie damit bezwecke. Daraufhin klärte sie mich fast eine Stunde lang über die Vorteile des widernatürlichen Geschlechtsverkehres zwischen zwei Frauen auf, die es viel gefühlvoller machen, außerdem brauche man nicht aufzupassen."[19]

Berta R. hatte anscheinend noch Glück. Die Anschuldigungen hielten nicht stand, ihre Freundinnen bezeugten ihre Heterosexualität, es wurde festgestellt, daß sie aus medizinischen Gründen keine Kinder bekommen konnte, und ihr Gatte gab schließlich in einem weiteren Verhör an, daß alle Angaben, die er über die sexuelle Orientierung seiner Frau gemacht hatte, lediglich auf Erzählungen seiner Freundin Ernestine Z. zurückgingen. Das Verfahren wurde, soweit dies aus dem lückenhaft erhaltenen Akt hervorgeht, eingestellt.

Was wir nicht erfahren ist, ob Berta R. tatsächlich homosexuell war. Jener Brief, der auch als Beweis dienen sollte, in dem Berta R. mit „Mein Liebling" tituliert wird, enthält nämlich auch folgendes: „Liebling! (…) Schatzerle! Bist Du auch brav und denkst bisserl an mich? War gestern im Verein! Hilde hat gleich um Dich gefragt! Will Dich auch Besuchen! (…)"[20]

Ob es sich bei dem „Verein" um eine lesbische Vereinigung, oder zumindest um einen lesbischen Treffpunkt handelte, werden wir ebenso nicht herausfinden, vermuten läßt es sich vielleicht. Für einen tatsächlich homosexuellen Hintergrund spricht das Gedicht, das Berta R. von derselben Freundin gewidmet wurde:

> „Liebling!
> ,Ich bin klein, Du gleicherweis!
> Ich bin hitzig du bist heiss,
> Ich bin schlimm, Du bist nicht fromm,
> Sei die Gleichheit denn – so komm!
> Bis zum Schönsten Punkt getrieben,
> Lass uns gleich einander lieben!!'
> Viele Grüsse und Bussi an Dich, Deine Mutz!!"[21]

Wichtiger Bestandteil jedes totalitären Überwachungsapparates ist die Kollaboration der Bevölkerung mit den Behörden. Gerade homosexuelle Frauen und Männer mußten stets damit rechnen, von ihren Mitbürgern durch anonyme Anzeigen und offene Beschuldigungen dem Verfolgungsapparat von Gestapo und Kripo ausgesetzt zu werden. So erging es 1942 zwei Frauen aus Simmering.[22]

Auf der ersten Seite des Aktes findet sich die Meldung des Polizeiamtes Simmering, mit dem roten Stempelaufdruck „HAFT" versehen: „Meldung: Am 25. Mai 1942, um 8 Uhr 30 Minuten, wurde die hiesige Kripodienststelle von einem unbekannten Manne fernmündlich angerufen und dahin verständigt, daß die Krankenschwester Wilhelmine B.[…] gemeinsam mit der Hilfsarbeiterin Hermine W[…] seit dem Jahre 1933 ein widernatürliches Verhältnis habe. Die B.[…] soll fast wöchentlich zweimal in der Wohnung der W.[…] nächtigen. Die Beiden sollen gemeinsam in einem Bette schlafen und bei dieser Gelegenheit den Geschlechtsakt durch wechselseitige Onanie durchführen. Der Unbekannte

18 LGW I/Vr. 1738/39

19 Vernehmungsprotokoll mit Ernestine Z., in: LGW I/Vr. 1738/39

20 Evidenz im Anschluß an die Klagsschrift, in: LGW I/Vr. 1738/39

21 Ebd.

22 LGW I/ 1142/42

teilte mit, daß die B.[…] wieder in der Wohnung der W.[…] erschienen sei. Auf Grund dieser Mitteilung wurden die beiden am 25. Mai 1942, um 9 Uhr Früh angehalten und zur weiteren Amtshandlung der hiesigen Dienststelle überstellt."[23]

Die beiden Frauen waren sofort geständig, soweit dies aus den polizeilichen Protokollen hervorgeht. Auf die voyeuristischen Fragen der Beamten erzählten sie alle Details ihrer körperlichen Beziehung zueinander. Die Erniedrigung, die die beiden durchleben mußten, ist schwer vorstellbar.

Die schnellen Geständnisse, die Reue der beiden Frauen und schließlich der Umstand, daß sich Wilhelmine B. bereits vor der Verhaftung als Krankenschwester an die Ostfront gemeldet hatte, um Distanz zu ihrer Freundin zu gewinnen, wie sie angab, führten dazu, daß unter Zustimmung aller an der Hauptverhandlung beteiligter Parteien bedingte Strafen im Rahmen von 5 Monaten für beide ausgesprochen wurden.

Die letzte Seite im Akt bestätigt den endgültigen Strafnachlaß vom August 1945. Die Verurteilungen homosexueller Frauen durch nationalsozialistische Richter waren meist verhältnismäßig recht gemäßigt. Die meisten Strafen wurden bedingt ausgesprochen und überstiegen selten ein Ausmaß von sechs Monaten. Daß es jedoch auch anders kommen konnte, beweist ein Fall, der 1940 vor das Wiener Landesgericht kam.[24]

Olga Z. wurde von der Kripo wegen „unkontrollierter Gewerbsunzucht" verhaftet. Sie gab im Verhör zwei Freundinnen an, die sich ihren Lebensunterhalt ebenfalls als Geheimprostituierte verdienen mußten.

Bei den Verhören stellte sich heraus, daß zwei der „Kunden" dafür bezahlten, bei lesbischen Akten zusehen zu dürfen. Die Frage, die sich das Gericht nun stellte, war, ob die beiden Frauen an den sexuellen Handlungen Befriedigung gefunden hatten, oder ob es sich lediglich um eine Art Schauspiel für die „Kunden" gehandelt hatte. Eine der Frauen hatte angegeben, daß der Verkehr unter den Frauen Olga Z. ihrer Ansicht nach Befriedigung bereitet habe.[25]

Die drei Frauen wurden daraufhin als Homosexuelle verfolgt und verurteilt. Da konnte weder der Hinweis eines der Verteidiger auf die unterschiedliche Rechtslage zwischen der „Ostmark" und dem „Altreich" helfen, noch die Feststellung Olga Z.'s, daß sie „bei der N.S.D.A.P. Blockwartin und beim Deutschen Roten Kreuz als Helferin" tätig sei.

Die beiden „Mittäterinnen" Olga Z.'s wurden zu bedingten Haftstrafen verurteilt. Olga Z., die als Anstifterin und Haupttäterin bezeichnet wurde, erhielt vier Monate schweren Kerker unbedingt.

Am Schluß des Kripoberichtes für das Gericht findet sich unter zwei roten Stempeln „Rückstellung" der Satz: „Es wird ersucht, die Z.[…] nach Abschluß des Strafverfahrens dem Polizeigefängnis, Wien, 9., Rossauerlände 7–9, zur Verfügung der Inspektion II B rückzustellen."[26]

Die „Rückstellung" Verfolgter an die Gestapo und Kripo bedeutete den ersten Schritt in den Verfolgungsapparat, der jenseits rechtlicher Grenzen mit Menschen verfahren konnte. Waren die Richter am Wiener Landesgericht immerhin noch an die gesetzlich vorgeschriebenen Strafmaße gebunden, so konnte die Polizei durch die sogenannte „Verordnung des Reichspräsidenten zum Schutz von Volk und Staat" willkürlich mit ihren Opfern umgehen. Die Polizeihaft (genannt „Vorbeugehaft" oder „Schutzhaft") war weder zeitlich limitiert noch mit rechtlichen Mitteln zu bekämpfen. Die Opfer waren ihren Verfolgern vollkommen ausgeliefert. An diese Haft in den Polizeigefängnissen konnte sich dann die Deportation in ein Konzentrationslager anschließen.

Für Olga Z.'s Mitverurteilte findet sich ein „Endgültiger Strafnachlaß"-Schein aus dem Jahr 1942 bzw. 1943 im Gerichtsakt, für Olga Z. nicht. Was aus ihr geworden ist, läßt sich heute nicht mehr feststellen. Ob sie die Polizeihaft oder unter Umständen auch eine daran anschließende KZ-Haft überlebte, geht nicht aus dem Akt hervor.

23 Polizeiprotokoll des Polizeipostens Simmering, enthalten im Kripobericht an das Wiener Landesgericht, LGW I/ 1142/42

24 LGW I/ 3944/40

25 Kripo Bericht an das Wiener Landesgericht, LGW I/ 3944/40

26 Letztes Blatt des Kripoberichtes an das Wiener Landesgericht, LGW I/ 3944/40

Wovon jedoch mit Sicherheit ausgegangen werden kann, ist, daß Olga Z., genauso wie die unzähligen anderen homosexuellen Verfolgten, mit Ende der Naziherrschaft nicht aufatmen konnte. Die Kontinuitäten in Bezug auf die Verfolgung Homosexueller gingen weit über die Befreiung hinaus. Sicher, die Opfer der Nationalsozialisten mußten nun nicht mehr mit physischer Folter, mit KZ-Haft oder Ermordung rechnen, aber das neue Freiheitsgefühl, das viele der andern ehemals Verfolgten an diesem Moment empfinden durften, fehlte den homosexuellen Verfolgten mit Bestimmtheit. Der Paragraph, der auch während der gesamten Nazizeit Gültigkeit behalten hatte, sollte auch weiterhin, bis in die siebziger Jahre hinein, Geltung behalten. Homosexuelle wurden auch nach dem Ende des Nationalsozialismus verfolgt und verurteilt. Zum Teil waren es auch die gleichen Beamten, die diese Verfolgung betrieben.

Zudem blieb den betroffenen Frauen (wie auch den homosexuellen Männern) die Mitgliedschaft in Opferorganisationen vorenthalten. Der KZ-Opferverband lehnte die Mitgliedschaft aller, die auf Grund ihrer sexuellen Orientierung verfolgt worden waren, rundweg ab. Überlebende, die es trotzdem geschafft hatten, auf anderen Wegen in den Verband aufgenommen zu werden und damit Zugang zu diversen Vergünstigungen zu erhalten, wurden ausgeforscht und ausgeschlossen.[27] Hinter diesem Vorgehen steht eine Überzeugung, die wohl als repräsentativ für einen großen Teil der damaligen Öffentlichkeit stehen kann, daß Homosexuelle zu Recht mit außergerichtlichen Maßnahmen, wie sie Gestapo und Kripo zu Verfügung standen, verfolgt wurden.

In einem derartigen Umfeld war eine positive Selbstwahrnehmung der eigenen Sexualität fast ausgeschlossen. Wie bereits oben berichtet, waren die meisten Frauen, nachdem in unvorstellbar erniedrigender Art und Weise ihr intimstes Privatleben zur Schau gestellt worden war, mit bedingten Strafen wieder in den Alltag entlassen worden. Diese Frauen, sicherlich zu einem guten Teil in Ehen gezwungen, führten in der Zweiten Republik ein unauffälliges Leben, ohne jede Chance, ihr tragisches Verfolgungsschicksal bekanntzumachen und dadurch Anerkennung zu erhalten – im Gegenteil, Anerkennung war wohl am ehesten durch das Leugnen dieser Vergangenheit möglich.

Leugnung bezieht sich in diesem Fall nicht unbedingt auf eine Art bewußter Verdrängung der Tatsachen, sondern vielmehr auf einen Bewußtseinszustand in der Selbstwahrnehmung. Viele Frauen bekamen wahrscheinlich nie die Gelegenheit, ihre sexuelle Orientierung als solche wahrzunehmen, wie das bereits erwähnte Paar, Hermine W. und Wilhelmine B., die in Simmering denunziert wurden.[28] Die beiden gaben laut Polizeibericht sofort und in vielen Details zu, was sie miteinander verband. Wilhelmine B. stellt jedoch gleichzeitig folgendes fest: „Die W.[…] und ich haben selbst kein Interesse an diesen unzüchtigen Handlungen gehabt. Ich bereute meine Tat."[29]

Diese Aussage, in der von einem recht intensiven Verhältnis von über zwei Jahren Dauer die Rede ist, kann nach all dem Vorangegangenen nicht allein als gezielter Versuch zur Minimierung der Strafe gesehen werden. Auch die anderen Frauen, die oben erwähnt wurden, bezeichneten sich selbst durchwegs sinngemäß als heterosexuell.

Neben dem logischen Versuch zur Selbstrettung in der Bedrohungssituation durch die nationalsozialistischen Behörden erscheinen diese Aussagen auch das Ergebnis einer Bewußtseinshaltung zu sein, in der für Homosexualität kein Platz war.

Nach 1945 wurde die Geschichte verleugnet. Die Täter hatten wenig Interesse mehr als ihren Stolz am Stammtisch publik zu machen, während die homosexuellen Frauen an dem starken sozialen Druck ihrer Umgebung schwer zu tragen hatten. Die Geschichte homosexueller Frauen blieb im dunkeln, länger noch und konsequenter als die Geschichte homosexueller Männer.

Die wenigen Lebensläufe, die uns heute in Form von Gerichtsakten, in Archiven

27 Siehe: Mitgliederakten des KZ-Opferverbandes/DÖW

28 LGW I/Vr. 1142/42

29 Hauptverhandlungsprotokoll, LGW I/Vr. 1142/42

und spärlichen anderen – privaten wie öffentlich zugänglichen – Quellen erhalten geblieben sind, zeigen wenig mehr als kurze Schlaglichter auf das Leben dieser Frauen. Genug jedoch, um festzustellen, daß das Leben dieser Frauen im Beruf wie auch im Privaten mit ständig drohenden Anzeigen und Repressionen konfrontiert war.

Die Geschichte der Verfolgung lesbischer Frauen liegt immer noch weitgehend im dunkeln. Die hier erwähnten Fälle stellen (gemeinsam mit jenen, die Claudia Schoppmann bearbeitete) bereits den Großteil der für Wien erhaltenen Fälle dar. Jene Frauen, die unter anderen Verfolgungstiteln von Kripo und Gestapo gejagt wurden (zum Beispiel wegen „Asozialität" u.ä.) sind bisher genausowenig erfaßt wie all jene, die nie vor Gericht gekommen sind.

Martin Achrainer

„...eine Art gefährlicher Volksseuche..." Zur Verfolgung von Homosexuellen im Nationalsozialismus in Tirol

Zum Zeitpunkt des „Anschlusses" Österreichs an das Deutsche Reich waren dort die Verfolgungsstrukturen gegen Homosexuelle bereits vollständig entwickelt. Mit dem sogenannten „Röhm-Putsch" Ende Juni 1934, als im Zuge eines internen Machtkampfes der bekanntermaßen homosexuelle SA-Führer Ernst Röhm und weitere rund hundert Männer ermordet wurden, begann der eigentliche Feldzug gegen Homosexuelle. 1935 folgte die Verschärfung des §175, der im Reichsstrafgesetzbuch homosexuelle Handlungen zwischen Männern unter Strafe stellte, auf bis zu zehn Jahre Zuchthaus – SS-Führer Heinrich Himmler wollte gar die Todesstrafe durchsetzen. Der Strafverschärfung folgten Razzien in praktisch allen größeren Städten, die vom Sittlichkeitsreferat der Gestapo durchgeführt wurden, wobei die Autonomie der Gestapoleitstellen große regionale Unterschiede in der Dimension der Verfolgung zeigte. Im Gestapo-Hauptamt in Berlin wurde eine Reichszentrale zur Bekämpfung von Homosexualität und Abtreibung gegründet. Ziel aller Aktionen war die Zerschlagung der schwulen und lesbischen Subkultur – Lokale, Treffpunkte, Vereine, Zeitschriften. Schwule wurden in großer Zahl verhaftet, angeklagt und verurteilt und viele von ihnen in Konzentrationslager gebracht. In diesem Spannungsfeld zwischen der verschärften gerichtlichen Verfolgung und jener durch die Gestapo mit ihrem KZ-System ist die Geschichte der Verfolgung Homosexueller zu sehen.[1]

Es muß angenommen werden, daß bereits im Frühjahr 1938 eine umfangreiche Verfolgung Homosexueller durch die Sittlichkeitsreferate der Gestapoleitstellen begann, die wie in den Städten des „Altreichs" die Zerschlagung der Subkultur, soweit eine solche bestand, und die gerichtliche Verfolgung Homosexueller einleitete.

An den rechtlichen Voraussetzungen änderte sich zunächst nichts. Das österreichische Strafgesetz aus dem Jahr 1852 stellte im §129 I b die „Unzucht wider die Natur" mit Personen des gleichen Geschlechts – im Unterschied zum Deutschen Reich also auch zwischen Frauen – unter Strafe und bedrohte sie in §130 mit schwerem Kerker von einem bis zu fünf Jahren. Für „Schändung" – d.h. Mißbrauch von Kindern unter vierzehn Jahren – drohten unter sehr erschwerenden Umständen zehn Jahre, bei Gewaltanwendung oder schweren gesundheitlichen Folgen bis zu zwanzig Jahre schweren Kerkers.

Eine Anpassung an das deutsche Strafrecht unterblieb daher – die Verschärfung des deutschen §175 entsprach einer Angleichung an die Sanktionen des österreichischen §129. Allerdings war das österreichische Strafgesetzbuch, insbesondere eben seine enormen Strafdrohungen, so veraltet, daß die angedrohten Strafen in der Praxis nicht mehr angewendet, sondern auch die Mindeststrafen regelmäßig unterschritten wurden. Dazu dienten das außerordentliche Milderungsrecht, das in Österreich zum Normalfall geworden war, dann die Strafumwandlung von Kerker in strengen Arrest, die wiederum die Voraussetzung für den Ausspruch der bedingten Verurteilung bildete. Zu einer verschärften gerichtlichen Verfolgung mußten also keineswegs die rechtlichen Voraussetzungen geändert

1 Aus der Literatur über die Verfolgung Homosexueller im Dritten Reich sei beispielhaft genannt: Burkhard Jellonnek, Homosexuelle unter dem Hakenkreuz. Die Verfolgung von Homosexuellen im Dritten Reich, Paderborn 1990. Bei Abschluß dieses Beitrags noch nicht erschienen ist: Burkhard Jellonnek/Rüdiger Lautmann, Nationalsozialistischer Terror gegen Homosexuelle. Gab es den ‚Homocaust'?, Paderborn 2001. Das Standardwerk zur Geschichte der strafrechtlichen Verfolgung Homosexueller ist nach wie vor Gisela Bleibtreu-Ehrenberg, Tabu Homosexualität. Die Geschichte eines Vorurteils, Frankfurt am Main 1978

werden, sondern ihre Anwendung. Zunächst wurde die Auslegung des Begriffs der „Unzucht" erweitert. Zwar hatte das Reichsgericht noch im Oktober 1939 die österreichische Auslegung bestätigt, Unzucht umfasse „nur beischlafähnliche und onanistische Akte, also solche, die nach ihrer Art regelmäßig geeignet sind, eine geschlechtliche Befriedigung entsprechend der mit dem natürlichen Beischlaf verbundenen herbeizuführen". Doch wurde diese Entscheidung im Reichsjustizministerium mißbilligt, und die von Staatssekretär Roland Freisler verlangte Anwendung des §129 I b auf „jede Handlung, die auf erregten Geschlechtstrieb zurückzuführen oder zu dessen Erregung oder Befriedigung bestimmt ist" wurde innerhalb eines Jahres in der Spruchpraxis durchgesetzt.[2]

Für ganz Österreich wurde von Albert Müller und Christian Fleck nachgewiesen, daß die Zahl der nach §129 Angeklagten sich bereits 1938 gegenüber dem Vorjahr verdoppelte und 1939 den viereinhalbfachen Wert von 1937 erreichte. Nach Kriegsbeginn – die zur Wehrmacht Eingezogenen unterstanden deren Gerichtsbarkeit und sind daher in diesen Zahlen nicht enthalten – sank dieser Wert 1940 wiederum auf den doppelten Wert von 1937, 1941 und 1942 auf den einfachen.[3] Mit dem Verfolgungsdruck stieg auch das Strafausmaß. Die Durchschnittsstrafen von 7,29 Monaten bei einer Verurteilung nur nach §129 und von 8,35 Monaten bei Hinzuziehung anderer Paragraphen bedeuten fast eine Verdoppelung gegenüber den vor 1938 durchschnittlich verhängten Strafen.[4] Bei diesen Zahlen ist nicht berücksichtigt, ob es sich um bedingte Strafen, wie sie vor 1938 wohl sehr häufig waren, handelte, oder um unbedingte. Die Durchschnittsstrafen dürfen auch nicht davon ablenken, daß einzelne Schwule zu extrem hohen Zuchthausstrafen verurteilt wurden, die meistens in den berüchtigten Emslandlagern unter KZ-ähnlichen Bedingungen zu verbüßen waren, und es sind sogar einige Todesurteile bekannt.

Mit der gerichtlichen Verfolgung war es aber nicht immer getan; grundsätzlich nahm die Gestapo für sich das Recht in Anspruch, über Freigesprochene oder nach Verbüßung ihrer Strafe entlassene Verurteilte „Schutzhaft" zu verhängen.[5] Nach den ersten Razzien ging die Verfolgung Homosexueller von der Gestapo bald wieder auf die Kripo über, der unter dem Titel „Vorbeugehaft" dasselbe Mittel zur Verfügung stand – es bedeutete in beiden Fällen die Einweisung in ein KZ. Die Zahl der in Konzentrationslager überstellten Schwulen ist nicht bekannt. Ob die Anordnung des SS-Reichsführers Heinrich Himmler vom 12. Juli 1940, „in Zukunft alle Homosexuellen, die mehr als einen Partner verführt haben, nach ihrer Entlassung aus dem Gefängnis in Vorbeugungshaft zu nehmen", in dieser Konsequenz durchgeführt wurde, kann derzeit nicht beurteilt werden.

Die Verfolgungspraxis in Tirol 1938/39: Polizeiermittlungen – die Gestapo-Aktion

Im folgenden Abschnitt wird versucht, die Verfolgungspraxis der Jahre 1938/39 annähernd zu rekonstruieren, wobei die aus diesen Jahren recht spärlich überlieferten Gerichtsakten die Hauptquelle bilden, die durch die Eingangsprotokolle des Landesgerichts (ab Sommer 1938: Landgericht) Innsbruck ergänzt werden; Polizeiakten fehlen dagegen gänzlich. Alle Namen wurden von mir abgekürzt.

Der erste dokumentierte Fall illustriert bereits sehr eindringlich den Wechsel in der Verfolgungspraxis. Die Gestapo, Referat II S, berichtete der Staatsanwaltschaft über zwei Lehrer, Josef I. und Johann R.: „Am 28. März 1938 erstattet Bezirksschulinspektor Hans L. [...] h.a. die Anzeige, daß die oben näher beschriebenen Lehrer I. Josef u. R. Johann homosexuell veranlagt seien. Gegen R. behänge beim Bezirksgericht in Lienz ein Verfahren wegen Unzucht wider die Natur u. sei dieser nur gegen Gelöbnis enthaftet worden. Bei L. haben sich ein Bekannter des I., namens W. Franz, Lehramtskandidat [...] gemeldet, der bekannt gab, daß I. einen großen Bekanntenkreis habe, wo er immer wieder Leute finde

2 Claudia von Bülow, Der Umgang der nationalsozialistischen Justiz mit Homosexuellen, Diss. Oldenburg 2000, S. 150 f. (http://docserver.bis.uni-oldenburg.de/publikationen/dissertation/2000/bueumg00/bueumg00.html) Zitiert werden RG 6. Senat, Entscheidung vom 17.10.1939; Staatssekretär Freisler an RG-Präsident Bumke, 21.3.1940, und Oberreichsanwalt Brettle an Freisler, Nov. 1940

3 Albert Müller/Christian Fleck, „Unzucht wider die Natur". Gerichtliche Verfolgung der „Unzucht mit Personen gleichen Geschlechts" in Österreich von den 1930er bis zu den 1950er Jahren, in: ÖZG 9. Jg. Heft 3/1998, S. 400–422, hier S. 402. Absolute Zahlen und die Werte für 1943 und 1944 werden darin nicht genannt.

4 Müller/Fleck, S. 402. Werte vor 1938: 3,97 bzw. 4,38 Monate.

5 Vgl. allgemein und ausführlich zur Entwicklung der Kompetenzen der Sicherheitspolizei auf Kosten jener der Justiz: Lothar Gruchmann, Justiz im Dritten Reich. 1933–1940. Anpassung und Unterwerfung in der Ära Gürtner (Quellen und Darstellungen zur Zeitgeschichte 28), München 1988

(nur Männer) mit denen er einen widernatürlichen Verkehr pflegen könne. […] Weiters nannte W. auch einen Oberlehrer R. Johann, der ebenso wie I., Homosexueller ist.“[6]

Der Denunziant Franz W. war mit Josef I. befreundet gewesen: „[…] wenn wir sonst auf dem Weg oder so zusammenkamen, hat mir I. dann immer von seinen ‚Seelennöten‘ erzählt. Er erklärte dabei ohne jede Beschönigung und so, als wenn es selbstverständlich wäre, daß er homosexuell sei. Ich wusste dies übrigens ohnehin, weil I. niemandem gegenüber ein Geheimnis daraus machte, so daß ganz Rietz davon wußte, und weil I. zudem schon während seines Studiums an der Lehrerbildungsanstalt in Innsbruck allgemein als Homosexueller bekannt war. […]

Lange Zeit habe ich von all dem dritten Personen gegenüber geschwiegen. […] Darüber deutlich zu reden sah ich mich erst veranlaßt, als I. sich bemühte, in den NSLB. (Nationalsozialistischen Lehrerbund, eine damals illegale Organisation) hineinzukommen. […] und da ich außerdem deutlich sah, daß I. innerlich eigentlich kein Nationalsozialist, im Gegenteil politisch überhaupt in keiner Weise interessiert sei, weil er ganz in der Pflege seiner Homosexualität aufging, habe ich [mich] entschlossen, [den Bezirksschulinspektor] L. auf die Veranlagung I.s aufmerksam zu machen.“[7]

Die beiden denunzierten Lehrer waren – unabhängig voneinander – allerdings bereits im Februar 1938 nach verschiedenen Annäherungsversuchen in die Fänge des Gesetzes geraten und nach der Einvernahme durch den Untersuchungsrichter am 3. bzw. 4. März enthaftet worden. Gegen beide waren also bereits Gerichtsverfahren anhängig. Nach der Anzeige des Bezirksschulinspektors verhaftete die Gestapo die beiden Männer im April 1938 erneut und nahm auch Hausdurchsuchungen vor, die jedoch kein Ergebnis brachten. Ein Brief aus Wien mit Informationen über Razzien gegen Schwule in Wien hatte Josef I. allerdings nicht mehr erreicht, da er zur Tarnung an die Mutter des Franz W. mit der Bitte um Weitergabe an I. geschickt wurde und damit ausgerechnet dem Denunzianten und in der Folge der Gestapo in die Hände fiel.

Die als Absender ermittelten Freunde des I. in Wien wurden von der Bundespolizeidirektion überprüft, die lediglich feststellte, daß sie in der dortigen „Unzüchtlerkartei“ nicht aufschienen.[8] – In Innsbruck scheint es jedoch noch nicht zu umfangreicheren Ermittlungen der Gestapo gekommen zu sein, und die Denunziation hatte keine weiteren Folgen.

Anders dagegen im Juni 1938. Am 20. Juni wurde Josef P. vom Schwimmeister des Städtischen Hallenbades in Innsbruck dabei ertappt, wie er mit einem zwölfjährigen Buben in den Abort ging und sich vor diesem entblößte. P. wurde verhaftet, der Fall ging von der Schutzpolizei an die Kripo. Im Verhör gestand P. einige seiner Partner in Telfs, woraufhin dort eine größere Gruppe von Männern und jungen Burschen ausgeforscht wurde. Seine Innsbrucker Partner, die P. in der Gegend des Innstegs, im dortigen Pissoir oder im Hallenbad gefunden hatte, waren ihm namentlich nicht bekannt. Offensichtlich führte die Innsbrucker Polizei auch keine „Unzüchtlerkartei“ wie in Wien, da sie auch nach Befragung der Bademeister keinen dieser Männer identifizieren konnte.

Von einigen Burschen aus der Telfser Gruppe wurde auch ein Geistlicher, Josef Ra., beschuldigt. Das war offenbar der Anlaß für die Gestapo, „die sich in solchen Fällen als zuständig und verantwortlich erachtet“[9] (so der Kripo-Bericht), sich einzuschalten.

Möglicherweise auf einen Hinweis eines Bademeisters, der die von ihm als „Warme“ identifizierten Männer nicht namentlich benennen konnte (und, nebenbei bemerkt, auch keine homosexuellen Handlungen beobachtet hatte), aber einen zumindest als „Doktor und in Innsbruck wohnhaft“ beschrieb[10], ist die nächste Verhaftung zurückzuführen. Dr. Ing. Paul L. wurde am Tag nach dieser Aussage verhaftet. In seiner Wohnung fanden sich zahlreiche Hinweise auf

Mauthausen: Weltweit erster Gedenkstein für homosexuelle NS-Opfer
Foto HOSI

6 Gestapo II S an StA Innsbruck, TLA, LG Innsbruck, 7 Vr 343/38.

7 Zeugenvernehmung Franz W. vor dem BG Silz, 29.4.1938; ebenda.

8 BundesPolDion Wien 11.4.1938; ebenda.

9 Kripo 5.7.1938, TLA, LG Innsbruck, 9 Vr 1372/38

10 Kripo 22.6.1938; ebenda.

seine Sexualpartner, die aber bis auf wenige Ausnahmen keinem wie auch immer definierten homosexuellen Milieu zuzuordnen waren. Die Ausnahmen reichten aber offensichtlich aus, um eine größere Zahl von Männern in Innsbruck und im Unterinntal zu verhaften.[11] Ab Juli 1938 nahmen die Ermittlungen immer größeren Umfang an, wobei die Polizei offenbar in einem Schneeball-System von einem Beschuldigten zum nächsten ermittelte. Bis Ende Oktober langten bei Gericht Anzeigen gegen etwa achtzig Männer ein. Es gab bereits ein erstes Opfer – Balthasar K., „der sich nach seiner Einvernahme durch die Sicherheitsbehörde erhängte".[12]

Im Herbst 1938 übernahm die Gestapo – Referat II S – die Federführung. Sie setzte Anfang November mit der Räumung des Servitenklosters in der Maria-Theresien-Straße (das die Gestapo als ihr zukünftiges Amtsgebäude ins Auge faßte) eine aufsehenerregende Aktion. Die Zeitungen berichteten, daß man mit dem Kloster eine „Lasterhöhle" ausgehoben habe, Details darüber seien der Öffentlichkeit gar nicht zumutbar.[13] In den Tagen zuvor waren mindestens zwei Laienbrüder und zwei Gärtner des Klosters verhaftet worden. Eine Reihe von zumindest teilweise erhalten gebliebenen Verhörprotokollen zeigt allerdings, daß noch Wochen später nach solchen Exzessen gesucht wurde. Die Verhöre in diesem Zusammenhang führte der als besonders gewalttätig bekannte Gestapo-Beamte Rudolf Beringer[14]; der Tonfall in den Protokollen wechselt von den üblichen peinlichen Formulierungen sexueller Handlungen zum schlichteren „Schweinereien".

Über die Verhörmethoden gibt es kaum konkrete Hinweise. Lediglich in einem der relativ zahlreich vorhandenen nach 1945 verfaßten Ansuchen um Tilgung der Vorstrafe schreibt der 1939 verurteilte Anton T.: „Durch das unmenschliche Verhalten der Gestapo (Überschütten mit Wasser) habe ich in meinem widerstandslosen Zustande ein Geständnis abgelegt, welches nicht den Tatsachen entsprach und mich belastete."[15]

Unter den zahlreichen im Oktober und November Verhafteten waren auch einige Burschen, die sich als „Gelegenheitsstricher" verdingten. Von ihnen erwartete man sich offenbar besonders umfangreiche Auskünfte, wie das Verhörprotokoll des Ferdinand Tr. zeigt. In seiner ersten Aussage nannte er bereits vierzehn Namen, darunter auch drei Geistliche, konnte aber lediglich bei zwei angeblich stadtbekannten Homosexuellen genauere Angaben machen, bei den Geistlichen überhaupt keine. Drei Tage später erneut einvernommen, seien ihm laut Protokoll „noch einige Geschlechtspartner von mir eingefallen". Er nannte weitere fünf Namen, darunter einen ehemaligen Servitenbruder Anton Z. „Dieser ist als Homosexueller stadtbekannt. […] Er gab an, daß er hauptsächlich aus dem Kloster ausgetreten sei, da darin die Schweinereien ihm zu groß geworden wären. Die Brüder sollten angeblich alle untereinander verkehren."

Am Schluß dieses Verhörs beteuerte Ferdinand Tr., nun alles ausgesagt zu haben. Am nächsten Tag neuerlich vorgeführt und verhört, gab er schließlich noch einmal acht Namen bekannt. – Die Verhörbedingungen können nicht rekonstruiert werden, doch ist in diesem Fall deutlich erkennbar, daß die Aussagen Tr.s nur zum geringsten Teil auf seinen eigenen Wahrnehmungen beruhen und der größere Teil auf großen Druck hin zustande gekommen sein muß.

Die Gestapo schloß die Aktion im Februar 1939 ab und berichtete: „Die hiesige Staatspolizei befaßt sich seit Oktober 1938 mit einer umfangreichen Aktion gegen Homosexuelle, die ihren Ausgang vom Innsbrucker Servitenkloster genommen hat. […] Es wurden bisher insgesamt 98 Personen wegen homosexuellen Verfehlungen festgenommen, von denen 91 dem Richter zugeführt wurden. Nach dem gegenwärtigen Stande der Ermittlungen sind außerdem noch 90 Personen durch die Aussagen der bereits Zugeführten belastet, so daß deren Festnahme bevorsteht. […] Von den Insassen des hiesigen Servitenklosters wurden insgesamt 8 Laienbrüder und der Klostergärtner des fortgesetzten homosexuellen

11 TLA, LG Innsbruck, 7 Vr 1378/38

12 Urteil LG Ibk. 18.7.1939; ebenda.

13 Z.B. Innsbrucker Nachrichten, 4.11.1938; über den Fall wurde reichsweit berichtet.

14 Wilfried Beimrohr, Die Gestapo in Tirol und Vorarlberg, in: Tiroler Heimat 64 (2000) [im Erscheinen]. Zur Gewaltanwendung siehe zahlreiche Dokumente in Widerstand und Verfolgung in Tirol (hg. vom Dokumentationsarchiv des österreichischen Widerstandes), 2 Bände, Wien 1984

15 Tilgungsansuchen Anton T., TLA, LG Innsbruck, 6 Vr 288/39

Verkehrs sowohl untereinander, als auch mit einer Anzahl Klosterfremden überwiesen und dem Richter vorgeführt, der Haftbefehl erlassen hat. Der Ort der Betätigung war vorwiegend das Kloster mit seinen Anlagen, teils aber auch die Sakristei der neben dem Kloster gelegenen Kirche. Darüber hinaus wurde von einem Laienbruder ein schwachsinniges Mädchen geschlechtlich mißbraucht. Ferner hat sich ein Laienbruder in zwei verschiedenen Fällen durch einen Innsbrucker Bürger gegen Entlohnung eine Prostituierte zuführen lassen, die unter Benutzung eines Ordens-Habits in das Kloster zum Zwecke des Geschlechtsverkehres eingeschmuggelt wurde. Weiters wurde festgestellt, daß auch der frühere, bereits verstorbene Prior des Klosters gleichgeschlechtlich veranlagt gewesen ist und sich im Kloster einen Strichjungen gehalten hat."[16]

Zwar waren die meisten Äußerungen in diesem Bericht nicht haltbar, soweit sie das Kloster betrafen, doch war der Zweck erreicht. Die Räumung des Klosters lenkte jedoch vom eigentlichen Ziel der Aktion ab, die tatsächlich gegen Homosexuelle und wen die Gestapo eben dafür hielt, gerichtet war. Mitte November 1938 wurden jedenfalls rund hundertdreißig Männer bei Gericht angezeigt; der Haftrichter nahm zweiundzwanzig von ihnen in Untersuchungshaft. Bis Jahresende folgten weitere rund sechzig Anzeigen.[17] Der Innsbrucker LandgerichtsPräsident Wilhelm Sandbichler bemerkte in seinem Lagebericht vom 13. Februar 1939 zu dieser doch äußerst umfangreichen Aktion lakonisch, die Sittlichkeitsdelikte würden „jetzt eben gleich dem Wilddiebstahl schärfer erfaßt".[18]

Unter den Angezeigten waren sowohl jene Männer und Burschen, die den allgemein bekannten Treffpunkt beim Innsteg und der Innpromenade, den dortigen „englischen Anlagen" und dem Pissoir frequentierten[19], als auch über lose Freundeskreise verbundene Männer, die der in Deutschland vor 1933 etablierten Homosexuellenbewegung insofern nahestanden, als sie etwa deren Zeitschriften abonnierten oder auch darin inserierten[20]; vereinzelt wurden Kontakte nach München, Salzburg und Wien genannt. Auch in den Landbezirken wurden größere Zirkel von Homosexuellen ausgehoben. Schließlich entzieht sich jedoch ein guter Teil der angeklagten Männer und vor allem der Jugendlichen jeder Fremd- oder gar Eigendefinition als Homosexueller. Frauen waren von diesen Ermittlungen nicht betroffen; in den Jahren 1938/39 ist nur eine einzige Anzeige nach §129 gegen eine Frau vermerkt.[21]

Auch im Laufe des Jahres 1939 vermerkten die Eingangsprotokolle des Gerichts noch zahlreiche Neuanzeigen, da die Kripo noch lange damit beschäftigt war, zahlreichen Hinweisen aus den vorangegangenen Ermittlungen nachzugehen.[22] An einem Fall sei noch gezeigt, daß auch die Kripo nicht zimperlich war und auch gegen Jugendliche mit massiver Kriminalisierung vorging. „Die Nachprüfung seiner [Ferdinand L.s] Angaben und die weiteren Ermittlungen haben ergeben, daß [...] insgesamt 57 Personen mehr oder weniger homosexuelle Beziehungen zueinander unterhalten haben. Der größte Teil dieser benannten Personen ist jugendlich oder es handelt sich sogar um Kinder von 9 bis 12 Jahren. Letztere sind zweifellos als verführt anzusehen.

Dagegen handelt es sich bei den benannten Herbert N., Sch. Johann, B. Franz und Sch. Hermann um Jugendverführer, weshalb diese Personen vorläufig festgenommen wurden. [...]Bei diesen Ermittlungen hat sich herausgestellt, dass die in der Nebenakte I benannten Personen wie St. Walter, J. Helmut, W. Alfred, L. Norbert, H. Hugo, Sta. Walter und L. Hugo in der übelsten Weise sich homosexuell betätigt haben. Schon in der frühesten Jugend fingen sie mit gegenseitiger Onanie, wie Schenkel- Mund- und Afterverkehr an."

Obwohl die letzte Aussage in den Verhörprotokollen keine Bestätigung fand, wurden drei der Jugendlichen vorläufig festgenommen, „mit Rücksicht darauf, daß gerade Schulbeginn war, bzw. J. in der Wiederholungsprüfung stand", jedoch am 21. September 1939 wieder entlassen.[23]

Das Gericht schätzte den Sachverhalt allerdings etwas weniger dramatisch ein:

16 Gestapo Innsbruck an den Reichsstatthalter in Wien, 1.2.1939, DÖW 19400/173; in Widerstand und Verfolgung Tirol, Bd. 2., S. 292 f. ist jener Teil des Schreibens abgedruckt, in dem die Gestapo das Gebäude für sich selbst reklamiert.

17 TLA, LG Innsbruck, Eingangsprotokoll Vr-Akten 1938

18 Lagebericht LGPräs Ibk. 13.2.1939. Bundesarchiv Berlin (BA), Reichsjustizministerium (RMJ) R 22/3368

19 Zahlreiche Belege beispielsweise im Akt Albin Fr., TLA, LG Innsbruck, Vr 1049/39

20 So z. B. Willi K., TLA, LG Innsbruck, 7 Vr 813/39

21 Dieser Fall dokumentiert allerdings nicht die Szenen einer lesbischen Liebe, sondern jene einer völlig zerrütteten Ehe. Die Anzeige des Ehemannes war nur eine in einer Reihe gegenseitiger Scheidungs- und Besitzstörungsklagen.

22 TLA, LG Innsbruck, Eingangsprotokoll Vr-Akten 1939/40. Da die Ende 1938 eingegangenen Anzeigen in das Jahr 1939 übertragen und manche Verfahren innerhalb des Jahres 1939 weiter übertragen oder zusammengezogen wurden, geht die Übersichtlichkeit dieser Quelle verloren.

23 Schlußbericht Kripo 22.9.1939 in TLA, LG Innsbruck, 9 Vr 2164/39

„Es handelt sich um einen ganzen Zirkel von Jugendlichen die alle untereinander derartige Unzuchtshandlungen vornehmen. […] Es ist nicht zu bezweifeln, daß alle diese Jugendlichen […] sich über die eigentliche Tragweite und das Verwerfliche ihres Treibens nicht voll im Klaren waren. Im wesentlichen handelt es sich bei all diesen Jugendlichen [gemeint sind deren Handlungen, Anm. M.A.] um Pubertätserscheinungen und Triebverirrungen, die mit der Pubertät in Zusammenhang stehen. Es sind daher zumindest die im jugendlichen Alter begangenen Unzuchtshandlungen mit gleichaltrigen Jungen nicht allzuschwer zu beurteilen. Dies auch dann nicht, wenn in einzelnen Fällen aus einer geschlechtlichen Neugier heraus auch Formen des widernatürlichen Geschlechtsverkehrs versucht wurden, die über die bloße mutuelle Onanie hinausgingen."[24]

Trotzdem verhängte es über den (aus dieser Gruppe vermutlich einzigen) Angeklagten Hermann Sch., der gerade 21 Jahre alt war, die relativ hohe Strafe von 8 Monaten schweren Kerkers.

Vor Gericht

Die beiden Lehrer Josef I. und Johann R. wurden im Juni 1938 vom Einzelrichter zu drei bzw. vier Monaten strengen Arrests, bedingt auf zwei bzw. drei Jahre, verurteilt. Die Staatsanwaltschaft legte Berufung wegen zu geringen Strafmaßes und der Strafart ein; das Oberlandesgericht gab ihr Recht und erhöhte die Strafen auf fünf bzw. sechs Monate, änderte vor allem aber die Strafart von Arrest in schweren Kerker um, wodurch eine bedingte Verurteilung ausgeschlossen war.[25] Dieses Muster der Erhöhung und Verschärfung der Strafe in der zweiten Instanz ist in mehreren Fällen dokumentiert. Bei Wilhelm F., der selbst Berufung gegen das Urteil von zwei Monaten strengem Arrest bedingt eingelegt hatte, lehnte das Oberlandesgericht nicht nur seine Berufung ab, sondern verdoppelte die Strafe auf vier Monate unbedingt.[26]

Die Revisionspraxis zielte natürlich darauf, die in der ersten Instanz verhängten Strafen zu erhöhen. Bedingte Verurteilungen wurden in den dokumentierten Fällen mit ganz wenigen Ausnahmen überhaupt nicht mehr ausgesprochen. Im Strafmaß blieb die erste Instanz aber sowohl im vereinfachten Verfahren vor dem Einzelrichter immer wieder unter den Anforderungen[27], wie auch im Schöffenverfahren – in einem solchen Fall konnte sich im November 1938 der Vorsitzende, wie das Beratungsprotokoll zeigt, mit seinen Strafvorschlägen nicht durchsetzen. Die ausgesprochenen Strafmaße von zehn Monaten für den Hauptangeklagten Josef P., sechs Monaten für Ernst D., zweimal sechs und einmal vier Wochen für die Mitangeklagten wurden daraufhin von der Staatsanwaltschaft angefochten und vom Oberlandesgericht auf drei Jahre, ein Jahr, sieben, fünf und vier Monate festgesetzt – eine über die gängige Verschärfung weit hinausgehende Vervielfachung des Strafmaßes.[28]

Generell fällt auf, daß bei den erhaltenen Urteilen aus dieser Zeit ideologische Phrasen völlig fehlen, während sie in den Berufungsschriften der Staatsanwaltschaft und in den Berufungsurteilen des Oberlandesgerichts hin und wieder eingeflochten wurden, wie etwa im Fall Johann Z., der selbst gegen das Urteil vom 21.2.1939, lautend auf sechs Monate schweren Kerkers, Berufung eingelegt hatte.

Das Oberlandesgericht wies die Berufung zurück und führte als weiteren Erschwerungsgrund die „Gefährdung, beziehungsweise Schädigung des Volkswohls durch solche immermehr über Hand nehmenden Verbrechen" an.[29]

Die Ende 1938 angezeigten Fälle beschäftigten die Justiz über das ganze Jahr 1939 und darüber hinaus, allerdings sind kaum Akten erhalten. Die Eingangsprotokolle zeigen, daß bis zur Jahresmitte Verfahren gegen rund 280 Männer eingeleitet wurden, von denen rund 70 wieder eingestellt wurden. In der zweiten Jahreshälfte – die Eingangsprotokolle werden hier äußerst unübersichtlich –

24 Urteil LG Innsbruck 25.1.1940 gegen Hermman Sch.; ebenda.

25 Urteil LG Ibk. 8.6.1938, OLG Ibk. 27.7.1938. TLA, LG Innsbruck, 7 Vr 343/38

26 Wilhelm F., TLA, LG Innsbruck, 6 Vr 1615/38

27 Weitere Erhöhungen des Strafmaßes nach Berufung durch die Staatsanwaltschaft zeigen die Verfahren gegen Arthur A., von drei auf neun Monate (6 Vr 71/39), Josef St., von 3 auf sechs Monate (9 Vr 178/39) und Johann Rö., von zwölf auf fünfzehn Monate (7 Vr 182/39), alle TLA, LG Innsbruck.

28 Josef P. u.a., TLA, LG Innsbruck, 9 Vr 1372/38

29 Berufungsurteil OLG 22.2.1939. Johann Z., TLA, LG Innsbruck, 7 Vr 144/39

kamen wohl noch einmal einige Dutzend Anzeigen hinzu, am Jahresende wurden aber nochmals ca. 60 bis 80 Verfahren eingestellt oder zurückgestellt. Neben der Einstellung wegen Nichtigkeit kam verstärkt die Amnestie zum Kriegsbeginn zur Geltung. Natürlich häufte sich auch die Abgabe von Verfahren an die verschiedenen Gerichte der Wehrmacht.[30]

Die meisten aktenmäßig dokumentierten Fälle wurden im vereinfachten Verfahren über Strafantrag der Staatsanwaltschaft vom Einzelrichter abgeurteilt – Anklageschrift und Urteil enthielten nur sehr knappe Begründungen; eine ausführliche Beweisführung in der Hauptverhandlung scheint kaum stattgefunden zu haben, jedoch Einvernahmen durch den Untersuchungsrichter. Psychiatrische Gutachten sind im vereinfachten Verfahren nicht nachgewiesen, in den Schöffen- oder Senatsverhandlungen selten. Soweit die Geständnisse von der Gestapo erzwungen worden waren, dürfte dies bei Gericht kaum vorgebracht, geschweige denn berücksichtigt worden sein; Gestapo-Beamte waren offensichtlich regelmäßig als Zeugen geladen.

Ein Nachspiel der Serviten-Prozesse dürfte das Verfahren gegen den Innsbrucker Rechtsanwalt Ferdinand J. gewesen sein, der nach 1945 bemerkte: „Man wollte eben mit der bezeichnenderweise über Anregung der Gestapo erfolgten Anzeige der Kripo in mir augenscheinlich nicht nur einen der wenigen Anwälte, die der Partei nicht beigetreten waren, treffen, sondern nicht zuletzt einen der prominentesten Vertreter in den bekannten (mir von RA. Dr. Greiter überkommenen, vielfach erfolgreich abgeführten) Servitenprozessen, in denen ich nur allzu oft gezwungen war, pflichtgemäß gegen die als Zeugen für ein angeblich unbeeinflußt abgelegtes Geständnis des Beschuldigten auftretenden Gestapo-Beamte Stellung zu nehmen. An den seitens der Polizei geschickt zusammengestellten Anschuldigungen konnte dann auch der mir im übrigen sicherlich wohlgeneigte, aber an die nationalsozialistische Rechtsauffassung gebundene Gerichtshof nicht vorbeikommen.[31]

Der „wohlgeneigte" Gerichtshof verhängte trotz der „mindergefährlichen Form der Unzucht" eine sechsmonatige Kerkerstrafe, die aber durch die U-Haft verbüßt war. In diesem Urteil kam die verschärfte Rechtsauslegung explizit zur Sprache: „Festgestellt ist weiter, daß der Angeklagte in keiner Weise das Geschlechtsteil seiner Partner irgendwie berührte oder er seinen berühren ließ. Trotzdem aber erfüllte sein Vergehen den Tatbestand des Verbrechens der Unzucht wider die Natur nach §129 I b StG. Denn hiezu ist nicht geradezu der Beischlaf oder eine beischlafähnliche Handlung erforderlich, es genügt hiezu schon jede der Erregung oder Befriedigung der Sinneslust dienende, die Grenzen der Sittlichkeit und des Anstandes überschreitende Missbrauch des Körpers eines anderen."[32]

Für den deutlichen Rückgang der Anzeigen ab 1940 waren neben dem Umstand, daß viele Männer nunmehr unter die Gerichtsbarkeit der Wehrmacht fielen, wohl auch die „Erfolge" der großen Razzien ausschlaggebend. Hin und wieder kam es aber auch später zu kleineren Anzeigewellen, wie aus dem Lagebericht des Innsbrucker Generalstaatsanwaltes vom 27. Juli 1941 hervorgeht: „Immerhin mußten jedoch in der Berichtszeit eine Reihe von Anklagen oder Strafanträgen wegen des Verbrechens §129 I b öst. StG. eingebracht werden. Ich kann mich daher der Tatsache nicht verschließen, daß besonders die Sexualverirrungen nach §129 I b öst. StG. eine Art gefährlicher Volksseuche darstellen, zumal wohl eine große Anzahl von Fällen unentdeckt bleibt und daher gar nicht zur strafrechtlichen Ahndung kommt. Dabei ist bemerkenswert, dass die Homosexualität – die zur Anzeige gebrachten Fälle von gleichgeschlechtlichem Verkehr betreffen ausschließlich Männer! – überwiegend in der Landbevölkerung ihr Unwesen treibt und in den Städten fast von geringer Bedeutung ist. Noch auffälliger ist es, daß die meisten und gerade besonders abstoßenden Fälle in den ausgesprochen streng religiösen Gegenden Tirols heimisch sind, sittliche oder religiöse Hemmungen spielen also bei diesem Delikt offenbar nur eine untergeordnete Rolle."[33]

30 Wie Anm. 22.

31 Ferdinand J. an Präsidium des OLG Innsbruck, 22.8.1945, TLA, LG Innsbruck, 7 Vr 68/40

32 Urteil LG Innsbruck 9.10.1940; ebenda

33 Lagebericht GenStA Löderer, 22.7.1941. Zwei Monate später berichtete er dasselbe über Vorarlberg: „Im Sprengel des Landgerichtes Feldkirch gelang es den Sicherheitsbehörden, eine größere Zahl Sittlichkeitsverbrechen (insbesondere Schändung und Unzucht wider die Natur) aufzudecken." Lagebericht GenStA Löderer, 29.9.1941. BA, RMJ, R 22/3368

Geistliche

Wie schon im Fall der Serviten ersichtlich, waren Beschuldigungen von Homosexualität und anderen sittlichen Verfehlungen gegen Geistliche ein wesentliches propagandistisches Element im Kirchenkampf. Obwohl die Nationalsozialisten in den groß angelegten Sittlichkeitsverfahren gegen Geistliche (1935 bis 1937) schlechte Erfahrungen gemacht hatten – die massive Propaganda führte eher zur völligen Unglaubwürdigkeit der Vorwürfe – sind auch in Österreich nach dem „Anschluß" zahlreiche Geistliche deswegen verurteilt worden. Einige Fälle aus Tirol seien hier angeführt: Ludwig Br., ein fast siebzigjähriger ehemaliger geistlicher Direktor, wurde (obwohl in Innsbruck wohnhaft) von einem Salzburger Gericht wegen angeblich weit zurückliegender Verfehlungen zu zwei Jahren Haft verurteilt, Wendelin Gl., Kooperator in Tarrenz, wegen homosexueller Vergehen vom Innsbrucker Landgericht gar zu dreieinhalb Jahren, Josef Ra., dem von Telfser Burschen Annäherungsversuche nachgesagt worden waren (siehe oben) zu zwei Jahren. Hermann Tö., Kooperator in Innsbruck, erhielt wegen Unzucht eineinhalb Jahre und verstarb während seiner Haft im Gefängnis in Garsten. In manchen Fällen wurden Geistliche aber auch freigesprochen (Ämilian Kü.) oder, um sie vor einem Verfahren zu schützen, psychiatriert (Gustav Wi.).[34]

Sind die bisher angeführten Strafen bereits außerordentlich hoch (sie wurden alle im Jahr 1939 verhängt), so erhielt der Fieberbrunner Kooperator Johann K. im Juni 1940 mit sechs Jahren Zuchthaus wegen Schändung das bei weitem höchste bisher festgestellte Strafmaß.[35]

Obwohl die Vorwürfe nicht immer frei erfunden waren – der zuletzt genannte Johann K. schwächte die 1940 zugrunde gelegten Taten bei einer Wiederaufnahme des Verfahrens nach 1945 nur unbedeutend ab[36] – zeigen die angeführten Fälle doch eine deutliche kirchenfeindliche Tendenz.

Schwule im KZ

Über die außergerichtliche Verfolgungspraxis durch die Sicherheitspolizei können zuverlässige Aussagen derzeit nicht getroffen werden; die Überstellung in Konzentrationslager ist bisher nur in wenigen Fällen konkret belegt.

Paul L. wurde bereits am 15. November 1938 nach Dachau gebracht und zum Prozeß im Juli 1939 wieder nach Innsbruck überstellt. Seine Gerichtsstrafe saß er dann in Garsten ab. Er sollte nach Verbüßung von zwei Dritteln der Strafe auf Bewährung aus dem Gefängnis entlassen werden, hatte aber bereits einen Schutzhaftbefehl – Einweisung in das KZ Dachau – erhalten: „Ich hätte am 9. Mai 1940 aus der Strafhaft entlassen werden sollen, bat jedoch um eine Verschiebung der Entlassung, um eine Rücknahme der Verfügung des Reichsführers SS zu erreichen. Auf Grund des Gesetzes vom 23.7.1920, StGBl 373 und des Beschlusses der Strafvollzugsbehörde beim Landgericht Steyr vom 5.6.1940 war ich am 5. Juni 1940 aus der Strafhaft entlassen worden. Die von dieser Behörde ausgesprochene Bewährungszeit betrug 1 Jahr, somit – offenbar in Ansehung des Vorliegens besonders berücksichtigungswürdiger Gründe trotz der dieser Behörde natürlich bekannten Verfügung des Reichsführers SS – die kürzeste gesetzlich überhaupt mögliche Frist."[37]

Paul L. war dann jedoch vom 7. Juni 1940 bis zur Befreiung am 2. Mai 1945 als Schutzhäftling Nr. 13.157 im Konzentrationslager Dachau interniert.

Auch der gemeinsam mit L. zu zweieinhalb Jahren Zuchthaus verurteilte Oswald M. wurde am 10. August 1940 in das KZ Dachau gebracht, war anschließend vom 25. August bis 10. Oktober 1940 im KZ Neuengamme bei Hamburg und starb am 8. November 1940 in Dachau.[38]

Einer der Laienbrüder der Serviten, die im Mittelpunkt der Beschuldigungen durch die Gestapo gestanden waren, Karl M. (Bruder Clemens), wurde im August

34 Alle Angaben bei Helmut Tschol/ Johann Reiter, Liste der verhafteten Priester und Ordensleute, in: Widerstand und Verfolgung in Tirol Bd. 2, S. 332–350. Die Akten zu allen angeführten Fällen existieren nicht mehr. Wegen sittlicher oder krimineller Delikte verhaftete Geistliche aus dem Tiroler Anteil der Salzburger Diözese fehlen in dieser Liste.

35 Urteil vom 26.6.1940, TLA, LG Innsbruck, 7 Vr 937/39

36 Johann K. erreichte nach 1945 eine Neubemessung der Strafe auf vier Jahre; ebenda.

37 Gnadengesuche Paul L. an LG Innsbruck 13.3.1946 und Justizministerium 9.11.1945. TLA, LG Innsbruck, 7 Vr 1378/38

38 Freundl. Mitteilung von Albert Knoll, KZ-Gedenkstätte Dachau; e-mail vom 30.3.2001. Vermutlich wurde auch M. wie L. bereits vor Prozeßbeginn nach Dachau gebracht, doch lassen sich diese Daten in der Gedenkstätte nicht nachweisen.

1939 nach Dachau eingeliefert und ein Jahr später nach Mauthausen überstellt, wo er im Mai 1945 die Befreiung erlebte.[39]

Paul L. und Oswald M. erhielten in Dachau übrigens nicht den Rosa Winkel der Homosexuellen, sondern zunächst den Schwarzen Winkel der „Asozialen", L. nach einem Jahr schließlich den Grünen Winkel der Kriminellen (Polizeiliche Sicherungsverwahrung).[40]

Eine Einschätzung, wie viele Homosexuelle in KZs kamen, ist auch aus diesen Gründen nicht möglich.

Schließlich ist noch von einem unbekannten jungen Mann zu berichten, dessen Tod nach einer qualvollen sadistischen Folter im KZ Flossenbürg von Heinz Heger in seinen Erinnerungen geschildert wurde.[41] Die Identität dieses Mannes ist nicht mehr zu klären; trotz der bei Heger gängigen Anonymisierung ist anzunehmen, daß es sich bei dem von ihm mehrfach als „jungen Tiroler" und „Tiroler Burschen" bezeichneten Mann tatsächlich um einen Tiroler handelte.

Todesurteile für „Sittlichkeitsverbrecher"

Ein im Deutschen Reich bereits im November 1933 erlassenes Gesetz, wonach gegen „gefährliche Gewohnheitsverbrecher" verschiedene Maßnahmen wie die (zeitlich unbegrenzte) „Sicherungsverwahrung" und die „Entmannung gefährlicher Sittlichkeitsverbrecher" verhängt werden konnten, blieb zunächst auf österreichischem Gebiet geltungslos. Erst im September 1941, als es um die Möglichkeit der Verhängung der Todesstrafe für gefährliche Gewohnheitsverbrecher und Sittlichkeitsverbrecher verschärft und als §20a in das Reichsstrafgesetzbuch übernommen wurde, wurde es auch im Gebiet des ehemaligen Österreich eingeführt. Homosexuelle galten nur bei Verfehlungen mit unter Vierzehnjährigen oder bei Gewaltanwendung als „Sittlichkeitsverbrecher" im Sinne dieses Gesetzes, für den „gefährlichen Gewohnheitsverbrecher" genügten allerdings zwei Vorstrafen oder drei Tatbestände; entscheidend war in beiden Fällen die Wertung der Persönlichkeit des Täters.

Vier Todesurteile gegen Homosexuelle sind aus Wien bekannt,[42] aus Salzburg und Tirol je eines. Das Salzburger Todesurteil sei hier erwähnt, da es selbst unter den Kriterien schärfster nationalsozialistischer Rechtsauslegung völlig aus dem Rahmen fällt. Der 55jährige A. St. war zunächst am 3. Februar 1943 wegen „Verbrechens der gleichgeschlechtlichen Unzucht" mit einem Erwachsenen und drei Jugendlichen als „gefährlicher Gewohnheitsverbrecher" zu acht Jahren Zuchthaus verurteilt worden, wobei seine Selbstanzeige (!) als mildernd gewertet wurde. Der Nichtigkeitsbeschwerde des Generalstaatsanwaltes in Innsbruck folgte das Reichsgericht am 22. März 1943 und stellte fest, daß die Strafe der „Schwere der Verfehlungen" nicht gerecht werde. Das Reichsgericht verlangte vom Sondergericht zu prüfen, „ob das Volksempfinden und das Gerechtigkeitsgefühl verlangten, ,einen Täter unschädlich zu machen, der sich am wertvollsten Gut des deutschen Volkes, nämlich seiner Jugend, vergangen hat'. Dabei wäre die Todesstrafe selbst dann geboten, ,wenn eine Freiheitsstrafe und Maßregel der Sicherung zwar weitere Strafen verhindern würden, aber das Sittlichkeitsempfinden und das Gerechtigkeitsgefühl des Volkes die Ausmerzung des Täters verlangten'". Das Sondergericht „prüfte" und verhängte wunschgemäß ein Todesurteil; St. wurde am 24. Juli 1943 hingerichtet.[43]

Das Innsbrucker Sondergericht verurteilte am 31. Jänner 1944 den 1899 geborenen Hans W., Lehrer und Leiter der Bildstelle des Reichsgaues Tirol-Vorarlberg, wegen „Unzucht mit Knaben unter vierzehn Jahren" zum Tode; er wurde – obwohl sein Gnadengesuch vom Oberstaatsanwalt, dem Sondergericht und dem Gefangenenhausleiter unterstützt wurde und die Gauleitung sich nicht dagegen stellte – am 9. März 1944 in München-Stadelheim hingerichtet.[44] Es war dies eines von drei kurz aufeinander folgenden Todesurteilen, die aus sogenannten

39 Tschol/Reiter, Liste, S. 341

40 Freundl. Mitteilung von Albert Knoll, KZ-Gedenkstätte Dachau; e-mail vom 26.3.2001

41 Heinz Heger, Die Männer mit dem rosa Winkel. Der Bericht eines Homosexuellen über seine KZ-Haft von 1939–1945, Hamburg 1972, S. 115–118

42 Jellonnek, Homosexuelle, S. 118. Da alle vier Urteile aus dem Jahr 1943 stammen, sind für Wien wesentlich mehr Todesurteile zu erwarten.

43 Christoph Weinberger, Die Todesstrafe als Bestandteil ständestaatlicher und nationalsozialistischer Justizpolitik dargestellt anhand der Urteilspraxis am Landesgericht Salzburg, jur. Diss. Salzburg 1989, S. 140–143. Es handelt sich um das Verfahren KLs 6/43 vor dem SG Salzburg.

44 TLA, SG Innsbruck, KLs 2/44

volkspolitischen Gründen verhängt wurden. Mitte Dezember 1943 war der siebenunddreißigjährige Dentist Josef P. wegen des Grunddelikts der mehrfachen (heterosexuellen) Schändung und Notzucht zum Tod verurteilt worden, und Mitte Jänner 1944 wurde über Franziska Sch., der achtzehn Abtreibungen und damit die „Gefährdung der Lebenskraft des deutschen Volkes" vorgeworfen wurden, die Todesstrafe verhängt.[45] Obwohl das Reichsjustizministerium an diesen Urteilen kritisierte, „die Begründung [lasse] in jedem einzelnen Falle die vom Gesetz geforderte Gesamtwürdigung der Täterpersönlichkeit vermissen" und „der Hinweis auf das gesunde Volksempfinden" allein genüge nicht – woraus man schließen könnte, die Todesurteile seien leichtfertig verhängt worden –, ließ es keines dieser Urteile über eine Nichtigkeitsbeschwerde vom Reichsgericht überprüfen. Vermutlich wurden auch alle Verurteilten hingerichtet (der Akt Franziska Sch. fehlt).[46] Gerade bei Hans W. fiel die Beurteilung seiner Persönlichkeit in den Stellungnahmen zum Gnadengesuch auffallend positiv aus.

Nach den Kriterien der Anwendung des §20a RStGB. wären viele der zwischen 1938 und 1941 verurteilten Homosexuellen aufgrund der hohen Zahl der angeklagten Taten, der jugendlichen Partner oder der Unzucht mit unter Vierzehnjährigen zweifellos der Todesstrafe verfallen.

Resümee

In diesem Versuch, aus wenigen Restakten einen knappen Überblick über die Verfolgung Homosexueller in Tirol im Nationalsozialismus zu rekonstruieren, stellt sich als zentrale Erkenntnis heraus, daß auch in dem Milieu einer Provinzhauptstadt und den Landbezirken eines durchwegs betont katholischen Bundeslandes, in dem eine schwule Subkultur wohl nur in geringsten Ansätzen vorhanden war, eine durchaus massive Verfolgungspraxis nachzuweisen ist.

Ausschlaggebend waren dabei nicht etwa Denunziationen aus der Bevölkerung, sondern der konsequente Ermittlungswille der Kriminalpolizei und des Sittlichkeitsreferates der Gestapo, die nebenbei ihre materiellen Interessen mit der Aktion verband, und die den Vorwurf unsittlicher Handlungen auch im Kirchenkampf benutzte.

Von den weit mehr als 300 bei Gericht angezeigten Männern dürften an die 200 abgeurteilt worden sein; das Strafmaß wurde (wohl auf Druck des Reichsjustizministeriums) durch die Revisionspraxis deutlich erhöht. Eine seriöse Aussage über die Zahl der in der Folge in Konzentrationslager eingewiesenen Homosexuellen ist nicht möglich.

Die Bedrohung insbesondere für pädophile Homosexuelle erfuhr noch eine letzte Steigerung durch die Einführung der Todesstrafe für „gefährliche Sittlichkeitsverbrecher" – wer als solcher ab 1942 vor Gericht gestellt wurde, hatte wohl noch geringere Überlebenschancen als jene, die in ein KZ kamen.

Anzumerken bleibt, daß zur Situation Homosexueller nach 1945 und zur Nachhaltigkeit der im Nationalsozialismus durch Propaganda und Praxis potenzierten sozialen und juristischen Diskriminierung ein weiteres Kapitel zu schreiben wäre.

45 TLA, SG Innsbruck, KLs 146/43 (Josef P.); der Akt KLs 149/43 (Franziska Sch.) fehlt. Mitteilungen des Sondergerichtsvorsitzenden in TLA, OLG Innsbruck, General- und Sammelakten, Zl. 143E-9/112, 116 und 118

46 RMJ (Vollmer) an OLGPräs. in Innsbruck, 8.3.1944. TLA, OLG Innsbruck, General- und Sammelakten, Zl. 143–50

Max Kübeck

Du bist der erste nicht – vom (traditionellen?) Umgang mit homosexuellen Familienmitgliedern in traditionsreichen Häusern

Hans und Magrit bekamen ein Mädchen. Nach den beiden Buben freute man sich über den Familienzuwachs. Das Kind wurde auf den Namen Henriette getauft, nach einem Onkel des Vaters, dem Grafen Heinrich W. Dieser hatte sich in der Blüte seines Lebens umgebracht, weil sein Vater die große Liebe seines Lebens nicht geduldet hatte. Die kleine Henriette wollte mit dieser Hypothek nicht leben und starb kurz nach der Geburt.

Auf den Tag genau elf Monate später kam Max zur Welt. Der Wunsch nach einem Mädchen war noch nicht ausgeträumt. Max durfte sich als Mädchen verkleiden, wann immer er wollte, solange er klein war. Der Wunsch des Buben, ein Mädchen zu sein, dauerte Jahre – derjenige, Männer zu lieben, ein Leben lang. Als Max zwölf war, sagte der Vater: „Geh nicht wie ein Mädel!" Es war der einzige Satz, der ihm von seinem Vater im Gedächtnis blieb. Er tat alles, um seinen Eltern zu gefallen bis er vierundzwanzig war – da hatte er seinen ersten Freund. Zu dieser Zeit schrieb ihm sein Vater Hans: „Mami war so verzweifelt damals, als sie von Deiner Veranlagung erfuhr – nun hast Du sie und uns neuerlich so enttäuscht!"

Einmal noch äußerte er sich zu dem Thema, bevor er zwei Jahre später starb: „Wäre gern ein guter Ratgeber, wenn man es nicht so ungern hätte. Bitte pass auf Dich auf und mach nicht zu viele solche Feste mit. Man lernt zwar vielleicht große Leute kennen – aber die sind auch nichts wert, glaub mir. Konzentriere Dich lieber auf wenig, aber liebe Leute. Verzeih, daß ich Dich bissl warnen muß, aber es gibt auch solche Lokale, wo wieder das Mieseste drin ist. Die Besseren halten sich im Verborgenen, was auch viel vernünftiger sein muß.

…zerreiße alle Briefe, es ist für Dich besser!" Jahre später erinnerte sich Max an diese Zeile, als er im Nachlaß seiner Tante deren Briefe an seinen Vater fand. Hatten vielleicht nicht zerrissene oder zensurierte Briefe schon einmal Schaden angerichtet?

Tours, den 8. Juni 1937

„Du sprichst von Magrit B. Die kenne ich ja! Das war ja meine erste Schülerin. Sie sang so hübsch und war ein kluges, sympathisches Kind, zum Unterschied von ihrer Schwester. Du sagst sie liebt Dich heiß… Ist das eine Redensart oder ist es wahr? Bist Du jemals von einem Mädchen heiß geliebt worden, und weißt Du, daß dies ein großes, wertvolles Geschenk ist, das man nicht geringschätzen soll, selbst, wenn man es nicht so heiß, oder überhaupt nicht heiß erwidern kann?

Mein lieber, kleiner (pardon!) Bruder. Du hast mir einen Einblick in Dein Innenleben gewährt, und ich habe seitdem immer innig für Dich gebetet und….immer eine Frau herbeigewünscht, die Dir so viel Liebe zu geben vermöchte, daß sie imstande wäre, Dein Gefühlsleben zu wecken.

Das Einzige worum ich Dich bitte, ist, daß Du Dir die Frau gut ansiehst, die Dir ihr Herz schenkt und wenn Du für sie Freundschaft und Sympathie, Achtung und Vertrauen empfinden – kannst, dann sollen nicht unbegründete Skrupel

Dich hindern, sie an Dein Leben durch die Ehe zu binden. Hab' keine Angst. Du bist der erste nicht und das ist ein bewährtes Mittel zur Heilung. Ich habe all die Zeit hindurch gesucht und getrachtet mich über diesen speziellen Fall in bezug auf Heilung zu unterrichten und es ist mir bestätigt worden, daß die Ehe diese Dinge ins Gleichgewicht bringt. Eine Ehe, die physisch und moralisch auf den 4 früher genannten Voraussetzungen fußt. Ich habe für Dich immer an Irmi gedacht. Aber sie ist vielleicht zu wenig warm und spontan, um Dich umzukrempeln. Außerdem sind B. materiell besser gestellt. In einem weiteren Jahr bist Du imstande, eine Stelle zu bekleiden, und diese Familie kann Dir vielleicht dabei behilflich sein. Außerdem läßt Dir ein Jahr Verlobungszeit Gelegenheit, Deine Gefühle reichlich zu studieren.

Siehst Du, mein Kleiner. Ich habe an all das gedacht. Und nun sage ich es Dir mit dem innigen Wunsche, Dich auf einen friedlichen Pfad dem Glück zuzuführen. Ich bete viel für Dich: so heiß und so innig, wie meine Liebe zu Dir ist. Du bist mir nach Mami der teuerste Mensch auf der Welt, und Dein Glück liegt mir mehr am Herzen als mein eigenes. Also denke ein bissl nach, und dann wirst Du nach bestem Wissen und Gewissen handeln. Du brauchst mir darüber nicht zu schreiben. Was Du entscheidest, wird das Richtige sein. Du solltest nur wissen, daß Tante Marie und Albert schon oft auf den Busch geklopft haben, sich wundernd, warum Du nie eine Romanze hast. Kein Wunder, daß das auffällt. Sie haben weiter nie etwas gesagt, aber, weißt Du, die Menschen machen sich über einen Gedanken; viel mehr als man ahnt. Drum glaube ich, die würden sich über eine Verlobung sehr freuen. Übrigens kannst Du ja Tante Marie in dieses Vorhaben (falls es vorhanden ist) einweihen. Sie wäre sehr stolz und würde Dir in jeder Weise an die Hand gehen.

So, jetzt habe ich von der Leber weg zu Dir gesprochen und Du bist mir hoffentlich nicht böse. Ich kümmere mich nicht gerne um die Angelegenheiten anderer und gebe keine Ratschläge, wo ich nicht drum gebeten werde. Diesmal geschieht es bloß aus unendlicher Liebe, die Dir für alle Zeit gesichert bleibt im Herzen Deiner treuen Schwester."

Paris, den 29. März 1938, zensuriert
„Zur Devisenüberwachung zollamtlich geöffnet."
„Danke Dir 1000mal für Deinen lieben, zärtlichen Brief. Jetzt verstehe ich alles sehr gut. Denke nicht, daß Du mich kränkst. Du kannst es nicht, außer wenn Du es willst. Das tust Du aber nie. Obwohl Dein Brief sehr lieb und gescheit war, tut es mir leid, daß Du Dich in Erklärungen eingelassen hast. Er ist geöffnet worden von der ‚Devisenkontrolle'. Drin war ja nichts, aber Deine lieben, zärtlichen Worte waren mir allein bestimmt…"

Paris, den 13. August 1938
„Heute morgen erhielt ich Deinen lieben, armen Brief mit dem Arierpaß. Er ist mir sehr wertvoll und ich werde riesig auf ihn aufpassen schon wegen der vielen Mühe, die er Dir gemacht hat. Ich habe ihn eingehend studiert. Es ist ganz interessant, so ein Dokument zu haben. Wie ein Pedigree… Es ist eigentlich eine gute Erfindung, denn für den Menschen ist es noch viel wichtiger, reinrassig zu sein, als für das Tier. Nun sage mir nur noch eines. Wenn man diesen Paß vervollständigen lassen würde, das heißt, die noch zu ergründenden Ahnen hinzufügen würde, wäre der Schlußerfolg, ich meine, das Schlußwort das gleiche, oder stünde dort: Mischling dritten Grades?…
Denn, zum Beispiel, Ungarn sind ja nicht Arier. Also die Apponyi – Großmutter, oder war es eine Andrassy… wäre auch ein Hindernis zum Ariertum. Neulich war bei meinem Chef davon die Rede. Ein Österreicher wollte eine Polin heiraten. Ist der Pole ein Arier. Ich habe es bejaht. Aber gleichzeitig ist mir eingefallen, der Ungar ist kein Arier; so wäre die Verwandtschaft von dieser Seite auch ein

Hindernis? Wahrscheinlich bist Du ja über diese Frage nicht genügend informiert. Ich glaube, sie interessiert Dich nicht einmal. Mich interessiert sie brennend. Ich finde das wunderbar und es entspricht vollkommen meiner Auffassung, daß man nicht nur bei den Aristokraten von Rasse sprechen kann, sondern daß es eine Zucht in jedem Stande gibt, daß sogar die Mischehen mit anderen Völkern der Rasse unserer Aristokratie sehr geschadet hat. Die blödsinnige Auffassung, daß man nur auf den Rang und den Titel sieht, ist ein unschätzbares Unglück, nicht nur für den Adel im allgemeinen, sondern besonders für die Dynastien gewesen. Hätten die Herrscher in Europa immer gesunde, gute Frauen ihres eigenen Volkes geheiratet, so wären sie nicht so degeneriert und wären der Seele und Mentalität ihres Volkes nähergestanden. Meinst Du nicht auch? – Ich sehe, daß Dich diese conversation langweilt. So gehe ich zu einer anderen über. Du sprichst mir in Deinen letzten Briefen öfters von Magrit B. Du siehst sie viel, sagst Du. Ist sie in dieser langen Zeit aber auch Deinem Herzen nähergekommen? Glaubst, daß es einmal zwischen Euch zu einer Ehe kommen wird, ich meine, wenn Du einmal etwas erreicht haben wirst. Denn das wirst Du ganz bestimmt…

…Bei Dir zum Beispiel finde ich, daß Deine Art zu schreiben sich auch geändert hat. Du machst jetzt am Anfang und Ende der Seite ein so schönes, regelmäßiges Randel. In meinen Augen bedeutet das: sich in die bestehende Ordnung einfügen, sich anpassen wollen, ein Bestreben, einer Aufgabe gerecht zu werden, sich zu resignieren… Ich bin aber keine berufliche Graphologin… Tante Marie müßte Dir das noch viel besser sagen können. Hast Du es selbst gemerkt, oder kommt Dir das so unwillkürlich. Das hat in der Konsequenz übrigens gar keine Bedeutung. Da gilt nur das Faktum."

Paris, den 26. August 1938

„Wie gerne hätte ich Dich nach der Lektüre Deines langen Briefes in die Arme genommen, Dir fest in die Augen gesehen und Dich leise gestreichelt. So viel wirres Zeug hast Du in Deinem Kopf und siehst die Dinge so tragisch an. Ich frage mich, mit welchen Menschen Du wohl zusammenkommen magst. Ich sehe eine ganz bestimmte Gattung. Sie sind ja arm und ich kann sie begreifen und ihr Bedauern ermessen. Aber stehen sie auch wirklich dem Leben nahe, sind sie nicht vielmehr schon lange außerhalb desselben?…

…Du bist ein manuell besonders geschickter, brauchbarer Mensch. Gewiß wirst Du kein Professor werden, auch kein Minister. Nicht einmal ein Schreiber, denn, ich muß Dir offen sagen, daß Deine Ortographie ein wenig hinkt. Ich weiß, das ist eine erbliche Belastung. Ich bin manchmal ganz erstaunt, wie viele Fehler Du machst. Aber das mindert Deinen Manneswert in keiner Weise. Ich glaube im Gegenteil, daß Du Dir in Deiner Militärzeit sehr nützliche Dinge aneignen wirst und von dort aus leicht unterkommen kannst. Denn Deine Vorgesetzten werden Dich als guten, pflichtgetreuen Menschen kennen und schätzen lernen. Sie werden vielfache Verwendung für Dich finden, und Du wirst sehen, wie Dich das aufmuntern und stark und frei machen wird. Anfangs ist es freilich grauenhaft, aber dieses ‚anfangs‘ dauert ja nicht so lange. Und je weiter man fortschreitet, umso kürzer wird die jeweilige Lernzeit.

Was unser Blut anbelangt, so sind wir persönlich ja wirklich nicht als Deutsche zu bezeichnen. Wir sind eben ein furchtbares Gemisch. Darum sind wir auch so von unseren Gefühlen und Atavismen hin und her gerissen, die uns dazu veranlassen, von Dankbarkeit den Ahnen gegenüber zu sprechen, wie Du es tust…

Ich impfe Dir da eine sehr bittere, harte Lebensphilosophie ein. Ich habe genügend von dieser Medizin gekostet, um zu wissen, wie sie schmeckt. Aber sie hilft auch unglaublich. Es helfen ja bloß die Arzneien, die schwer zu nehmen sind, weil sie die Gifte in uns bekämpfen. Du sagst, ich soll nicht traurig über Dich sein. Ich will es gerne nicht sein, war ich es doch im Leben nur zu oft. Aber ich möchte Dir nur zu gern helfen. Ich weiß, daß Du Hilfe brauchst, daß Du Dich

II. Paris, den 29/III 1938

Mein lieber Hannsbubi,

Danke Dir tausendmal f. Deinen lieben, zärtlichen Brief. Jetzt verstehe ich alles sehr gut. Denke nicht, daß Du mich kränkst. Du kannst es nicht, außer wenn Du es willst. Das tust Du aber nie. Obwohl Dein Bf. sehr lieb u. gescheit war, tut es mir leid daß Du Dich in Erklärungen eingelassen hast. Er ist geöffnet worden v. der Devisenkontrolle. Drin war ja nichts. Aber doch Deine lieben, zärtlichen Worte waren nur allein bestimmt.

Du hast sehr Recht Dich einem Handwerk zuwenden zu wollen, wenn Aussicht vorhanden ist daß Dich redlich nährt. Für intellektuelle Arbeit hast Du ja nichts übrig u. es ist wahnsinnig schwer sich diese Art des Denkens u. Arbeitens anzueignen. Ich leide sehr darunter. Verstehe die Dinge, führe sie möglichst genau aus u. mache dann ganz stupide Fehler wie z. B. sich um einen Monat irren od. Bf. auf das gefehlte Papier schreiben u.s.w. Dann schauen einen die Leute an u. denken sich: "elle est bouchée, celle-là." Sehr peinlich, so ein Urteil. Wie oft wollte ich, ich hätte das Unhaltbarkeitsgefühl f. Paris. Aber schließlich ist es doch die Hauptsache die Anderen sind mit einem halbwegs zufrieden. Wenn man

Baron Hans Kübeck
Wien IV
Gußhausstraße 4?
Allemagne/Autriche

Das soll uns aber nicht grämen. Gräber sind Ruhestätten, Gräber sind die Denk- mäler des Überstandenhabens. Ihr Leben spricht daraus. Friedliches, liebliches, harm- loses. Ein unsagbar wertvolles Stück ist es, wenn man an den Gräbern seiner Wünsche u. Träume still lächelnd stehen kann. — Ich sage das alles, weil ich weiß, daß Du es brauchst. Nicht um leeres Stroh zu dreschen. Aber da reißt es ja.

Wenn Du Gelegenheit hast v. einer Stelle in Wien zu hören. Du weißt, daß ich gerne heim möchte, wenn es eine Aussicht auf Arbeit gibt. Aber so auf gerade Wohl kann ich ja nicht ab- reisen.

Mein innigst geliebtes Hänschen. Ich bin stets bei Dir in inniglicher Liebe. Es ist so wunderbar, daß wir uns so herrlich verstehen. Nicht?

Sei gesegnet, mein Kleiner u. innigst umarmt

Von Deiner alten

Mimi

Eine ganze Woche habe ich zu diesem Bf. gebraucht. Pfui!

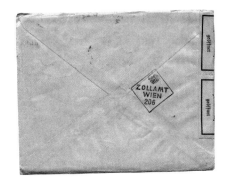

in einer moralischen Schlucht befindest und Dir die Gipfel der Berge, die Du erklimmen sollst, haushoch erscheinen. Aber, um dieses Gefühl loszuwerden, gibt es nur eines, den Berg zu erklimmen beginnen.

Fränzchen, mein armes, liebes. Was glaubst Du, wie es denn woanders ist. Auch nicht besser. Immer gleich. Es gibt welche, die kleine Zahl, die auf dem Schilde sitzen, und die vielen, die den Schild tragen und die unzähligen, die in der Menge zertreten werden und von denen man nicht einmal spricht. Trotz fraternité, trotz Freiheit usw. ‚Schön ist es auch anderswo und hier bin ich sowieso'… Das gibt den ewig suchenden, ewig unzufriedenen, ewig herumirrenden Toren, der selber nicht weiß, was er will. ‚In der Beschränkung zeigt sich der Meister.' Der Meister des Lebens ist der, der es meistert, der sich aus dem Material, das er in seiner Schmiede hat ein gutes Schwert hämmert, das ihn vor sich selbst und den gefährlichen Illusionen des Daseins schützt. Das Glück ist da; wo Du bist. Sieh ihm liebend und vertrauend ins Auge und Du wirst es erkennen und es wird der Friede und die Freude in Dein Herz einziehen. Du sagst mir, daß Dich dieses Mädchen liebt. Weißt Du nicht, daß sie ein großes Geschenk ist? Du machst Dir Sorgen, ob Du sie glücklich machen kannst. Sie braucht so wenig zum Glück, wenn sie Dich liebt. Sie will nur fühlen, daß Du ihr nahe bist, daß Du mit ihr lebst und wirkst, sie wird Dich zu verstehen trachten und Du brauchst eigentlich nur Du selbst zu sein, das will sie ja. Warum das Leben so komplizieren. Ich sage Dir, glücklich der Mensch, der eine Frau heiratet, die ihn liebt. Sie wird ihm das Leben zum Paradies machen. Eine Frau gibt in der Liebe unendlich mehr, als der Mann, drum ist es so nötig, daß sie liebt, der Mann kann ohnehin nicht lange lieben und dann macht er seine Frau unglücklich. Die Frau aber, die das häusliche Feuer hütet und wahrt, macht aus dem Manne ein wohltönendes Instrument. Ich möchte Dich sehr gerne als solches sehen. Ich segne meine erste Schülerin aus der Ferne und wünsche ihr die schöne Mission an meinem Bruder vollenden zu können."

Paris, den 17. Jänner 1939
„Meine Freude war nur durch den Umstand, daß Dein Brief zensuriert war, getrübt."

Paris, den 29. Februar 1939
„Schon zweimal sind Deine Briefe zensuriert angekommen. Hat man es scharf auf Dich? Dabei kann man doch wohl kaum einen harmloseren Staatsbürger als Dich begegnen." Im Sommer 1940 wurde Verlobung gefeiert. Hans, der Bräutigam, war an der Front und bekam keinen Urlaub: Magrit verlobte sich per procuratorem mit einem Cousin, dem Grafen Niko L. Und im Jahr darauf wurde Hochzeit gefeiert. Als Magrit ihre Lebenserinnerungen zu schreiben begann, konnte sie sich nicht dazu durchringen, die wahre Geschichte zu erzählen. Aber sie wollte auch nicht die Wahrheit nur für sich behalten. Der schwule Max sollte dieses Geheimnis mit ihr teilen. Seine späteren Recherchen brachten zutage, daß Vater Hans auf Grund einer Anzeige der Gestapo in einem Verfahren als Mitbeschuldigter geführt wurde. Einundneunzig Homosexuelle waren in das Verfahren verwickelt. Hans wurde zu drei Monaten schweren Kerkers unbedingt verurteilt und war vom November 1939 bis Jänner 1940 in Haft. In einem anderen Verfahren gegen zehn Homosexuelle im März 1937 wurde er als Mitbeschuldigter auf Grund einer anonymen Anzeige genannt.

Tours, den 20. April 1937
„…Mein lieber Hans, Mami hat mir alles geschrieben. Sie hat hauptsächlich das Gefühl Dir noch näher gekommen zu sein. Das ist eben das Schöne in der Liebe, daß man umso mehr liebt, je mehr man leidet. Auch meine Liebe umgibt Dich stets mit den heißen Wünschen und Gebeten. Wir gehören zusammen…"

Michael C. M. Huey

Des Vaters entblößtes Geheimnis.
Ein Nachwort zu Max Kübeck

„Was der Vater schwieg, das kommt im Sohne zum Reden; und oft fand ich den Sohn als des Vaters entblößtes Geheimnis." Friedrich Nietzsche „Also sprach Zarathustra."

Das Leben liebt das Paradoxe.
Ein schwuler Sohn, der wegen seines Schwulseins vom (einst) schwulen Vater abgelehnt, getadelt und mit dem Enterben bedroht wird.
Ein (einst) schwuler Vater, der 1938, bereits anonym von ehemaligen schwulen Freunden als Schwuler angezeigt und ebenso bereits vom Nazi Regime – das selbst über ganz eigene homoerotische Aspekte verfügte – verfolgt und zu drei Monaten schweren Kerkers verurteilt, dadurch vollkommen eingeschüchtert sich freiwillig zum Wehrmachtsdienst meldet und damit zum ausführenden Teil der Maschinerie des ihn in seinem Wesen ablehnenden Staates wird.
Die Schwester des (einst) schwulen Vaters, die – sowohl als Aristokratin als auch als Nachfahrin mit einem nicht „lupenreinen" Arierpaß – selber von Schicksalsschlägen in den Jahren nach dem Zerfall der Monarchie bis in die späten dreißiger Jahre nicht verschont bleibt. Die Schwester des (einst) schwulen Vaters, die ungeachtet dessen unwillkürlich, vielleicht unbewußt – und dennoch – NS-Gedankengut verbreitet und später selber, trotz ihres Versuches, ihren (einst) schwulen Bruder (den sie „Hansibubi" nennt) den Weg in die Ehe zu zeigen, in einer Ehe mit einem schwulen Mann landet und, da die Ehe kinderlos bleibt, ausgerechnet den fast enterbten schwulen Sohn ihres (einst) schwulen Bruders als ihren rechtmäßigen Erben einsetzt.
Die jüdische Ur-Großmutter, die, obwohl in der NS-Zeit schon lange tot – auch totgeschwiegen und aus der Familiengeschichte verbannt –, in der Nachkriegszeit plötzlich wieder aktualisiert wird und als „Begründung" für die Einkerkerung ihres (einst) schwulen Urenkels zum Einsatz kommt.
Der schwule Sohn, der – nicht nur weil kinderlos, sondern auch aus einem zugebenermaßen womöglich anders gepolten Familienzugehörigkeitssinn (als schwuler Mann, der ein „egoistisches" Leben ohne Frau und Kinder führt, kann er doch per definitionem keinen echten Familiensinn haben, sind wir uns da doch ehrlich!) – aus Verantwortungsbewußtsein und Zuneigung und geschichtlichem Interesse sich um die Schwulen bekehren wollende, Schwulen heiratende Schwester des (einst) schwulen Vaters kümmert (Stichwort: „So sensibel!").
Derselbe schwule Sohn, Abkömmling des berühmten Staatsmanns und Mitautors der ersten österreichischen Verfassung, der sich in seinem Wesen vom heutigen Staatsvertrag ausgeklammert sieht, dem eigene Grundrechte irgendwie abhandengekommen zu sein scheinen, der gerne selber, wie er sagt, eine Verfassung nach seiner jetzigen Verfassung verfassen würde.
Der schwule Sohn, wiederum auf die Spuren des (einst) schwulen Vaters gekommen, der dem damaligen, seinen Vater ablehnenden Regime (worin die diesbezüglichen Wurzeln des ihn in seinem Wesen heutzutage noch ablehnenden

Regimes liegen) für sein eigenes Leben womöglich noch dankbar sein muß – denn ohne dessen Verachtung, dessen Repressalien, dessen Haß, wäre sein (einst) schwuler Vater vielleicht nicht auf die Idee gekommen, zu heiraten und Kinder, einschließlich des schwulen Sohnes Max, in die Welt zu setzen.

Diese Dinge liebt das Leben. Das ist Familiengeschichte, wie sie leibt und lebt. „Memory,“ schreibt Simon Schama, „is not always identical with consolation.“ Dazu füge ich hinzu: Memory ist Arbeit.

Mitte der siebziger Jahre fand Max – „zufällig“ auf seinem Bett liegengelassen – das Tagebuch seines bereits verstorbenen Vaters und entdeckte darin ein geheimes, anderes Leben, wovon sein distanziertes Verhältnis zu seinem Vater nichts ahnen hatte lassen. Er las darin. Die Reise in die Vergangenheit unserer Nächsten ist immer auch – sowohl im streng wissenschaftlichen als auch im psychologischen Sinn – eine Reise in das innere Ich. In dieser Vergangenheit findet man sich selbst, bevor es einen überhaupt schon gegeben hat.

Hannes Sulzenbacher

Keine Opfer Hitlers.
Die Verfolgung von Lesben und
Schwulen in der NS-Zeit
und ihre Legitimierung in der
Zweiten Republik

Wegen Homosexualität verfolgte oder inhaftierte Menschen wurden 1945 zwar vom NS-Regime, nicht aber aus dem Gefängnis, von der Strafverfolgung oder auch von der gesellschaftlichen Ächtung befreit. Die aus den Lagern zurück kehrenden „Männer mit dem Rosa Winkel" wurden nicht als Opfer des Nationalsozialismus anerkannt, die Gefängnishäftlinge blieben in Haft, von NS-Richtern verhängte Strafen wurden als Vorstrafen anerkannt. Von zahlreichen Organisationen schwuler/lesbischer Emanzipation wurde dies in den letzten Jahzehnten oft kritisiert, und in der Folge von Abgeordneten der Grünen einige Anfragen an die maßgeblichen Regierungsinstanzen gestellt. Sie hatten zum Ziel, jene Gruppe von Verfolgten in das nach wie vor auf bestimmte Opfergruppen beschränkte Opferfürsorgegesetz (und die daraus erwachsenden Ansprüche) einzubringen[1] oder ihnen wenigstens die staatliche Anerkennung ihres Unrechts zuzuerkennen. Die seit Jahren geführte Diskussion, die nicht nur den Ausschluss der „homosexuellen" Opfer, sondern auch der Gruppen der sogenannten „Asozialen" und der Zwangssterilisations- und Kastrationsopfer aus der Opferfürsorge kritisierten, brachten einerseits emotionell geführte Auseinandersetzungen[2] mit sich, andererseits eine gewisse Stereotypisierung der von den staatlichen Stellen vorgebrachten Argumente bezüglich der Ablehnungsbescheide.

Jene Bescheide für die Nichtzuerkennung des Opferstatus der „homosexuellen" Verfolgten lassen sich auf zwei grundsätzliche Aussagen zurückführen. Die erste wurde meist im Zusammenhang mit Antworten auf Briefe von lesbisch-schwulen Organisationen, vor allem der „Homosexuellen Initiative Wien", ins Treffen geführt, in der den Organisationen mitgeteilt wurde, sie sollen der Abteilung für Opferfürsorge einen/eine wegen Homosexualität inhaftierte/n Mann/Frau „bringen", für den/die dann „fallgerecht" entschieden würde. Das zweite Argument, das mehr als das erste mit einer legislativen Praxis verbunden scheint, lautet unter Berufung auf das Opferfürsorgegesetz, daß

„als Opfer der politischen Verfolgung jene Personen anzusehen [sind], die [...] aus Gründen der Abstammung, Religion oder Nationalität durch Maßnahmen eines Gerichts, einer Verwaltungsbehörde oder durch Eingriffe der NSDAP in erheblichem Ausmaß zu Schaden gekommen sind."[3]

Da der strafrechtlichen Verfolgung im allgemeinen und der strafrechtlichen Verfolgung bestimmter Sexualverhaltensweisen „wie sie nicht nur unter dem Nationalsozialismus und dem Austrofaschismus üblich war"[4] nicht zugebilligt wird, spezifisch nationalsozialistisches Gedankengut darzustellen, Homosexualität also vor, während und nach dem Nationalsozialismus pönalisiert war, werden jene Verfolgten nicht vom OFG erfasst. Da somit die Strafbarkeit an sich und nicht die Höhe der Strafdrohung für maßgeblich erklärt wurde, galten und gelten Verschärfungen des §129 I b ÖStGB, der „widernatürliche Unzucht" zwischen

1 Bundesministerium für Arbeit und Soziales: Beantwortung der Frage des Abgeordneten Srb und Freunde an den Bundesminister für Arbeit und Soziales betreffend die homosexuellen Opfer des Nationalsozialismus. Nr. 2474/J., 12. September 1988; Bundeskanzler Vranitzky an den Präs. des Nationalrats Dr. Heinz Fischer (auf die Anfrage des Abgeordneten Voggenhuber, Freundinnen und Freunde betreffend die Mitverantwortung Österreichs an den Verbrechen des Nationalsozialismus, Wahrnehmung dieser Mitverantwortung durch die II. Republik, Anerkennung und Entschädigung der Opfer), 6. Mai 1992; DÖW 25517. In dieser berühmt gewordenen Rede Vranitzkys wurden zum erstenmal von offizieller Seite in Österreich „Homosexuelle" als Opfer der NS-Herrschaft genannt, nur blieb es bei der wohlwollenden Namensnennung und zog keine rechtlichen Konsequenzen nach sich.

2 wie zum Beispiel den Briefwechsel zwischen einer Mitarbeiterin des Dokumentationsarchives des Österreichischen Widerstandes, Dr. Brigitte Bailer, und Dr. Kurt Wegscheidler, dem Leiter der Abteilung Opferfürsorge im Bundesministerium für Arbeit und Soziales in der Zeitschrift „Die Gemeinde" Nr. 413–419/ 1992, in der Wegscheidler der Historikerin unter anderem „Unrichtigkeiten" in ihrer Darstellung (Nr. 415/16, S. 73) und „substanzlose Verallgemeinerungen" (Nr. 417, S. 39) unterstellte. Wegscheidler wurde von seiten des DÖW (Dr. Wolfgang Neugebauer, der schließlich für Dr. Bailer Partei ergriff) „Unfairness in der Auseinandersetzung" (Nr. 418/19, S. 51) vorgeworfen.

3 BM für Arbeit und Soziales (vgl. Anm.1), S. 2

4 Ebd.

Personen desselben Geschlechtes unter Strafe stellte, zwischen 1934 und 1945 von vornherein nicht als relevant im Sinne der Zuerkennung des Opferstatus. Dabei wäre eine Angleichung des Opferfürsorgegesetzes im Zuge der Straffreimachung der Homosexualität im Grunde keine große Sache gewesen, wie Helmut Ivansits schreibt:

„Warum aber soll seine [des Staates] Revision nicht auch für Sachverhalte gelten, die in der Vergangenheit liegen? Der Gesetzgeber hätte trachten müssen, daß geänderte Wertvorstellungen (hinsichtlich der Strafbarkeit von Homosexualität) nicht nur im Strafrecht, sondern in allen sonstigen Rechtsbereichen ihren Niederschlag finden."[5]

Im folgenden soll nun diese Nichtzuerkennung des Opferfürsorgestatus hinterfragt und widerlegt werden: erstens mit dem Nachweis, daß die ideologische Basis der Strafverfolgung der Homosexuellen zwischen 1933/38 und 1945 durchaus auf spezifisch nationalsozialistisches Gedankengut rückführbar ist, zweitens daß die Intensität sowie die Durchführung der NS-Homosexuellenverfolgung durchaus eigenständig betrieben wurde und nur zum Teil auf der bestehenden Strafverfolgung basierte, drittens daß die de-iure-Nichtangleichung des „reichsdeutschen" und des „ostmärkischen" Strafrechtes hinsichtlich der Homosexuellenverfolgung durch eine de-facto-Angleichung konterkariert wurde.

Nationalsozialistisches Gedankengut

Staatliche Homophobie gilt heute in Europa als weitgehend überwunden. Nur wenige Ausnahmen – unter ihnen Österreich – beschreiten nicht nur nicht den Weg umfassender Gleichstellung von Homosexuellen, sondern pönalisieren sogar einzelne homosexuelle Verhaltensweisen wie den international viel kritisierten §209 StGB. Vergleicht man die gegenwärtige europäische Situation mit dem Diskurs vor dem Nationalsozialismus, läßt sich (wiederum mit der Ausnahme Österreichs) ein durchaus vergleichbarer Ansatz erkennen: Geht es heute um einzelne Gleichstellungsmaßnahmen, so drehte sich die Diskussion von der Jahrhundertwende bis Ende der 20-er Jahre um die Entkriminalisierung der „gleichgeschlechtlichen Unzucht" im Zuge der Anerkennung des „homosexuellen Menschen" und seiner Lebensform. Der breit geführten Diskussion in Deutschland standen jedoch nur äußerst zaghafte Versuche um eine diesbezügliche Strafrechtsreform in Österreich gegenüber.[6]
Stand jedoch bei der „landläufigen" Homophobie des Jahrhundertbeginns ein Vulgärdiskurs aus kirchlichen Vorurteilen und fragwürdigen medizinischen Diagnosen und Klassifikationen des 19. Jahrhunderts Pate, so basierte die spezifisch nationalsozialistische Homophobie nicht nur auf der Radikalisierung dieser gängigen Stereotype. Zum ersten Mal wurden Homosexuelle aufgrund ihrer häufigen Kinderlosigkeit als „bevölkerungspolitische Blindgänger", also als Bedrohung der nationalsozialistischen Bevölkerungspolitik, disqualifiziert. In diesem Sinn schreibt auch die SS-Zeitung „Das Schwarze Korps":

„Ein Volk, das vor der Aufgabe steht, seine jährliche Geburtenziffer um 1,5 Millionen zu erhöhen, kann es sich nicht leisten, auf einen großen Teil seiner Väter zu verzichten, nur weil diese die Opfer einer durch Jahrzehnte ungehemmten, gegen den deutschen Volkskörper gerichteten Zermürbungstaktik geworden sind. Damit ist die volkspolitische Aufgabe umrissen, die zu bewältigen ist. Die Aufgabe wurde angepackt, zunächst ohne Rücksicht auf das Für und Wider der Gelehrten, die sich die Köpfe über das ‚Wesen' der Seuche zerbrachen."[7]

5 Helmut Ivansits: Das Wiedergutmachungsrecht für Opfer politischer, religiöser oder rassischer Verfolgung. (DrdA 40.Jg. (1990) Nr.3 (Juni)), S. 194

6 Hannes Sulzenbacher: „‚Man bekommt aber den Eindruck, als ob Ulrichs nicht recht normal wäre.' Acht Petitionen gegen den österreichischen Unzuchtsparagraphen", in: Capri. Zeitschrift für schwule Geschichte. Nr. 17, September 1994, S. 21 ff.

7 Rüdiger Lautmann (Hg.): Seminar: Gesellschaft und Homosexualität. Frankfurt/M: 1977, S. 315

Dasselbe Zitat zeigt die nationalsozialistische Bewertung von Homosexualität als Krankheit, als Seuche, mit der der „Volkskörper" infiziert werden konnte – der „Pest", gegen die man „in unseren eigenen Reihen mit dem Tode vorzugehen"[8] hat, so der fanatisch homophobe Reichsführer SS Heinrich Himmler.

Letztlich muß aber auch die Radikalität der Homophobie als struktureller Bruch in der Geschichte der Homosexuellenfeindlichkeit angesehen werden. Denn nirgendwo vorher wurde in ähnlichem Rahmen die zwangsweise „Umpolung" und vor allem die organisierte Vernichtung von Homosexuellen gefordert – und durchgeführt. Wiederum im „Schwarzen Korps" wurde die angebliche Tötung Homosexueller im germanischen Mittelalter als Beispiel für tagespolitische Aktion angepriesen:

„Der Homosexuelle, den man Urning nannte, wurde im Sumpf versenkt. (…) Es war nicht eine Strafe, sondern das war einfach das Auslöschen dieses anomalen Lebens. Das mußte entfernt werden, wie wir die Brennesseln ausziehen, auf einen Haufen werfen und verbrennen. Das war kein Gefühl der Rache, sondern der Betreffende mußte weg."[9]

Berüchtigt in diesem Zusammenhang wurde auch die Geheimrede Himmlers vor SS-Gruppenführern in Bad Tölz 1937, der die oben zitierten Zeilen immer wieder in seine Ausführungen einbaute, insbesondere, wenn er über Homosexualität in der SS herzog:

„Diese Leute werden selbstverständlich öffentlich degradiert und ausgestoßen und werden dem Gericht übergeben. Nach Abbüßung der vom Gericht festgesetzten Strafe werden sie auf meine Anordnung in ein Konzentrationslager gebracht und werden im Konzentrationslager auf der Flucht erschossen."[10]

Wenn auch die angewendeten Ausrottungsvokabeln nicht der Realität der Verfolgung in toto entsprechen und im allgemeinen die Verfolgung – wie Burkhard Jellonek ausführt – den straffällig gewordenen Menschen und gerade nicht den „Homosexuellen als Typus" traf,[11] so ist trotzdem die Vernichtungs-Phraseologie als ideologische Basis für gewünschte oder auch künftige Maßnahmen anzusehen. Denn gerade der Fall des „Erschießens auf der Flucht" zeigt deutlich, wie wenig die nationalsozialistische Homosexuellenverfolgung mit der Gerichtsbarkeit gegen das Verbrechen der „Unzucht wider die Natur" gemein hat. Gerade hier zeigt sich deutlich, daß die nationalsozialistische Ideologie den „Typus" des Homosexuellen zu lokalisieren und zu eliminieren suchte.

Instanzen der Homosexuellenverfolgung – die spezifisch nationalsozialistische Organisation

Gleich zu Beginn des Regime-Aufbaus institutionalisierten die Nationalsozialisten einen zweiten Verfolgungsapparat, zusätzlich zur traditionellen, nun gleichgeschalteten und auf Adolf Hitler vereidigten, staatlichen Strafverfolgung. Diese unterschiedlichen Verfolgungsschienen funktionierten manchmal aufeinander abgestimmt, manchmal unabhängig und parallel voneinander, gelegentlich sogar im Widerstreit der Maßnahmen. Denn mit der Gestapo wurde ein eigener polizeilicher Verfolgungsapparat geschaffen, der in Teilen mit der Justiz zusammenarbeitete, in Teilen jedoch selbständig – auch weit über polizeiliche Befugnisse hinaus – agierte. Während die Justiz weiterhin an der Aufklärung und Bestrafung begangener Verbrechen arbeitete, ging es hingegen bei der Gestapo auf weiter Strecke um Delikte, die die Verfolger von den Verfolgten noch erwarteten.

Ebenso unterschiedlich wie der Ansatzpunkt war auch die gesetzliche Deckung

8 zit. nach Burkhard Jellonek, Homosexuelle unter dem Hakenkreuz. Die Verfolgung von Homosexuellen im Dritten Reich. Paderborn: Schöningh 1990, S. 29

9 Karl August Eckhardt am 22.5.35 in „Das schwarze Korps", nach Lautmann, Seminar, S. 320

10 Nach Bradley Smith/Agnes Peterson (Hg): Heinrich Himmler: Geheimreden 1933–1945 und andere Ansprachen. Frankfurt/M: 1974, S. 97.

11 Jellonek, Homosexuelle, S. 327 f.

der Handlungen dieser verschiedenen Behörden. Die Gerichte mußten nach wie vor grundsätzlich von Überschreitungen des Strafgesetzes ausgehen und nach Feststellung des Deliktes die dafür vorgesehene Strafe fällen, auch wenn Ansichten und Verfassung des jeweiligen Richters, sowie die Hartnäckigkeit des jeweiligen Staatsanwaltes bewirkten, daß die verschiedensten Paragraphen herangezogen und bis zur Unkenntlichkeit gebeugt wurden. Die Gestapo jedoch konnte über weite Strecken in einem quasi rechtsfreien Raum agieren. Sie verhaftete, verhörte, folterte, mordete, inhaftierte oder verfügte die Einweisung in die Konzentrationslager.

Die gefaßten Männer wurden in der Regel zunächst in der Zentrale am Morzinplatz verhört, wobei großes Augenmerk auf die Erfassung anderer möglicherweise überführbarer Männer gelegt wurde. Nach der karteimäßigen Erfassung ist jedoch kein einheitliches Vorgehen seitens der Gestapo erkennbar. So gibt es Männer, die direkt in ein Konzentrationslager gebracht wurden, neben solchen, die auf quasi legalem Weg der Staatsanwaltschaft des Wiener Landesgerichts abgegeben wurden. Auch der umgekehrte Weg wurde beschritten: Verhaftete Männer wurden in ein Konzentrationslager gebracht, von dort ins Wiener Landesgericht zurück, wo sie Urteilsfindung und Strafvollzug erwartete und dann wieder aufgrund eines Rückstellungsantrages der Gestapo weitergegeben wurden (was mit hoher Sicherheit wieder die Einlieferung in ein KZ bedeutete). Deutlich hierbei wird auch, daß die Gestapo also gleichzeitig bis zu einem gewissen Ausmaß als sowohl polizeiliche, anklagende als auch urteilende Instanz fungierte – fern von jeder Vergleichbarkeit mit staatlichen Institutionen vor oder nach der NS-Zeit.

Die de facto-Angleichung des Strafrechtes

Nach vollzogenem „Anschluss" Österreichs an das „Dritte Reich" wurde wahrscheinlich aufgrund der zu erwartenden Langwierigkeit des Unterfangens und der Tatsache, daß das verbliebene „ostmärkische" Justizpersonal sehr viel umlernen hätte müssen, das österreichische Strafrecht dem deutschen nicht sofort angepasst.

Im Juni 1935 war im Deutschen Reich der Paragraph 175 entscheidend verschärft worden. Der entscheidende Schritt in der Legalisierung und Vereinheitlichung der Homosexuellen-Verfolgung wurde mit dieser Novellierung des Strafgesetzes gemacht, bei der die Herstellung des Tatbestandes von „beischlafsähnlichen Handlungen", die in Deutschland im Unterschied zu Österreich zur Strafwürdigkeit erforderlich gewesen waren, mittels einer vagen Formulierung auf jede willkürlich festzulegende „Unzucht" ausgedehnt wurde. Der deutsche Justizapparat, „wichtigster Profiteur"[12] der Gestapo-Recherchen in Sachen strafrechtlicher Verfolgung der Homosexuellen, hatte damit seinen Beitrag zur Intensivierung der Verfolgung geleistet.

Es setzte nun auf beiden Seiten eine umfassende Diskussion über die Möglichkeiten der Vereinheitlichung ein. Einerseits waren in Österreich Frauen in die Pönalisierung der „Unzucht" einbezogen (was sie in Deutschland nie waren)[13], andererseits ließ die vage Formulierung des österreichischen Paragraphen theoretisch auch richterliche Milde zu, indem eben nur „tatsächlicher Geschlechtsverkehr" als Tatbestand angenommen wurde. Für eine potentielle Vereinheitlichung brauchte also der Wortlaut des österreichischen Paragraphen[14] nicht verändert zu werden. Der Unterschied bestand im Ermessen des Richters, was er nun unter „Unzucht" subsumierte. Schon vor dem „Anschluß" war dem Auslegungsspielraum im österreichischen Recht – ob Analverkehr oder bloße Berührung mit eindeutiger oder nicht eindeutiger sexueller Absicht – waren praktisch keine Grenzen gesetzt gewesen. Und da es auch seitens des Obersten Gerichtshofes keinerlei einheitliche Auffassung durchgesetzt hatte, bestand die Willkür in der Auslegung des Paragraphen weiter – bis 1940 sozusagen nur um die Variante

12 Ebd., S. 331

13 vgl. dazu Claudia Schoppmann: Nationalsozialistische Sexualpolitik und weibliche Homosexualität. Pfaffenweiler 1991, S. 110 ff.

14 Die Argumente gegen ihn, die in Petitionen seit den 1890er Jahren regelmäßig von engagierten, oft betroffenen Menschen den Ministerien oder Strafrechtsreformausschüssen vorgelegt wurden, bestanden vor allem im Umstand, daß „Unzucht wider die Natur" erstens ein Verbrechen ohne Opfer, zweitens ein Verbrechen darstellte, bei dem Täter und Zeugen meist identisch waren. Pragmatisch wurde manches Mal hinzugefügt, daß es ohnehin unmöglich sei, mehr als einen Bruchteil der Verbrechen zu ahnden.

der stillschweigenden Angleichung an den §175 in seiner novellierten Fassung bereichert. Im nationalsozialistischen Sinne zu urteilen, hieß demnach für die „ostmärkische" Exekutive und Richter einerseits so viel Angeklagte wie möglich vor Gericht zu bringen, andererseits schwerere Strafen zu verhängen, als dies vor dem „Anschluß" Möglichkeit und Konvention war.

Aufgrund eines Artikcls in dcr SS-Zeitung „Das Schwarze Korps" im Februar 1940 mit dem Titel „Das fehlte gerade"[15] wurde die Diskussion um die Vereinheitlichung der beiden Paragraphen erst entfacht. In diesem Artikel wurde die harte Strafpraxis der deutschen Gerichte gelobt – ein Mann wurde wegen unsittlicher Handlungen an zwei Knaben zum Tode verurteilt[16] –, jene der österreichischen Gerichte gerügt. Als Anlaß zur Kritik diente dem Verfasser des Artikels der Freispruch eines Klerikers in Linz. Der Theologieprofessor hatte einem Küchenjungen des Stiftes, in dem er lebte, sexuell belästigt, indem er ihm über der Bekleidung zwischen die Beine gegriffen hatte. Aus Angst, seinen Posten zu verlieren habe sich der Küchenjunge – laut eigener Aussage – auch bei der Wiederholung der Berührung nicht gewehrt. Die beiden wurden wahrscheinlich aufgrund einer Denunziation der Gestapo gemeldet und am 7.12.1938 von der Gestapo verhaftet und angezeigt.[17]

Das Erstgericht verurteilte den Theologieprofessor am 6.7.1939 nach §129 I b. Nach einer Nichtigkeitsbeschwerde des Angeklagten erfolgte schließlich am 17.10.1939 der Freispruch. Das Reichsgericht, 6. Strafsenat, argumentierte, daß die im Urteil festgestellten Handlungen des Angeklagten nicht genügen würden, den Tatbestand des Verbrechens nach §129 Ib StG herzustellen, da dieser nur „beischlafähnliche und onanistische Akte" umfasse. Vier Monate nach dem erfolgten Freispruch erschien die empörte Rüge im „Schwarzen Korps", diese Entscheidung sei eine der „liberalistischen Rechtspflege".[18] Völlig zutreffend wurde also nicht das österreichische Strafrecht selbst, sondern die Rechtspflege kritisiert. Das Strafrecht wurde aufgrund seines Ermessensspielraums sogar gelobt:

„Damit konnte der Richter etwas anfangen. Er war nicht an Wortklaubereien gebunden. Er konnte selbst entscheiden, was ‚Unzucht' ist, und jedes Subjekt bestrafen, das andere zur Erregung oder Befriedigung seiner widernatürlichen Triebe – unter gleich welchen Umständen – mißbrauchte. Damit ist nicht gesagt, daß er das nun immer getan hätte. Aber einem nationalsozialistisch denkenden und handelnden Richter rutscht, wenn er diesen weitgefaßten Paragraphen anwenden kann, jedenfalls kein widernatürlich veranlagtes Individuum durch die Maschen."[19]

Fünf Tage nach Erscheinen des Artikels im „Schwarzen Korps", am 20.2.1940, wandte sich Staatssekretär Roland Freisler in einem Schreiben an den Oberreichsanwalt Brettle, in dem er ihm die Mitteilung zu kommen ließ, daß Reichsgerichtspräsident Bumke in einem Gespräch die Kritik des „Schwarzen Korps" für zutreffend hielt. Gemeinsam seien sie zum Ergebnis gelangt, den nächsten geeigneten Fall, den die „ostmärkische" Rechtsprechung ähnlich abschließe, vor den Großen Senat zu bringen.[20] Einen Tag später erhielt Ministerialrat Crohne ein Schreiben mit der Bitte um eine baldigste Rundverfügung an die „ostmärkischen" Staatsanwaltschaften, in der diese angewiesen wurden,

„bezüglich des Vergehens der gleichgeschlechtlichen Unzucht einen Standpunkt einzunehmen und mit aller Energie zu vertreten, der die Rückkehr zu dem alten österreichischen Standpunkt [...] gewährleistet und sich aufs engste der allgemeinen deutschen Rechtspraxis anschließt."[21]

Vier Monate später rückte der für die „Ostmark" zuständige Leipziger Strafsenat dann erstmals von seiner früheren Rechtsauffassung ab, und nicht wenige Richter

15 Das Schwarze Korps, 15.2.1940, zit. nach Günter Grau: Homosexualität in der NS-Zeit. Dokumente einer Diskriminierung und Verfolgung. Frankfurt 1993, S. 255ff (Dok. 65)

16 Dafür gab es selbst im nationalsozialistischen Strafrecht zu diesem Zeitpunkt noch keine gesetzliche Grundlage. Erst am 4. September 1941 wurde im „Gesetz zur Änderung des Reichsstrafgesetzbuches" die Todesstrafe für Täter, die sich "zum Zwecke geschlechtlicher Befriedigung immer wieder an Kinder heranmachen und dadurch vielen Kindern schweren Schaden an Leib und Seele zufügen", eingeführt. zit. nach Jellonek, Homosexuelle, S. 117 f.

17 Strafakt Vr 1904/1938, Oberösterreichisches Landesarchiv

18 Das Schwarze Korps, 15. Februar 1940, zit. nach Grau, Homosexualität, S. 255–257, 257 (Dok. 65)

19 Ebd.

20 R 22/970, fol. 27, Bundesarchiv Koblenz (BAK); auch in Grau, Homosexualität, S. 258 (Dok. 66a)

21 R 22/970, fol. 28, BAK; auch in Grau, Homosexualität, S. 258 (Dok. 67)

beriefen sich explizit auf diese Angleichung der Paragraphen. Deutlich kommt die angeglichene Spruchpraxis hier beispielhaft in einer Urteilsbegründung 1941 zum Ausdruck, in der der Richter ausführte:

„Es unterliegt nämlich keinem Zweifel, daß der Begriff ‚Unzucht wider die Natur‘ nach §129 Ib StG. im gleichen Sinne auszulegen ist, wie der Begriff ‚Unzucht‘ im §175 RSTGB.n.F. Von dieser Auslegung ausgehend umfaßt der Begriff ‚Unzucht‘ nicht nur beischlafsähnliche und onanistische Handlungen, sondern auch jede auf die Erregung oder Befriedigung der eigenen oder fremden Geschlechtslust gerichtete Handlung, die geeignet ist, das allgemeine Scham- und Sitt- lichkeitsgefühl in geschlechtlicher Hinsicht zu verletzen, wenn dabei der Täter den Körper des anderen Mannes als Mittel für die Erregung oder Befriedigung der Wollust benützt. Dieser Mißbrauch setzt nicht notwendigerweise eine tatsächlich körperliche Berührung voraus, sondern es genügt, wenn ein Unzuchtspartner auch auf andere Weise den Körper des Anderen zur Erregung oder Befriedigung seiner Lust benützt.“[22]

Doch wurde nicht nur das Strafrecht faktisch angeglichen, auch neue Erlässe erhielten selbstverständlich für das gesamte „Reich“ Geltung: Ein auch für die „Ostmark“ gültiger Erlaß Himmlers vom 12. Juli 1940 hob die Maßnahme der Inhaftierung im KZ für Männer, die nach dem „Unzuchts“-Paragraphen mehr als einmal verurteilt worden waren, in legislativen Rang.[23] Der an die Kripo und Gestapo – die zunächst fast allein zuständige Gestapo hatte einen Teil der Homo- sexuellenverfolgung an die Kripo abgegeben – übermittelte Erlaß, daß „in Zu- kunft alle Homosexuellen, die mehr als einen Partner verführt haben, nach ihrer Entlassung aus dem Gefängnis in polizeiliche Vorbeugungshaft zu nehmen“[24] seien, wurde durch eine Mitteilung zwei Monate später novelliert, die den Verlust der Gültigkeit des Erlasses bei entmannten Verurteilten zum Inhalt hatte, „wenn nach ärztlicher Begutachtung der Geschlechtstrieb bereits vollkommen abgeklun- gen ist und ein Rückfall in homosexuelle Verfehlungen nicht zu befürchten“[25] sei. Die Entmannung im Rahmen der gerichtlichen Untersuchung war bis zum 26. Juni 1935 auf Homosexuelle nicht anwendbar, konnte jedoch ab diesem Datum auf „freiwilligen“ Antrag ausgeführt werden, um den betreffenden Mann „von einem entarteten Geschlechtstrieb zu befreien“[26], der weitere Verfehlungen in sittlicher Hinsicht befürchten ließ. Die richterliche Entscheidungsfindung sei davon angeblich unbeeinflußt geblieben.

Die Vereinheitlichung der Bestrafung von homosexueller „Unzucht“ wurde also zweimal de facto vollzogen, einmal als Regelung des richterlichen Ermessens- spielraums, das andere mal infolge eines Neuerlasses. Ein weiterer Neuerlaß vom 4. September 1941 stellte pädophile Betätigung unter Todesstrafe. Als einzige Belege für die Anwendung dieses Paragraphs können bislang vier Urteile vorge- wiesen werden – alle 1943 von einem Wiener Sondergericht verhängt.[27] Diese Erlässe nicht als spezifisch nationalsozialistisches Gedankengut zu interpretieren, spricht jeder Abwendung vom Faschismus Hohn.

22 Urteil vom 22. 5. 1941, in Vr 1203/40; der Akt liegt LG [I], Vr 1492/36 bei. WSTuL, Landesgericht Wien [Jugendgericht]

23 Jellonek, Homosexuelle, S. 153

24 R 58/ RD 19/28–15-, fol. 196, BAK

25 BAK, R 58/ RD 19/28–15-, fol. 203

26 BAK R 43 II/720, S. 62, zit. nach Jellonek, Homosexuelle, S. 150

27 Dokumentationsarchiv des Österreichischen Widerstandes, R 370, 372, 374

CRESCENDO

Wolfgang Förster

Zwischen Provokation und Integration – ein Vierteljahrhundert Schwulenbewegung in Österreich

„Unsere Befreiung ist unteilbar wie unser Leben:
Es gibt keine Befreiung ohne Befreiung der Sexualität!
Es gibt keine Befreiung der Sexualität ohne Befreiung der Homosexualität!
Es gibt keine Hierarchie in der Befreiung: alles und jeder ist wichtig, nichts ist unwichtig.[…]
Homosexuell, das ist nicht alles was wir sind, aber es gehört zu allem was wir sind."[1]

Provokant? Aus heutiger Sicht mag es schwerfallen, dieses Zitat aus dem Manifest „Für eine neue Liebesunordnung" so zu bezeichnen; 1980, im Zuge der ersten öffentlichen Auseinandersetzung der eben entstandenen Schwulenbewegung in Wien, sah die Sache freilich anders aus. Nicht nur wagten Schwule erstmals in Österreich – jedenfalls vor einer breiten Öffentlichkeit – selbstbewußtes Auftreten und sogar die Infragestellung des angebotenen allein glücklichmachenden Familienmodells katholischer Prägung; Aussagen wie diese stellten darüber hinaus einen ganz bewußten Verstoß gegen die berühmten „vier Paragraphen" – konkret gegen §220 StGB „„Werbung für Unzucht mit Personen des gleichen Geschlechts oder mit Tieren"[2] –, dar, die in den nächsten Jahren einen Schwerpunkt der politischen Arbeit bilden sollten.
Provokant also: Diese nicht unpathetische, der sexuellen Revolution der siebziger Jahre verpflichtete Mischung aus schwuler Selbstverwirklichung und offensiv politischem Anspruch entsprach durchaus jenem „High sein, frei sein, Terror muß dabei sein"[3], das als eine Facette der Bewegung auch der folgenden Jahre gelten mag. Freilich blieb dies nicht unwidersprochen. Sieht man davon ab, daß ohnehin nur ein Bruchteil der Homosexuellen in Österreich sich schwulenpolitisch zu betätigen und damit zu deklarieren wagte – der überwiegende Teil der „Subkultur"[4] stand den noch jungen Gruppen passiv bis reserviert gegenüber, was die „Bewegungsschwestern" mit Sarkasmus („Die Subkultur, die Subkultur verdirbt die schwulen Buben nur"[5] quittierten , gab es selbst innerhalb der kleinen Aktivistengruppe heftigen Widerspruch. „Ruhige Sachlichkeit [...] mit angemessener Sprache"[6] seien nun angebracht, um der Mehrheit die Probleme einer Minderheit nahezubringen und die gefürchteten „Paragraphen" zu Fall zu bringen. Auf den Punkt brachte diese Haltung die Selbstdarstellung der „Warmen Blätter", Vorläufer der „LambdaNachrichten", im Jahr 1979: „Die ́Warmen Blätter' fordern nicht zu gleichgeschlechtlicher Unzucht auf und heißen sie auch nicht in einer Art gut, die geeignet ist, solche Unzuchtshandlungen nahezulegen. [...Die Warmen Blätter] haben überhaupt nichts mit Unzuchtshandlungen zu tun, sondern beschäftigen sich mit der gesellschaftlichen Situation der männlichen Homosexuellen in Österreich, deren Verbesserung ihr Daseinszweck ist."[7]
Blickt man heute auf ein Vierteljahrhundert Bewegungsgeschichte zurück, die trotz weiter bestehender Diskriminierung unleugbar große Fortschritte brachte, gewinnt man den Eindruck, der Erfolg wäre gerade auf eine Art pragmatischer

1 Für eine neue Liebesunordnung. Manifest der Budenstraßen-Gruppen anlässlich der gewaltsamen Schließung des Informationsstandes der „Homosexuellen Initiative" durch die Veranstalter – die Verantwortlichen der Wiener Festwochen, in: Lambda-Nachrichten (2) 1980, S.15 f.

2 Die im Gegenzug zur Aufhebung des Totalverbots auf Druck der katholischen Kirche und der ÖVP nach Vorbild des faschistischen Spanien eingeführten vier Strafrechtsbestimmungen umfassen §209 StGB („gleichgeschlechtliche Unzucht mit Jugendlichen unter 18 Jahren", bis heute gültig), §210 StGB („gleichgeschlechtliche gewerbliche Unzucht", 1989 aufgehoben), §220 StGB („Werbung für Unzucht mit Personen des gleichen Geschlechts oder mit Tieren") und §221 StGB („Verbindungen zur Begünstigung gleichgeschlechtlicher Unzucht", beide 1996 aufgehoben).

3 Einige Worte zum Schwulentreffen in Frankfurt und überhaupt..., Leserbrief von Henriette de Vindobona, in: Lambda-Nachrichten (1) 1979, S.15

4 Zum Begriff der schwulen Subkultur siehe u.a.: Wolfgang Förster, Emanzipation oder kulturelles Ghetto? Zur Problematik der gesellschaftlichen Integration von Randgruppen am Beispiel der männlichen Homosexuellen in Österreich, Diplomarbeit, Wien 1981

5 CO-Info (1978), zit. nach: Homosexualität und Kapitalismus, in: Sozialistische Aktion (17/18) 1979, S. 9 f., hier S. 9

6 Wohltuend hohes Niveau, Leserbrief von Sepp W., in: Warme Blätter (2) 1979, S. 8

7 Feststellungen, in: Warme Blätter (1) 1979, S. 7

Doppelgleisigkeit zurückzuführen: auf jenes manchmal heftig umstrittene, zuweilen unbewußte, oft aber auch gezielt eingesetzte Pendeln zwischen Provokation gegenüber bzw. Kooperation mit einer als übermächtig empfundenen Mehrheitskultur.

Klassenkampf oder: Armee der Liebenden

Die bisweilen heftige Auseinandersetzung zwischen „Konservativen" und „Anarchos" hatte freilich schon die zaghaften Ansätze einer ersten Schwulenbewegung in Österreich gekennzeichnet und zu deren Scheitern beigetragen. 1975, nur vier Jahre nach Aufhebung des Totalverbots homosexueller Handlungen durch die Regierung Kreisky, wurde die Gruppe „Coming Out" (CO) in Wien gegründet. Vorbilder waren die aus der 68er-Bewegung hervorgegangenen deutschen Gruppen, zumeist explizit politisch linksstehend und im wesentlichen auf ein studentisches Umfeld beschränkt, sowie die in Deutschland und Österreich vor allem durch Rosa von Praunheims Film „Armee der Liebenden" bekannt gewordene, schon damals sehr vielfältige amerikanische Schwulenbewegung. Auch die CO definierte sich ausdrücklich als links und publizierte einen ersten Aufruf in der linksalternativen Zeitschrift „Forum" im April 1976[8]. Die Gruppe traf sich mehr oder minder regelmäßig im Albert Schweitzer-Haus im 9.Bezirk und versuchte auch, in der besetzten „Arena" als Teil der Wiener Alternativszene Fuß zu fassen. In unregelmäßigen Abständen erschien das „CO-Info". Höhepunkt der CO-Tätigkeit war das Pfingsttreffen 1977 in Purkersdorf und Wien, das hauptsächlich von deutschen Schwulen besucht wurde. Da man aufgrund der geltenden Gesetzeslage keine Möglichkeit sah, eine Demonstration anzumelden, organisierte die CO einen „schwulen Spaziergang" durch Wien. Ein eigenes Vereinslokal in der Krummgasse im 3. Bezirk wurde allerdings von der kooperierenden „Arbeitsgruppe für kulturelle Aktivitäten" (AKI), ironischerweise eine Untergruppe der Jungen Generation der SPÖ[9], angemietet. Arbeitskreise der AKI sollten als „Schulung für die Befreiung der österreichischen männlichen Homosexuellen von der gesellschaftlichen und ‚verinnerlichten' Diskriminierung"[10] dienen, doch verstärkten sich die Auseinandersetzungen zwischen „linker" CO und „bürgerlicher" AKI, „wobei die bürgerlichen [sic!] immer mehr vom Lokal Besitz ergriffen, sodaß die Linken nicht mehr imstande waren, dort konstruktiv zu arbeiten. Die linken Schwulen blieben aus".[11] Als schließlich das Lokal nicht mehr zur Verfügung stand, versiegten auch die Aktivitäten der AKI.[12] Anfang 1979 waren damit die ersten Ansätze einer Schwulenbewegung in Österreich an ihren inneren Widersprüchen – zwischen Klassenkampf und Integration, zwischen Selbstverwirklichung und politischen Zielen, schließlich auch an der Frage der Zulassung von Frauen in das Vereinslokal – gescheitert. Nur wenige der ehemaligen CO-ler fanden später zurück in die Bewegung; vor allem die junge HOSI war Zielscheibe des Spottes und der Ablehnung – „Angehörige der privilegierten (besitzenden) Klasse […], kein Wunder, daß diese Gruppe keine wirksame Arbeit leisten kann"[13] – durch die „linken" Altaktivisten.

Coming out im Gemeindebau

Tatsächlich verstand sich die – erst später Homosexuelle Initiative (HOSI) Wien benannte – neue Gruppierung zunächst als private, also im engeren Sinn unpolitische Selbsterfahrungsgruppe. Mir selbst stand das offensichtliche Scheitern der CO vor Augen, und ich suchte mit dem Inserat zur Gründung einer „Männergruppe" im „Falter" im März 1979 eher persönliche Unterstützung beim eigenen Coming Out als irgendeine Form der Öffentlichkeitsarbeit. Allerdings hatte ich – wie einige andere der Ur-Hosianer auch – eine linke Sozialisation an der Hochschule hinter mir. Möglicherweise erklärt dies den überaus raschen

8 Forum, April 1978, zit. nach: Andreas Brunner/ Hannes Sulzenbacher (Hg.), Schwules Wien, Reiseführer durch die Donaumetropole, Wien 1998, S. 97

9 „Schwulenbewegung" in Österreich, in: Sozialistische Aktion (17/18) 1979, S. 10f., hier S. 11

10 Wie soll man sich da auskennen? Eine Begriffserklärung über die Wiener Homo-Gruppen, in: Warme Blätter (1) 1979, S. 4

11 „Schwulenbewegung" in Österreich, in: Sozialistische Aktion (17/18) 1979, S. 10 f., hier S. 11

12 Wie soll man sich da auskennen? Eine Begriffserklärung über die Wiener Homo-Gruppen, in: Warme Blätter (1) 1979, S. 4

13 „Schwulenbewegung" in Österreich, in: Sozialistische Aktion (17/18) 1979, S. 20 f., hier S. 11

HOSI Wien,
Konstituierende Generalversammlung,
29. Jänner 1980

Schritt vom privaten Zirkel in der Gemeindebauwohnung des Rabenhofs im 3. Bezirk zur ersten legal angemeldeten Schwulengruppe Österreichs.[14] Zunächst ging es den etwa zehn Aktivisten jedoch nur um eine Vergrößerung der Basis; das zu diesem Zweck veranstaltete „Männerfest" (ein „Homosexuellenfest", soviel wußten wir, hätte gegen das Gesetz verstoßen!) im Alternativlokal „Treibhaus" brachte aber nicht nur neue Mitstreiter, sondern auch ein erstes, nicht ganz konfliktfreies Zusammentreffen mit ehemaligen CO- und AKI-Aktivisten. Mit anderen Worten: Der neuen Gruppe blieben natürlich die Auseinandersetzungen zwischen „Angepaßten" und „Aktionisten" nicht erspart. Eine noch junge Bewegung, die angesichts der viel repressiveren Situation in Österreich nicht einfach ausländische Vorbilder kopieren konnte, mußte ihren gesellschaftlichen Standort zwangsläufig erst selbst bestimmen.

Übereinstimmung bestand darin, daß ungeachtet des gesetzlichen Verbots eine offizielle Gruppe, in welcher Form auch immer, gegründet werden sollte. Eine diesbezügliche Vorsprache beim damaligen Pressesprecher von Justizminister Broda, Sepp Rieder, brachte immerhin die überraschend klare Aussage, einer Vereins- oder Parteigründung stünde nichts im Wege, und der Vereinsname könne auch das Wort „homosexuell" enthalten. Im übrigen liege es jetzt nicht am Staat, die Gesetze zu ändern, sondern zuerst müßten die Homosexuellen selbst dafür eine Öffentlichkeit schaffen….[15]

Unter Zugzwang gesetzt – beinahe zur Provokation gezwungen – verkündete ich eben diese Neuigkeit einer breiten Öffentlichkeit. Der Club 2 „Homosexualität heute" am 25. September 1979, in dem ich auch eine Tafel mit dem Treffpunkt der neuen Gruppe vor die Kamera gehalten hatte, wurde zum Skandal mit Hunderten empörten Anrufern beim ORF („Werbung für gleichgeschlechtliche Unzucht"!) und parlamentarischen Anfragen der FPÖ und der ÖVP an den Justizminister[16], aber auch zur Geburtsstunde der HOSI und damit der österreichischen Schwulenbewegung schlechthin. „Provokation" war noch der mildeste Ausdruck in zahlreichen Zeitungskommentaren zum Club[17]; mein Aufruf, Toleranz von „Minderheiten" durch Akzeptanz unterschiedlicher Lebensformen zu ersetzen, prägte neben der öffentlichen, fast hysterischen Diskussion vor allem auch die weitere Entwicklung der HOSI. Gelegenheit zur Überprüfung dieses selbstgesetzten Anspruchs sollte sie bald bekommen.

Politplena versus Subkultur

Vier Bereiche waren es im wesentlichen, an denen sich die Diskussion um den politischen Standpunkt der neuen Schwulengruppe, um die Pole Integration oder Provokation, exemplarisch festmachen läßt: an der Erarbeitung der Vereinsstatuten – nur vordergründig eine bürokratische Angelegenheit –, am Namen der Gruppe und ihrer Publikation, an der Festlegung der Arbeitsschwerpunkte und schließlich an der Lokalisierung der Gruppe innerhalb des vorhandenen politischen Spektrums.

In der rückblickend betrachtet beinahe skurrilen Ernsthaftigkeit, mit der

14 Ansuchen um Bewilligung der Statuten des Vereins „Homosexuelle Initiative" – Wien durch den Proponenten Wolfgang Förster am 29. Oktober 1979; Konstituierende Generalversammlung am 29. Jänner 1980

15 Unsere Vorsprache im Justizministerium, in: Warme Blätter (2) 1979, S. 1

16 Fragen an Broda, in: Lambda-Nachrichten (1) 1979, S. 5–10, hier S. 5 f.

17 Zu den Medienreaktionen siehe insbes.: Lambda-Nachrichten (1) 1979, S. 4 f., und: Wolfgang Förster, Männliche Homosexualität in den österreichischen Printmedien, Zur Tradierung eines Vorurteils, in: Kriminalsoziologische Bibliographie (52) 1986, S. 15–39

Abb. links
Gemeinde Wien läßt HOSI-Stand
abtransportieren, Reumannplatz,
Juni 1980
Foto HOSI

Abb. rechts
Antifaschistische Demonstration 1980
Foto HOSI

monatelang an den Vereinsstatuten gearbeitet wurde, manifestierte sich auch der schwankende Untergrund, auf dem diese Gründung erfolgen sollte – es fehlte ein Vorbild, es fehlte auch ein gemeinsames politisches Verständnis, und es galt, ein ausgeglichenes Verhältnis zwischen dem Anspruch auf Vielfalt (der Ausdrucksformen, der gesellschaftlichen Position, der Interessen) und der Notwendigkeit eines Zusammenhalts der noch kleinen Bewegung zu schaffen. Ergebnis war einerseits ein ziemlich braves Statut, das bei der Vereinspolizei denn auch ohne größere Schwierigkeiten durchging[18], andererseits ziemlich komplizierte Entscheidungsstrukturen mit basisdemokratischem Anspruch, die aber zweifellos dazu beitrugen, während einiger stürmischer Jahre ein Neben- und Miteinander von „Angepaßten" und „Provokateuren" zu ermöglichen.

Noch erbitterter wurde um den Namen des Vereins und seiner Publikation gerungen, wobei sich bei ersterem die „Progressiven" durchsetzten – es sollte bewußt das Wort „homosexuell" aufscheinen, um den de facto Verstoß gegen das Vereinigungsverbot zu demonstrieren (die Abkürzung HOSI freilich hielten viele für einen schlechten Witz) –, bei der Vereinspublikation dagegen die eher akademisch-konservative Variante der „Lambda-Nachrichten"[19]. Diese lösten die „Warmen Blätter" ab, die es nur zu zwei Nummern gebracht hatten – hier schieden sich die Geister, ob „warm" als provokant oder eher als österreichisch-provinziell zu bezeichnen war. An „schwul" wagte man sich noch nicht heran…

Die Schwerpunkte der Tätigkeit einer künftigen Schwulenbewegung traten dabei nur scheinbar in den Hintergrund. Selbsterfahrung als auch politisch verstandener Anspruch der 68er-Generation stand für das noch nicht so gängige Coming Out, Öffentlichkeitsarbeit für Going Public, und beides sollte gleichrangig nebeneinander bestehen. Tatsächlich trafen sich die ersten Jahre hindurch mehrere Theorie- und Selbsterfahrungsgruppen regelmäßig; politische Tätigkeit wurde nicht als Gegensatz dazu empfunden. Mehr noch: Es entwickelte sich so etwas wie ein Anspruch auf eine „andere Politik", andere – lustvollere – Ausdrucksformen, erste Vorboten der Eventkultur in den neunzigerJahren. Freilich teilten nicht alle die Begeisterung über dieses bunte Auftreten, und die Warmen Blätter berichteten eher süffisant-reserviert über das „Homolulu"-Treffen in Frankfurt als „Karnevalszug" (statt politisch-korrekter Demonstration!) und „Ausbruch von greller Farbe und bunten Fetzen"[20].

Damit stellte sich nicht nur die Frage nach dem Verhältnis zur Alternativbewegung-Treffpunkt war nach wie vor das nunmehr in „Rotstilzchen" umbenannte Alternativlokal in der Margaretenstraße –, sondern in zunehmendem Maße auch jenes zur vorhandenen schwulen Subkultur. Von den älteren Lokalen Wiens zum Teil äußerst argwöhnisch betrachtet – die offensive Gruppe stellte ja auch implizit die mühsam aufrechterhaltene Duldung solcher Lokale durch die Polizei in Frage und damit die trügerische Sicherheit der damaligen „Szene" –, fanden mehr und mehr Schwule aus diesem Umfeld zur HOSI. Oft genug freilich nur auf der Suche nach einem neuen Szenetreff, was bei Plena – zumal im später eröffneten

18 Die Genehmigung erfolgte durch den „Nichtuntersagungsbescheid" innerhalb der gesetzlichen Sechswochenfrist am 12. Dezember 1979.

19 „Lambda, das griechische L, ist weltweit zum Symbol der homosexuellen Emanzipationsbewegung geworden", in: Lambda-Nachrichten (1) 1979, S. 1

20 Georg St., Wie schwul müssen wir noch werden, um endlich warm zu sein? Ein Bericht aus HOMOLULU, in: Warme Blätter (2) 1979, S. 2–5

eigenen Vereinslokal in der Novaragasse – oft skurrile Situationen und chaotische Abstimmungen mit sich brachte. Erst im Laufe der Zeit entstand ein eher pragmatisches Verhältnis zur „Subkultur" (die ja auch die „Politschwestern" insgeheim frequentierten…), das später vor allem im Zuge der AIDS-Kampagnen wichtig wurde.

Die neue Liebesunordnung

„Die Befreiung der Homosexualität [...] ist nur möglich im Zusammenhang mit der gesellschaftlichen Befreiung aus ökonomischen und sozialen Zwängen [...] Wir kämpfen für eine neue Liebesunordnung: jeder mit jedem, je nach Neigung."[21]

Der Anstoß zur Politisierung der Schwulenbewegung – noch gehörten ihr keine Frauen an – kam von außen. Die gewaltsame Schließung eines Infostandes der HOSI, der auf Einladung der Wiener Festwochen-alternativ im Juni 1980 am Reumannplatz im sozialdemokratisch-proletarischen 10.Bezirk errichtet worden war, nach rechtsradikalen Störaktionen und einer politisch inszenierten „Erregung der Bevölkerung"[22] und die Demontage durch einen Kranwagen der Gemeinde Wien (Aufschrift: „damit Wien sauber bleibt") führten zum Skandal. Sämtliche teilnehmenden Gruppen – praktisch die gesamte Alternativszene Wiens – erklärten sich solidarisch und schlossen ebenfalls ihre Stände. Alle unterzeichneten schließlich auch die „Neue Liebesunordnung"[23] – insgesamt eine peinliche Niederlage für die Gemeinde Wien, die nach heftigen Verhandlungen zwischen Schwulenaktivisten und dem damaligen Kulturstadtrat Helmut Zilk den HOSI-Stand auf eigene Kosten wiedererrichten mußte[24].

Besser hätte man Diskriminierung – und den Kampf dagegen – einer breiteren Öffentlichkeit gar nicht darstellen können. Der „Kurier" bezeichnete die HOSI als „running gag" der Alternativfestwochen, die „zu Homo-Werbewochen umfunktioniert"[25] worden seien. Was die Zeitungen meist verschwiegen: Für die Schwulenfunktionäre war der Kampf keineswegs vorbei. Sie wurden mit der österreichischen Realität in Form von Anzeigen, Verhören und Besuchen der Polizei am Arbeitsplatz und bei Wohnungsnachbarn konfrontiert, und auch später fanden sich die HOSI und ihre damaligen Funktionäre noch in den – inzwischen publik gemachten – Stapo-Akten. Die Politisierung zeigte sich auch in der HOSI selbst: Nach heftigen Diskussionen wurde 1981 der Verein auch für Lesben geöffnet, und ab sofort gab es regelmäßig eigene Schwulen- und Lesbenblöcke bei 1.Mai- und sonstigen linken Demonstrationen, vor allem auch mit aufsehenerregenden Transparenten auf den großen Friedensdemonstrationen 1982 und 1983. Einen Höhepunkt der politischen Aktivitäten stellte 1984 die feierliche Enthüllung des weltweit ersten Gedenksteins für homosexuelle Opfer des Nationalsozialismus im Konzentrationslager Mauthausen dar.

Auch die innerösterreichische und internationale Vernetzung der Aktivitäten schritt voran: mit der gegen die Salzburger Polizei durchgesetzten Gründung der HOSI-Salzburg[26] – und später von HOSIs in der Steiermark, Oberösterreich, Tirol und Vorarlberg[27] – und dem Beitritt zur International Gay Association (IGA, seit 1986 ILGA) beim Kongreß in Torre Pellice bei Turin 1981. Kurz darauf bot sich die HOSI-Wien an, das auf ihre Anregung hin von der IGA gegründete Eastern Europe Information Pool (EEIP) in Wien zu organisieren, bis zur Legalisierung erster Schwulen- und Lesbengruppen in Osteuropa die wichtigste Unterstützung für die Arbeit mutiger Aktivisten östlich des Eisernen Vorhangs[28]. Wie sich viel später herausstellte, brachte das EEIP die HOSI sogar in die Akten der DDR-Stasi….[29]

Die IGA hielt ihren Jahreskongreß 1983 in Wien ab[30]. Erstmals gab es nun offizielle Grußbotschaften österreichischer Politiker(innen), aber auch immer noch jene Bedrohung, auf die ich in meiner Eröffnungsrede hinwies: „Theoretisch

21 Für eine neue Liebesunordnung. Manifest der Budenstraßen-Gruppen anläßlich der gewaltsamen Schließung des Informationsstandes der „Homosexuellen Initiative" durch den Veranstalter – die Verantwortlichen der Wiener Festwochen 1980, in: Lambda-Nachrichten (2) 1980, S. 15 f.

22 „Der Bericht der Bundespolizeidirektion Wien-Administrationsbüro vom 28.Mai 1980 wird vorgehalten, wonach durch Vorträge im Bereich der Bude für ‚Initiative für Homosexuelle' [sic!] das angesprochene Publikum in zum Teil unberechenbare Erregung versetzt wird und es schon zu Ausschreitungen gekommen ist. Seitens der Bundespolizei mußte bereits strafrechtliche Anzeige erhoben werden." Aus: Niederschrift der Magistratsabteilung 7 (MA 7-3144/80) vom 29. Mai 1980

23 Die Plena der an den Alternativfestwochen teilnehmenden Gruppen fanden im Museum des 20. Jahrhunderts („20er-Haus") statt, die Alternativfestwochen selbst an drei Orten: Reumannplatz, Schweizergarten und Meidlinger Hauptstraße. Auf allen Standorten wurden sämtliche Buden mit HOSI-Parolen versehen und HOSI-Flugblätter verteilt.

24 Schwule Festwochen, in: Lambda-Nachrichten (2) 1980, S. 4–6

25 Rudolf John, Achtz'gerhaus: Jeden Abend Protest im Hauptprogramm, in: Kurier, 7. Juni 1980

26 Kein Verein in Salzburg, in: Lambda-Nachrichten (2) 1980, S. 19

27 Gründung der HOSI-Salzburg im Juni 1980, der HOSI-Linz 1982, der HOSI-Steiermark und der HOSI-Tirol 1984.

28 Zur Tätigkeit des EEIP siehe insbes.: HOSI Wien/Auslandsgruppe, Rosa Liebe unterm roten Stern. Zur Lage der Lesben und Schwulen in Osteuropa, Wien/Hamburg, 1984

29 Siehe dazu: Lambda-Nachrichten (1) 1994, S. 61 f. und (1) 2001, S. 35. Bespitzelung war im übrigen nicht auf die DDR-Stasi beschränkt. Die österreichische Staatspolizei bescheinigte dem Autor auf Anfrage 1990: „…nachstehende staatspolizeiliche Vormerkungen betreffen [...]: Für den 26.6.1982 meldeten Sie eine Demonstration zum ‚Internationalen Schwulentag' in Wien an." Dabei stellt sich die Frage: War ausgerechnet dies die einzige vormerkenswürdige Tätigkeit oder wurden andere Vormerkungen nicht bekanntgegeben – und folglich auch nicht gelöscht?

Kranzlegung und Enthüllung des Gedenksteins für homosexuelle NS-Opfer, Mauthausen, 1984
Foto HOSI

könnte jeder hier im Saal sofort verhaftet werden."[31] Zwar wurde niemand verhaftet; daß die Verbotsbestimmungen aber alles andere als das oft behauptete „tote Recht" waren, zeigte sich immer wieder: So wurde Frank Ripplohs preisgekrönter Film „Taxi zum Klo", von Werner Taibon vom TOP-Filmverleih ins Schikaneder-Kino gebracht, vor Publikum polizeilich beschlagnahmt und der Verleih wegen „Werbung für gleichgeschlechtliche Unzucht" und Pornographie („Darstellung gleichgeschlechtlicher Unzucht") strafrechtlich verfolgt.[32] Auch bei anderen Gelegenheiten, wie bei der Beschlagnahme von Safer Sex-Broschüren 1990 oder beim Prozeß gegen die HOSI-Jugendgruppe im selben Jahr wurde §220 StGB explizit zur Anwendung gebracht.

Die Lust an der Provokation: Skandale schaffen wir selber!

„Die österreichische Lesben- und Schwulenbewegung hat von Zeit zu Zeit den Hang, spontaneistisch, einfallsreich und manchmal sogar radikal zu werden, je nachdem wie skrupellos und zynisch die Politiker gerade mit Homosexuellen umspringen und je nachdem wie groß die Ignoranz der Bevölkerung für die Probleme von Lesben und Schwulen ist. Unter dem Motto: ‚Wenn der vernünftige und intellektuelle Diskurs nichts fruchtet, muß man/frau die Zunge oder ähnliches zeigen'."[33]

Mit der spektakulären Aktion beim Neujahrskonzert 1982 – zwei Aktivisten, Florian Sommer und Robert Herz, stürmten splitternackt auf das Podium des Musikvereinssaals und enthüllten ein Transparent mit der Aufschrift „Menschenrechte für Schwule"[34] (was das Millionenpublikum in aller Welt nicht life zu sehen, allenfalls kurz zu hören bekam) – kam es zu einer deutlichen Radikalisierung eines Teils der Schwulenbewegung. Dahinter stand zunächst freilich eine beinahe genial zu nennende Doppelstrategie der HOSI: Einerseits wollte diese nämlich ihre konservativeren Mitglieder nicht verärgern und mühsam aufgebaute Kontakte zu Politikern nicht gefährden; also beginnt die seriös-sachlich gehaltene HOSI-Presseaussendung mit der glatten Lüge „Wie wir aus den Rundfunknachrichten erfahren…"[35] Andererseits war die Aktion natürlich mit den Vorstandsmitgliedern im Detail abgesprochen gewesen, ja mehr noch: Man hatte sicherheitshalber sogar eine gemeinsame Flucht mit Asylsuchen in der holländischen

30 Die IGA war 1978 in Coventry gegründet worden. Der 5. Jahreskongreß fand vom 11. bis 16. Juli 1983 im Haus der Begegnung in der Gatterburggasse und im Internationalen Studentenheim Döbling im 19. Bezirk statt. Im Juli 1989 veranstaltete die ILGA ihre 11. Jahrestagung ebenfalls in Wien.

31 Wolfgang Förster, Eröffnungsrede zum 5. Jahreskongreß der IGA, Wien, 11. Juli 1983, handschriftliches Manuskript

32 Siehe dazu Pressemeldungen in: Die Presse, Kurier, Volksstimme, AZ, Wiener Zeitung, alle 16.Mai 1981. Werner Taibon veranstaltete im folgenden Jahr das erste österreichische Schwulen- und Lesbenfilmfestival im Wiener Schikaneder-Kino.

33 Michael Handl, Von Rosa Villen und Wirbeln und Homosexuellen Initiativen – Die österreichische Homosexuellenbewegung nach Stonewall, in: Michael Handl/ Gudrun Hauer et al. (Hg.), Homosexualität in Österreich, Wien 1989, S. 120–131, hier: S. 122

34 Siehe dazu Pressemeldungen u.a. in: Neue Kronenzeitung, AZ, Die Presse, Kleine Zeitung, Oberösterreichische Nachrichten, Kurier, alle 2. Jänner 1982

35 Lambda-Nachrichten (1) 1982, S. 5

Botschaft vorbereitet…. Immerhin: Der Skandal war da, die Schwulenbewegung auf der Titelseite der „Kronenzeitung" und die Berichterstattung insgesamt nicht so schlecht[36]. Ähnliche Aktionen folgten – Opernball 1982[37], Plakataktion „Schwul – na und?" mit fingierten Prominentenzitaten[38], Glorias alias Rudi Katzers Kandidatur für die Alternative Liste mit „Popolitik ist anders"[39] – und zeigten stets eines:

„Erst die ‚Skandale' schaffen bei den österreichischen Medien ein gewisses Interesse, sich auch mit den Anliegen der Homosexuellen zu beschäftigen. Diese Skandale durchbrachen eine Mauer des Schweigens; heute ist es relativ einfach geworden, Informationen über die Situation der Homosexuellen in Zeitungen und Zeitschriften (seltener im ORF) zu plazieren. Überraschender noch als dieses Ergebnis ist der Befund über die inhaltliche Qualität der Medienberichte: Dort, wo sich Homosexuelle selbst zum Thema, ja sogar dort, wo sie sich selbst zum Skandal machen, ist die Berichterstattung praktisch aller österreichischen (Print-) Medien ungleich objektiver, positiver, wohlwollender als in all den anderen Fällen von Berichterstattung über Homosexuelle – also dort, wo Homosexuelle gegen ihren Willen zum Thema gemacht werden."[40]

Eröffnung des IGA-Kongresses 1983 mit der „Fledermaus"

Homosexualitäten…

Der Erfolg einer im Prinzip bis heute praktizierten Doppelstrategie der Schwulenbewegung – seriöse Gesprächspartner für Politiker einerseits, aufsehenerregende Aktionen andererseits (nicht immer, aber oft durch die gleichen handelnden Personen!) – konnte freilich nicht darüber hinwegtäuschen, daß es mittlerweile gravierende Auffassungsunterschiede über den Weg zur Befreiung gab. Deutlich wurde dies mit der Gründung des „1.Wiener Schwulen- und Lesbenzentrums", der „Rosa Lila Villa", deren Entstehungsgeschichte unmittelbar mit der Hausbesetzer- und Spontiszene der frühen achtziger Jahre zusammenhängt.[41] Unterstützung kam vor allem von der damaligen Vizebürgermeisterin Gertrude Fröhlich-Sandner, die das erst notdürftig renovierte Zentrum im Februar 1983 auch demonstrativ besuchte.[42] Später gelang es dem Verein „Rosa Lila Tip" auch, Sanierungsmittel der Stadt Wien für das Haus an der Linken Wienzeile locker zu machen, und 1988 eröffnete das Zentrum, dessen große Aufschrift im konservativen 6. Bezirk immer wieder für Proteste sorgte, in neuem Glanz.[43] Damit hatte der aktionistische – und damals viel stärker auf Geschlechterparität bedachte – Teil der Wiener Bewegung ein wichtiges Zeichen im Wiener Stadtbild gesetzt.

Für die HOSI bedeutete die Villa zunächst einen Schock; die gefürchtete Spaltung der ohnehin noch schwachen Bewegung war eingetreten, ein Gegeneinander-Ausspielen durch die Gemeinde zu erwarten, die Zusammenarbeit mit Hausbesetzern für manche Mitglieder völlig unvorstellbar….Die Reaktion war daher zunächst Schweigen. Erst später findet sich in den Lambda-Nachrichten eine – natürlich positive – Selbstdarstellung der Villa-Leute und ein von der HOSI unterstützter Aufruf, „Villa-Bausteine"[44] zu kaufen. Völlig friktionsfrei war aber das Verhältnis der beiden Gruppen auch in Zukunft nicht immer, wenngleich sich beide zu einer Art gegenseitiger Duldung durchrangen.

Doch die Diversifizierung der Schwulen- und Lesbenbewegung, die ja auch als Zeichen einer gewissen Reife und Stärke lesbar ist, schritt weiter voran. Im gleichen Jahr hatte sich nach dem Vorbild des von Rüdiger Lautmann initiierten deutschen „Forum Homosexualität" die „Österreichische Gesellschaft für Homosexuellen- und Lesbierinnenforschung" (ÖGHL) gegründet. Zuvor hatten die Wiener Forscher an einer großen Tagung des Forums in Berlin teilgenommen – zeitgleich übrigens mit der legendären „Eldorado"-Ausstellung im Berlin-Museum. Ziel beider Vereinigungen war es, abseits der aktuellen Politik den theoretischen

36 Der Sensationsberichterstattung der meisten Tageszeitungen folgten durchwegs seriöse Analysen der gesellschaftspolitischen Hintergründe u.a. in Falter, Wochenpresse, Wiener, Oberösterreichisches Tagblatt, Salzburger Tagblatt, alle: März/April 1982; siehe dazu auch: Wolfgang Förster, Männliche Homosexualität in den österreichischen Printmedien, Zur Tradierung eines Vorurteils, in: Kriminalsoziologische Bibliographie (52) 1986, S. 15–39, hier: S. 35 f.

37 Shocking Pink am Opernball, Lambda-Nachrichten (2) 1982, S. 11–14

38 Siehe auch: Lambda-Nachrichten (3) 1982, hintere Umschlagseite

39 Wahlplakat der Alternativen Liste für die Nationalratswahl 1983

40 Wolfgang Förster, Männliche Homosexualität in den österreichischen Printmedien, Zur Tradierung eines Vorurteils, in: Kriminalsoziologische Bibliographie (52) 1986, S. 15–39, hier: S. 36

41 Zur Entstehungsgeschichte der Rosa Lila Villa siehe u.a.: Lambda-Nachrichten (2/3) 1983, S. 22–26 und Lambda-Nachrichten (2) 1984, S. 26 f., sowie Rosa Lila Tip (Hg.), Rosa Lila Villa – 10 Jahre Lesben- und Schwulenbewegung, Wien 1992

42 Ebd., S. 23; auch: Lambda-Nachrichten (1) 1984, S. 13

43 Siehe dazu u.a. Lambda-Nachrichten (4) 1988, S. 20–24

44 Lambda-Nachrichten (2/3) 1983, S. 25

Diskurs über Homosexualität voranzutreiben und in Form wissenschaftlicher Projekte an den Universitäten zu verankern. Die ÖGHL führte in den nächsten Jahren auch selbst mehrere Forschungsprojekte durch, deren Ergebnisse u.a. in den Lambda-Nachrichten veröffentlicht wurden, und beschritt Neuland auf dem Gebiet der Öffentlichkeitsarbeit. So veranstaltete sie gemeinsam mit der Volkshochschule Margareten das außerordentlich erfolgreiche Symposium „Anders als die anderen? Lesbische Frauen und schwule Männer in der Gesellschaft", das die Volkshochschule Hietzing zuvor im letzten Moment ohne Angabe von Gründen abgesagt hatte, sowie eine mehrmonatige Vortrags- und Diskussionsreihe.[45] Unter den Publikationen stechen vor allem eine Sondernummer der „Kriminalsoziologischen Bibliographie"[46] und das 1986 erschienene Buch „Das lila Wien um 1900. Zur Ästhetik der Homosexualitäten"[47] hervor, unter den eigenen wissenschaftlichen Arbeiten eine umfangreiche Untersuchung über „Männliche Homosexualität in den österreichischen Printmedien".[48]

Die Gründung der ÖGHL führte aber auch zu einem Eklat: Bei der Generalversammlung der HOSI-Wien 1983 wurde überraschend ein Antrag angenommen, der eine Unvereinbarkeit von HOSI-Vorstandsfunktionen mit leitenden Tätigkeiten „in anderen Institutionen, die sich in erster Linie mit Homosexualität befassen"[49], herstellte. Daraufhin legten Manfred Lang und ich unsere Funktionen als Kassier bzw. Obmann der HOSI zurück.

In der Folge entstand sukzessive jenes breite Spektrum an Lesben- und Schwulengruppen, das heute die Szene kennzeichnet, insbesondere auch solche innerhalb der politischen Parteien (Grüne, Liberale, SPÖ). Die HOSI war damit von DER Bewegung zu einem Teil der Bewegung geworden, diese insgesamt zwar heterogener, aber auch breiter und dadurch potentiell stärker. Was zunächst als Spaltung empfunden wurde, stellte sich bald in gewissem Sinne als Normalisierung heraus – als Ausdruck einer gesellschaftlichen Vielfalt, die erst mit der Eventkultur der neunziger Jahre Erfolge zeitigte.

Wien wird anders(rum)

Wie wichtig die Zulassung unterschiedlicher Organisations- und Ausdrucksformen war, sollte sich nur zu bald zeigen. Die unmittelbare Bedrohung der gay community durch AIDS verlangte geradezu ein Vorgehen auf unterschiedlichen Ebenen – von den wissenschaftlich-seriösen AIDS-Hilfen über ein Wiederaufleben spontaner Protestaktionen, wie die Besetzung des Büros von Frauenministerin Marilies Fleming am 1. Dezember 1988 durch den „Rosa Wirbel"[50], aufsehenerregenden Protest im Parlament am 20. Oktober 1988, eine turbulente Aktion während der Enthüllung des Denkmals gegen Krieg und Faschismus am Albertinaplatz am 24. November desselben Jahres und der „schwullesbischen Doppelhochzeit" am Graben im Juni 1989, bis hin zum Society-Ereignis des Life Balls. Die AIDS-Hilfe Wien, von Reinhardt Brandstätter und Judith Hutterer 1985 gegründet[51], wäre im übrigen ohne die Schwulenaktivitäten der vorangegangenen Jahre nicht entstanden. Die offizielle österreichische AIDS-Politik hätte

45 Symposium in der Volkshochschule Margareten, 1. und 2.Juni 1983; Vortragsreihe: 12 Abende, 4. Oktober 1985 bis 31. Jänner 1986

46 Homosexualitäten, Kriminalsoziologische Bibliographie (52), Wien 1986

47 Neda Bei/ Wolfgang Förster et al., Das lila Wien um 1900, Zur Ästhetik der Homosexualitäten, Wien 1986

48 Wolfgang Förster, Männliche Homosexualität in den österreichischen Printmedien, Zur Tradierung eines Vorurteils, in: Neda Bei/ Wolfgang Förster et al., Soziale Probleme sexueller Minderheiten, Die Situation der männlichen und weiblichen Homosexuellen in Österreich, Forschungsprojekt im Auftrag des Bundesministeriums für Wissenschaft und Forschung, Wien, 1986; gekürzte Fassungen in: Kriminalsoziologische Bibliographie (52) 1986, S. 15–39, und in: Michael Handl/ Gudrun Hauer et al. (Hg.), Homosexualität in Österreich, Wien 1989, S. 91–107

49 Antrag zur Tagesordnung der Generalversammlung der HOSI am 15. März 1983

50 Lambda-Nachrichten (1) 1989, S. 13–17

Plakat der Aids-Hilfe Wien

Menschlichkeit ist ansteckend.

Mit HIV-Positiven arbeiten nicht.

AIDS HILFE

Lifeball 2000
Foto Life Ball/Sabine Jellasitz

51 Zur Geschichte der Österreichischen AIDS-Hilfe siehe u.a.: Kurt Krickler, Homosexualität und AIDS (-Politik), in: Michael Handl/ Gudrun Hauer et al. (Hg), Homosexualität in Österreich, Wien 1989, S. 80–90. Die HOSI hatte übrigens schon im Jahr 1983 die erste AIDS-Informationsbroschüre in Europa herausgegeben. Nach internen Schwierigkeiten gründete sich 1991 die bis heute bestehende AIDS-Hilfe Wien. Es folgten AIDS-Hilfen in Oberösterreich, Salzburg, Tirol, Vorarlberg, Kärnten und der Steiermark.

52 Profil (43), 21. Oktober 1985

53 Andreas Brunner/ Hannes Sulzenbacher (Hg.), Schwules Wien, Reiseführer durch die Donaumetropole, Wien 1998, S. 103

54 Zum Konflikt um das Österreichische Lesben- und Schwulenforum (ÖLSF) siehe u.a. Lambda-Nachrichten (2) 1997, S. 22–24

55 Das alljährlich im Frühling stattfindende Kulturfestival „Wien ist andersrum" wurde 1996 von Jochen Herdieckerhoff (Verein „Ecce Homo") gegründet; siehe dazu u.a.: Lambda-Nachrichten (3) 1996, S. 52–57

56 Die erste Gay Pride-Demo fand am 23. Juni 1984, die erste „Regenbogen-Parade" am 29. Juni 1996 statt. An den Regenbogen-Paraden der letzten Jahre nahmen jeweils bis zu 100.000 Menschen teil.

vermutlich eine ganz andere, auf Ausgrenzung statt auf Prävention orientierte Richtung genommen. Ansätze dazu gab es bereits: So hatte die Vorarlberger Landes-Sanitätsdirektion beschlossen, Angehörige von Risikogruppen „sofort und konsequent einer Untersuchung zuzuführen" und mit Hilfe der Exekutive entsprechende Homosexuellenlisten anzulegen.[52]

Die Aidskrise veränderte auch die Schwulenbewegung selbst und ihre Wahrnehmung durch eine politisierte Öffentlichkeit. Neben der unmittelbaren Betroffenheit, dem Verlust von Freunden, der Konfrontation mit Leiden und Tod, bewirkte sie „vor allem eines: Plötzlich war der schwule Mann in den Institutionen, zu denen ihm der Zutritt jahrelang verwehrt wurde. Mann konferierte mit Gesundheitspolitikern, mann war erste Ansprechperson in Sachen AIDS, mann war und nahm sich wichtig. Schwules Leben und schwule Lebensweisen wurden plötzlich von einer breiten Öffentlichkeit wahrgenommen…"[53]

In gewissem Sinn hatte die schwule Szene mit der Bewältigung der AIDS-Krise eine Art Reifeprüfung abgelegt und angesichts der im wahrsten Sinne tödlichen Bedrohung die inneren Querelen weitgehend zurückgestellt. Provokation und Kooperation – mit öffentlichen Stellen – hatten einander ergänzt. Und trotz aller Streitigkeiten, die – kaum schien die ärgste Gefahr abgewendet – wieder ausbrachen und rund um den Versuch einer gesamtösterreichischen Koordination durch das Österreichische Lesben- und Schwulenforum (ÖLSF)[54], dem sofort Gelüste auf einen diktatorischen Dachverband unterstellt wurden, einen Höhepunkt erreichten, bietet die Wiener Szene heute Platz für alle: „Integrierte" und „Aktionisten", „Politschwestern" und selbstbewußte „unpolitische" junge Schwule, religiöse Gruppierungen und Sportvereine, die legendären „Hosisters" und schwule Chöre, Hochschulgruppen und Homobauern, schwule Manager und schwule Buchhändler, Homosexuellengruppen mehrerer politischer Parteien und die offizielle „Antidiskriminierungsstelle für gleichgeschlechtliche Lebensweisen" der Stadt Wien, Lederkerle und Dykes on Bikes feiern und demonstrieren gemeinsam bei Festivals wie „Wien ist andersrum"[55] oder der seit 1996 vom CSD (Christopher Street Day) veranstalteten Regenbogen-Parade – mittlerweile mitten im rechtskonservativ regierten Österreich eine der großen Pride-Veranstaltungen Europas.[56] Und erinnert diese heute allgemein akzeptierte Parade in ihrer lustvollen, dabei aber spezifisch schwul-lesbischen Form nicht auch frappant an das skandalisierte „Homolulu" von 1979? Mit anderen Worten: Ist nicht das, was damals Provokation war, heute längst Teil des mainstreams? Und was bedeutet das für eine offensive Schwulen- und Lesbenpolitik? Aber das ist schon eine ganz andere Geschichte.

Ulrike Repnik

Lesben in Bewegung(en).
Die Lesbenbewegung in Österreich
seit den 70er Jahren

Gefragt nach der persönlichen Einschätzung der gegenwärtigen „Lesbenbewegung", bekam ich von einer Interviewpartnerin[1] folgende Antwort: „Da tue ich mir wahnsinnig schwer zu sagen, daß es wirklich eine Bewegung ist. Ich sehe hauptsächlich Frauen aus den verschiedensten Organisationen, die ihre Arbeit machen. Aber so als Gesamtbewegung, die irgendwie koordiniert ist oder wüßte, wo sie hingeht oder so was als Gesamtes zu sehen, das kann ich nicht. Aber es war immer schon schwierig, daß halt etliche Lesben in einer Gruppe was gemacht haben, das waren oft nur drei oder zwei oder so, die so eben die Wege einer Gruppe bestimmt haben und die ab und zu mit anderen Aktivistinnen aus anderen Gruppen zusammengekommen sind. Und das hat die Bewegung ausgemacht."

Dieses Zitat einer langjährigen Aktivistin der österreichischen Lesbenbewegung als Einleitung führt zugleich zu den zentralen und auch provokativen Fragestellungen dieses Beitrages. Kann heute noch von einer Lesbenbewegung in Österreich gesprochen werden? Hat es in Österreich überhaupt jemals eine Lesbenbewegung gegeben? Was ist eine Lesbenbewegung? Um diesen Fragen nachzugehen, ist es notwendig eine Begriffsdefinition vorzunehmen.

Im Anschluß an die Darstellung der verschiedensten Organisierungsversuche von Lesben in Österreich, ausgehend von den 70er Jahren bis heute, werde ich diese anschließend anhand von Begriffskriterien analysieren. Die Beschreibung dient dazu, einen groben Überblick über den Verlauf der Lesbenbewegung zu schaffen, die keineswegs vollständig und allumfassend ist. Ich habe mich auf Gruppierungen und Initiativen im Wiener Raum sowie auf gesamtösterreichische Veranstaltungen beschränkt.

Begriffsbestimmungen

Lesben haben sich sowohl in der Lesben- und Schwulenbewegung[2], wie auch in der Frauenbewegung engagiert und haben den jeweiligen Kurs mitbestimmt. Kennzeichnend ist zudem, daß Lesben öfters auch zwischen diesen beiden Bewegungen hin- und herpendeln und gependelt sind. Zusätzlich haben Lesben auch autonome Gruppen und Initiativen gegründet.[3] Meine Ausführung der österreichischen Lesbenbewegung berücksichtigt daher das Auftreten von Lesben in all diesen Bereichen.

Die Lesbenbewegung kann als eine soziale Bewegung betrachtet werden. Ich beziehe mich hier auf eine in der Sozialwissenschaft gängige Definition einer sozialen Bewegung: „Soziale Bewegung ist ein mobilisierender kollektiver Akteur, der mit einer gewissen Kontinuität auf der Grundlage hoher symbolischer Integration und geringer Rollenspezifikation mittels variabler Organisations- und Aktionsformen das Ziel verfolgt, grundlegenden sozialen Wandel herbeizuführen, zu verhindern oder rückgängig zu machen."[4]

Bestimmte Aspekte kennzeichnen somit eine soziale Bewegung: die andauernde

1 Ich habe fünf qualitative Interviews mit langjährigen Aktivistinnen „der Lesbenbewegung" durchgeführt. Meine Interviewpartnerinnen sind im Alter von Mitte 30 bis Anfang 40. Ebenso habe ich die Frauen von „Female Planet" und der „Mobilen Lesbischen Bildstörung" interviewt. Alle Interviews wurden auf Tonband aufgezeichnet und anschließend transkribiert.

2 Ich spreche hier vereinfachend von der Lesben- und Schwulenbewegung, sowie der Frauenbewegung und im weiteren auch von der Lesbenbewegung. Eine Bewegung ist jedoch nie eine homogene Einheit sondern besteht immer aus einer Vielzahl von Strömungen, Auffassungen und Gruppierungen.

3 Adam Barry D., The Rise of a Gay and Lesbian Movement, neu bearbeitete Auflage, New York 1995

4 Joachim Raschke, Zum Begriff der sozialen Bewegung, in: Neue soziale Bewegungen in der Bundesrepublik Deutschland, hrsg. v. Roland Roth/ Dieter Rucht, Frankfurt 1987, S. 19–29, hier S. 21

5 ebd. S. 21 f.

6 Jane Mansbridge, What Is the Feminist Movement, in: Feminist Organizations. Harvest of the New Women's Movement, hrsg. v. Myra Marx Ferree/Patricia Martin Yancey, Philadelphia 1995, S. 27–35, hier S. 27. Mansbridge bezieht sich hier auf die Frauenbewegung. M. E. lässt sich dies jedoch auch für die Lesbenbewegung feststellen.

7 Herbert Gottweis, Neue soziale Bewegungen in Österreich, in: Handbuch des politischen Systems Österreichs. Die Zweite Republik, hrsg. v. u.a. Herbert Dachs/Peter Gerlich/ Herbert Gottweis, 3. Auflage, Wien 1997, S. 342–359, hier: S. 343 f. Gottweis bezieht sich hier nicht explizit auf die Lesbenbewegung. Die Lesben- und Schwulenbewegungen werden aber von anderen AutorInnen sehr wohl den neuen sozialen Bewegungen dazugerechnet.

8 Exemplarisch soll hier auf Deutschland verwiesen werden, hier entstand die erste Lesbengruppe 1972, vgl. u. a. Lena Laps, Lesbischsein allein genügt nicht. Ein Blick nach vorn auf politisches Denken und Handeln in der Lesbenbewegung/West, in: Ihrsinn. Eine radikalfeministische Lesbenzeitschrift (10) 1994, S. 30–43, hier S. 32

9 Zugleich wurden die Paragraphen §209, §210, §220, §221 eingeführt. Die Werbe- und Vereinsverbote, die für Lesben und Schwule galten, bestanden bis zum 1.3.1997

10 Hanna Hacker, Auf/Bruch und Begehren. „…Losgelöst vom Zwang zur Andersgeschlechtlichkeit…", in: Lambda Nachrichten (4) 1988, S. 33–37, hier S. 34 ff.

11 Hildegunde Dick, Die autonome Frauenbewegung in Wien. Entstehung, Entfaltung und Differenzierung von 1972 bis Anfang der 80er Jahre, Diss. Wien 1991, S. 3 ff.

12 Ich verweise für genauere Informationen über Lesben in der AUF auf den Beitrag von Hanna Hacker.

13 ebd. S. 85 ff.

14 Die Lesbe, das Monster, in: AUF. Eine Frauenzeitschrift (7) 1976, S. 24–27, hier 25 ff.

15 Ebd., S. 142 f.

16 Ebd., S. 141

17 Ebd., S. 164 f.

Suche nach Unterstützung, das In-Bewegung Bleiben, das Bestehen über mehrere Jahre hinweg, ein vorhandenes „Wir-Gefühl" und das Ziel gesellschaftlichen Wandels.[5] Eine soziale Bewegung ist also mehr als nur ein Zusammengefüge verschiedener Organisationen und Aktivistinnen. Auch der jeweilige Diskurs kennzeichnet eine Bewegung und bestimmt somit, daß sich Lesben als Teil einer Lesbenbewegung fühlen.[6]

Die Anfänge

Die Anfänge einer Organisierung von Lesben in Österreich stehen in einem gesamtgesellschaftlichen Kontext. Wird danach gefragt warum die Lesbenbewegung Mitte/Ende der 70er Jahre entstand, müssen sozialstrukturelle sowie politisch institutionelle Faktoren beachtet werden.[7] Wahrscheinlich haben auch die Lesbenbewegungen anderer westlicher Länder, die zum Teil schon einige Jahre früher[8] entstanden, einen bestimmten Einfluß auf die österreichische Lesbenbewegung gehabt. An dieser Stelle kann jedoch weder auf die sozialstrukturellen und politisch institutionellen Faktoren, noch auf einen Vergleich mit anderen Ländern eingegangen werden. Von einer gewissen Bedeutung für das Entstehen der Lesbenbewegung ist sicher auch die Strafrechtsreform von 1971, mit der das Verbot von Homosexualität, das auch lesbische Frauen betraf, abgeschafft wurde[9].

Die erste lesbische Gruppierung wurde 1976 als Arbeitsgruppe der AUF (Aktion Unabhängiger Frauen) und somit im Rahmen der autonomen Frauenbewegung gegründet. Sie kündigte ihr Entstehen in der „AUF. Eine Frauenzeitschrift" an. Zuvor war Homosexualität nur sehr sporadisch in der AUF erwähnt worden.[10] Die AUF hatte sich seit ihrer Formierung 1972, als sie sich als Teil der sozialistischen Bewegung verstand und sich in ihren Aussagen und Aktivitäten auf „den sozialistischen Mann" bezog[11], seit Mitte der 70er Jahre zu einer feministischen Bewegung hinentwickelt. Mit dieser inhaltlichen Veränderung ging parallel dazu einher, daß vermehrt private Frauenbeziehungen innerhalb der AUF entstanden. 1975 wurde dann in der AUF das Thema Sexualität, konkret „der Mythos vom vaginalen Orgasmus", heftigst und kontrovers diskutiert. Vor diesem Hintergrund bildete sich diese erste Lesbengruppe, und allein durch ihre Existenz löste sie hitzige Debatten innerhalb der AUF aus. Hetera- und Lesben Fronten entstanden.[12] Lesben wurde ihr „männliches Verhalten" vorgeworfen. Schließlich wurde Lesbischsein in Zusammenhang mit politischer „Radikalität" gebracht.[13]

Eine Auseinandersetzung zum Thema Lesben in der Frauenbewegung erfolgte dann auch in AUF. Eine Frauenzeitschrift: „Wir sind frauen-identifizierte Frauen. (…)Wir wollen, daß ihr euch mit uns auseinandersetzt. Bewußt Lesbe sein in der Frauenbewegung, heißt radikal sein! (…)Wir gehören zu euch, wir kämpfen mit euch."[14]

Die Frage von lesbischen Frauen in der Frauenbewegung bzw. „der Lesben-Hetera Konflikt" wurde bei späteren Frauenkongressen immer wieder aufgegriffen.[15] Ab 1978 wurden diese Kontroversen dann verstärkt im Frauencafé ausgetragen.[16] Auf den Lesbentreffen und den Sommerunis wurde dieses Thema auch immer wieder zum Diskussionspunkt.[17]

Was geschah sonst noch in der Anfangszeit der Lesbenbewegung in Österreich? Die folgende, unvollständige Aufzählung verdeutlicht, daß sich etwas zu bewegen begann. So wurde Ende 1976 die erste Lesben-WG unter dem Namen „Amazonemarkt" gegründet, bei der Demonstration zum 1. Mai 1979 gab es zum ersten Mal ein Lesbenflugblatt, 1979 wurde der Club 2 über Homosexualität gesendet, die ersten Lesbentreffen wurden organisiert, die HOSI-Lesbengruppe (HOSI – Homosexuellen Initiative) gegründet, 1980 bei der Demonstration zum Internationale Frauentag waren Lesben zum ersten Mal mit einem eigenen Lesben-

transparent dabei[18], im November 1981 fand das erste Lesbenfest im U4 gegen das Werbe- und Vereinsverbot statt, Lesben zogen in die Rosa Lila Villa ein, 1983[19] wurde die „Österreichische Gesellschaft für Homosexuellenforschung und Lesbierinnenforschung" gegründet.[20]

Die Konstanten[21]

Neben meinen Interviews mit Repräsentantinnen der organisierten Lesbenbewegung habe ich auch nicht organisierten Lesben die Frage gestellt, was sie unter der Lesbenbewegung in Österreich verstehen. Im Zentrum stehen für die Mehrheit der Befragten die lang bestehenden Organisationen und Einrichtungen, die ich im weiteren als die „Konstanten der Lesbenbewegung" bezeichnen werde.

Frauencafé und Frauenzimmer

Das Frauencafé sowie die Buchhandlung Frauenzimmer gehörten zu den ersten Projekten der autonomen Frauenbewegung. 1977, anfänglich als gemeinsames Vorhaben geplant, eröffneten sie getrennt, aber in den selben Räumlichkeiten.[22]
Die Buchhandlung Frauenzimmer entstand zwar nicht als explizit lesbisches Projekt, doch ihr Sortiment reicht heute u.a. von feministisch, feministisch/ lesbischer Theorie bis hin zum lesbischen Krimi. Auch in meinen Interviews wurde die Buchhandlung als Anlaufstelle und Kontaktmöglichkeit für Lesben öfters erwähnt, weshalb ich sie hier als eine konstante Einrichtung der Lesbenbewegung bezeichne.
Auch das Frauencafé war zunächst nicht als eine Institution von und für Lesben gedacht. Auseinandersetzungen innerhalb der Frauenbewegung wurden Ende der 70er öfters im Frauencafé ausgetragen, darunter auch der „Lesben-Hetera Konflikt." In der Anfangszeit des Frauencafés fanden neben dem Cafébetrieb auch Arbeitskreise und diverse medizinische und rechtliche Beratungen statt. Ebenso wurden politische Aktivitäten im Frauencafé konzipiert.[23]
Eine meiner Interviewpartnerinnen konnte sich noch sehr anschaulich an diese erste Frauencafézeit erinnern: „Ich muß sagen, ich weiß, ich habe das damals nicht so benennen können, aber ich bin davon (von Diskussionsveranstaltungen, Anmerkung der Autorin) fast ausgeschlossen gewesen, weil ich mich von Anfang an als Lesbe deklariert habe. Mich hat das immer brennend interessiert, an mir sind sie richtig vorbeigegangen in das Hinterzimmer um Flugblätter zu machen am 8. März, Abtreibung, weiß Gott was, die großen politischen Dinge. Ich habe nicht beides gleichzeitig den Frauen verklickern können, daß ich sowohl lesbisch bin und nicht erst durch Feminismus lesbisch werde (…)und politisch interessiert. Das war irgendwie zuviel, für die Frauen die damals schon politisch aktiv waren."

18 Seit 1980 sind Lesben mit Flugblättern/Transparenten kontinuierlich auf 8. März Demonstrationen vertreten.

19 Die ÖGHL löste sich 1992 als Verein auf.

20 Brigitte Geiger/ Hanna Hacker, Donauwalzer Damenwahl. Frauenbewegte Zusammenhänge in Österreich, Wien 1989, S. 145 f.

21 Das STICHWORT – Archiv der Frauen- und Lesbenbewegung betrachte ich auch als konstante Einrichtung der Lesbenbewegung. Da jedoch dem Archiv ein eigener Buchbeitrag gewidmet ist, verweise ich hier nur auf den Artikel von Margit Hauser und gehe selbst nicht näher darauf ein.

22 Dick wie Anm. 11, S. 173

23 10 Jahre und hoffentlich noch eine Ewigkeit, in: Streit (18) 1987, S. 5–9, hier S. 6 f.

Im Laufe der Jahre hat sich das Frauencafé immer wieder verändert. Einige Jahre lang gab das Frauencafé gemeinsam mit dem Lila Löffel die Zeitschrift „Lilien Postilien" heraus. 1983 wurde das Lokal dann von Lesben übernommen.[24] Mitte der 80er Jahre nahmen die politischen Diskussionen im Café ab und 1987 wurde von Mitarbeiterinnen des Frauencafés konstatiert, daß auch das Interesse der Gästinnen an kulturellen Veranstaltungen nicht mehr so stark vorhanden sei.[25] Nichtsdestotrotz fanden auch in den letzten Jahren immer wieder Lesungen, Ausstellungen und Vorträge statt. Während zur Gründungszeit heftigst über die Anwesenheit von Lesben debattiert wurde, wird nach über 20 Jahren Bestehens nun darüber diskutiert, ob Transgender-Personen und Transsexuelle zu diesem reinem Frauenlokal Einlaß erhalten.[26]

Das Frauencafé hat sich, obwohl anfangs nicht geplant und im Verlauf heftiger Diskussionen, zu einem lesbischen Lokal entwickelt und gehört heute ganz selbstverständlich zur lesbischen Szene.

HOSI Lesbengruppe

Die HOSI Lesbengruppe formierte sich 1981 als eine Arbeitsgruppe des Vereins HOSI, ein Verein der 1979 von schwulen Männer gegründet wurde. Geworben wurde für die Gruppe auf Frauenfesten, im Frauencafé und durch Anzeigen im „Falter".[27] Die Hauptmotivation eine Lesbengruppe innerhalb der HOSI zu gründen bestand, laut Aussage einer der zwei Gründerinnen,[28] in dem Wunsch einer Lesbengruppe eine langfristige Überlebenschance zu bieten. In einem Verein mit festen Strukturen sah Helga Pankratz diese Möglichkeit gegeben.

Als Ziel setzte sich die Gruppe „Sich gegenseitig zu stützen, sich kennen zulernen, Vertrauen zu fassen, Freude, Leid und Unzufriedenheit auszudrücken."[29] Die Lesbengruppe der HOSI hatte anfangs nicht nur mit Vorurteilen von Seiten der HOSI Männer zu kämpfen, sondern stieß zum Teil auch auf Widerstände unter den Lesben. Gerade die Zusammenarbeit mit Männern wurde von einigen Lesben heftigst kritisiert.[30]

Die Gruppe stellte sich 1982 in einem Artikel in den Lambda Nachrichten selbst dar. Sie beschreibt sich hier zunächst als einen Versuch als Lesben in einer Schwulenbewegung politisch zu arbeiten und eine Kontinuität der Lesbenbewegung in Österreich zu schaffen.[31]

Die HOSI Lesbengruppe ist seit Beginn eine offene Gruppe, in der diskutiert wird – oft auch mit eingeladenen Politikerinnen –, Filme gezeigt und Feste und Ausflüge veranstaltet werden.[32] In den Lambda Nachrichten sind HOSI-Lesben auch seit jeher mit Beiträgen vertreten. 1989 fand eine ILGA (International Lesbian and Gay Association) Tagung in Wien statt und dank der Beteiligung der HOSI-Lesben an den Vorbereitungen, nahmen eine große Zahl von Lesben aus unterschiedlichen Ländern an der Konferenz teil.

Aber auch Meinungsdifferenzen und Schwierigkeiten hat es immer wieder gegeben. Eine langjährige Mitarbeiterin der Lesbengruppe beschreibt einen Konfliktpunkt folgendermaßen: „Ich wollte immer irgendwie auch haben, daß sich eben wirklich was bewegt, daß was weitergeht. Das war in den über 10 Jahren in denen ich in der Lesbengruppe war zeitweise sehr sehr schwierig. Ja, weil die Frauen, das Persönliche war ihnen sehr wichtig, aber das Politische war ihnen nicht so wichtig, oder sie haben eben nicht so ein Interesse gehabt, über bestimmte Probleme zu diskutieren. Und das war immer schwierig, sie zu motivieren, an z.B. Demonstrationen oder sonstigen Aktionen teilzunehmen."

Der Zulauf von Frauen zur Gruppe war in all den Jahren sehr unterschiedlich. Der Weiterbestand der Lesbengruppe stand kurz nach der 10-Jahresfeier der HOSI-Lesbengruppe, wegen Mangel an interessierten neuen Teilnehmerinnen in Frage.[33] Es gelang der HOSI Lesbengruppe diesen Tiefpunkt zu überwinden und so kann sie im November 2001 ihren 20. Geburtstag feiern.

24 Geiger/ Hacker wie Anm. 20, S. 146

25 10 Jahre wie Anm. 23, hier S. 9

26 Kathy Bryla, Brennpunkt Frauencafe, in: Lambda Nachrichten (2) 1998, S. 37–38, hier 38

27 Waltraud Riegler, 5 Jahre HOSI-Lesbengruppe, in: Lambda Nachrichten, (2) 1987, S. 10–14, hier S. 11

28 Diese Information beruht auf einem Gespräch mit Helga Pankratz.

29 Helga Pankratz, Liebe Schwestern, in: Lambda Nachrichten (3) 1982, S. 5

30 Riegler wie Anm. 27, S. 12

31 Pankratz wie Anm. 29, S. 5

32 Waltraud Riegler, 10 Jahre HOSI-Wien-Lesbengruppe, in: Lambda Nachrichten, (2) 1992, S. 10–11, hier 10

33 Waltraud Riegler, Blick in die Lesbengruppe, in: Lambda Nachrichten (3) 1992, S. 19–21, hier 20 f.

Rosa Lila Villa/Lila Tip

1982 bezogen Lesben gemeinsam mit Schwulen ein desolates Haus in der Linken Wienzeile, das sich im Besitz der Gemeinde Wien befand. Im oberen Stock wurden WGs und im unteren Stockwerk die Beratungsstelle Rosa Lila Tip eingerichtet. Auch eine Art Café, das „Warme Nest" wurde gegründet.

1987/88 wurde dann eine notwendige Totalsanierung vorgenommen, währenddessen der Rosa Lila Tip geschlossen war. Seit Wiedereröffnung im Frühjahr 1988 besteht die Rosa Lila Villa nun aus dem Rosa Lila Tip, dem Wohnprojekt und dem Café, Willendorf, welches dem sporadisch geöffneten Warmen Nest nachfolgte.[34] Auch andere Gruppen und Organisationen können Räume des Rosa Lila Tips mitbenutzen bzw. mieten.[35] Bis 1995 gab es auch eigene GästInnenschlafplätze.[36]

Das Projekt war dezidiert als ein Haus für Lesben und Schwule gedacht. „Mit der Eröffnung des ROSALILA TIP lüfteten wir auch das süße Geheimnis der Villa und deklarierten sie als SCHWUL/LESBISCH."[37] Die Lesben der Rosa Lila Villa äußerten sich 1983 diesbezüglich recht euphorisch: „Und warum gerade ein Schwulen- und Lesbenhaus und nicht ein Schwulenhaus und ein Lesbehaus? (…) Irgendwie kommt bei mir die Idee auf, daß man/frau mehr erreicht, je mehr man/frau zahlenmäßig ist."[38]

Gerade diese Zusammenarbeit verlief jedoch nicht immer konfliktfrei. Lesben mussten wiederholt ihren eigenen Raum beanspruchen und sich deswegen rechtfertigen. So gab es zum Beispiel immer wieder Diskussionen darüber, wieso Männer nicht an einem Frauenfest teilnehmen dürfen. Eine Mitarbeiterin des Lila Tip meinte dazu: „Ich würde einmal grob sagen, wenn die Frauen zu feministisch waren, haben sich die Männer aufgeregt und wenn die Männer Grundsatzfeminismus nicht begriffen, dann haben wir uns aufgeregt. So hat es Streitereien gegeben."

1997 haben sich dann in der Folge die Lesben- und Schwulenberatung auseinanderdividiert. Als Verein existiert der Rosa Lila Tip offiziell noch gemeinsam, aber de facto gibt es nun zwei getrennte Beratungsstellen, eine für Lesben und eine für Schwule. Auch die Zeitung des Rosa Lila Tips, die V. ist nun in einen extra Lesben- und Schwulenbereich gegliedert.

Der Lila Tip berät telefonisch und persönlich, verfügt über eine Bibliothek und ein Archiv. Auch Bildungsarbeit wird gemacht. Derzeit bietet der Lila Tip folgende Gruppen an: Coming Out, Coming Out für Mädchen ab 14, Lesben Come-In und eine Selbsthilfe Coming Out Gruppe für Lesben ab 35. In den letzten Jahren wurden auch Folder und Broschüren, u. a. zu den Themen Homophobie, sowie Lesben und Aids, von den Frauen des Lila Tips produziert.

Frauenkommunikationszentrum (FKZ)/ FrauenLesbenMädchenZentrum (FLMZ)

Die Idee eines Frauenkommunikationszentrums entstand 1978. In diesem Jahr schlossen sich verschiedene Frauengruppen der autonomen Frauenbewegung mit dem Ziel zusammen, einen Raum für ein Frauenzentrum zu finden. Die Suche nach Räumlichkeiten war langwierig und erst 1981 zogen die sogenannten Amerlinghausfrauen gemeinsam mit dem Verein WUK (Verein zur Schaffung offener Werkstätten und Kulturhäuser) in das Gebäude des ehemaligen TGMs in der Währingerstraße ein und beanspruchten die Stiege 6 für sich. Die Renovierung dauerte lange und so konnte das FKZ erst 1984 eröffnen.[39] Eine autonome Lesbengruppe gab es ab Herbst 1982 im FKZ. Frauen dieser Gruppe übernahmen dann 1983 das Frauencafé.[40]

34 Helmut H. Sendlhofer, Zur Geschichte der Rosa Lila Villa – ein historischer Abriss, in: Rosa Lila Villa. 10 Jahre Lesben- und Schwulenhaus, hrsg. Rosa Lila Tip, Wien 1992, S. 7–12, hier S. 10 ff.

35 Die V., (3) 1994, S. 4

36 Die V., (1) 1995, S. 3

37 Rosa Lila Villa, in: Lambda Nachrichten (2/3) 1983, S. 22–26, hier S. 23

38 Ebd., S. 25

39 Dick wie Anm. 11, S. 204 ff.

40 Geiger/ Hacker wie Anm. 20, S. 146

Lila Löffel, Sonderbar, FZ-Beisl

Der Lila Löffel, das Beisl in den Räumlichkeiten des FKZs, konnte bereits 1982 eröffnen. Im Laufe der Jahre waren immer wieder andere Frauen für den Lila Löffel und für das Konzept verantwortlich. Wegen weiteren Renovierungsarbeiten kam es wiederholt zu kurzzeitigen Schließungen des Lokals. 1985 wurde der Lila Löffel dann von Lesben, die der Villa nahe standen, übernommen und 1986 in Sonderbar umbenannt. Seit der Neuübernahme hatte sich das Beisl in ein „Szenelokal" für Lesben entwickelt.[41]

Nach heftigen Streitigkeiten zwischen dem FKZ und dem Sonderbarteam beschloß 1989 das FKZ in einer Generalversammlung, der Sonderbar die Räume zu entziehen. Die Auseinandersetzung endete damit, daß die Lokalräumlichkeiten verwüstet aufgefunden wurden, wobei die Sonderbar Frauen als Täterinnen beschuldigt wurden.[42] Dieser Streit ist einigen der von mir interviewten Frauen noch stark in Erinnerung: „Und irgendwie sind sie sich in die Haare gekommen mit eigenartigen Vorwürfen wie die Beislbetreiberinnen seien kapitalistisch orientiert und zu wenig politisch und vor allem zu wenig radikal. Und das Ganze ist ziemlich eskaliert, es ist wirklich eskaliert.(…)Z.B. dieser Lesbenstreit im FZ, da hast du als Lesbe, die du ein bißchen involviert warst, dich ja fast immer deklarieren müssen, so nach dem Motto ‚which side are you on', bist dafür oder dagegen, ja. Etwas anderes hat es nicht gegeben."

Das Lokal wurde schließlich neu hergerichtet und im März 1990 als Vereinslokal des FLMZ eröffnet.[43] Um Lesben sichtbarer zu machen wurde das Frauenkommunikationszentrum Anfang 1990 in FrauenLesbenZentrum und 1999 in Frauen-Lesben und Mädchen Zentrum umbenannt.[44]

Neben dem FZ-Beisl besteht das heutige FLMZ aus einer Vielzahl von Gruppen, zu nennen wäre hier u. a. die feministischen Handwerkerinnen, die Lesben-FrauenNachrichten und der feministische Widerstandsrat. Das FLMZ bezeichnet sich selbst als einen „feministischen, lesbischen, öffentlichen Frauenort."[45]

Österreichische Lesbentreffen, Österreichische Lesbenrundbriefe

„Es gab dann das 1. Lesbentreffen. Und das war 80.(…) Das war für mich der Knackpunkt. Einfach weil, da wurde zum 1. Mal so was wie politisch diskutiert, ich erinnere mich, die Neda Bei hat einen Vortrag über die Gesetzeslage gehalten, da waren interessante Frauen, eh die Frauen die man aus der Frauenbewegung kennt, da ist es endlich passiert, daß sie sich auch politisch artikuliert haben und verständigt."

Das 1. Lesbentreffen wurde 1980 im Amerlinghaus organisiert. Die Idee war während der Innsbrucker Frauentage 1979 entstanden.[46] Das Treffen dauerte vier Tage und es fanden Arbeitskreise zu verschiedensten Themen (u. a. Gesetzeslage, Beziehungsstrukturen, Massage) sowie ein Frauenfest statt.[47] Das Lestreffen war offiziell nicht als ein Forum für Lesben, sondern als „Frauenkongress – Frauenbeziehungen" angekündigt worden. Die Initiatorinnen begründeten ihre Entscheidung damit, daß sie jegliche Konfrontationen mit „Institutionen unserer heterosexuellen Gesellschaft" vermeiden wollten.[48] Das Lesbentreffen sollte den Frauen die Möglichkeit geben zunächst einmal miteinander über sich selbst und lesbische Themen zu reden. Erst zu einem späteren Zeitpunkt sollte an die Öffentlichkeit getreten werden.[49]

Zwei von den lesbischen Aktivistinnen, die ich interviewt habe, waren bei dem 1. Lesbentreffen im Amerlinghaus dabei. Obwohl sie das Treffen sehr unterschiedlich erlebten, ist es beiden in starker Erinnerung. Während die eine, wie das Zitat vorhin belegt, sich sehr euphorisch darüber äußerte, erlebte die andere das Treffen als unbefriedigend: „Ich habe den Eindruck gehabt, daß sehr stark Aus-

41 Ebd., S. 147 ff.

42 Frauen Nachrichten (2/3), April 1989

43 Frauen Nachrichten, (11) September 1993

44 LesbenFrauenNachrichten, (2/3) 2001

45 Ebd.

46 Geiger/Hacker wie Anm. 20, S. 143

47 AUF. Eine Frauenzeitschrift, (25) 1980, S. 5

48 Ebd., S. 4

49 Ebd.

grenzung passiert. Also Ausgrenzung gegenüber Frauen, die nicht diesen separatistischen Anspruch geteilt haben.(…)Mir hat auch sehr stark der politische Anspruch gefehlt, also der Anspruch des nach außen Gehens. Es ist auf dem Treffen damals auch sehr stark diskutiert worden, sollen wir überhaupt eine kleine Lesbendemo machen, oder irgendeine öffentliche Aktion nach außen und die Entscheidung war, also es passiert nichts öffentlich nach außen, es ist eher versteckt und geschützt. Und das war eigentlich irgendwie nicht das Ganze was ich mir unter Lesbenpolitik vorgestellt habe."

Viele Frauen nahmen die Stimmung beim 1. Lesbentreffen als Aufbruch wahr und es wurde beschlossen, weitere Treffen zu veranstalten. Insgesamt hat es neun Lesbentreffen gegeben.

Die Idee der Lesbenrundbriefe entstand 1983 auf dem 2. Lesbentreffen. Dahinter stand der Wunsch nach einer Vernetzung österreichischer Lesben mit gegenseitigem Informationsaustausch.[50] Die insgesamt 13 Lesbenrundbriefe wurden deshalb auch von verschiedenen Lesbengruppen Österreichs herausgegeben. Der letzte Lesbenrundbrief aus dem Jahr 1993 dokumentiert gleichzeitig das letzte Lesbentreffen. Mitte der 90er Jahre wurde noch einmal versucht, einen neuen Lesbenrundbrief zu schreiben, doch das Projekt scheiterte, weil sich zu wenige Frauen daran beteiligten.

Im Vergleich zum 1. Lesbentreffen, bei dem beschlossen worden war, nicht an die Öffentlichkeit zu gehen, wurde beim letzten Lesbentreffen 1991 eine Lesbendemonstration abgehalten. Es wurde auch ein Verein gegründet, der das Ansuchen um öffentliche Subventionen erleichtern sollte. Beklagt wurde nach der Tagung die geringe Teilnehmerinnenzahl.[51]

Ausdifferenzierung, Professionalisierung, Institutionalisierung

Seit dem letzten Lesbentreffen sind zehn Jahren vergangen und auch die Lesbenbriefe existieren nicht mehr. Seit damals hat es keine bundesweiten Tagungen mehr für Lesben gegeben, auf denen gemeinsam diskutiert und gefeiert wurde und ein gegenseitiger Austausch stattfand. Zwar gab es in den 90er Jahren einige gemeinsame Initiativen von Wiener Lesben, so wurde zum Beispiel beginnend 1993 und die zwei darauffolgenden Jahre unter dem Namen „Sapphos Tra(u)m" eine Straßenbahn für Lesben gemietet, die mit Transparenten versehen durch die Wiener Innenstadt fuhr,[52] 1997/98 wurden Diskussionsrunden über Transsexuelle Frauen in feministischen Frauen/Lesbenräumen und über Lesben und Aids organisiert,[53] 1998 fand eine, von der Lesbenberatung des Lila Tip initiiert und zusammen mit den Lila Schriften, der Frauenhetz, dem LFMZ, dem Institut für Frauensache, sowie einzelnen Frauen gestaltete Veranstaltungsreihe zum Thema „Gewalt unter Lesben" statt[54] und 1998/99 wurden vom Referat für HomoBi-Transsexuellen Angelegenheiten der ÖH Uni Wien die „Treffen der Generationen" veranstaltet, bei denen „jüngere" und „ältere" Lesben über verschiedene Themen (u.a. „den Generationenkonflikt") debattierten, aber es scheint sich hier um vereinzelte Aktionen zu handeln. Eine weiterfassende Vernetzung der öster-

50 AUF. Eine Frauenzeitschrift, (39) 1983, S. 37–38, hier S. 37 f.

51 Waltraud Riegler, 9. Österreichisches Lesbentreffen, Lambda Nachrichten, (4) 1991, S. 28–29, hier S. 28

52 Die V., (2) 1995, S. 5

53 Die V., (1) 1997

54 Die V., (3) 1998

an.schläge

reichischen Lesben sowie das Erarbeiten gemeinsamer politischer Strategien findet nicht statt. Es stellt sich die Frage, warum dies so ist. Warum gibt es zum Beispiel keine Lesbentreffen mehr? Im folgenden werde ich versuchen, Erklärungsmöglichkeiten dafür zu finden.

In den letzten Jahren gab es in der Lesbenbewegung eine Diversifizierung. Einerseits haben sich Lesben verstärkt in gemischtgeschlechtlichen Gruppen engagiert, andererseits sind Lesben nach wie vor in Projekten der Frauenbewegung aktiv und haben zusätzlich neue Gruppen gebildet. Meines Erachtens ist es diese Vielfalt lesbischer Organisierungsformen, die es erschwert, gemeinsame Treffen zu organisieren sowie einheitliche politische Strategien zu erarbeiten. Neben einer Ausdifferenzierung ist eine Professionalisierung und Institutionalisierung der Lesbenbewegung festzustellen. Diese Veränderungen der Lesbenbewegung werde ich nun kurz skizzieren.

Neben den inzwischen fast schon traditionsreichen Organisationen wie HOSI, Rosa Lila Villa und FLMZ entstanden in letzter Zeit viele verschiedene neue Gruppierungen, wobei meines Erachtens ein Trend dazu besteht sich verstärkt in gemischten (lesbisch/schwulen) Gruppen zu engagieren.[55] Ich verweise hier exemplarisch nur auf ÖLSF (Österreichisches Lesben- und Schwulenforum), CSD (Christopher Street Day – Verein zur Durchführung der Regenbogen-Parade), Rosa Antifa sowie lesbisch-schwule Gruppierungen auf den österreichischen Universitäten. Eine Verbreiterung fand auch in anderen Bereichen statt, so formierten sich auch religiöse gemischte Organisationen wie zum Beispiel HuK (Homosexuelle und Kirche) oder Rè uth (Vereinigung jüdischer Schwuler und Lesben).

Zugleich kann auch von einer Institutionalisierung der Lesbenbewegung gesprochen werden. Die Gründung von gemischten Gruppierungen innerhalb der politischen Parteien, wie Grüne andersrum, SoHo (Arbeitsgemeinschaft Sozialismus und Homosexualität), Anders l(i)eben und seit neuestem auch einer Gruppe der KPÖ, sowie die Schaffung einer Antidiskriminierungsstelle für gleichgeschlechtliche Lebensweisen der Stadt Wien, die Existenz einer Arbeitsgruppe in der Gewerkschaft (AHOG – Arbeitsgemeinschaft homosexuelle Frauen und Männer in der GPA) und nicht zuletzt eine lesbische Nationalratsabgeordnete, die sich offen dazu bekennt, zeigen, neben der Tendenz vermehrt in lesbisch schwulen Gruppen zu arbeiten, auch, daß es eine verstärkte Zusammenarbeit mit und in traditionell politischen Institutionen gibt.

Ebenso ist eine Professionalisierung der Lesbenbewegung bemerkbar. Lesben, die zuvor ehrenamtlich in lesbischen Organisationen gearbeitet haben oder dort zum Teil immer noch arbeiten, haben sich teilweise selbständig gemacht oder arbeiten erwerbsmäßig in Institutionen der Lesbenbewegung. Als Beispiele kann hier auf das Institut für Frauensache, sowie auf die Wiener Antidiskriminierungsstelle verwiesen werden.

Nicht zu vergessen sind auch Lesben, die aktiv in verschiedensten Frauenprojekten engagiert sind. Im Vereinsnamen wird das Wort „lesbisch" zwar oft nicht explizit erwähnt,[56] aber es werden zum Teil sehr wohl lesbische Anliegen vertreten. So werden, um nur zwei Beispiele zu nennen, in der Frauenhetz auch viele Veranstaltungen zu lesbisch/feministisch Themen angeboten und anlässlich Europride 2001 geben die „an.schläge" gemeinsam mit dem Milena Verlag eine „Lesbische Stadtverführerin" heraus.

Außerdem haben sich Lesben auch bei diversen Freizeit- und Sportaktivitäten zusammengeschlossen. Zusätzlich zu Marantana, die lesbischen Volleyballspielerinnen, und Resis.dance, der Frauen Standard Tanzklub, gibt es noch viele andere lesbische Sportgruppen.[57]

Ebenso gibt es eine Vielzahl von anderen lesbischen Veranstaltungen und Gruppen. Zu nennen wäre hier exemplarisch Ta mera, eine Radiosendung für Frauen und Lesben auf Radio Orange, die Lila Schriften, die einzige Zeitschrift „nur für

55 Es wäre interessant zu untersuchen, welche Rolle lesbische Anliegen in diesen diversen gemischten Organisationen wirklich spielen.

56 Was wiederum zu der schon in den 70er Jahren geführten Diskussionen über die „Unsichtbarkeit" der Lesben in der Frauenbewegung führt.

57 Es gibt eine Vernetzung lesbisch schwuler Sportorganisationen namens Rainbow Sports.

Lesben" (seit 1995)[58], eine Gruppe lesbischer Mütter, die Gruppe schüchterner Lesben und vieles mehr.

Aktuelle Beispiele lesbisch politischen Handelns

Wie soeben festgestellt wurde hat sich die Anzahl von lesbischen Gruppen in den letzten Jahren vergrößert. Neben den schon lange bestehenden Organisationen hat es immer wieder auch Privatinitiativen von Lesben geben, die durch ihre Aktionen auf ihre Weise „lesbische Politik" machten. Ich möchte hier zwei Beispiele aus der lesbischen Clubbingszene in Wien heranziehen, nämlich die Partyveranstalterinnen „Female Planet" und der „Mobilen Lesbischen Bild-störung".

Female Planet

Female Planet wurde 1993 gegründet, und sie veranstalteten im Zeitraum von 1993 bis 1999 in unregelmäßigen Abständen Frauenfeste. Ihre Feste verbanden sie jeweils mit bestimmten Themen, wie zum Beispiel Barbie, Actionheldinnen, Haushalt, die zu kritischen Auseinandersetzungen anregen sollten. Wesentlich war ihnen u. a. Musik und politische Inhalte verbinden zu können.

Anhand von Female Planet kann meines Erachtens sehr gut der Einfluß der amerikanischen „Queer-Debatte"[59] auf Teile der Lesbenbewegung in Österreich aufgezeigt werden. Ich beziehe mich hier vor allem auf einen Aspekt von queer, nämlich der Neudefinition eines Ortes: „Just as queer identities are constructed within the context of heteronormativity, queer places have been forged within spaces not originally intended for gay use. Identifying a place as queer is a deliberate action parallel to ‚coming out'."[60]

In einem Gespräch mit Female Planet erklärten sie mir, daß sie sich bewußt „szeneuntypische" Orte für ihre Frauenfeste ausgesucht hätten, wie zum Beispiel das „Aera" (ein „heterosexuelles Lokal"), oder das „Why Not" (eine Schwulen-disco) um diese Räume „für die Szene zu besetzen". Außerdem versuchten sie in ihren Ankündigungen nicht nur eine bestimmte Lesbenszene anzusprechen, sondern ihr Konzept war, möglichst offen für alle Frauen zu sein. Auf der 1.

58 Lila Schriften, (1) 1995

59 M. E. ist auch die Ablehnung fixer Identitäten ein Aspekt von queer, der gerade jüngere Lesben anspricht. In letzter Zeit finden denn auch immer häufiger Queer Parties statt, z.B. gab es ca. 1 Jahr lang den Club „Queer Royal" im FZ-Beisl.

60 Gordon Brent, Ingram/Anne-Marie, Bouthillette/Yolanda, Retter (Ed), Placemaking and the Dialects of Public and Private, in: Queers in Space. Communities, Public Places, Sites of Resistance, Seattle 1997, S. 295–301, hier S. 295

Regenbogen-Parade 1996 waren Female Planet mit einem Frauenwagen und dem Transparent „Queer Divas Unlimited" vertreten. Ihr Anspruch war es Lesben sichtbar zu machen und feministisch/lesbische Inhalte zu transportieren.

Mobile Lesbische Bildstörung

Erst auf der Regenbogen-Parade 2000[61] gab es wieder einen reinen Frauenwagen. Organisiert wurde er von den Partyveranstalterinnen des „Cosy Club". Unter dem Motto „Mobile Lesbische Bildstörung", konnten Frauen via Bildschirm ihre „lesbisch-feministischen, widersetzlichen und widerständigen"[62]
Ansichten durch das Zeigen von Filmen, Bilder, sowie durch Musik einer breiten Öffentlichkeit vermitteln. Die Mobile Lesbische Bild Störung setzte sich dafür ein: „Daß Lesben auf der Parade das Ab-Bild der heterosexuellen Ordnung stören. Daß Lesben sich ins Bild setzen. Daß Lesben sich nichts verbieten lassen. Daß Lesben sich die Öffentlichkeit nicht entgehen lassen. Daß Lesben sich den Bildverboten- und Fälschungen wiedersetzen. Daß Lesben damit ein Zeichen gegen die Unsichtbarkeit bzw. -machung setzen."[63]
Female Planet und Mobile Lesbische Bildstörung haben beide Musik mit feministischen, lesbischen Inhalten verbunden. Es ist dies eine neue Art lesbische Politik zu machen, die an zum Teil anderen Orten, die dann „besetzt" und neu bestimmt werden und auf eine nicht traditionelle Weise stattfindet.

Gesellschaftliche Rahmenbedingungen

Die gesellschaftlichen Rahmenbedingungen haben sich, nicht zuletzt dank einer Lesbenbewegung, für Lesben verändert. Für eine durchschnittliche, weiße Mittelschicht Lesbe in Wien ist es wahrscheinlich einfacher als vor 20 Jahren ihr Coming Out zu haben und Kontakte zu anderen Lesben zu knüpfen. In meinen Interviews erzählten mir einige Lesben, wie sie früher mit hochgestellten Krägen auf Demonstrationen gingen, um nicht erkannt zu werden. Homosexualität war lange Zeit in Österreich ein Tabu Thema und wurde auch in den Medien kaum oder nur in Zusammenhang mit Krankheit oder Kriminalität erwähnt. Und die „Wilde Wanda", war für die meisten jungen Lesben damals eben dann doch kein Vorbild.
Lesben sind heute häufiger in Medien präsent, es gibt lesbische Musikerinnen, Schauspielerinnen, Schriftstellerinnen. Ist eine Lesbenbewegung überflüssig geworden? Keinesfalls, denn was Urvashi Vaid über die Verhältnisse in den USA sagt, kann in gewissem Sinne auch auf Österreich übertragen werden: „The irony of gay and lesbian mainstreaming is that more than fifty years of active effort to challenge homophobia and heterosexism have yielded us not freedom but ‚virtual equality', which simulates genuine civic equality but cannot transcend the simulation."[64]
Eine Tendenz hin zur Kommerzialisierung lesbischen Lebens und eine Integration in den Mainstream ist auch in Österreich zu finden.[65] In den Medien wird lesbisches Leben oft verzerrt, als lesbischer „lifestyle" und ohne politische Inhalte präsentiert und so geht es inzwischen nicht mehr nur um Sichtbarkeit, was zwar weiterhin relevant ist, denn zu oft werden Lesben nicht erwähnt und Homosexualität mit schwulen Männern gleichgesetzt, sondern auch um die Art der Sichtbarkeit.
Es wird Lesben eine „virtual equality" vorgegaukelt und damit verdeckt, daß Lesben nach wie vor diskriminiert werden, sei es durch gesetzliche Bestimmungen (Mietrecht, Erbrecht, keine Antidiskriminierungsgesetze, etc.), Diskriminierungen am Arbeitsplatz oder in anderen Bereichen. Gerade durch die derzeitigen verschärften politischen Gegebenheiten in Österreich ist eine kritische Lesbenbewegung in Österreich von größter Relevanz.

61 Lesben waren zwar immer auf den Regenbogenparaden vertreten (Dykes on Bikes etc.), aber seit 1996 gab es keinen eigenen Wagen für Frauen mehr.

62 Mobile Lesbische Bildstörung, Flubglatt

63 Mobile Lesbische Bildstörung, Flubglatt

64 Urvashi Vaid, Virtual Equality. The Mainstreaming of Gay and Lesbian Liberation, New York 1995, S. 4

65 Ein gutes Beispiel für die Integration lesbisch schwuler Politik in den „mainstream" ist meines Erachtens die Diskussion um die, wie es so oft genannt wird, „Homo-Ehe". Es wird hier oft zu verkürzt von einigen eine Integration in das bestehende System gefordert, ohne das System selbst in Frage zu stellen.

Schlußbetrachtungen

Dieser Beitrag begann mit der Fragestellung, ob es eine Lesbenbewegung in Österreich gibt bzw. je gegeben hat. Als Kriterien einer sozialen Bewegung wurden aufgestellt: die andauernde Suche nach Unterstützung, das In-Bewegung Bleiben, das Bestehen über mehrere Jahre, ein vorhandenes „Wir-Gefühl" und das Ziel gesellschaftlichen Wandels, sowie der Diskurs einer Bewegung. Die Lesbenbewegung in Österreich ist auf ständiger Suche nach Aktivistinnen, es gibt sie schon über einen langen Zeitraum hinweg, sie hat sich im Laufe der Jahre verändert und ist somit und zugleich in Bewegung geblieben. Zumindest die feministische Lesbenbewegung strebt gesellschaftliche Veränderungen an. Obwohl sich ein Teil der Lesbenbewegung institutionalisiert hat ist dies „nicht unbedingt mit dem Ende einer Bewegung gleichzusetzen, sondern schafft möglicherweise die Voraussetzungen und mit Verzögerung auch die Ressourcen für andere oder spätere Formen sozialen oder politischen Protestes."[66]

Wie ich andeutungsweise an zwei Beispielen gezeigt habe, gibt es in der Lesbenbewegung in Österreich neben „klassischen" Arten politischen Protests, wie Lobbyarbeit oder Demonstrationen,[67] auch innovative Formen, die der gegenwärtigen Zeit zum Teil stärker entsprechen. So werden Räume neudefiniert und eingenommen, Verbindungen von Musik und politischen Inhalten hergestellt und (neue) Medien genützt.[68]

Mit dem Aufkommen der ersten Lesbengruppe in der AUF wurde der Beginn der Lesbenbewegung in Österreich gesetzt und den 25-jährigen Bestand dieser Bewegung können wir heuer – 2001 – feiern.

66 Gerhard, Atempause, S. 159 f.

67 Ich halte diese Formen (Demonstrationen etc.) genauso wichtig.

68 Zu vergleichen auch mit dem Anti-Regierungsprotesten von Volkstanz.

Wolfgang Wilhelm

Die Regenbogenfahne als „Schande" – Auf dem Weg zu einem Antidiskriminierungsgesetz?

In Österreich wurde das sogenannte Totalverbot der Homosexualität (dieses verbot jede homosexuelle Handlung, also auch einvernehmliche zwischen zwei Erwachsenen im privaten Raum) erst im Zuge der großen Strafrechtsreform 1971 unter der Federführung des damaligen SPÖ-Justizministers Christian Broda aufgehoben. In Österreich war Homosexualität damit bis vor weniger als dreißig Jahren kriminalisiert[1], während dies in anderen Ländern deutlich anders aussah (als Beispiel sei hier lediglich Frankreich genannt, wo das Totalverbot der Homosexualität bereits 1789 im Zuge der Französischen Revolution fiel). Im Jahre 1997 wurden die §§220, 221 StGB gestrichen, die die Werbung für Homosexualität und die Gründung von Vereinen zu ihrer Förderung verboten hatten.

§1 des mittlerweile novellierten Pornographiegesetzes hatte homosexuelle Pornographie kriminalisiert. Diesen Paragraphen hatte der österreichische Zoll auch Ende der achtziger Jahre, also am Höhepunkt der Aids-Krise, angewendet, um Aids-Aufklärungsbroschüren für homosexuelle Männer, die die Deutsche AIDS-Hilfe e.V. herausgegeben hatte, an der deutsch-österreichischen Grenze zu beschlagnahmen.

Immer noch in Kraft ist §209 StGB, der für homosexuelle Kontakte zwischen zwei Männern ein Mindestalter von 18 Jahren festlegt (Offizialdelikt, Mindeststrafe 6 Monate), während es für homosexuelle Kontakte zwischen zwei Frauen und für heterosexuelle Kontakte bei 14 Jahren liegt.[2] „Laut Europäischer Menschenrechtskommission und laut UNO-Ausschuß für Menschenrechte stellt ein höheres Mindestalter für homo- als für heterosexuelle Handlungen eine Verletzung der Menschenrechtskonventionen dar. (…) Das Europa-Parlament hat Österreich bereits fünfmal aufgefordert, §209 aufzuheben, und zweimal, alle deswegen inhaftierten Personen unverzüglich freizulassen. Und die Präsidentin des Europäischen Parlaments, Nicole Fontaine, hat erklärt, daß Österreich durch diese anhaltende und schwerwiegende Menschenrechtsverletzung auch gegen den EU-Vertrag verstößt".[3] Dennoch konnte sich der österreichische Gesetzgeber bislang nicht mehrheitlich zur Abschaffung dieses Paragraphen durchringen. Schweden gewährt seit wenigen Wochen sogar nach §209 StGB beschuldigten Österreichern Asyl.

Andere Mitgliedstaaten der EU sind, was ihre Rechtsmaterien betrifft, Österreich weit voraus.[4] In vielen Mitgliedsstaaten gibt es Antidiskriminierungs- und Gleichstellungsgesetze, die expressis verbis auch für homosexuelle Menschen gelten. In einzelnen Staaten (Dänemark, Schweden) können homosexuelle Menschen darüberhinaus sogenannte registrierte Partnerschaften eingehen. Diese stellen sie in fast allen Rechtsbereichen heterosexuellen Ehen gleich. Ausgenommen ist darin bisher lediglich die Möglichkeit, ein Kind zu adoptieren. In den Niederlanden ist seit 1. April 2001 die Ehe auch für homosexuelle Paare geöffnet. Die Freie und Hansestadt Hamburg hat mit der Schaffung der „Hamburger Ehe" vorgezeigt, daß eine eheähnliche Institution für homosexuelle Paare auch als „Ehe" bezeichnet werden sollte.[5] In mehreren Bundesländern Deutschlands

1 Vgl. hierzu: Graupner, Helmut, Homosexualität und Strafrecht in Österreich: Eine Übersicht. Wien: Rechtskomitee Lambda, 1991

2 Vgl. hierzu: Graupner, Helmut, Sexualität, Jugendschutz und Menschenrechte: Über das Recht von Kindern und Jugendlichen auf sexuelle Selbstbestimmung. Dissertation. Frankfurt/M., Wien 1996

3 Högl, Christian. in: HOSI Wien weist auf Menschenrechtsverletzungen hin: Presseaussendung der HOSI vom 28.7.2000. Wien: HOSI, 7/2000

4 Vgl. hierzu: Konrad, Heinrich, Probleme der eheähnlichen Gemeinschaft im Strafrecht, Frankfurt/M. 1986.
Sowie: Risse, Jörg, Der verfassungsrechtliche Schutz der Homosexualität. Baden-Baden 1998.
Sowie: Grib, Susanne, Die gleichgeschlechtliche Partnerschaft im nordischen und deutschen Recht. Dissertation., München 1996

5 Vgl. hierzu: Struck, Katrin. Wir wollen zusammenleben: Informationen zur „Hamburger Ehe" und Musterverträge für lesbische und schwule Paare. Hamburg: Senatsamt für die Gleichstellung, 1999

besteht die Möglichkeit, eine „Lebensgemeinschaft per Erklärung" einzugehen, die dann, von Bundesland zu Bundesland verschiedene, Gleichstellung in einzelnen Rechtsbereichen sichert. Ein detaillierter Überblick über die sehr unterschiedlichen und zum Teil nur nach genauerem Studium der jeweiligen Rechtssysteme verständlichen einzelstaatlichen Regelungen würde allerdings den Rahmen hier sprengen.[6]

Festzuhalten bleibt, daß die Republik Österreich homosexuelle Menschen und ihre Lebensgemeinschaften in zahlreichen Rechtsmaterien wie eben zum Beispiel dem Strafrecht, aber auch dem Erbrecht, dem Mietrecht, dem Partnerschaftsrecht, dem Eherecht, dem Familienrecht, dem Steuerrecht, dem Arbeitsrecht oder dem Sozialversicherungsrecht, sowie durch das Fehlen von Antidiskriminierungsgesetzen und der Möglichkeit, eine gleichgeschlechtliche Ehe einzugehen, aktiv diskriminiert und in ihren Menschenrechten verletzt. Lediglich in der Strafprozeßordnung, dem Zeugenentschlagungsrecht nach §72 StPO, sind homosexuelle PartnerInnenschaften heterosexuellen seit 1998 gleichgestellt.

Zur gesellschaftlichen Situation homosexueller Menschen in Österreich

Neben der Rechtslage wirkt wohl die gesellschaftliche Situation als ein zweiter Einflußfaktor auf die alltägliche Lebensqualität von Lesben und Schwulen ein. Heute, „an der Schwelle zum dritten Jahrtausend ist es homo- und bisexuellen Frauen und Männern in Österreich immer noch nicht möglich, ihr Leben frei von Angst vor Diskriminierung zu l(i)eben".[7] Manche sich selbst als heterosexuell definierende Menschen begegnen dem Phänomen Homosexualität und einzelnen homosexuellen Menschen mit intoleranter Ablehnung statt mit Respekt und Akzeptanz. Täglich müssen homosexuelle Frauen und Männer in Österreich Erfahrungen machen, die von Akzeptanz „über die verschleiernde Unverbindlichkeit, das sentimentale, herablassende Bedauern und die gutgepflegte Ignoranz bis hin zur massiven Ablehnung und zum blanken Hohn"[8] reichen.

Gründe für diese Ablehnung, Verleugnung und Diskriminierung gibt es viele. „Eine erste (…) Ursache liegt darin, daß homophobe Menschen ihre eigene – aber abgelehnte und latent bleibende – Homosexualität an offen lebenden Lesben und Schwulen bekämpfen".[9] Das heißt, „Vorurteile gegen die sexuelle Minderheit (wegen angeblicher Unnatürlichkeit, gegen nichtreproduktives Sexualverhalten) treten auf, um unbewußte eigene latente Neigungen zu bändigen. Diese Ablehnung, in der Regel gepaart mit Verleugnung der Existenz Homosexueller bzw. Verleugnung der diskriminierungsbedingten Probleme, ist auch eine Form von Diskriminierung".[10] Von großer Bedeutung scheint mir auch die Tatsache, daß schwule Männer das Patriarchat in Frage stellen und dadurch heterosexuelle Männer in deren Selbstverständnis irritieren. Aus eben dieser Irritation „resultieren die ausgeprägten antihomosexuellen Einstellungen und Handlungen vieler heterosexueller Männer"[11], die so „Opfer ihrer (eigenen) lächerlichen Phantasien und überflüssigen Befürchtungen"[12] werden, aber eigentlich zu bedauern sind, weil sie sich „ihres ursprünglichen Potentials nicht mehr bewußt sind und sich dennoch als den einzig richtigen Maßstab ihren Mitmenschen gegenüber präsentieren".[13] Neben diesen Gründen gibt es eine ganze Reihe weiterer Ursachen für diese bedauerliche „Engstirnigkeit und Intoleranz, mit der so ‚einseitig' geprägte Menschen jenen behandeln, der anders ist als sie selbst";[14] Dies reicht von simpler Unwissenheit, dem Festhalten an Vorurteilen bis hin zu Ignoranz. Dementsprechend schwer ist es für homosexuelle Frauen und Männer, sich und in weiterer Folge auch anderen gegenüber zu ihrer Orientierung zu stehen.

Während in anderen Ländern der EU Homosexualität als eine der Heterosexualität gleichwertige sexuelle Orientierung nicht nur wie expliziert rechtlich anerkannt wird, sondern auch breite gesellschaftliche Akzeptanz findet, wird das Klima im

6 Einen solch detaillierten Überblick vermittelt z.B.: International Lesbian and Gay Association (ILGA)-Europa (Hg.), Gleichstellung von Lesben und Schwulen: Eine relevante Frage im zivilen und sozialen Dialog. Unterstützt von der Europäischen Kommission. Brüssel: ILGA-Europa, 1998

7 Graupner, Helmut. „Rechtskomitee LAMBDA; Für das Recht zu lieben". In: Rosa Lila Tip (Hg.). „Weil drauf steht, was drin ist!: 10 Jahre Lesben- & Schwulenhaus Rosa Lila Villa. Wien 1992. S. 70–71, S. 70

8 Benke, Nikolaus. „HuK – Ökumenicher Arbeitskreis Homosexuelle und Kirche". In: Rosa Lila Tip (Hg.), „Weil drauf steht, was drin ist!: 10 Jahre Lesben- & Schwulenhaus Rosa Lila Villa. Wien 1992, S. 68–69, S. 68

9 Rauchfleisch: Udo, „Homophobie – die Angst vor der Homosexualität", in: Arbeitsgruppe „Homosexualität & Katholische Kirche" (Hg.), Studientag Homosexualität & Katholische Kirche: Eine Einladung zum Dialog. 7./8. November 1997. Kardinal König Haus, Wien, Arbeitsgruppe „Homosexualität & Katholische Kirche", 1997, S. 22–25, S. 23

10 Pschyrembel, Willibald (Hg.). Klinisches Wörterbuch mit klinischen Syndromen und nomina anatomica. Berlin-New York 1990, S. 716

11 Rauchfleisch: S. 23 f.

12 Haeberle : S. 496

13 ebenda: S. 242

14 ebenda: S. 242 f.

Regenbogen-Parade 1998
Foto HOSI

katholisch geprägten Österreich nur langsam toleranter. Viele Homosexuelle verlegen ihren Wohnort von ländlichen Regionen in Städte und vor allem in die Großstadt Wien, weil sie hier auf größere Toleranz und Akzeptanz hoffen und in der Regel meist auch stoßen. Dadurch ist auch das spezifische Angebot für homosexuelle Menschen (Vereine, Cafés, Buchhandlungen, etc.) hier größer, was wieder die Attraktivität der (Groß-)Stadt für homosexuelle Menschen erhöht. Wien hat – noch dazu als einzige Großstadt Österreichs – mit Sicherheit einen über dem Durchschnitt liegenden Populationsanteil von homosexuellen Männern und Frauen. Die Gemeinde Wien bekennt sich in der „Wiener Deklaration für Gerechtigkeit und Gleichberechtigung"[15] zu dem „Grundsatz, daß niemand wegen der Rasse, der ethnischen Herkunft, der Sprache, des Geschlechts, der sexuellen Orientierung oder Identität, einer Behinderung, der weltanschaulichen, politischen oder religiösen Überzeugung bevorzugt oder benachteiligt werden darf (... und) verpflichtet sich, im Rahmen ihrer Möglichkeiten in Gesetzgebung, Vollziehung und Unternehmensführung alles zu unternehmen, um für die Menschen in Wien unbeschadet der genannten persönlichen Unterschiede, insbesondere der geschlechtlichen Orientierung oder Identität, effektiv gleichwertige Lebensbedingungen zu schaffen".[16] Diese Deklaration versteht sich als politisches Rahmenprogramm. Sie ist aber auch Ausdruck von sich verändernden Ansichten der letzten Jahre, die vor allem durch die politische Arbeit der Homosexuellen selbst erreicht wurde.

Organisationen und Einrichtungen in Österreich

Vor zwanzig Jahren wurde mit der „Homosexuellen Initiative" (HOSI) der erste Verein in Österreich gegründet, der bis heute gegen die gesellschaftliche Tabuisierung und rechtliche Ungleichbehandlung von Homosexualität ankämpft. Mittlerweile existiert in Österreich und vor allem in Wien eine Vielzahl an Gruppen, Selbsthilfegruppen, Vereinen, Initiativen, Lokalen und Medien der Lesben-, Schwulen- und Transgenderbewegung. Ihre Tätigkeiten reichen von Selbsthilfe über Beratung bis hin zu politischem Lobbying.
Neben diesen Gruppen gibt es mittlerweile auch in etablierten Organisationen Einrichtungen, die zum Thema Homosexualität, manchmal auch in Verbindung mit dem Thema Transsexualität, aktiv werden. Relativ jung sind homosexuelle Organisationen innerhalb politischer Parteien wie die „SOHO" (Sozialdemokratie und Homosexualität), „Grüne andersrum" und „Anders L(i)eben" (innerhalb des Liberalen Forums). Die Österreichische HochschülerInnenschaft hat an zahlreichen Universitäten Referate für homosexuelle StudentInnen eingerichtet.

15 „Der Beschluß(Resolutions-)Antrag wurde in der Sitzung des Gemeinderates am 7. Juni 2000 angenommen und an den Präsidenten des Nationalrates und des Bundesrates übermittelt" heißt es im entsprechenden Schreiben der Magistratsdirektion der Stadt Wien vom 16. Juni 2000 (GZ: MD-A 92-1/2000).

16 ebenda

Zunehmend ist auch die Zahl der universitären Lehrveranstaltungen zu diesen Themenbereichen; in der GPA, der Gewerkschaft der Privatangestellten, gibt es die „Arbeitsgruppe Homosexualität in der Gewerkschaft (AHOG)"[17]; der Wiener Erzbischof Kardinal Schönborn hat vor 2 Jahren den Rektor der Rupprechts-kirche, Joop Roeland, zum „Homosexuellen-Seelsorger" ernannt.

Wiener Antidiskriminierungsstelle für gleichgeschlechtliche Lebensweisen

Am 5. Oktober 1998 wurde mit der Wiener Antidiskriminierungsstelle für gleichgeschlechtliche Lebensweisen (WASt) die erste und bislang einzige Stelle in einer österreichischen kommunalen Verwaltung mit den Aufgabenbereichen Homo- und Transsexualität nach internationalem Vorbild geschaffen. Ange-siedelt ist sie im Büro der amtsführenden Stadträtin für Integration, Frauen-fragen, Konsumentenschutz und Personal, Renate Brauner. Angela Schwarz und ich als die beiden Antidiskriminierungsbeauftragten werden in unserer Arbeit von einem Sekretariat unterstützt, jeder der drei Dienstposten ist eine Ganztagsstelle .
Das Konzept der WASt umfaßt folgende Schwerpunkte[18]:
1. Bestandsaufnahme der Wiener Rechtsmaterien mit dem Ziel, darin enthaltene Diskriminierungen aufzuspüren und Möglichkeiten auszuarbeiten, diese künftig zu verunmöglichen. So konnte bereits erreicht werden, daß die Pflegefreistellung zur Pflege einer/eines Lebensgefährten/-in (§61 DO 1994 bzw. §37 VBO 1995) für Beamte und Vertragsbedienstete der Stadt Wien seit Dezember 1999 auch zur Pflege eines/einer gleichgeschlechtlichen Lebensgefährten/-in in Anspruch genommen werden kann. Seit Oktober 2000 können auch homosexuelle Lebens-gemeinschaften in den Genuß der förderlichen Besserstellung bei der sogenann-ten „Jungfamilienförderung" kommen.
2. Hilfestellung und Beratung in Einzelfällen, unabhängig davon, ob diese Diskri-minierung innerhalb oder außerhalb des Magistrats geschieht. Einige ausgewählte Fallbeispiele finden sich weiter unten.
3. Kooperation mit Interessensvertretungen, Vereinen und Medien der Lesben-, Schwulen- und Transgenderbewegung. Die Wiener Antidiskriminierungsstelle beteiligt sich unter anderem auch an der jährlichen Regenbogen-Parade sowie an zahlreichen Fachtagungen, Konferenzen und anderen Veranstaltungen.
4. Öffentlichkeits- und Bildungsarbeit innerhalb und außerhalb des Magistrats; Fortbildungsangebote für MultiplikatorInnen sowie Information und Bewußt-seinsbildung innerhalb und außerhalb des Magistrats. Regelmäßig hält die Antidiskriminierungsstelle Vorträge unter anderem an der Sozialakademie der Stadt Wien, an Krankenpflegeschulen und seit Mai 2001 auch an der Verwal-tungsakademie der Stadt Wien (für diese Seminare wurde ein eigener Folder mit dem Titel „Vom Umgang mit dem ‚Anders-Sein'"in einer Auflage von 10.000 Stück erstellt und an sämtliche Dienststellen der Gemeinde Wien versendet). Rechtliche Regelungen wie beispielsweise die Neuregelung der Pflegefreistellung machten wir mittels Rundschreiben an sämtliche 155 Personalstellen der Gemeinde Wien bekannt. Den Folder „Work out" des Österreichischen Lesben-und Schwulenforums (ÖLSF) hat die Antidiskriminierungsstelle magistratsintern in einer Auflage von 6.000 Stück verteilt. Seit 8. Juni 2000 ist die sehr umfang-reiche Homepage[19] der Antidiskriminierungsstelle auf der Stadt Wien-Seite „Wien online" im Netz. Am 8. Juni 2000 wurde auch der Folder „Die Wiener Antidiskriminierungsstelle für gleichgeschlechtliche Lebensweisen" präsentiert, der in einer Auflage von 10.000 Stück erschien.
5. Empfehlungen an Politik, Verwaltung und Wirtschaft. Die Antidiskrimini-erungsstelle kann nach eigenem Ermessen Themen aufgreifen und einzelne Bereriche bearbeiten. In der Regel werden dann eine Problembeschreibung, eine Ist-Stands-Analyse, eine genaue Recherche sowie einzelne Möglichkeiten der

17 AHOG in der GPA, Hr. Manfred Wolf. 1013 Wien, Deutschmeister-platz 2

18 Schwarz, Angela; Wilhelm, Wolfgang. Arbeitskonzept der Wiener Antidiskriminierungsstelle für gleich-geschlechtliche Lebensweisen. Wien: Magistrat der Stadt Wien-Wiener Antidiskriminierungsstelle, 1998.

19 Diese kann unter www.wien.at/queerwien/ besucht werden.

Regenbogen-Parade 1998
vor dem Parlament
Foto HOSI

Problembewältigung in Berichtform ausgearbeitet und an die zuständige Stadt-rätin übergeben. Aber auch an der dann folgenden konkreten Umsetzung ist die Antidiskriminierungsstelle beteiligt.

6. Netzwerkarbeit im In- und Ausland. Gerade die internationale Vernetzung, z.B. mit dem Fachbereich für gleichgeschlechtliche Lebensweisen in der Senats-verwaltung der Stadt Berlin war in der Anfangsphase ein wichtiger inhaltlicher Input.

Ein wichtiger Arbeitsinhalt ist es, zu verdeutlichen, daß Antidiskriminierung und Gleichstellung nicht nur die Aufgabe einer eigens dafür geschaffenen Stelle sein kann, sondern im Sinne des Mainstreamings von jeder und jedem MitarbeiterIn als Teil seiner/ihrer Tätigkeit begriffen werden muß. Es muß das Prinzip der allgemeinen Zuständigkeit der Verwaltung gelten, d.h. auch andere Teile der Verwaltung sind für Homosexuelle und Transsexuelle und deren Anliegen zuständig. Die Antidiskriminierungsstelle ist daher auch Mitglied des im Jahr 2000 ins Leben gerufenen Managementforums Personal.

Somit gibt es heute in Wien die Antidiskriminierungsstelle als Anlaufstelle für Diskriminierte selbst, aber auch als Anlaufstelle für Informationssuchende zu den Themen Homosexualität und Transsexualität und sämtlichen damit in Zusam-menhang stehenden Fragestellungen.

Schulungsmaßnahmen und Aufklärungsarbeit sind ein wesentlicher Schwer-punkt. Nur so können Diskriminierungen aufgedeckt und in weiterer Folge Maßnahmen zu ihrer Verhinderung eingeleitet werden.

Homosexuelle Menschen werden diskriminiert!

Selbst die modernen Wissenschaften stecken mit ihren Fragestellungen und Forschungsschwerpunkten oft noch in Fragen fest, die eine längst überholte Grundhaltung der Homosexualität gegenüber nicht verbergen können. Statt Homosexualität als Basis und sich daraus ergebende Folgefragestellungen, wie etwa homophob motivierte Diskriminierungen, zu beforschen, steht die Homo-sexualität als solche immer noch viel zu oft im Mittelpunkt des Interesses. Die moderne sozialwissenschaftliche Beforschung der Lebenswelt homosexueller Menschen hat zwar in manchen Teilen der Welt unter dem Schlagwort „queer studies" bereits eine mehr oder weniger lange Tradition, in Österreich steckt sie heute, im Jahr 2001, jedoch leider noch in den Kinderschuhen. Viel zu oft fehlen aber auch wissenschaftlich fundierte Basisinformationen, verstecken sich hinter scheinbaren Argumenten zu Detailfragen nicht vereinbare Wertsysteme und simple Fehlinformationen. Wissenschaftliche Studien zur Diskriminierung homo-

und transsexueller Menschen liegen nur sehr vereinzelt vor, und es ist anzunehmen, daß die bereits erforschten Diskriminierungen in den unterschiedlichsten Lebensbereichen lediglich die Spitze eines in seinen Ausmaßen noch nicht absehbaren Eisberges darstellen.

In Arbeitszusammenhängen werden homosexuelle Menschen auf vielfältige Weise diskriminiert. Das reicht vom Nichteinstellen, nicht befördert werden, von Informationsflüssen ausgeschlossen werden bis hin zu Mobbing. In manchen Fällen werden sie sogar gekündigt oder tätlich angegriffen. Mit dem Vorwand, ein/e homosexuelle MitarbeiterIn könnte etwa den KundInnen nicht zugemutet werden, versuchen manche heterosexuellen ArbeitgeberInnen, ihre eigenen Vorurteile hinter besorgter „Sachlichkeit" zu verstecken.

Es verwundert daher nicht, daß lediglich 11,9% der Homosexuellen am Arbeitsplatz aus ihrer sexuellen Orientierung und Identität kein Geheimnis machen. Die große Mehrheit, nämlich 88 %, verheimlicht diesen wichtigen Anteil ihrer Persönlichkeit[20] ganz bewußt, um nicht den beschriebenen Nachteilen ausgesetzt zu sein.

Die Erfahrungen der Wiener Antidiskriminierungsstelle für gleichgeschlechtliche Lebensweisen decken sich mit den vereinzelt vorliegenden Studien was die Existenz von Diskriminierung aufgrund der sexuellen Orientierung bzw. Identität betrifft. Auch einzelne Urteile des Europäischen Gerichtshofs für Menschenrechte beweisen die Existenz solcher Diskriminierungen eindeutig. Zwei landesweit durchgeführte Umfragen (eine im Vereinigten Königreich, 1993, und eine in Schweden, 1997) ergaben, „daß 27% bzw. 48% der Befragten bereits einmal wegen ihrer sexuellen Orientierung am Arbeitsplatz belästigt worden waren".[21] In einer 1997 veröffentlichten Studie gaben lediglich 19% der befragten Homosexuellen an, in ihrem bisherigen Berufsleben noch nicht diskriminiert worden zu sein, Opfer von Diskriminierung(en) waren somit bereits 81% der Befragten.[22]

Fallbeispiele aus der Beratungstätigkeit

Immer noch wird die zweifellos zunehmende Toleranz verwechselt mit einer bereits für alle Lesben und Schwule existierenden Akzeptanz in allen Lebensbereichen. Daß diese aber keineswegs Realität ist, sondern daß Lesben und Schwule immer noch tagtäglich Opfer von Verleumdung, Diskriminierung, Mobbing und sogar Gewalt werden, sollen einige Beispiele verdeutlichen. Ich denke, daß die zuvor geschilderte rechtliche und gesellschaftliche Situation für Lesben und Schwule in Österreich und Wien maßgeblich mit schuld daran sind, daß es zu diesen Diskriminierungen kommen konnte.

Fall 1:
Frau M. lebt seit vielen Jahren mit ihrer Freundin zusammen. Sie haben gemeinsam studiert, ihr Studium abgeschlossen und nun darf ihre Freundin nicht mehr in Österreich bleiben. Diese ist nämlich weder Österreicherin noch EU-Bürgerin und hat nun nach Ablauf ihrer befristeten Aufenthaltserlaubnis zu Studienzwecken keinerlei Anspruch, hier bleiben zu dürfen. Wären sie ein heterosexuelles Paar und kein homosexuelles, könnten sie heiraten.

Fall 2:
Frau S. hatte an die Wohnungstüre ihrer Mietwohnung eine kleine Regenbogenfahne geklebt. Die Hausverwaltung forderte sie nicht nur auf, diese „Schande" zu entfernen, sondern hat wegen dieser Regenbogenfahne eine Räumungsklage gegen Frau S. eingereicht.

Fall 3:
Herr K. arbeitet in einem großen Betrieb, in dem es bestimmte Vergünstigungen

20 Knoll et al: S. 119 ff.

21 Kommission der Europäischen Gemeinschaften, Vorschlag für eine „Richtlinie des Rates zur Festlegung eines allgemeinen Rahmens für die Verwirklichung der Gleichbehandlung in Beschäftigung und Beruf", Brüssel, Von der Kommission vorgelegt, 25.11.1999, S. 4

22 Knoll, Christopher; Edinger, Manfred; Reisbeck, Günter. Grenzgänge: Schwule und Lesben in der Arbeitswelt, München, Wien 1999, S. 114 f.

für MitarbeiterInnen gibt, wenn sie eine bestimmte Zeit im Unternehmen sind. Herr K. hat diese Zeit längst absolviert, nun hat er sich wegen der Vergünstigung erkundigt und sie nicht bekommen. Daraufhin hat er den Betriebsrat kontaktiert, der zu ihm sagte: „Für eine warme Sau werde ich mich sicher nicht einsetzen!".

Fall 4:
Herr P. ist Handwerker in einem großen Betrieb. Seit er sich geoutet hat, stehen Schwulenwitze auf der Tagesordnung und auch schon mal als Graffitty auf den Toilettentüren. Er hat sich daran gewöhnt, und in seiner Psychotherapie hat er auch gelernt, damit zu leben. Ein Kollege von ihm hat nun sein Auto mit Säure übergossen und erklärt, warum: „Das Warme sollte dir endlich ausgebrannt werden, damit du normal wirst, du Sau". Herr P. wurde mit schweren Verätzungen an der Haut und im Bereich der Atemwege ins Spital eingeliefert.

Fall 5:
Herr W. wohnt alleine in seiner Wohnung und bekommt regelmäßig Besuch von seinem Lebensgefährten. Sie sind beide etwa vierzig Jahre alt und leben seit sechs Jahren in einer monogamen Beziehung. Die Nachbarin hat sie einmal händchenhaltend auf der Straße gesehen und daraufhin alle anderen HausbewohnerInnen aufgefordert, auf ihre Kinder besonders gut aufzupassen, da nun ein „amtsbekannter Kinderschänder", wie sie sich ausdrückte, im Haus wohne....
Die Beispiele ließen sich fast unendlich fortsetzen. Insgesamt hatte die Antidiskriminierungsstelle von Oktober 1998 bis Oktober 2000 etwa 210 KlientInnenkontakte.

Gernot Wartner

Lesbisch-schwule Emanzipationsgeschichte in Oberösterreich

In den 70er-Jahren wurden insbesondere in der SPÖ Frauenanliegen schon bald als gesellschaftliche Notwendigkeit aufgegriffen und von der Frauenorganisation der SPÖ immer wieder in die politischen Diskussionen eingebracht. So auch in Oberösterreich, und hier speziell in Linz. „Die Aktion ‚Mehr Frauen in den Gemeinderat' zeigte die Frauen von der kämpferischen Seite, sie stellten auch innerparteilich die Frage nach den gleichen Rechten für Mann und Frau. ‚Genosse, wie hältst Du's mit der Gleichberechtigung?' lautete der Text eines Flugblattes."[1]

Daneben gab es aber auch einen nicht zu kleinen Teil von Frauen, die sich und ihre Anliegen nicht von der Parteipolitik vereinnahmen lassen wollten. Sie gründeten autonome Frauengruppen, radikal-feministische Netzwerke, Frauenkulturinitiativen und experimentelle Diskussionszirkel. In Linz machten diese Frauen von sich reden, als sie Anfang der 80er-Jahre ein Haus besetzten und zum Frauenzentrum erklärten. Aus dieser Hausbesetzung entwickelte sich einerseits das von der Stadt finanzierte, von der SP-nahen Volkshilfe verwaltete und von den SP-Frauen als ihr Erfolg verkaufte Linzer Frauenhaus, das so von den feministischen und lesbischen Initiatorinnen nicht wirklich gewollt war, und andererseits – auch als Reaktion auf die Vereinnahmung des Frauenhauses durch die offizielle Politik – das autonome Linzer Frauenzentrum,[2] das schließlich in der Altstadt Räume anmieten konnte und, trotzdem es im Ruf stand, Hort linker, autonomer Ideen zu sein, nach und nach immer mehr Förderungen von der öffentlichen Hand bekommen sollte.

Von Anbeginn des Linzer Frauenzentrums an waren dort auch lesbische Frauen mit großem persönlichen Einsatz an vorderster Stelle tätig. Bis zur Gründung einer ersten Lesbengruppe sollte es aber trotzdem noch einige Zeit dauern. Erst im Sommer 1984 fand sich in der ersten Ausgabe des „Informationsblattes"[3] des Frauenzentrums Linz der Aufruf: „ab Oktober jeden 1. und 3. Mittwoch ab 17 Uhr Treffen der Lesbengruppe!!!". Im Informationsblatt, 1. Jahrgang, Nr. 3, heißt es dann unter dem Titel „Lesben informieren" schon ausführlicher:

„Begonnen haben wir zu zweit. Derzeit sind wir ca. 10 lesbische Frauen, die sich regelmäßig treffen. Siehe Fixtermine! – Verglichen mit anderen, seit Jahren bestehenden Lesbengruppen in den anderen Bundesländern ist UNSERE noch sehr jung (vier Monate). Eine relativ kurze Zeit des Kennenlernens, des Erfahrungsaustausches, des Erarbeitens gemeinsamer Ziele. Trotzdem haben wir bereits bei der „Warmen Woche" in Linz mitgewirkt, Flugblätter und einen Aufkleber für unsere Gruppe herausgegeben und gestalten den nächsten ‚Lesbenrundbrief' (er ist bereits in Arbeit). Dem Tatendrang sind keine Grenzen gesetzt …"[4]

Der Lesbenrundbrief[5] war eine Art Informationsblatt, das von Ausgabe zu Ausgabe von einer anderen Lesbengruppe produziert wurde und unter anderem auch der Vernetzung der Gruppen dienen sollte. Die fünfte Ausgabe des Lesbenrundbriefes wurde von der Lesbengruppe des Linzer autonomen Frauenzentrums

1 Eveline Exner-Kögler, „Den Frauen ihr Recht!" Eine Betrachtung der Entwicklung der sozialistischen Frauenorganisation von Linz, in: Die Bewegung lebt. 100 Jahre Linzer Sozialdemokratie, hrsg. v. SPÖ-Bezirksorganisation Linz-Stadt, Linz 1989, S. 201–218, hier S. 217

2 Das Autonome Frauenzentrum war zuerst an der Adresse Altstadt 11 angesiedelt, übersiedelte dann an die Adresse Hauptplatz 15 und ist seit Mitte der 90er-Jahre in der Humboldtstraße 43 eingerichtet.

3 Das „Informationsblatt" des autonomen Frauenzentrums Linz kam erstmals im Spätsommer oder Frühherbst 1984 heraus und heißt seit Mitte der 90er-Jahre „infam". Es erschien zuerst monatlich, später nur alle zwei Monate und manchmal auch nur vierteljährlich.

4 Informationsblatt des Frauenzentrums Linz, 1. Jahrgang (3) 1984

5 Die Linzer Lesbengruppe hat zwischen 1984 und 1986 mindestens Nr. 5 und wahrscheinlich Nr. 6 und/oder 7 herausgegeben.

gestaltet und hat diese in monatelange Arbeit und zahlreiche Schwierigkeiten, darunter die Finanzierung dieses damals 3000 Schilling kostenden Rundbriefes gestürzt. Zugleich zeigte sich auch, daß das Angebot einer eigenen Lesbengruppe nur auf begrenztes Echo stieß. Die Gruppe bestand vorwiegend aus Lesben, die sich auch sonst im Frauenzentrum und in einigen Projekten des Zentrums engagierten.[6]

Die Gruppe erfreute sich eines regen Zulaufs, zumal die HOSI Linz keinerlei Lesben-Aktivitäten setzte und zu dieser Zeit eigentlich nur formal existierte. Ab 1986 traf sich die Lesbengruppe des autonomen Frauenzentrums vier Mal im Monat und verstärkte auch ihre Aktivitäten. Lesbenaktivität war das Schlagwort dieser Jahre und wurde als Gegenprogramm in einer männerdominierten und heterosexuell ausgerichteten Gesellschaft verstanden.

„Lesbenaktivität – das ist für uns nicht nur politische Arbeit, sondern vielmehr vieles, was Lesben gemeinsam machen und erLEBEN. Wir wollen neue Formen des Zusammenlebens, neue Formen für ein ‚MITEINANDER' finden, möchten uns auch gemeinsam kreativ mit unserer Umwelt auseinandersetzen. In einer Männerwelt mit einer Männerkultur möchten wir miteinander Frauenkultur wachsen lassen."[7]

Wiewohl die Lesben das Frauenzentrum von Beginn an mit getragen und gestaltet hatten, war das Verhältnis zu Beginn wesentlich ausgewogener, und der gemeinsam verfolgte gesellschaftspolitische Ansatz einer eigenen Frauenkultur überlagerte vorerst mögliche Spannungsverhältnisse zwischen Lesben und Heteras, aber auch unter den Lesben. Doch mit der zunehmenden Dominanz der Lesben kam es immer öfter zu Konflikten. Das Frauenzentrum hatte nämlich damals den Ruf, politisch links zu stehen. Dieser Ruf war problematisch genug, denn selbst die SPÖ tat sich mitunter schwer, ein solch radikal-feministisches Projekt mit Mitteln der öffentlichen Hand zu unterstützen. Einige Vorstandsfrauen waren daher besorgt, daß der Ruf sich auch noch von „roter Brut" in „Tummelplatz für Lesben" wandeln würde.

„Die Besorgnis war, ein Lesbenzentrum würde gar keine Unterstützung seitens der öffentlichen Hand mehr bekommen", erinnert sich Frauenzentrums-Obfrau Alison Brown im Zeitzeuginnen-Gespräch und fügt hinzu: „Obwohl der Streit zwischen Zentrumsfrauen und Lesbengruppe häufig als Hetera-Lesben-Konflikt dargestellt wird, ist es eigentlich ein Konflikt zwischen Lesben gewesen, und die Heteras wurden zwangsläufig mit hineingezogen."

Einzelne lesbische Zentrumsfrauen, welche die wachsenden Aktivitäten der Lesbengruppe mißbilligten und in der Lesbengruppe nur einen Teilaspekt der gesellschaftspolitischen und sozialen Arbeit von Frauen für Frauen sahen und nicht wollten, daß das Frauenzentrum nach außen nur noch als Treffpunkt für Lesben angesehen würde, versuchten den Einfluss der Lesbengruppe zurückzudrängen. Der schwelende Konflikt führte auch zu einer veritablen Vorstandskrise und eskalierte immer weiter. Eines Tages wurde das Frauenzentrum sogar von Lesben besetzt und zum Lesbenzentrum erklärt.

„Lesbengruppe ade! Schwesterzwist im Hause Hauptplatz 15! Seit über einem Jahr gärte schon der Konflikt zwischen einzelnen Frauen des Frauenzentrums und der Lesbengruppe. Trotz wiederholter Vermittlungsversuche ließ sich immer weniger gemeinsame Gesprächsbasis finden, sondern die Aussprachen gipfelten immer in persönlichen Diffamierungen und schließlich in einem Überhaupt-nicht-mehr-miteinander-reden-wollen. Jetzt haben sich die Wege endgültig (?) getrennt."[8]

Alison Brown kannte Lesben-Hetera-Konflikte aus der US-Frauenbewegung und sah auch die Energien und Phantasien der Frauen in der Lesbengruppe als unentbehrliche Kraftquelle für das Frauenzentrum als Ganzes an. Letztendlich konnte die Lesbengruppe zum Rückzug bewogen werden, doch dies zog den Abgang von Lesben nach sich, die sich damit nicht abfinden wollten und

6 Informationsblatt des Frauenzentrums Linz, 1. Jahrgang, (4) 1984

7 Diess., 3. Jahrgang, (2), 1986

8 Diess, 3. Jahrgang, Nr. 3, 1986

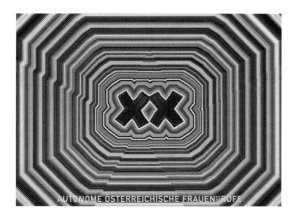 

meinten, daß ein Bekenntnis von Zentrumsfrauen zu Lesbenpolitik das Zentrum ins Verderben stürzen würde. Einige Heteras, die, völlig erschöpft und aufgerieben von den Streitsitzungen, meinten, sie hätten die Nase voll, und als Prellbock zwischen sich bekriegenden Lesben-Cliquen gäben sie sich nicht her. Der Zwist dauerte drei Jahre und schwächte das Zentrum, das als Ort des Unmuts gegolten hat.

Das Frauenzentrum pendelte in seinen Aktivitäten in diesen Jahren zwischen radikalem Feminismus und Anleitungen zum praktischen Leben. Die praktische Lebenshilfe hat in der Folge dieses Konfliktes die Oberhand gewonnen – schließlich gab es dafür auch Geld. „Ich – als Obfrau und auch nachher, als ich noch immer viel Einfluss hatte – vertrat den Standpunkt, daß jede Frau, die wir aus den Fängen und Zwängen des Patriarchats (oder auch nur von einem einzigen Patriarchen) befreiten, ein Sieg und ein Schritt in Richtung gesellschaftliche Veränderung war," erzählt Alison Brown. Ab diesen Zeitpunkt waren Lesben-Aktivitäten in den allgemeinen Frauenzentrumsaktivitäten integriert. Die Lesbengruppe organisierte für die Frauen-Sommer-Universität in Linz 1988 mehrere Veranstaltungen, aber auch Lesbenfilme bei der Frauenfilmwoche in Freistadt gingen auf ihre Anregung zurück.

In den folgenden Jahren können die Lesben im Linzer Frauenzentrum – durchaus im Einklang mit der gesamten Entwicklung des Zentrums hin zu Beratung und Hilfe – als zunehmend unpolitischer in ihrem persönlichen Ansatz beschrieben werden. Durch ihre Teilnahme an Demonstrationen aus Anlaß des Papstbesuches 1989 in Österreich sind sie noch einmal verstärkt in der Öffentlichkeit wahr genommen worden, haben sich ansonsten aber zunehmend auf kulturelle und soziale Angebote konzentriert. Neben den mehr oder weniger regelmäßigen Treffen luden sie lesbische Künstlerinnen zu Lesungen und Auftritten nach Linz ein, setzten Lesben-Filme und Videos auf das Programm des Frauenzentrums und bildeten die Lesbentheatergruppe „Sappho auf Urlaub", die erfolgreich auch in anderen Landeshauptstädten gastierte. Eine gelegentliche Lesben-Disko im Frauenzentrum war über lange Jahre hindurch eine Art Kristallisationspunkt der Linzer Lesbenszene, der sich erst nach und nach in Richtung des kommerziellen Angebotes des „Coffee Corner" verschoben hat, das sich mittlerweile als „Lesbenlokal" etabliert hat. Nur die immer noch bestehenden Montagcafés im autonomen Frauenzentrum erfreuen sich nach wie vor regen Interesses eines gemischten Publikums, bei dem manchmal der Lesbenanteil überwiegt, sich die Anteile bei gesellschaftspolitischen Diskussionen jedoch eher die Waage halten.

Das Frauenzentrum und seine Lesbengruppe waren über Jahre hindurch die einzige wirkliche Anlaufstelle für Lesben in Oberösterreich. Die erst ab 1994 existierende Lesbengruppe der HOSI Linz konnte nie diesen Stellenwert erreichen und war grundsätzlich immer unpolitisch. Das Interesse an den

Gruppenabenden in der HOSI war daher nicht wirklich befriedigend und die einzelnen Frauen, die daran teilnahmen verloren nach und nach die Lust. Nach wie vor haben das autonome Frauenzentrum und seine Lesbengruppe den Ruf, für politisch interessierte Frauen eine Alternative zur HOSI darzustellen, zumal sich die Frauenaktivitäten der HOSI zunehmend in Richtung Eventorganisation verschoben haben und es seit 1999 auch keine eigenen Gruppenabende mehr gibt.

Zwischen Euphorie und Resignation – Schwule organisieren sich

Ende der 70er-Jahre war in der Wiener alternativen Szene eine Männergruppe entstanden, aus der schließlich die HOSI Wien hervor gegangen ist. Reinhardt Brandstätter,[9] der daran beteiligt war, kam im Frühsommer 1982 in seine Heimatstadt zurück und hatte dort auch an der Gründung der HOSI Linz maßgeblichen Anteil.

Aus Anlaß einer schwul-lesbischen Filmwoche wurde der Film „Taxi zum Klo" im Frühsommer des Jahres 1982 auch erstmals in Oberösterreich gezeigt. Reinhardt Brandstätter leitete im Anschluss an die Vorführung eine Publikumsdiskussion, bei der er das Fehlen einer Bewegung in Oberösterreich ansprach. „Leichtsinniger Weise ließ ich mich von der optimistischen Stimmung mitreißen und bot mein Wohnzimmer als Treffpunkt für ein Personenkomitee an, das an der Gründung eines Vereines arbeiten sollte. Zu unser aller Überraschung war innerhalb eines Monats der Personenkreis so groß, daß wir in ein Lokal ausweichen mussten," erinnert sich Ernst Strohmeyer, Mitinitiator und Gründungsobmann der HOSI Linz, im Interview.

Auf Grund der gesetzlichen Lage wurde beschloßen, sich auf die Statuten der HOSI Wien zu stützen, da diese trotz des aufrechten §221 StGB von der Vereinsbehörde nicht untersagt worden waren (in Salzburg hatte es trotz des Präzedenzfalles HOSI Wien Probleme gegeben, und die Salzburger HOSI konnte die „Nichtuntersagung" erst in der Berufung erreichen).

Das Problem waren nun die Funktionäre. Obwohl sich alle einig waren, daß etwas geschehen müsse, traute sich vorerst niemand, seinen Namen der Vereinsbehörde bekannt zu geben. „Eigentlich haben wir angenommen, daß die Namen von dort nicht hinausgehen. Aber da war immer noch die Unsicherheit wegen der vermuteten ‚Rosa Listen', und die meisten befürchteten, ihre Arbeit zu verlieren, sollte ihre Aktivität bekannt werden", erläutert der damalige Aktivist Ernst Strohmeyer. Schließlich fand sich eine Gruppe von sechs Personen, und so konnte schließlich am 21. Jänner 1983 die 1. Generalversammlung der HOSI Linz stattfinden. Die HOSI Linz blieb von da an bis in die 90er-Jahre eine Organisation, die hauptsächlich von ArbeiterInnen und Angestellten getragen wurde (im Gegensatz dazu waren die meisten österreichischen Organisationen maßgeblich von StudentInnen oder AkademikerInnen geprägt).

Die Absicht des Vereines war es, ein Angebot für Lesben und Schwulen abseits der Szene, die kommerziell nicht vorhanden und als „Sub" einen denkbar schlechten Ruf hatte, zu bieten. Außerdem sollten Information und Aufklärung für die Bevölkerung betrieben werden. Auf das Wohlwollen von LokalbesitzerInnen und PächterInnen angewiesen, logierte die HOSI in Hinterzimmern, wobei es nicht ausblieb, daß – ob berechtigt oder nicht, spielte keine Rolle – früher oder später die Ausquartierung erfolgte, da die LokalwirtInnen ihren StammgästInnen „so etwas" nicht zumuten zu können glaubten.

Mit der Gründung der HOSI Linz entstand auch das erste Lesben- und Schwulenlokal in Oberösterreich, nämlich das legendäre „Bad Café".[10] Sein Begründer, Julius Zechner,[11] ein gebürtiger Kärntner, den es ein paar Jahre zuvor nach Linz verschlagen hatte und der mit der Rockgruppe „Willi Warma", bzw.

9 Reinhardt Brandstätter, 1952–1992; Mitbegründer und Geschäftsführer der AIDS-Hilfe Österreich; Mitbegründer und langjähriger Obmann der HOSI Wien.

10 Benannt nach der Badgasse, eine Seitengasse an der westlichen Seite des Linzer Hauptplatzes, die von dort her seit der Nazizeit nur durch eine Passage im linken Brückenkopfgebäude und einen Treppenaufgang von der Oberen Donaulände her zugänglich ist.

11 Julius Zechner, 1958–1992, war in den Jahren 1983 bis 1987 Stellvertretender Schriftführer der HOSI Linz und hat auch die AIDS-Hilfe in Linz mit aufgebaut.

Abb. links
1983
Foto Ernst Strohmeyer

Abb. rechts
Mauthausen, 1994
HOSI/Fotoarchiv

mit deren Nachfolgeformation „Dynamo Urfahr", weit über die Grenzen der oberösterreichischen Landeshauptstadt bekannt geworden war, war auch Mitglied des Gründungsvorstandes der HOSI. Es war, wie er später bekannte, für ihn genauso ein emanzipatorischer Akt, ein eigenes Lokal für Lesben und Schwule zu eröffnen, wie einen im Grunde genommen verbotenen Verein zu gründen oder als Schwuler auf der Straße Flugblätter zu verteilen und Infotische zu betreuen. Daneben gab es auch noch ein weiteres kleines Lokal, die „Piccolo Bar", das von einer ehemaligen Prostituierten betrieben wurde und sich pikanter Weise im Gebäude der damaligen Bundespolizeidirektion in der Mozartstraße befand und in dem Schwule immer schon gern gesehene Gäste waren. Aber erst mit der Gründung der HOSI und der nur etwas später erfolgten Eröffnung des Bad Cafés in den Jahren 1982/83 kann man vom Beginn einer eigentlichen lesbisch-schwulen Community in Oberösterreich sprechen, die auch ihren eigenen öffentlichen Raum beanspruchte.

Dieses Lokal war über viele Jahre hindurch ein weit über die Grenzen Oberösterreichs hinaus bekannter Treffpunkt der Linzer Schwulenszene und wurde für viele ein Art zweites Wohnzimmer – und vor allem für die HOSI gesellschaftlicher Mittelpunkt des Vereinslebens, zumal die hoch fliegenden Pläne eines eigenen Vereinslokals nach kurzer Zeit scheiterten. Da das Architekturbüro, mit dem sich die HOSI das Haus teilte, erweiterte und letztendlich der Plan des Sponsoring des Vereinslokales nicht aufgegangen war, musste die HOSI ihr erstes Zentrum nach etwa eineinhalb Jahren wieder schließen. Die in der Zwischenzeit aufgebaute, durchaus umfangreiche Bibliothek, die angesammelten Materialien und Unterlagen wurden wieder auf Privatwohnungen verteilt und die wöchentlichen Treffen in diverse Gasthäuser verlegt. Mit dem Verlust des eigenen Lokals begann sich der Verein langsam aufzulösen; Mitglieder verließen die HOSI und die Funktionäre zogen sich enttäuscht zurück.

Konnte sich die HOSI in den ersten Jahren im öffentlichen Raum durchaus immer wieder präsentieren (etwa wurde im Programmheft des Landestheaters zum Stück „Bent" ein Artikel des damaligen Vorstandsmitgliedes Georg Wolff abgedruckt), so verflachte dieses Bemühen zusehends, und auch der externe Druck auf die AktivistInnen ließ nach. In den ersten vier Jahren nach der Gründung des Vereins hatte es noch mehrere Anzeigen mit Hausdurchsuchungen und Einvernahmen wegen Vergehens gegen den Werbeparagraphen (§220 StGB) und das Pornographiegesetz sowie wegen sittlicher Gefährdung Unmündiger gegeben. Interessant ist in diesem Zusammenhang, daß sich die Anzeigen nicht gegen den Vereinsobmann richteten, sondern gegen einzelne AktivistInnen und den Geschäftsführer einer Buchhandlung, die Bücher für einen Infotisch zur Verfügung stellte.

Diese Versuche seitens der Sicherheitsbehörden, dem Verein Gesetzesverstöße nachzuweisen, hörten ab 1985/86 gänzlich auf; der Verein hatte aber zu diesem Zeitpunkt weder die Konzepte noch die personellen und finanziellen Ressourcen, zu setzen um den Zusammenhalt innerhalb des Vereins zu stärken und die Mitglieder und AktivistInnen zu motivieren.

Im Zusammenwirken aller österreichischen HOSIs konnte 1984 auf dem Gelände des ehemaligen Konzentrationslagers Mauthausen aus Anlaß des Menschenrechtstages am 10. Dezember der erste Gedenkstein Europas für homosexuelle Opfer des Naziregimes enthüllt werden. Diese für die österreichische Lesben- und Schwulenbewegung vorbildliche Aktion sollte aber zunächst die einzige gemeinsame Aktivität bleiben.

Um die Dominanz der HOSI Wien gab es immer wieder Diskussionen, vor allem wurde aber der mangelnde Informationsfluß von Wien in die Bundesländer beklagt. So gab es wiederholt Versuche, vor allem der HOSI Linz, durch zwei Mal jährliche „Obmännertreffen" eine bessere Vernetzung der Aktivitäten in Österreich zu erreichen. Außer der Absicht und dem guten Willen, zu einem nächsten Treffen zu kommen, hat es aber keine Ergebnisse gegeben, die über einen längeren Zeitraum Erfolg gezeigt hätten.

„Die Funktionäre der ‚Provinzvereine' müssen erst diverse Wiener Publikationen studieren, um zu erfahren, was sich vor Wochen in Wien ereignet hat. (…) Leider wird auch mitunter seitens der Wiener Vereine und Gruppen nur wenig Anteil an der jeweiligen Situation der Vereine draußen genommen. (…) Mitunter entsteht der Eindruck – ich denke hier auch an die fast chronische Existenzkrise der HOSI Salzburg oder das Dahindämmern der HOSI Vorarlberg –, daß es den FreundInnen in Wien eigentlich völlig egal ist, ob es draußen in den Bundesländern – um diese Diktion zu verwenden – eine Bewegung gibt oder nicht."[12]

Diese durchaus nicht unverkrampfte Situation sollte sich erst Mitte der 90er-Jahre bessern, als einerseits die Vorrangstellung der HOSI Wien auch in Wien nicht mehr unumstritten war und andererseits einige Bundesländerorganisationen, insbesondere die RosaLila PantherInnen in der Steiermark und eben die HOSI Linz, sich zunehmend der eigenen Stärke und Position bewusst wurden und begannen, abseits der HOSI Wien strategische Allianzen zu bilden und gemeinsame Projekte zu initiieren.

In den 80er Jahren hatte auch AIDS schwerwiegende Auswirkungen auf den Verein. Knapp nach der Gründung der HOSI Linz tauchten erstmals entsprechende Berichte in den Medien auf, und bald gab es auch in der relativ überschaubaren Linzer Szene erste Infektionsfälle. Trotzdem wurde AIDS damals in Linz anders wahrgenommen als in Städten mit einer älteren und auch stärker gesellschaftspolitisch ausgerichteten Bewegung. Zumindest in Oberösterreich beschränkte sich die Rezeption der Krankheit eher auf die persönliche Betroffenheit, auf den Rückzug vieler ins Private, und auf das Empfinden, daß eine Lesben- und Schwulenbewegung nicht gegen Gesellschaft, Parteipolitik und AIDS gleichzeitig kämpfen könne.

Die Frustration der AktivistInnen der ersten Stunde nach dem Ausbleiben der großen Erfolge, das Fehlen wirklicher Konzepte, um dem zu begegnen, und das Gefühl, von der effektiven Einflußnahme der Bewegung auf das politische Geschehen faktisch ausgeklammert zu bleiben, trug letztlich dazu bei, daß die HOSI Linz zwischen 1985 und 1987 mehr oder weniger nur mehr pro forma

12 Gernot Wartner, Provinzidylle, in: Lambda-Nachrichten, (1) 1995, S. 31–33, hier S. 32

Abb. links
ILGA-Konferrenz, 1997
HOSI/Fotoarchiv

Abb. rechts
Schweigekundgebung, 1999
HOSI/Fotoarchiv

existierte. Erst 1987 kam es zu einem Generationenwechsel, der junge Aktivist-Innen brachte, die mit frischem Elan daran gingen, neue Impulse zu setzen.

Zeit des Wandels: 1987 bis 1995

Es ist der Verdienst des damaligen Vorstandsmitgliedes Josef Kerschberger, der junge engagierte Schwule ansprach und ihnen in der HOSI Möglichkeiten für eigenes Engagement eröffnete. Erstmals seit Jahren trat die oberösterreichische Lesben- und Schwulenbewegung nun wieder öffentlich in Erscheinung: eine Informationsaussendung an alle höheren Schulen im Lande erregte im Mai 1987 die Öffentlichkeit. So wußte das mittlerweile eingestellte Oberösterreichische Tagblatt zu berichten, daß „prompt der Vorwurf laut wurde, es gehe der HOSI darum, Jugendliche ‚aufzureißen‘ oder ähnliches".[13] Und ein Sprecher der Elternvereine erklärte: „Wir hielten es nicht für richtig, wenn eine private Gruppe in den Schulen tätig würde, dazu gibt es Schulpsychologen."[14]

Nach innen wurde die HOSI neu strukturiert; mit dem Plenum erhielt sie in Anlehnung an die Strukturen verschiedener grün-alternativer Gruppierungen ein basisdemokratisches Entscheidungsgremium,[15] dem auch der Vorstand unter-geordnet wurde, und neue Arbeitsgruppen wurden ins Leben gerufen, darunter auch das Stop-AIDS-Projekt und die Arbeitsgruppe für eine Zeitung (AG-Zeitung). Nach zwei Übersichten über die Aktivitäten der Jahre 1987 und 1988 wurde von dieser AG-Zeitung im April 1989 erstmals ein 24-seitiges Vereins-mitteilungsblatt[16] herausgebracht, das alle zwei Monate erscheinen sollte. Unter dem Titel „Premiere!" hieß es darin im Editorial: „In dieser Info kannst Du sehen, daß die HOSI in Linz seit geraumer Zeit wieder ein sehr lebendiger Verein ist. Aus dem Dornröschenschlaf erwacht, sprühen alle AktivistInnen jetzt nur so vor Energie."[17]

Die Vorstandswahlen 1988 brachten jedoch noch eine ganz andere Premiere: Mit Ernestine Harrer, bis zur Eskalation des Streites um die Lesbengruppe Obfrau im autonomen Frauenzentrum Linz und Mitbegründerin der dortigen Lesben-gruppe, zog erstmals eine Frau in den Vorstand der HOSI ein. Doch die Auf-bruchstimmung hielt nicht lange an – schon bald zeigten sich erste Risse in der personellen Struktur des Vereins. Einerseits gab es einen Flügel von jungen AktivistInnen, die relativ unabhängig einzelne Projekte verfolgen wollten, andererseits gab es AktivistInnen, die eher mehr zu gesellschaftspolitischer Arbeit tendierten und daher an einem eher straff organisierten Verein interessiert waren. Die Diskussion entzündete sich um die Zeitschrift BlickWechsel,[18] die dem HOSI-Info 1990 nachfolgte.

Der Plan, eine magazinähnliche Zeitschrift im Abonnementwege auf den Markt zu bringen, schien manchen HOSI-AktivistInnen zu gewagt, finanziell zu riskant und personell den Verein zu sehr beanspruchend. Befürchtungen, das Wesen des Vereins, aber auch sein Selbstverständnis und das mancher AktivistInnen könnte dadurch in Mitleidenschaft gezogen werden, folgten heftige Diskussionen zur Standortbestimmung. Und wie so oft in ehrenamtlichen Organisationen mit

13 „Hilfe für homosexuelle Schüler"
regt Eltern auf, in: Oberösterreichisches
Tagblatt, 16. Mai 1987

14 Ebd.

15 „Die größte Resistenz der Grünen
gegenüber rechten Politikangeboten
liegt in ihrem Lebensstil und ihren
demokratietheoretischen Vorstellungen,
die mit zentralen rechtsextremen
Zielwerten, wie Autorität, Unterordnung,
Führertum, Deutschtümelei etc.
unvereinbar sind", Vanek, Von der
Bewegung zur Partei. Entstehungsgeschichte der „Alternativen Liste OÖ",
der „Grün-Alternativen" und aus-
gesuchter Projekte aus der Alternativ-
bewegung in Oberösterreich beginnend
in den späten siebziger Jahren bis zur
Landtagswahl 1985, Diplomarbeit Linz
2000, S. 32

16 Das „HOSI-Info" erschien mit vier
Ausgaben 1989 und dann wieder ab
April 1991. Seither erscheint es
kontinuierlich alle zwei Monate und
wurde im Jahr 1997 in PRIDE umbenannt. Mit dem Jahr 2000 wurde
die RosaLila Buschtrommel, die Zeitschrift der RosaLila PantherInnen in
Graz mit PRIDE fusioniert und erscheint
seither in einem eigenen Trägerverein,
dem beide Organisationen gleich-
berechtigt angehören.

17 Editorial, in: HOSI-Info, (1) 1989,
S. 3

18 Die Zeitschrift BlickWechsel
erschien bis Mitte der 90er-Jahre, ab
1991 unter der Herausgeberschaft
des Vereins zur Förderung alternativer
Kultur- und Medienprojekte.

basisdemokratischen Strukturen ging es auch um Macht und Entscheidungs-kompetenz.

1991 verließ daraufhin ein Teil der AktivistInnen wieder den Verein, um den BlickWechsel in Zukunft eigenständig herauszugeben. Helga Ratzenböck, HOSI-Schriftführerin 1990 bis 1992 und Redakteurin des BlickWechsels, schrieb damals: „Bei einem letzten Treffen von BW- und HOSI-Menschen begriff ich – endlich –, daß die Wege von BW und HOSI unvereinbar scheinen und kein Mit-einanderedebedürfnis mehr existiert. (außer bei mir?)".[19] Es sollte dieses durch-aus ambitionierte Zeitschriftenprojekt noch einige weitere Jahre geben, doch seine Bedeutung als lesbisch-schwule Zeitschrift in Oberösterreich verlor sich mit der zunehmenden Distanz zum gesellschaftspolitisch orientierten Teil der Bewegung. Die HOSI hingegen nahm dann im April 1991 die Produktion des HOSI-Info wieder auf. Seit 1997 trägt die Info den Namen PRIDE und hat sich vom Mitteilungsblatt für Vereinsaktivitäten zum 80-seitigen Magazin entwickelt.

1992 entstand ebenfalls aus der HOSI heraus ein neuer Verein, die L&S AG (Lesben- und Schwulen-AG), so daß es eine Zeit lang gleich drei lesbisch-schwule Projekte in Linz gab, die parallel arbeiteten und die nach einer Zeit der Distanz partiell doch immer wieder zusammen fanden. Rückblickend kann wohl von einem notwendigen Klärungsprozess gesprochen werden, der wesentlich dazu beigetragen hat, das Selbstverständnis der HOSI neu zu definieren. Insgesamt erscheinen die Jahre 1990 bis 1994 wohl in erster Linie als Jahre der Selbstfindung der Organisation, wobei auch hier bereits wesentliche Impulse für die weitere Standortbestimmung und Entwicklung der Lesben- und Schwulenbewegung in Oberösterreich vorgenommen bzw. eingeleitet wurden.

So war die HOSI Linz bzw. ihr politisch ausgerichteter Flügel wesentlich daran beteiligt, mit den auch in Wien in dieser Zeit neu entstandenen Gruppierungen einen neuen Anlauf zur österreichweiten Vernetzung zu versuchen. Auf Ein-ladung der HOSI Linz wurde im Herbst 1991 das 1. Österreichische Schwulen-forum[20] im Volkshaus Linz-Dornach abgehalten, 1995 dann das vierte. Die HOSI Linz war auch eine der treibenden Kräfte, die 1994/95 zur Gründung des ÖLSF[21] führten, sahen doch vor allem die Bundesländerorganisationen wie die HOSI Linz oder die RosaLila PantherInnen darin die Möglichkeit, den Informations-fluss aus Wien zu verstärken und die eigenen Interessen in die Bewegung besser einfließen lassen zu können. Die Grundidee, mittelfristig aus Forum und ÖLSF einen bundesweiten Dachverband zu schmieden, der die Kräfte bündeln und politisch effizienter einsetzen sollte, scheiterte an der Angst mancher Organisatio-nen, Autonomie und eigene Ideen an einen Dachverband abgeben zu müssen, und am ungelöst gebliebenen Problem, wie die Mitgliedschaft von Einzel-personen geregelt werden könnte, vor allem aber an persönlichen Streitigkeiten.

1991 war aber auch bestimmt von einer veritablen Vorstandskrise in der HOSI Linz, die zu einer Vorverlegung der Generalversammlung 1992 führte. In der Folge blockierte sich der Vorstand selbst, insbesondere der drängende Wunsch der Mitglieder und AktivistInnen nach einem eigenen Büro als Anlaufstelle stieß beim Vorstand wegen des wegen des finanziellen Risikos und der angespannten emotionalen Lage des Vereins auf Ablehnung. Durch den über die jährlichen Foren und deren Vorbereitungstreffen immer enger gewordenen Kontakt zu den anderen Organisationen in Österreich festigte sich die Idee, daß doch auch in Linz möglich sein müßte, was es woanders längst gab.

In der Folge konstituierte sich rund um die damalige Info-Redaktion eine kleine Gruppe von AktivistInnen, die sich das Ziel setzte, die HOSI Linz einem radikalen Wandel zu unterziehen. Weg vom Aktionismus der frühen 80er-Jahre, die seit dieser Zeit im Verein aktiv waren, und hin zu einer zeitgemäßen und der Bedeutung der Anliegen der Lesben und Schwulen in Oberösterreich ent-sprechenden, realpolitischen Vorgehensweise. Ebenso stand die Gruppe für Transparenz der Entscheidungen, umfassende Informationstätigkeit gegenüber

19 Helga Ratzenböck, 1 Jahr BlickWechsel, in: BlickWechsel 2, (7) 1991, S. 6–7, hier S. 6

20 1990 als Schwulenforum ins Leben gerufenes, bis 1999 jährlich Ende Oktober stattfindendes Treffen der Be-wegung. Ab 1993 Lesben- und Schwulenforum, ab 1997 Lesben-, Schwulen und TransGender-Forum. Veranstaltungsorte waren 1991 Linz, 1992 Innsbruck, 1993 Graz, 1994 Wien, 1995 Linz, 1996 Dornbirn, 1997 St. Pölten, 1998 Klagenfurt, 1999 Wien.

21 1994 als Trägerverein für das Lesben- und Schwulenforum beschlossen und 1995 in Graz gegründet.

der eigenen Basis, bei der die HOSI zu diesem Zeitpunkt einen denkbar schlechten Ruf genoß, aktive Öffentlichkeitsarbeit und vor allem die umgehende Schaffung eines eigenen HOSI-Zentrums als Mittelpunkt des Vereins, Anlaufstelle für Rat- und Informationssuchende und als Koordinierungsstelle für die vielfältigsten Aktivitäten. Gemeinsam war allen die Erkenntnis, daß die HOSI als die zu diesem Zeitpunkt bereits wieder weitestgehend einzige nennenswerte Kraft lesBiSchwuler Emanzipation in Oberösterreich dringend einer Erneuerung bedurfte. So entschloß sich die Gruppe auch, eine eigene Liste in die Vorstandswahlen 1994 zu schicken.

Die Bewegung lebt – Tendenzen für ein neues Jahrtausend

Die Generalversammlung 1994 brachte dann ein kaum erwartetes Ergebnis. Mit 66,6% der Stimmen bei der höchsten jemals verzeichneten Wahlbeteiligung gewann die Reformliste die Vorstandswahlen. Vier Wochen später wurden bereits Räumlichkeiten[22] angemietet, im Mai des selben Jahres wurden eine Statutenreform durchgeführt, ein Leitbild diskutiert und beschlossen, und bis zum Herbst 1994 wurden auch die Finanzierungsgespräche erfolgreich abgeschlossen. Eine eigene Lesbengruppe wurde gegründet, zwei Mal wöchentlich wurde nun ein Beratungsdienst angeboten, der später um eine Selbsterfahrungsgruppe erweitert wurde. Seit 1995 wurde auch das Informationsangebot massiv ausgeweitet; beinahe jedes Monat erhielten ab nun interessierte Lesben und Schwule, aber auch Heterosexuelle, Post aus der HOSI mit den neuesten Informationen und Ankündigungen wichtiger Ereignisse. Ab 1997 wurde ein – dank der Sozialistischen Jugend und der Grünen Bildungswerkstatt OÖ auch finanziell mögliches – Jugendsommercamp organisiert, das seither jährlich für 50 bis 60 Jugendliche angeboten wird und sich steigender Beliebtheit erfreut.

Die Kontakte zu den im Landtag und den im Linzer Gemeinderat vertretenen politischen Parteien intensivierten sich in der Folge. Nicht nur daß der laufende Vereinsaufwand damit vorerst eine finanzielle Absicherung erfuhr, auch für andere Projekte, die im Laufe der Jahre ins Leben gerufen wurden, fand sich zunehmend Unterstützung durch die Politik. So gelang es der HOSI Linz, 1998 mit der ILGA-Konferenz[23] eine auch medial viel beachtete Großveranstaltung nach Linz zu holen und entsprechende Unterstützung durch Stadt und Land zu bekommen. Es war dies die erste Konferenz, die nicht in einer Großstadt stattfand (neben Linz bemühten sich auch Moskau und Lissabon um die Austragung), und die erste Konferenz, die Grußworte eines amtierenden Staatsoberhauptes – des österreichischen Präsidenten Thomas Klestils – erhielt. Alleine dieses Faktum zeigt, wie sehr die Lesben- und Schwulenbewegung in Oberösterreich zu diesem Zeitpunkt Selbstbewußtsein und Durchsetzungskraft erlangt hat. Deutlich wird dies auch beim Skandal um den Solidaritätspreis Linzer Kirchenzeitung,[24] bei dem es der HOSI gelungen war, in enger Kooperation mit der SoHo[25] und mit Grüne Andersrum[26] und durch die daraus resultierende Unterstützung durch SPÖ, Grüne und Liberale eine breite Medienöffentlichkeit zu erringen. Die dadurch bewirkte Solidarisierung weiter Teile der Bevölkerung hatte einen nachhaltigen Einfluß auf die Lebenssituation oberösterreichischer Lesben und Schwulen, als vielleicht die 16 Jahre Bewegungsgeschichte zuvor.

Die Annahme der Linzer Gleichbehandlungsdeklaration durch den Linzer Gemeinderat 1999[27] ist ebenso das Ergebnis konsequenter politischer Lobbyarbeit wie die Aufnahme eines Diskriminierungsschutzes in die Staatszielbestimmungen der oberösterreichischen Landesverfassung im Dezember 2000, womit eine langjährige Forderung der HOSI Linz erfüllt wurde. Diese Verfassungsänderung erfolgte auch mit den Stimmen der ÖVP und stellt nicht nur insofern eine Einzigartigkeit dar, sondern auch, weil Oberösterreich damit das erste österreichische Bundesland ist, das Anliegen der Lesben- und Schwulen-

22 Seither ist die Beratungs- und Informationszentrum der HOSI Linz in der Schubertstraße 36 untergebracht.

23 International Lesbian and Gay Association; 1978 als IGA gegründeter internationaler Dachverband, dem die HOSI Linz noch im Gründungsjahr beitrat. Einzige andere österreichische Mitglieder sind das Rechtskomitee Lambda (RKL) und die HOSI Wien.

24 Der Solidaritätspreis der Linzer Kirchenzeitung wird jährlich vergeben und aus Mitteln des Landes Oberösterreich gefördert. 1999 sollte die HOSI Linz damit ausgezeichnet werden, doch nach massiven Protesten rechtskonservativer klerikaler Kreise nach Bekanntwerden der Auszeichnung zog die Kirchenzeitung den Preis wieder zurück.

25 Sozialismus und Homosexualität, Teilorganisation der SPÖ.

26 Teilorganisation der Grünen; seit 2000 auch mit einer Teilorganisation in Oberösterreich vertreten.

27 Die Gleichbehandlungsdeklaration verpflichtet die Stadt Linz, Schritte gegen die Diskriminierung zu setzen. Sie wurde in enger Absprache mit den Grünen formuliert und von diesen 1998 eingebracht. Bei der 1. Abstimmung scheiterte sie an zwei Gegenstimmen aus der SPÖ; im zweiten Anlauf wurde sie 1999 gegen die Stimmen von ÖVP und FPÖ beschlossen.

bewegung auch verfassungsrechtlich Rechnung trägt. Ebenso ist die Linzer Deklaration auch bereits in der Stadt Salzburg, in Graz und Wien wortident übernommen worden und bislang nur in Innsbruck und im Salzburger Landtag gescheitert.

Parallel zu diesen Veränderungen auf der politischen Bühne entstanden in den letzten Jahren auch auf regionaler Ebene zunehmend mehr Angebote. Ein lesbisch-schwuler Stammtisch entstand in Wels und wurde einige Zeit später um einen eigenen Frauenstammtisch ergänzt. Während sich dieser Stammtisch 1999 wieder aufgelöst hatte, ist an seine Stelle der Welstreff getreten, der sich nach und nach zum Eventveranstalter gewandelt hat. Versuche engagierter Privatpersonen in Steyr, Ried, Rohrbach und Schärding, Stammtischangebote und Beratungstelefone anzubieten, sind mehrfach unternommen worden, jedoch immer wieder gescheitert. Einzig und allein das Konzept des seit 1999 eingerichteten Regenbogenstammtisches in Vöcklabruck ist bisher erfolgreich aufgegangen. Dieser ist eine Teilgruppe der HOSI Linz, wird von ihr administrativ und infrastrukturell betreut und wird von AktivistInnen geleitet, die in der weiteren Umgebung wohnen. Ziel ist es, Lesben und Schwulen eine Anlaufstelle anzubieten, die dort liegt, wo sie auch problemlos von Interessierten erreicht und genutzt werden kann.

„Diese finanzielle und strukturelle Unterstützung lokaler und regionaler Aktivitäten soll längerfristig zur Einrichtung solcher Anlaufstellen in allen Bezirken führen. Durch die Regionalisierung der HOSI soll vor allem die leider immer noch schwierige Situation für Lesben und Schwule in ländlichen Regionen deutlich verbessert werden",[28] heißt es im Geschäftsbericht 1998. Hier wirkt die HOSI Linz sogar weit nach Niederösterreich hinein, wo sie auch den Stammtisch Mostviertel organisatorisch unterstützt.

Eine Besonderheit der oberösterreichischen Lesben- und Schwulenbewegung sei hier auch noch erwähnt, nämlich die enge Kooperation der kommerziellen AnbieterInnen mit der Bewegung. Nirgendwo sonst gibt es eine so enge Zusammenarbeit und nirgendwo sonst wird so deutlich sichtbar, daß die Anzahl und Qualität der kommerziellen Angebot immer dann steigt, wenn auch die Bewegung Erfolge erzielt und vice versa.

In den Worten des langjährigen HOSI-Linz-Aktivisten Rainer Bartel: „Die HOSI Linz hat von Anfang an erkannt, daß auch die subkulturelle Szene eine Berechtigung hat und eine notwendige Ergänzung der Arbeit der HOSI in Richtung eines emanzipatorischen und selbstbewussten Lebens der Lesben und Schwulen in Oberösterreich ist. Bewegung und Szene bedingen einander und können sich gegenseitig verstärken – gewissermaßen als kommunizierende Gefäße."

28 Geschäftsbericht 1998, hrsg. v. HOSI Linz, Linz 1998, S. 25.

Claudia Kuderna

AIDS-Hilfe-Arbeit in Wien
1985 bis 2001

Aus der Überzeugung, daß für Personen, die sich mit dem Erreger des erworbenen Immundefektsyndroms (Acquired Immune Deficiency Syndrome – AIDS) infiziert haben oder die einem erhöhten Risiko ausgesetzt sind, sich mit diesem Erreger zu infizieren, ein umfassendes Angebot an Hilfeleistungen bereitgestellt werden muß, das über rein medizinische und ärztliche Leistungen hinausgeht, setzt sich der Verein, dessen Tätigkeit nicht auf Gewinn gerichtet ist, das Ziel, Lebenshilfe für diese Personen zu organisieren und zu leisten sowie Anstrengungen zu unternehmen und zu unterstützen, die auf eine Eindämmung der Weiterverbreitung des Erregervirus und des Syndroms der erworbenen Immunschwäche abzielen."[1]

1981 war AIDS scheinbar plötzlich da. In den USA starben junge schwule Männer an einer besonderen Form der Lungenentzündung (PCP – Pneumocystis carinii-Pneumonie) und/oder litten an einem seltenen Hautkrebs, dem Karposi-Sarkom. Eine „Schwulenpest" war geboren, und zunächst wurde die neue Krankheit auch als GCS (Gay Compromise Syndrome) oder GRID (Gay Related Immune Deficiency) bezeichnet. Das Stigma der Schwulenseuche sollte der Krankheit noch lange anhaften, auch dann noch, als sie AIDS (Acquired Immune Deficiency Syndrome) hieß und klar war, daß ein Virus und nicht die sexuelle Orientierung eines Menschen Ursache und Auslöser waren.

In Österreich gab es 1983 die ersten Fälle von AIDS. „Am 11. März 1983 meldet das Abendjournal im Österreichischen Rundfunk die zwei ersten Aidsfälle in Österreich. Damit wurden Gerüchte über die Immunschwäche Aids (die damals noch nicht diesen Namen trug) auch hierzulande Realität."[2] Im gleichen Jahr beginnt auch die Gründungsgeschichte der Österreichischen AIDS-Hilfe, „als die Homosexuelle Initiative (HOSI) Wien gemeinsam mit der Wiener Arbeitsgemeinschaft für Volksgesundheit die erste AIDS-Informationsbroschüre in Europa herausgab".[3]

1984 wurden die ersten Tests zur Untersuchung des menschlichen Blutes auf Antikörper gegen das HI-Virus auf den Markt gebracht. Seitens der Erzeugerfirma bestand großes Interesse, geeignete Testpersonen für das neue Produkt zu finden, also in erster Linie Personen, die jenen Gruppen zugehörig waren, bei denen AIDS bis dahin beobachtet worden war: Homosexuelle Männer, Hämophile und Intravenös-Drogenabhängige. „Die HOSI Wien war zu diesem Zeitpunkt bereits zwangsläufig in die AIDS-Arbeit involviert und verfolgte mit großem Interesse die weitere Entwicklung."[4]

Als die besagte Pharmafirma an die HOSI herantrat, um gemeinsam eine Studie mit dem neuen Test bei homosexuellen Männern durchzuführen, entschied man sich trotz Bedenken (Aussagekraft des Tests, Sinnhaftigkeit der Testung bei fehlenden Therapiemöglichkeiten) zur Beteiligung. Die Gründe hierfür kann man als praktisch/pragmatisch bezeichnen, eine Grundhaltung, die die AIDS-Hilfe-Arbeit auch noch Jahre später auszeichnen sollte: „Wenn der Test einmal auf dem Markt ist, ist es keine Frage, daß er auch Verwendung findet. Es war

1 aus den Statuten des Vereines Aids-Hilfe Wien

2 Andreas Brunner und Hannes Sulzenbacher (Hg.), Schwules Wien. Reiseführer durch die Donaumetropole, Wien 1998, S. 102

3 Kurt Krickler, Entstehungsgeschichte der Österreichischen AIDS-Hilfe, in: 5 Jahre Österreichische AIDS-Hilfe. 1985–1990, Wien Juni 1990 (= info aktuell 2), S. 34–35

4 Schwerpunkt: 2 Jahre Österreichische AIDS-Hilfe. Ein Tätigkeitsbericht. Österreichische AIDS-Hilfe, Juni 1987 (= info aktuell 1), S. 9

damit zu rechnen, daß zu untersuchendes Blut venerologischer Patienten auch diesem Test unterzogen werden würde – und dies nicht immer mit Einwilligung der betreffenden Person. (…). Andererseits war vorauszusehen, daß durch die bloße Existenz des Tests bei vielen Homosexuellen auch das Bedürfnis nach Testvornahme geweckt werden würde. So gesehen wäre es fast besser, die HOSI beteiligte sich an der Studie und würde bei der Festlegung der Bedingungen, unter denen diese Studie ablaufen sollte, mitbestimmen. Dies geschah dann auch."[5]

Die damals festgelegten Standards der HIV-AK-Testung – Anonymität, Abklärung des Risikos durch pre- und post-test-counseling, Vier-Augen-Prävention – gelten noch heute.

Durch die sogenannte „Horak-Studie" wurde ein Bedarf sichtbar, der in der Präambel der Statuten der Österreichischen AIDS-Hilfe (ÖAH) festgeschrieben wurde und sich auch in den Statuten der Aids-Hilfe Wien wiederfindet:

Erhaltung des Angebots der anonymen HIV-AK-Testung im Rahmen eines Beratungsgespräches;

Psychosoziale Betreuung für Menschen mit HIV/AIDS sowie deren Angehörigen;

Vermeidung von Neuinfektionen durch Prävention.

In anderen Ländern waren in der Zwischenzeit Selbsthilfegruppen Betroffener gebildet worden, die zum größten Teil aus der Homosexuellenbewegung hervorgingen. Wiewohl auch in Österreich der Betroffenenkompetenz von Anfang an große Bedeutung zugemessen wurde, „war auch klar, daß die Prävention, Aufklärung und Beratung professionell aufgezogen werden mußte.

Die ausländischen Beispiele reiner Laien-Selbsthilfe-Arbeit schienen zwar eine wichtige Ergänzung zu professioneller Arbeit zu sein, doch keine befriedigende Alternative zu dieser."[6] Und weiter „die ÖAH hat sich von Anfang an als professionelle Einrichtung und nicht als Selbsthilfegruppe Betroffener verstanden, wiewohl Betroffene jeder Art stets auf allen Ebenen der ÖAH mitgearbeitet haben."[7]

Diese Entscheidung ist – so richtig sie damals wie heute auch war und ist – m. E. verantwortlich für das zeitweise ambivalente Verhältnis zwischen Schwulenbewegung und AIDS-Hilfe. Zum einen schreibt Kurt Krickler schon 1987, daß die Trennung der Organisationen durchaus auch im Interesse der Homosexuellen lag, die sich einerseits wieder um ihre Kernaufgabe, die rechtliche und soziale Gleichstellung gleichgeschlechtlich l(i)ebender Menschen, kümmern sollten und wollten, und die andererseits „ohnehin mit der Gleichsetzung von AIDS und Homosexualität in der öffentlichen Debatte zu kämpfen" hatte.[8] Zum anderen fühlten gerade schwule Männer ihre Interessen im Lauf der Geschichte von der AIDS-Hilfe immer wieder nicht ausreichend vertreten: „Im Januar 1991 fand in der Rosa Lila Villa das Seminar zur Mobilisierung schwuler Selbsthilfe statt. (…). In der Gruppe (…) wurde immer wieder darüber geklagt, wie wenig doch in Wien in dieser Richtung geschehe, und daß es hier ganz besonders schwierig sei, irgendeine durchgreifende Initiative zu starten. Frank und ich wollten nicht mehr warten, bis wieder einmal ein Workshop von der damals desolaten AIDS-Hilfe initiiert werden würde (…)."[9]

Im August 1985 wurde der Verein Österreichische AIDS-Hilfe mit Sitz in Wien gegründet. 2. Präsident und Geschäftsführer war Reinhardt Brandstätter. Die zuständige Abteilung Volksgesundheit im Bundeskanzleramt unterstützte die Vereinsgründung. In den Jahren bis 1987 folgten Beratungsstellen in Graz, Bregenz, Innsbruck, Salzburg, Klagenfurt und Linz. Die Tätigkeitsbereiche und Arbeitsschwerpunkte umfaßten Information und Aufklärung, Beratung und Betreuung, die auch noch heute die Kernbereiche der AIDS-Hilfe-Arbeit in Österreich darstellen. Die Festschrift „5 Jahre Österreichische AIDS-Hilfe. 1985–1990" gibt einen detaillierten Überblick über die Leistungen der ersten Jahre und verweist auch in einem Kapitel auf die Finanzierung als das größte

5 Ebd., S. 9–10

6 Ebd., S. 12

7 Reinhardt Brandstätter, Vorwort des Geschäftsführers. in: 5 Jahre Österreichische AIDS-Hilfe. 1985–1990. Wien Juni 1990 (= info aktuell 2), S. 16–17

8 Schwerpunkt: 2 Jahre Österreichische AIDS-Hilfe. Ein Tätigkeitsbericht. Österreichische AIDS-Hilfe, Juni 1987 (= info aktuell 1), S. 13

9 Philipp Sutter, Safer-Sex-Workshops – Versuche zur Selbsthilfe, in: „Weil drauf steht, was drin ist!" 10 Jahre Lesben- & Schwulenhaus Rosa Lila Villa. Hg. vom Rosa Lila Tip, Wien 1992

Die AIDS-Hilfen Österreichs

Bei aller Vielfalt einem gemeinsamen Ziel verpflichtet. Verhinderung von Neuinfektionen, Reduzierung der Neuerkrankungen, Weiterbau eines von Solidarität und Toleranz geprägten Klimas für die Betroffenen.

Aids Hilfe Wien · Aids Hilfe Haus · Mariahilfer Gürtel 4, A-1060 Wien
Tel.: 01/59937, Fax: 01/59937-16 · E-Mail: wien@aids.at
Spendenkonto: 240 115 606 00 · (Bank Austria 12 000)

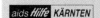

Aidshilfe Salzburg · Gabelsbergerstr. 20 · A-5020 Salzburg
Tel.: 0662/88 14 88 · Fax: 0662/88 19 44-3
E-Mail: salzburg@aidshilfen.at · Spendenkonto: 02 025 666 (Raika 35 200)

aidsHilfe Kärnten · 8.-Mai-Str. 19/4 · A-9020 Klagenfurt
Tel.: 0463/55 128 · Fax: 0463/51 64 92
E-Mail: kaernten@hiv.at · Spendenkonto: 92 011 911 (PSK 60 000)

AIDSHILFE OBERÖSTERREICH · Langgasse 12, A-4020 Linz
Tel.: 0732/21 70 · Fax: 0732/21 70-20
E-Mail: office@aidshilfe-ooe.at · Spendenkonto: 01 002 161 83
(Hypobank 54 000)

Steirische AIDS-Hilfe · Schmiedgasse 38/1 · A-8010 Graz
Tel.: 0316/81 50 50 · Fax: 0316/81 50 506
E-Mail: steirische@aids-hilfe.at · Spendenkomto: 92 011 856 (PSK 60 000)

AIDS-Hilfe Tirol · Bruneckerstr. 8 · A-6020 Innsbruck
Tel.: 0512/56 36 21 · Fax: 0512/56 36 219
E-Mail: tirol@aidshilfen.at · Spendenkonto: 03 893 060 800 (CA 11 890)

AIDS-Hilfe Vorarlberg: · Neugasse 5 · A-6900 Bregenz
Tel.: 05574/46526 · Fax: 05574/4690414
E-Mail: vorarlberg@aidshilfen.at · Spendenkonto: 10 193 263 114
(Hypobank 58 000)

Servicestellen der AIDS-Hilfen Österreichs

Redaktionsbüro Aidshilfe Salzburg:
Gabelsbergerstr. 20 · A-5020 Salzburg
Tel.: 0662/88 18 32 · Fax: 0662/88 19 44-3
E-Mail: plusminus@aidshilfen.at

Medienservice Aids Hilfe Wien:
Aids Hilfe Haus, Mariahilfer Gürtel 4
A-1060 Wien · Tel.: 01/595 37 11-81
Fax: 01/595 37 11-17
E-Mail: wien@aids.at

Gefördert durch das Bundesministerium für Soziale Sicherheit & Generationen

Problem der Organisation, das 1991 schließlich auch zu ihrer Auflösung führen sollte. „Hauptsubventionsgeber des Vereines Österreichische AIDS-Hilfe ist, unserer gesundheitspolitischen Aufgabe entsprechend, das Gesundheitsressort des Bundes (…). So teilt die ÖAH das Schicksal junger Institutionen, die ausschließlich auf Förderungen durch die öffentliche Hand angewiesen sind: Während das alte Jahr mit den Verhandlungen über die Finanzierung des kommenden Jahres endet, beginnt das neue mit der letzten Teilabrechnung des Vorjahres. (…). In der Zwischenzeit warten die MitarbeiterInnen und Vermieter vergeblich auf Zahlungen (…). Die Förderung wurde für 1990 so niedrig angesetzt, daß Kündigung aller Dienstverträge im Sommer 1990 und Schließung der Einrichtungen der ÖAH unbedingt erforderlich sind."[10]

Zugleich mehrten sich die Stimmen aus den Landesstellen, daß die zentrale Verwaltung in Wien zu viel Geld verschlingen würde, das besser regional in den Bundesländern eingesetzt werden würde. Auch der Rechnungshof, der die Geschäftsgebahrungen der Österreichischen AIDS-Hilfe prüfte, stellte dem Verein ein denkbar schlechtes Zeugnis aus. Aus all diesen Faktoren resultierte 1991 die Auflösung der Österreichischen AIDS-Hilfe, und an ihre Stelle traten sieben unabhängige, eigenständige AIDS-Hilfe-Vereine, die regional operieren. Die AIDS-Informationszentrale Austria, die zeitgleich gegründet wurde und bis 1999 tätig war, sollte österreichweite Aufgaben wie die Erstellung von gemeinsamen Informationsmaterialien, Archivfunktionen, etc. übernehmen.

1993 schlitterte die Aids-Hilfe Wien erneuert in finanzielle Schwierigkeiten. Nachdem die Finanzierung des Vereines durch erhebliche interne Schwierigkeiten seitens des Bundesministeriums für Gesundheit ernsthaft in Frage gestellt wurde, begann die Rettungsaktion des neuen Vorstandes von – Dennis Beck, Michael Dressel und Karl Eberl – mit der Unterstützung zahlreicher Initiativen, Organisationen und Persönlichkeiten. Der neue Vorstand konnte schließlich den Fortbestand der Aids-Hilfe Wien sichern. Am 1. April 1994 begann die Aids-Hilfe Wien mit neuem Team und Konzept.[11] Ein Problem aber blieb bestehen: die räumlichen Kapazitäten der Aids-Hilfe Wien waren längst überschritten. So befand sich etwa der einzige Raum für Gruppenaktivitäten im dritten Stock eines liftlosen Hauses, nahezu unerreichbar für Kranke.

Immer größere Anforderungen an Präventionsarbeit, Aufklärung und Betreuung von AIDS-Kranken bzw. HIV-Positiven in fünf Wohnungen in drei Häusern in zwei verschiedenen Bezirken drohten zu einem Irrlauf für Ratsuchende zwischen den Beratungsstellen zu werden. Aus dieser Notlage heraus entstand die Idee einer zentralen Anlaufstelle für alle Betroffenen und Interessierten, das Aids-Hilfe Haus. Das Projekt fand bei den Wiener GemeindepolitikerInnen offene Ohren: Vizebürgermeisterin Grete Laska, Stadträte Sepp Rieder und Rudolf Edlinger sowie Bürgermeister Michael Häupl machten sich für die Aids-Hilfe stark. Im Februar 1996 wurde mit dem Haus Mariahilfer Gürtel 4 ein idealer Standort gefunden. Am 28. Juni 1996 beschloß der Gemeinderat der Stadt Wien einstimmig, 48 Millionen Schilling für die Renovierung des Hauses sowie weitere 8 Millionen Schilling für die Einrichtung zur Verfügung zu stellen. Seit dieser Zeit ist die Stadt Wien auch – neben dem Gesundheitsressort des Bundes – Fördergeberin der Aids-Hilfe Wien. Zusätzliche Mittel stellte neben zahlreichen privaten SpenderInnen der Verein AIDS LIFE (Organisator des LIFE BALLS) zur Verfügung. Am 1. Dezember 1997, dem 10. Internationalen Welt-AIDS-Tag, öffnete das Aids-Hilfe Haus seine Pforten. 1700 m² Nutzfläche stehen seither für Information, Schulung, Workshops und Betreuung zur Verfügung.[12]

In 5 Bereichen werden folgende Leistungen angeboten:

Beratungszentrum: Ein multiprofessionelles Team aus ÄrztInnen, PsychologInnen und SozialarbeiterInnen berät persönlich und/oder telefonisch bei Fragen

10 Henning Dopsch, Finanzierungsprobleme. In: 5 Jahre Österreichische AIDS-Hilfe. 1985–1990. Wien Juni 1990 (= info aktuell 2), S. 32–33

11 Dennis Beck, Michael Dressel, Mag. Karl Eberl: ahw '94, Konzept des Vorstandes der Aids-Hilfe Wien, Wien 1993

12 Tätigkeitsbericht 1997, Aids-Hilfe Wien, Wien 1998, S. 3

Abb. links
„Condom-O-Tram"

Abb. rechts
Aids-Hilfe Haus

zu HIV/AIDS, Sexualität, Beziehungen, Partnerschaft und vieles mehr. Der HIV-Antikörpertest mit einem begleitenden Beratungsangebot wird anonym und kostenlos durchgeführt.

Betreuungszentrum: Betroffene und Angehörige werden bei medizinischen, sozialen und psychologischen Problemen beraten und unterstützt.

Tages- und Aktivzentrum: Hier stehen Freizeit- und Kommunikationsangebote für Betroffene, Freunde und Angehörige im Mittelpunkt. Hilfe im Kampf gegen die Isolation, die Förderung von Gesundheit, Aktivität, Fitness, Immunsystem und Selbstwertgefühl – kurz – Hilfe zur Selbsthilfe – ist das erklärte Ziel.

Selbsthilfezentrum: Im Selbsthilfezentrum werden verschiedenen Gruppen, die sich mit dem Thema HIV/AIDS beschäftigen, Räumlichkeiten und Infrastruktur zur Verfügung gestellt.

Präventions- und Schulungszentrum: Vorträge, Schulungen, Workshops und Weiterbildungen werden angeboten. Hauptzielgruppen sind Frauen, Jugendliche, homo- und bisexuelle Männer und Berufsgruppen wie medizinisches Personal, ÄrztInnen, LehrerInnen.

Auch in inhaltlicher Hinsicht stellte das Jahr 1997 einen Einschnitt in der AIDS-Hilfe Arbeit dar: Erstmals stand mit der Kombinationstherapie ein potentes Mittel in der Behandlung der Immunschwächekrankheit zur Verfügung. Von den Medien euphorisch – und fälschlich – als Heilung und „Aids-Wunder"[13] gefeiert, sind die Todes- und Erkrankungszahlen doch sehr gesunken. Gleichzeitig aber tat sich eine Fülle neuer Probleme auf:

Die Zahl der Neuinfektionen steigt in den letzten Jahren – nicht zuletzt auch und gerade bei schwulen Männern – wieder. AIDS hat seinen tödlichen Schrecken verloren, und Safer Sex verliert scheinbar an Bedeutung.

Das strenge Therapieregime stellt hohe Anforderung an die Betroffenen.

Immer mehr – teilweise gravierende – Nebenwirkungen der Therapie werden bekannt. Viele Betroffene fühlen sich unverstanden im Zwiespalt zwischen guten Laborwerten und subjektiv mangelndem Wohlbefinden.

Viele Betroffene, die vor Jahren durch die Diagnose „HIV-positiv" aus jeglicher Zukunftsplanung gerissen wurden, sehen sich nun mit „geschenkter Zeit" konfrontiert, für die es erst einen Sinn zu finden gilt.

Soziale Probleme häufen sich.

Die MitarbeiterInnen der AIDS-Hilfen sind gezwungen, sich mit dem neuen Berufsbild – von Sterbens- zu LebensbegleiterInnen – auseinanderzusetzen.

Das öffentliche Interesse an der Krankheit lässt nach. Das Leben mit AIDS ist für Medien weit weniger interessant als das Sterben an AIDS, wie es scheint.

Den Anstieg bei den Neuinfektionen mit der Kombinationstherapie allein zu begründen ist freilich zu wenig. Leider fehlen in Österreich aktuelle Studien zum Thema „Sexualverhalten homosexueller Männer im Hinblick auf HIV/AIDS", die Aufschluß darüber geben können, warum gerade die Bevölkerungsgruppe, die

13 Der Spiegel (2) 1997, S. 118–133

**Bekämpft AIDS.
Nicht Menschen mit AIDS.**

sich – zwangsweise – wohl am intensivsten mit dem Thema HIV/AIDS auseinandergesetzt hat, immer noch zu den Hauptbetroffenengruppen zählt.

Es gilt, Antworten zu finden auf Fragen wie:

Warum ist AIDS in der Szene schlichtweg kein Thema (mehr)?

Warum ist der Gummi im Darkroom ebenso selten, wie der Positive in der Szene, der offen zu seiner Infektion steht bzw. stehen kann, ohne Angst vor Gerede und Ausgrenzung haben zu müssen?

Welches Schönheits- und Erfolgsideal gibt es in der schwulen Szene und welchen Platz hat Krankheit darin?

Wie ausgeprägt ist der Selbsthilfegedanke in der schwulen Szene bzw. was kann zu seiner Förderung unternommen werden?

Was tun gegen Ermüdung und Übersättigung und aktuelle Diskussionen wie die rund um das „Barebacking" als Symptom dieser Tendenzen?

Die sogenannte „Normalisierungsdebatte", aber auch die Medizinalisierung von HIV/AIDS werden die AIDS-Hilfen in Österreich noch in den kommenden Jahren beschäftigen.

Die Geschichte der AIDS-Hilfe-Arbeit in Wien zeichnet sich durch viele Brüche aus, aber auch durch Kontinuität in den Aufgaben und Zielsetzungen. Die Zukunft ist eine unsichere, denn:

2001 fehlt in Österreich ein nationaler AIDS-Plan, eine politische Willenserklärung, die die AIDS-Arbeit in unserem Land längerfristig plant und absichert.

2001 ist wie seit der Gründung der Österreichischen AIDS-Hilfe nicht klar, wie die Finanzierung seitens des Bundes für die Arbeit 2002 aussehen wird.

2001 leben in Österreich mehr Menschen mit HIV/AIDS als je zuvor, und täglich kommen ein bis zwei neu hinzu.

2001 ist AIDS nach wie vor unheilbar.

Matti Bunzl

Die Regenbogen-Parade als kulturelles Phänomen

Wiens Regenbogen-Parade wurde 1996 von einer kleinen Gruppe von Lesben und Schwulen, die unmittelbar durch jüngere Entwicklungen in der internationalen Lesben- und Schwulenbewegung inspiriert worden waren, ins Leben gerufen. Hauptereignisse dieser Entwicklung waren der „March on Washington" im Jahr 1993 und die weltweiten Feiern 1994 zum Anlaß des 25. Jahrestages der Stonewall Rebellion. Veranlaßt durch die Teilnahme an diesen Ereignissen in den Vereinigten Staaten und Westeuropa entschieden sich die AktivistInnen, die durch verspielte Subversion gekennzeichnete Logik der „Gay Pride Parades" in den österreichischen Kontext einzuführen.

Der Name Regenbogen-Parade selbst verweist eindeutig auf die kosmopolitische Genealogie des Ereignisses, welches – obzwar unter der Schirmherrschaft der Lesben- und Schwulenbewegung organisiert – ein integratives Konzept favorisiert. In einer in der Wiener Szene vor der Parade aufliegenden Broschüre erklärten die OrganisatorInnen dementsprechend folgendes:

„Leute, es ist Paraden-Zeit! Die Ringstraße wird zum Corso, bunt und farbenprächtig. Schützend spannt sich der Regenbogen über uns, und viele Heteros und Heteras paradieren solidarisch mit uns. Im Spiel der Farben, Geschlechter, Größen und Kostüme verbrüdert und verschwestert sich der lustige Teil der Wiener Gesellschaft. ... Wir nehmen die Wiener Stadt in Besitz, ob dick oder dünn, jung oder alt, arm oder reich, groß oder klein, schwul oder lesbisch, bi oder trans ... Und wir lachen und tanzen, wir, Menschen aller Geschlechter und aller Sexualitäten, aller Haut-, Haar- und Augenfarben, aller Regionen, aller Windrichtungen."[1]

Im Kampf gegen eine anfangs feindlich eingestellt Bürokratie entwarfen die OrganisatorInnen eine Strategie, die dieses integrative Konzept in ein ebenso effektives wie politisch und sozial aussagekräftiges Statement verwandeln würde. Und tatsächlich, als sich tausende Menschen am 29. Juni 1996 vor der Wiener Staatsoper versammelten, wanderten sie nicht nur auf Wiens Ringstraße mit ihren ehrwürdigen Symbolen österreichischer Nationalstaatlichkeit, sondern nahmen sie in Besitz. Die Parade selbst bestand aus vielen, bunten und lauten Wagen; und der farbige Umzug dauerte den ganzen Nachmittag. In ihrem Ablauf zog die Parade an der Hofburg, am Kunsthistorischen Museum, am Parlament, am Burgtheater, am Wiener Rathaus und schließlich an der Wiener Universität vorbei. Und am frühen Abend erreichte das Ereignis sein offizielles Ende in Form einer Abschlußkundgebung am historischen Schottentor. Zahlreiche kleinere Veranstaltungen folgten, viele in privaten Unterkünften, andere in den Etablissements von Wiens lesbisch/schwuler Szene.

Mit ungefähr 10.000 Teilnehmern und 20.000 Zuschauern war die erste Regenbogen-Parade ein enormer Erfolg. Den OrganisatorInnen war es gelungen, einen bis vor einigen Jahren noch gänzlich unfaßbaren Grad an Sichtbarkeit und Stärke von Lesben/Schwulen zu schaffen und darzustellen. Im Verlauf eines einzigen Tages wurde so das lange Zeit bestehende und verinnerlichte Stereotyp der pein-

1 Christian Michelides, 1000 Jahre ohne Parade sind genug, in: Connect, Österreichs Gay-Magazin, Sonderausgabe, 1996, S. 2

lich verschreckten Homosexuellen in ein buntes Feuerwerk der Vielfältigkeit umgewandelt.

Im Verlauf der nächsten Jahre bauten die verschiedenen OrganisatorInnen der Regenbogen-Parade auf den Erfolg des ersten Events; und mit zunehmender Professionalisierung übertraf jede Parade die vorhergehende an Teilnehmerzahl, Ausmaß und Pracht. Während die Ringstraße als logischer Ort der Parade beibehalten wurde, wird das Event seit seinem zweiten Jahr von einem Kulturprogramm begleitet, das sich in einer immer beeindruckenderen Infrastruktur niederschlägt. Mittlerweile wartet die Parade schon mit drei Bühnen auf; und selbst für das leibliche Wohl ist mit Imbißständen und Getränkeverkäufern gesorgt.

Die Anzahl der teilnehmenden Gruppen stieg seit 1996 von 35 auf bis zu 60 an – eine Steigerung, die sich auch in der Anzahl der aktiven TeilnehmerInnen niederschlägt, die in der Zwischenzeit auf weit über 20.000 angewachsen sind. Noch beeindruckender allerdings ist die Zahl der ZuschauerInnen. Zehntausende Menschen lassen sich von diesem Event im Zentrum Wiens in seinen Bann ziehen. In den letzten beiden Jahren wurde die Regenbogen-Parade von mehr als 100.000 begeisterten ZuschauerInnen begrüßt, was sie auf der Liste der populärsten öffentlichen Ereignisse Wiens ganz oben plaziert.

Noch entscheidender jedoch ist die größere kulturelle Bedeutung der Regenbogen-Parade. Denn im Verlauf der Jahre hat das Event eine Neuzeichnung von Wiens urbaner Landschaft selbst bewirkt. Als solches fungiert das Ereignis als ein jährliches Korrektiv gegenüber den homogenisierenden Kräften des österreichischen Nationalstaates, indem es, wenn auch nur für einen kurzen Moment, den normalisierenden Druck der „Anständigkeit" durch ein kosmopolitisches Regime der Vielfältigkeit ersetzt. Was die Neuzeichnung der hegemonisch besetzten städtischen Geographie betrifft, so ist es die bewußte Entscheidung, Wiens Ringstraße als Ort der Regenbogen-Parade zu wählen, welche besondere Aufmerksamkeit verdient. Als „Straße der Republik" symbolisiert der Boulevard die Verortung österreichischer Nationsbildung wie kein anderer Platz. Errichtet im Zuge der Abtragung Wiens mittelalterlicher Stadtmauern, verkörpern Institutionen und Architektur der Ringstraße die Gründerzeit des späten 19. Jahrhunderts – jenem Moment, welcher die Verschmelzung von liberalem Fortschritt und habsburgischem Glanz darstellt. In seiner historistischen Homogenität, dem sogenannten Ringstraßenstil, ist die Prachtstraße daher nicht nur Standort von solch demokratisierenden Institutionen wie Parlament und Rathaus, sondern auch Zeichen für ihre zahlreichen nostalgisch verklärten imperialen Ikonen.

In Anbetracht ihrer Bedeutung für die Konstruktion österreichischer Nationalidentität war die Ringstraße schon immer ein bevorzugter Ort für politische Mobilisierung. Und seit der Jahrhundertwende war die Prachtstraße der logische Platz für die öffentliche Darstellung sozialer Stärke. Prominentestes Beispiel für die regelmäßige Verwendung der Ringstraße als Vehikel für die Verortung politischer Macht sind natürlich die Maiaufmärsche der Wiener Arbeiterschaft. Indem Wiens Arbeiter an jedem 1. Mai zu Tausenden auf der Ringstraße marschierten, forderten sie nicht nur die soziale Besserstellung der Arbeiterklasse; sie erhoben auch symbolisch Anspruch auf die bürgerlichen und imperialen Institutionen des Staates, die sie systematisch unterdrückten.

Indem die OrganisatorInnen auf die Ringstraße als Standort für die Regenbogen-Parade bestanden, gelang es, das Ereignis in den historischen Kontext seiner politischen und sozialen Verwendung einzuschreiben. Durch ihre Verortung ist die Regenbogen-Parade eine kritische Intervention in die hegemoniale Reproduktion der österreichischen Nationalidentität. In der Tat bewirkt der jährliche Aufmarsch von Österreichs Queers[2] eine nie dagewesene Neuzeichnung der nationalstaatlichen Topographie. Denn ganz gemäß traditioneller sozialistischer

Regenbogen-Parade 2000
Fotos CSD

Bemühungen, die Arbeiterklasse ins Zentrum österreichischer Nationalbildung zu verlegen, schafft die Regenbogen-Parade eine zwar nur zeitweilige, aber umso machtvollere Verortung von Lesben und Schwulen im öffentlichen Raum.

Die solcherart oppositionelle Logik der Regenbogen-Parade vis-à-vis Österreichs Nationalsymbolik erfährt ihren jährlichen Höhepunkt in einem gewaltigen Walzer. Getanzt von hunderten gleichgeschlechtlichen Paaren am Ende der den Paraden folgenden Abschlußveranstaltungen, bewirken die Walzer die Aneignung und Neubesetzung des kulturellen Inventars österreichischer National-identität. In diesem Sinne ist es von zentraler Bedeutung, daß die Walzer zu Johann Strauss' „An der schönen Donau" getanzt werden. Seit der Komposition des Stücks im Jahre 1867 symbolisiert der Donauwalzer „das Österreichische" wie kein anderes Musikstück, die Nationalhymne eingeschlossen. Wie das Nationale selbst ist der Walzer konstitutiv heterosexuell besetzt – eine Struktur, die in jeder normativen Aufführung, vom Neujahrskonzert bis zum Opernball, zur Darstel-lung kommt. In der verqueerten Logik der Regenbogen-Parade kommt es daher nicht nur zu einer öffentlichen Kritik der das Nationale bestimmenden hetero-normativen Geschlechtersymbolik, sondern zu einer politisch besetzten Artikula-tion. Diese erfolgt in verkörperter Opposition zu einer hegemonialen Ordnung, die den nationalen Raum durch die heterosexuelle Exklusivität des Walzers definiert. Im subversiven Kontext der Regenbogen-Parade wird diese Ordnung durch ein Kategorienschema ersetzt, welches, in Verweigerung des heterosexuel-len Imperativs, das Nationale als queeren Raum neu bezeichnet.

Um die kulturelle Arbeit der Regenbogen-Parade in ihrem vollen Umfang zu verstehen, muß die Verwendung nationaler Symbole wie der Ringstraße und des Donauwalzers im inhärent kosmopolitischen System des Events kontextualisiert werden. Denn wie sich zeigt, erfolgt die Neubesetzung der österreichischen Nationalsymbolik weniger im Interesse nationalstaatlicher Spezifität, denn als Versuch das Nationale für eine supranationale Neubesetzung zu öffnen. Anders gesagt ist die von den OrganisatorInnen der Regenbogen-Parade ermöglichte subversive Neubewertung des hegemonialen Stadtraums nicht dazu gedacht, ein homosexuelles österreichisches Nationalgefühl zu schaffen. Ganz im Gegenteil fungiert sie in einer bewußt anti-nationalen Logik, die Wiens Status als kosmo-politisches Zentrum, gleichgestellt mit solchen Metropolen wie New York, London, Paris, Amsterdam und Berlin, vorführt und zementiert. Denn die Gay Pride Events in diesen Städten dienten nicht nur als unmittelbare Modelle für Wiens Regenbogen-Parade, sondern symbolisierten auch das Ziel, einen für Queers lebenswerten öffentlichen Raum zu schaffen. In diesem Sinne ist es die Möglichkeit der Regenbogen-Parade an sich, die, in ihrer Zelebrierung lesbisch/schwuler Lebensentwürfe, den Status Metropole herstellt und dadurch Wiens kosmopolitische Qualität signalisiert.

Diese supranationale Logik fand ihren Niederschlag in besonders prominenter Weise auf den Postern für die dritte Regenbogen-Parade am 4. Juli 1998. Groß angekündigt war das Motto für das Event: „Europa ist anders. Wien auch. Wir sowieso." Der ursprünglichen Absicht der OrganisatorInnen folgend, lesbisch/schwuler Existenz in Wien eine internationale Qualität zu geben, signalisierte der Slogan einen Parallelismus zwischen Europa, Wien und seiner lesbisch/schwulen Bevölkerung. Die drei Teile fungierten somit analog in ihrer jeweiligen Darstel-lung von Unterschiedlichkeit und Vielfältigkeit. Vorwärts gelesen, ergab sich eine Konzeption Europas als inhärenter Ort einer Vielfältigkeit, die Wien und seine Queers einschloß. Rückwärts gelesen machte das Motto einen noch gewagteren Vorschlag, nämlich, daß es Wiens lesbische/schwule Bevölkerung war, die der Stadt die Vielfältigkeit einer europäischen Metropole gab. Die OrganisatorInnen der Parade legten daher nahe, daß Wien erst durch die Regenbogen-Parade wahrlich europäisch werden konnte. Letztendlich konnte Österreichs Status Quo nur durch eine solcherart kosmopolitische Konzeption sexueller Subversion

2 Ich verwende das Wort „queer" und die mit ihm assoziierten adjektiven und adverbialen Wortschöpfungen „queeren" und „verqueer" im amerikanischen Sinn. Dort entstanden sie in den späten achtzigerer und frühen neunzigerer Jahren als Teil einer neuen Strömung in der Lesben- und Schwulenbewegung. Einerseits war die Bewegung dabei, sich zu diversifizieren (z.B. durch die Inkludierung von Transgenders und politisch motivierten Heterosexuellen). Andererseits fand eine gewisse Radika-lisierung statt, die sich zum Beispiel in neuen Formen von AIDS-Aktivismus (Act Up) widerspiegelte. In diesem Kontext wurde das vormals als Schmähwort benutzte queer zu einer selbstgewählten Bezeichnung für die sich neu konstituierende Gruppe. Semantisch deckt queer die gesamte Bandbreite aller Formen non-normativer Sexualität ab; und angesichts von politischer Bedeutung und linguistischer Bequemlichkeit hat sich das Wort in den letzten Jahren durchgesetzt und dabei andere Formen wie „lesbian and gay" oder „lesbians and gay men" verdrängt.

hinterfragt werden. Diese kosmopolitische Vision artikuliert eine neues symbolisches Zentrum des „Österreichischen", sprengt aber auch gleichzeitig dessen alte Grenzen. Die lesbisch/schwule Besetzung von Ikonen wie der Ringstraße und des Donauwalzers erfolgt als Teil einer Neubewertung, die sie aus ihrer nationalcharakterlichen Symbolik herausnehmen, um sie in die inhärent supranationale Ästhetik des Queeren zu transplantieren – ein Prozeß, in dem Wien und Österreich selbst über nationalstaatliche Grenzen hinaus zu wirken beginnen.

In Einklang mit diesem kosmopolitischen Projekt der sexuellen Subversion steht auch die Ausrichtung von EuroPride im Juni 2001. Schon 1999 haben die OrganisatorInnen der Regenbogen-Parade EuroPride mit dem Slogan „Ganz Europa in Wien" beworben; und ich schlage abermals vor, daß man den Ausdruck rückwärts lesen sollte. Denn EuroPride wird letztendlich nicht nur europäische Queers nach Wien, sondern auch Wien nach Europa bringen. Das kosmopolitische Projekt der sexuellen Subversion, welches 1996 in die Wege geleitet wurde, findet in der Schaffung Wiens als Europas queerer Hauptstadt seine Realisierung.

Was bedeutet das alles für Österreichs politische Landschaft und deren schwelenden Kulturkampf zwischen kosmopolitischer Vielfältigkeit und provinzialistischer Gleichmacherei? Zunächst: Die Regenbogen-Parade ist eindeutig ersterer zugehörig. Ein weiterer Faktor scheint mir jedoch theoretisch noch relevanter zu sein: die strategische Neubewertung des Wiener Stadtraums durch die Regenbogen-Parade als wesentliche Opposition zum konservativen Projekt der österreichisch-nationalen Abgrenzung. In einer solcherart konstruierten symbolischen Geographie kommt Wien eine neue Funktion zu, die die Stadt auch vis-à-vis Österreich neu positioniert. Im populistischen Diskurs ist Wien nämlich nicht mehr das selbstverständliche Zentrum des „Österreichischen" – eine Stellung, die der Stadt durch die nostalgische Verortung ehemaliger Habsburger-Größe zukam. Ganz im Gegenteil, Wien konterkariert mit einer alpinen Vision ethnischdeutscher Reinheit, deren Verwirklichung in einem andauernden Kampf gegen „Überfremdung" zustande kommen soll.

Anstatt Wien als Negativbeispiel fehlgeschlagener Nationalpolitik zu instrumentalisieren, fungiert also das Wien der Regenbogen-Parade als supranationales Element einer spezifisch europäischen Kulturlandschaft. Tatsächlich repräsentiert der städtische Raum Wiens den einzigen Bereich im österreichischen Nationalstaat, der die kosmopolitische Vision sexueller Subversion ermöglicht und aufrechterhält. In diesem Zusammenhang wird Wien jedoch entschieden entnationalisiert und tritt so als europäische Metropole in einen konzeptionellen Raum mit Städten wie London, Paris und Berlin. Im Endeffekt ist es genau diese kosmopolitische Qualität, die die Regenbogen-Parade einerseits ermöglicht, andererseits aber auch selber schafft – in einem Prozess, der Wien erst zu einer wahrlich europäischen Hauptstadt gemacht hat.

Plakat Life Ball 2000

Life Ball 2000
Foto Rudi Handl

Life Ball 2000
Foto Moni Saulich

Plakat der Aids-Hilfe

RONDO

Gloria G.

Queer Durch.
Körperpolitik in Österreich
am Beispiel Transgender:
Von Lesbenknaben, phallischen
Frauen, Genderbenders, Überläufer-
Innen des Geschlechts

Ich habe den Auftrag, einen historisierenden Artikel zu schreiben, schreibt G., aber ich weiß, daß ich darüber nur sehr persönlich berichten kann. Ich habe den Auftrag, schreibt G., eine bestimmte vorgegebene Textlänge nicht zu über-schreiten, aber ich weiß, daß ich mit diesem Thema niemals zu Ende kommen werde. Ich habe den Auftrag, ein Phänomen zu beschreiben, für das unsere Wissenschaft, schreibt G., nur ungenügende Erklärungen bereithält, was Ursachen, Wirkungen, mögliche erwünschte & unerwünschte Nebenwirkungen betrifft.

Ich werde zu schreiben haben über Lesbenknaben, Effeminierte, phallische Frauen, schreibt G., über Genny- und Trannieboys, Hermaphrodykes, Überläu-ferinnen des Geschlechtes. Diesen Phänomenen werde ich nachzuspüren haben in einem Land, dessen erdrückende Mehrheit noch nie die Rocky Horror Picture Show gesehen und noch nie Velvet Underground gehört hat, noch nie Bildern von Nan Goldin, Pierre Molinier, Bettina Rheims oder Elisabeth Ohlson begeg-net ist und aller Voraussicht nach auch niemals begegnen wird. Ich werde Worte wie Transsexualität, Transidentität, CrossDressing, Genderbending zu verwenden haben in einer Stadt, deren Bewohnerschaft mit 90prozentiger Sicherheit noch nie einen Gedanken daran verschwendet hat, ob die gesetzliche gestützte, vorge-fundene Ordnung der Geschlechter samt anhängigen Verhaltenscodex in irgend-einer Weise etwas mit unserer Wirklichkeit zu tun hat.

Also wirklich: Ich werde nach etwas suchen müssen, das es offiziell gar nicht gibt, schreibt G., weil es dazwischen liegt – zwischen den Dingen, die wir als unum-stößlich zu erachten gewohnt sind, und zwischen den Fakten, die doch immer nur eine Möglichkeit von vielen sind und alle anderen Gelegenheiten außer acht lassen.

Ich habe mich also auf eine Suche zu begeben, die uns nicht nur in das Niemandsland zwischen Mann und Frau, oder besser gesagt, zwischen männlich und weiblich führt, sondern letzten Endes auch zwischen die festgefügten Begriffe unsere Sprache und daher auch zwischen die Zeilen dieses Textes.

In switchesschnelle zwischen Vergangenheit und Gegenwart hin und her mich bewegend, werde ich festzustellen haben, schreibt G., daß trotz widriger Um-stände einige erstaunliche Initiativen gesetzt worden sind, sogar in diesem Lande und in dieser Stadt. Ich werde zu berichten haben, was aus diesen Bestrebungen geworden ist, und wie der Staat und sein oberster Souverän, die Leserschaft der meist verbreiteten Boulevardzeitung, damit umzugehen pflegen.

Auf der Suche nach Bildern, Spuren und Dokumenten werde ich in historischen Alben blättern und das Foto des Wiener Freiherrn Hermann von Teschenberg (1866–1911) finden, vermutlich das erste nicht zu Juxzwecken aufgenommene und mit voller Namensnennung veröffentlichte Bild eines Mannes in Frauen-kleidern, aufgenommen für Magnus Hirschfelds Jahrbuch der sexuellen Zwischen-stufen anno 1902. Hat sie damals begonnen, die Geschichte der Geschlechter-grenzüberschreitung in dieser Stadt? Natürlich nicht. Damals ist sie nur zum ersten Mal dokumentiert worden, auf eine Weise, die uns heute noch imponiert:

Was für ein Mut, lieber in der Wahrheit leben zu wollen als in der Lüge — allerdings auch lieber in Berlin als in Wien, da das erfolgte Coming Out einen weiteren Verbleib Teschenbergs in der Haupt- und Residenzstadt an der Donau als eher nicht ratsam erscheinen ließ.

Ich werde tiefer schürfen und bei Stephan Vajda („Die Belagerung. Bericht über das Türkenjahr 1683") die Nachricht finden vom Baron Zwifl einem offenbar harmlosen Narren und Stadtstreicher, der zusammen mit einem namenlosen etwa 17jährigen Strichjungen in Frauenkleidern von der Wiener Bevölkerung auf dem Platz vor der damaligen Peterskirche aufgegriffen und gelyncht wurde, schreibt G. Am 14. Juli 1683 war das, als die Zweite Wiener Türkenbelagerung soeben begonnen hatte, das Arsenal brannte, die Stimmung zum Zerreißen gespannt war und Schuldige gesucht wurden, denen die Brandlegung in die Schuhe geschoben werden konnte. Da kamen der närrische Baron Zwifl und der Junge im Fummel, denen ein Fleischergeselle nach vollbrachtem Volkszorn unter dem Jubel der Menge — jawohl — die Haut abzog, gerade recht.

Schon diese beiden längst vergangenen Beispiele könnten zeigen, schreibt G., daß es hier um etwas geht, das sich aus guten Gründen verbergen will und doch offenbar muß; um etwas, das anscheinend immer schon da war, aber sich bis heute nicht einbürgern hat dürfen in den mit Fremdheiten aller Art keineswegs friktionsfrei umgehenden Geistes- und Gemeindebezirken dieser Stadt.

„Männlich oder weiblich ist die erste Unterscheidung, die Sie machen, wenn Sie mit einem anderen menschlichen Wesen zusammentreffen, und Sie sind gewöhnt, diese Unterscheidung mit unbedenklicher Sicherheit zu machen", beschreibt Sigmund Freud zu Beginn des vergangenen Jahrhunderts den Status quo, der im Grunde genommen noch heute gilt. Versuche Freuds Versuch über Die Weiblichkeit (1932) durch die Praxis zu widerlegen, wurden und werden zwar immer wieder gemacht, schreibt G., mit allerdings ernüchterndem Ergebnis: „Ich war nie wirklich erpicht darauf, als Mann durchzugehen, aber der Ort des ewigen Dazwischens, die Identität des Hermaphrodykes, ist nicht nur anstrengend, sondern auch gefährlich. Die Leute werden aggressiv, wenn sie nicht wissen, was du bist. Selbst von der Gemeinschaft der Transsexuellen fühle ich einen gewissen Druck, weniger ambivalent zu sein" — so der/die „pansexuelle" Filmemacher/in Del La Grace Volcano alias Della Grace 1998 in Triebwerk, der Zeitschrift des Wiener Kulturzentrums WUK über sein/ihr Leben als Queer Dyke, der/die mit großzügig zugeführten Testosteron-Schüben Bart, Muskeln und Klitoris wachsen läßt: „Wenn Trannyboys und Hermaphrodykes mit schwulen Männern cruisen, ist für reichlich Aufruhr im Men-only Rückszugsort gesorgt, und der ewige Mythos vom Riesenschwanz wird einfach von der Realität der Riesenklitoris dekonstruiert." Das Kleine Lexikon des Queer-Seins, das Volcano bei der Gelegenheit aus London mitgebracht hatte, traf den Nerv der ausgehenden neunziger Jahre und war nicht einmal in Wien mehr wirklich neu:

CRUISING: anonymer Sex an öffentlichen Orten
HERMAPHRODYKE: Wortschöpfung aus
„Hermaphrodite" („Zwitter") und „Dyke" („Lesbe")
PANSEXUAL: alles andere als heterosexuell
TRANNYBOY: Mann, der nicht genetisch Mann ist,
sondern mittels Hormonen Bart und Muskeln entstehen
läßt (Gegenteil: „Gennyboy")
QUEER: engl. umgspr. für komisch, fremdartig,
schwummrig, schräg … vereinnahmt von der
LesBiSchwulenSzene als affirmative
Selbstbezeichnung; auch im Sinne von „positiv
pervers" verwendet
TRANSGENDERS: Personen, die (auf welche Weise
auch immer) Geschlechtergrenzen überschreiten…

Und da haben wir's schon, schreibt G.: Weil jeder Exkurs über queer-sein zwischen die festgefügten Begriffe und Normen führt; weil dieses Wort queer, wenn es sich selber genügen will, kein klar umrissener Sachverhalt, sondern das Gegenteil seiner selbst sein muß; weil queer zu sein also nicht einfach nur geschlechtliche Grenzüberschreitung bedeutet, sondern die Infragestellung der Grenze überhaupt, darum ist die lexikalische Auflistung und Verschlagwortung, wie sie allerdings nun auch an dieser Stelle erfolgt ist, im Grunde genommen ein Unding.
Die Quadratur des queer-Begriffs, schreibt G., liefert notwendigerweise immer nur asymptotische Annäherungen, und in diesem Sinne – weil ich die Offenheit des Begriffs verteidigen will gegen seine definitive Umzäunung – mochte ich queer verwenden und verstanden, gesagt und getan wissen Queer kann homo-, bi-, trans- oder heterosexuell bedeuten, lesbisch oder schwul, Mann oder Frau, und alles dies zugleich an einem Ort.
Weil queer die vertrautesten Begriffe aus den Angeln hebt, weil es eine Daseinsform abseits der Kategorien meint, nicht nur der Kategorien männlich und weiblich, darum ist queer als Idee so gefährlich stark, daß es sogar die gelegentlich sehr strengen Szene-internen Codes außer Kraft zu setzen vermag. Es gibt in Deutschland ein real existierendes Paar, die waren zuerst zwei Schwule, dann ist der eine von den beiden zur Frau geworden und sie lebten als stinknormale Hetengemeinschaft, schließlich folgte der zweite dem Beispiel des ersten, und jetzt sind sie zwei Lesben – oder etwa nicht? Und wenn nein, was dann?
Das alles ist queer, schreibt G. Was das für die staatliche Körperpolitik in Österreich bedeutet, ist hingegen schnell gesagt. Nämlich NICHTS.
Körperpolitik in Österreich baut unbeeindruckt von biologischen Wissensständen und soziokulturellen Errungenschaften auf einer immer schon fragwürdig gewesenen These auf: daß die behördliche Zwangskategorisierung als Mann oder Frau eine „natürliche" Gegebenheit, daher aus gutem Grunde vorzuschreiben und bei jeder passenden/unpassenden Gelegenheit abzufragen sei. Kein Hundebesitz und kein Telefonanschluss kann angemeldet werden ohne die stereotypisierende Entscheidung entweder für männlich oder weiblich. Vom Eherecht, Namensrecht, Stellungsrecht und anderen körperpolitischen Disziplinierungsinstrumenten ganz zu schweigen.
Nicht berücksichtigt bleibt dabei, schreibt G., daß die gesellschaftlich akzeptierten zwei Geschlechter immer auch das jeweils andere Geschlecht in sich tragen – physisch und psychisch, in wechselnden Anteilen und Intensitäten, was von den

Betroffenen auf wechselhafte Weise empfunden werden kann, von gar nicht bis sehr stark, wodurch eine breite Skala von zusätzlichen Möglichkeiten entsteht. Ich behaupte das nicht einfach, schreibt G., ich hätte den Mut nicht, es zu behaupten, wenn es nicht schon so viele von mir behauptet hätten. Hier einige meiner persönlichen Favorits:

„Sämtliche neuere Fortschritte der Biologie und die Entwicklung der Beziehungen zwischen Mann und Frau führen mich zur Meinung, daß die Geschlechter ein Kontinuum sind und daß es da eigentlich keinen Dualismus gibt."
(Der französische Humanbiologe Jacques Testart in einem Gespräch mit dem „Nouvel Observateur", zitiert in der Zeitschrift „Emma", Juli 1986)

„Man kommt nicht als Frau zur Welt, sondern wird es."
(Simone de Beauvoir: „Das andere Geschlecht")

„Männlichkeit und Weiblichkeit beschreiben nun keineswegs mehr ,natürliche', den Körpern eingeborene, biologisch begründbare Gegensätze, sondern Positionen innerhalb eines historisch und sozial wandelbaren Kontinuums, und so läßt sich weder die Kategorie ,Männlichkeit' den anatomischen ,Männern' noch die Kategorie ,Weiblichkeit' den anatomischen Frauen ganz ausschließlich zuordnen."
(Walter Erhard, Dozent für Philologie in Göttingen, und Britta Hermann, Stipendiatin am Graduiertenkolleg „Geschlechterdifferenz und Literatur" an der Universität München in: „Was ist ein Mann ein Mann?", Stuttgart 1996, Verlag J.B. Metzler)

„Mit Kategorienkrise meine ich ein Mißlingen von definitorischer Distinktion, eine Grenzlinie, die durchlässig wird und Übertritte von einer Kategorie zur anderen erlaubt: schwarz/weiß, Jude/Christ, adelig/bürgerlich, Herr/Knecht. Der Binarismus männlich/weiblich ... wir im Transvestismus selbst in Frage gestellt oder ausgelöscht."
(Die Kulturwissenchafterin Marjorie Garber in ihrem Standardwerk „Verhüllte Interessen. Transvestismus und kulturelle Angst", dt. Ausgabe Frankfurt 1993)

„Trage immer drei weibliche Kleidungsstücke, damit die Sittenpolizei dich nicht wegen Transvestismus hoppnehmen kann."
(Lesben-Knigge im New York der fünfziger Jahre, dokumentiert von der Aktivistin Joan Nestle in: The Restricted Country, 1987)

„Geschlechtsnormen wirken, indem sie die Verkörperung bestimmter Ideale von Weiblichkeit und Männlichkeit verlangen, und zwar solche, die fast immer mit der Idealisierung der heterosexuellen Bindung in Zusammenhang stehen. So gesehen nimmt die initiierende performative Äußerung, ,Es ist ein Mädchen', die gegebenenfalls eintreffende Sanktion, ,Ich erkläre euch zu Mann und Frau', vorweg."
(Judith Butler in ihrem 1993 erschienenen Buch „Körper von Gewicht. Die diskursiven Grenzen des Geschlechts", dt. Ausgabe Berlin 1993)

„Der Versuch, bei der geburtlichen Geschlechtsbestimmung immer nur zwei Sorten von Körpern zu erkennen, erzeugt zwangsläufig einen Rest des Nicht-Klassifzierbaren ... Was nicht passend gemacht werden kann, wird anomalisiert. Pathologisierungen – von Zwittern über Homosexuelle bis zur sogenannten Sterilität – flankieren die Geschlechterunterscheidung: dazu entwickelt die Medizin eine entsprechende normalisierende Behandlungspraxis."
(Der Soziologe Stefan Hirschauer in dem Aufsatz „Wie sind Frauen, wie sind Männer? Zweigeschlechtlichkeit als Wissenssystem" im gleichnamigen Suhrkamp-Sammelband, 1996.)

„Doing gender wird in der Folge das Schlüsselwort, um die Perfomativität geschlechtlicher Identität ins Blickfeld zu rücken. Performativität, wie Judith Butler den Begriff in die Gender-Debatte eingebracht hat, bedeutet dabei die Herstellung geschlechtlicher Identitäten als ständige Akte einer Wiederholung vorherrschender Normen."
(Marie Luise Angerer, Medien- und Kommunikationswissenschaftlerin, im Sammelband „Gender Challenge. Zu Verwirrungen um Geschlechteridentitäten", Hrsg. Zukunfts- und Kulturwerkstätte Wien, 1995).

„Die Frau muß sich … vom Körper und den Bildern der Frau lösen. Die großen weiblichen Rebellionsformen wie Hysterie und Anorexie lehren uns dies als Verweigerung des Körpers wie der Bilder."
(Die Künstlerin Valie Export in ihrem 1987 erschienenen Text: Das Reale und sein Double: DER KÖRPER)

Hermann Freiherr von Teschenberg
in Frauenkleidern
Aufnahme um 1902

„Die Perversionen sind Urgestein vom Feinsten. Sie sind ein kleiner Überrest, eine wunzige Rebellion gegen das, was herrscht."
(Hermes Phettberg, damals noch Josef Fenz, im Ausstellungskatalog „Eroti-Kreativ", Wien 1990.)

„Eine Geschlechtsidentität haben nur Transsexuelle und vielleicht einige frauenbewegte Frauen; eine sexuelle Identität haben nur Lesben und Schwule; die anderen sind einfach Männer und Frauen."
(Die Berliner Soziologin Gesa Lindemann, Autorin des Standardwerks „Das paradoxe Geschlecht", in ihrem Vortragstext „Das soziale Geschlecht unter der Haut")

„Wir alle sind Transsexuelle. Wie wir potentiell biologische Mutanten sind, sind wir potentiell Transsexuelle. Das ist keine Frage von Biologie. Symbolisch sind wir alle Transsexuelle. Sehen Sie die Cicciolina … Ist Cicciolina nicht ebenfalls eine Transsexuelle? Ihre langen platinfarbenen Haare, ihre schöpflöffelförmigen Brüste, diese Idealformen einer aufblasbaren Puppe, die tiefgekühlte und trockene Erotik der Comics oder Science-fiction und vor allem die Übertreibung des sexuellen Diskurses (nie pervers, nie libertin), die totale Überschreitung, ohne die Schlüssel aus der Hand zu geben; die Idealfrau der rosa Telefone samt fleischfressender erotischer Ideologie, wie sie keine andere Frau heute aufbrächte – außer eben einer Transsexuellen, einem Transvestiten: nur sie leben, wie man weiß, diese übertriebenen Zeichen, diese fleischfressenden Zeichen der Sexualität. Das fleischliche Ektoplasma Cicciolina verbindet sich hier mit dem künstlichen Nitorglyzerin von Madonna oder dem androgynen Frankensteincharme von Michael Jackson. Sie alle sind Mutanten, Transis, genetisch barocke Naturen, deren erotischer Look die Unbestimmtheit der Abstammung kaschiert. Lauter ‚gender- benders‘, lauter Überläufer des Geschlechts."
(Jean Baudrillard, Zwischen den Geschlechtern, in: Transparenz des Bösen, dt. Ausgabe Berlin 1990.)

Körperpolitik in Österreich, schreibt G., kümmert sich um dies alles, ich sagte es schon, keinen Deut. Parallel zur beleidigendsten Schwulengesetzgebung Mitteleuropas scheint auch die Diskriminierung, ja weitgehende Verunmöglichmachung von Transgender-Lebensweisen ein vaterstaatliches Herzensanliegen zu sein. Die Taktik ist in diesem Fall die Umkehrung des restriktiven Prinzips und erfolgt nicht über Gesetze, sondern durch deren ausdrückliches Nichtvorhandensein.
Trotz jahrelanger Aufforderung dazu wurde es verabsäumt, ein Transgendergesetz zu schaffen, das – wie in Deutschland, Italien, Holland, Schweden, der

Türkei und in vielen anderen Ländern — eine klare rechtliche Situation für alle Betroffenen herbeiführt. In Österreich wird Transgenderpolitik über Empfehlungen und Erlässe betreiben, über bürokratische Reglements, die niemals ernsthaft diskutiert wurden, für die im Zweifelsfall niemand zuständig ist, die nach Gutdünken interpretiert werden können, was betroffenen Personen der hemmungslosen Willkür von Behörden, Ämtern und Institution ausgesetzt.

So strikte Nichtzurkenntnisnahme wirkt sich verheerend aus, schreibt G. Wegen des Fehlens der nötigen gesetzlichen Bestimmungen besteht vor allem nicht die Möglichkeit einer sogenannten Kleinen Lösung nach bundesdeutschen Vorbild.: einfache Vornamensänderung ohne vorherige genitalveränderte Operation. So was gibt es hierzulande nicht, schreibt G., so was darf es hier nicht geben, denn (das wurde uns wirklich so gesagt) da könnte ja ein jeder kommen.

Transgenders in Österreich, soferne sie Wert auf gültige Papiere legen, sind daher bis auf Weiteres gezwungen, eine komplette Personenstandsänderung samt sogenannter geschlechtsanpassender Operation inklusive Hormonbehandlung vornehmen zu lassen, auch wenn sie Operation und Hormonbehandlung aus guten Gründen nicht wünschen. Nebeneffekt von soviel amtlicher Genitalpanik: Auch Personen mit stark fluktuiernder geschlechtlicher Identität wurden und werden auf diese Wiese in medizinische Behandlung getrieben, um eine Minimum an Komfort wie zum Beispiel die legale Benutzung eines zum äußeren Erscheinungsbild und zur inneren Befindlichkeit passenden gegenschlechtlichen Namens zu erreichen.

Ziemlich krank, das alles, schreibt G., aber darum geht es ja offenbar oder im geheimen – soviel Kränkung zu erzeugen, bis daraus Krankheit wird.

Wie krank sind wir Tunten & Transen also wirklich, schreibt G., und tippt als Antwort auf unheilbar krank, denn über eines ist die Fachwelt sich einig: Transsexualismus kann nicht „wegtherapiert" werden, ohne schwere Schaden anzurichten. Therapie kann nur helfen, mit dem eigenen Anderssein besser zu leben. Wer aber therapiert diejenigen, die mit dem Anderssein der anderen nie zu leben gelernt haben?

Spätestens seit der Dresdener Senatspräsident und vormalige Reichstagskandidat Daniel Paul Schreber (1842–1911, in schwärzester Pädagogik erzogener Sohn des Gesundheitsapostels und Schrebergärten-„Erfinders" Daniel Moritz Schreber) in seinem 1903 erstmals erschienen Denkwürdigkeiten eines Nervenkranken sehr freimütig über seine, wie wir heute sagen würden, transsexuellen Nöte berichtet hatte und Sigmund Freud daraus einen seiner berühmtesten „Fälle" gemacht hatte (allerdings ohne Schreber persönlich begegnet zu sein), spätestens seit damals, schreibt G., war dem bürgerlichen Publikum wie später jenen, die Transsexuelle nur als paranoide Mörder in hervorragenden Filmen („Psycho", „Dressed To Kill", „Wenn die Gondeln Trauer tragen") kennenlernen durften, klar: Transsexualität ist eine schreckliche Krankheit, und so klingt das Wort ja auch. Daß die mit Abstand meisten Mordtaten auf dieser Welt nicht im Fummel begangen werden, sondern in Uniformen, solche Einwände sind für die kulturelle Angst (Marjorie Garber), die alles Zwitterhafte reflexartig aufzulösen vermag, wenig relevant.

Andere Kulturen gehen anders und offenbar vorsichtiger mit diesem Phänomen um, schreibt G. Vom hermaphroditischen Seher Teiresias, der den Trojanischen Krieg prophezeit und dem Oedipus sein Schicksal vorhersagt, über die Medizinleute und SchamanInnen der indigenen Völker Nord- und Südamerikas bis zu den mannigfachen „dritten Geschlechtern" in Indien oder auf Samoa gelten Menschen, die nicht ins digitalisierte Mann-oder-Frau-Schema hineinpassen, eher als außergewöhnlich denn als abnorm.

Hierzulande hingegen, schreibt G. nicht ohne Häme, wurde die Hauptzuständigkeit für diese Thematik ans Institut für gerichtliche Medizin delegiert, und wie eine Mischung aus Delinquent, Verbrecher, Opfer und Versuchskaninchen füh-

Life Ball Kick-Off-Party, 8. April 2000
adk-media, Wien

Rosenball 2001, 22. Februar 2001
adk-media, Wien

len sich metatropische Begutachtungsfälle denn auch, wenn sie in der Wiener Sensengasse vorstellig werden. Doch es führt kein Weg daran vorbei, und in der Stadt Leopold Sacher-Masochs muß es auch nicht lange erklärt werden: Die meisten von uns haben sich in die Rolle, die ihnen der Vaterstaat auferlegt, zu fügen gelernt, schreibt G., geduldig ertragen sie eine Züchtigung nach der anderen. Sie haben gelernt, damit zu leben, von ihren geliebtesten Menschen in Stich gelassen zu werden, ihre materielle Existenz zu verlieren, von Dieter Chmelar interviewt oder beim Einkaufen von Polizisten umstellt zu werden, weil irgend jemand in der Zeitung gelesen hat, aus dem Gefängnis sei ein gefährlicher Triebtäter entkommen.

Transgendermenschen in Österreich müssen gelernt haben, damit zu leben, weder als „richtiger" Mann noch als „richtige" Frau durchzugehen, andererseits vom Gesetzgeber zur Scheidung gezwungen zu werden, um den Präzedenzfall einer gleichgeschlechtlichen Ehe zu verhindern. Transgendermenschen in Österreich müssen begriffen haben, daß sie in einer medialen Provinz leben, die das Phänomen Transgender mit geschlechtsanpassenden Operationen verwechselt und Geschlecht mit Genitalien. Transgendermenschen in Österreich haben die undankbare Aufgabe, das herrschende Mann-Frau-Schema, dessen lebendiger Gegenbeweis sie sind, zu verinnerlichen und sich noch im Rollentausch bis zur Übererfüllung damit zu identifizieren, denn zwischen den Stühlen, auf denen das Publikum festsitzt und amüsiert werden will, ist nicht die Freiheit, sondern der leere Raum.

Ich spüre, wie die Geschlechtergrenze durch mich hindurch geht, hat G. einmal geschrieben und hat nun keine Worte mehr dafür, daß es ihr das Herz zerreißt bei dem Gedanken, wie die Anpassung der Körper an die Bilder praktiziert wird, statt, umgekehrt, neue Bilder aus der möglichen Vielfalt der Körper zu entwickeln. Soviel Verhindertes, so viele verpaßte Chance, soviel zerbrochenes Lebensglück denjenigen zuliebe, die sich an die alte Ordnung klammern, weil es sonst kein Halten mehr gäbe.

Es ist das unwiderrufliche Verdienst der Wiener LesBiSchwulen Szene, in dieser absoluten Notsituation Hilfe, Unterschlupf und Infrastruktur geboten zu haben, schreibt G., wissend, wie schwierig die Vernetzung der Trans-Szene im prä-Internet-Zeitalter war. Noch Ende der 1980er Jahre gab es in Wien, anders als in anderen europäischen Großstädten, keinen informellen Treffpunkt und keine erste Anlaufstelle, keiner seriöse Beratungsmöglichkeit, keine Hilfe im Notfall und vor allem kein Bewußtsein für die Tragweite des Themas.

Gewiß: es hatte die Androgynisierung der sechziger Jahre gegeben, dann zwei von der Presse mit Sensationslust verfolgte öffentliche Geschlechtswechsel prominenter Personen – des Skistars Erik Schinegger und des Dichters Julian Schutting –, aber zur Bildung einer selbstbewußten Szene, vergleichbar der sich allmählich aufbauenden schwulen und lesbischen Community, reichte das alles nicht: Dauerhafte Geschlechtsumwandlungen vollzogen sich in aller Stille, ja Heimlichkeit in Privatkliniken in den USA und in Casablanca, wo sich Betroffene mit viel Geld eine neue Identität erkaufen mußten, zeitweiliger Rollentausch blieb auf wenige Türklingellokale beschränkt, in denen Tunten zumindest geduldet, wenn auch keineswegs immer erwünscht waren.

Dabei, in der Zwischen- und Vorkriegszeit, als viel über sexuelle Zwischenstufen, über Urninge und die weibliche Seele des Mannes räsoniert wurde, war das Thema beinahe schon salonfähig gewesen. Und selbstverständlich hatte es im kulturellen Bereich immer schon einen heimlichen Hang zur Geschlechterambiguität gegeben: Ehrbare Burgschauspielerinnen des Fin de siècle ließen sich mit Vorliebe in shakespearischen Knabenkostüm ablichten, die spätbürgerliche Kunstwelt berauschte sich an Baudelaires (verbotenen) „lesbischen" Gedichten, an Picassos undefinierbaren Harlekins und an den sexuellen Verwirrspielen des 1911 uraufgeführten Strauss/Hoffmansthalschen Rosenkavalier, der, einem alten Komödienmuster folgend, von einer jungen Frau gespielt wird, die einen jungen Mann darstellt, der sich im Laufe der Handlung als junges Mädchen verkleidet.

Bis herauf zu den Höhepunkten des Wiener Aktionismus läßt sich diese Tendenz zu spielerischer bis experimenteller, ästhetizistisch verbrämter oder tabuzertrümmernder Subversionsarbeit verfolgen, schreibt G., grandiose Leistungen, aber doch eher als genderbending – Geschlechtsbeugung also – zu charakterisieren. Die Geschlechterdichotomie als solche blieb dabei unangetastet und war von der gelebten We are here, we are queer -Anarchie unserer Tage, wie sie etwa in Monika Treuts Schlüsselfilm „Gendernauts" artikuliert wird, noch weit entfernt.

Eher schon in den damals allmählich modisch werdenden vielgelästerten Travestieshows vollzog sich unter dem Schutzmantel des Parodistischen, Artistischen die entscheidende Auflösung der eingefleischten Geschlechterkategorien. Es war das Milieu der Drag-queens und -kings, der libertinen Crossdresser und Fummeltrinen, der Rosenbälle und Fetischclubbings, wo Betroffene in Wien sich am sorglosesten bewegen konnten und das daher immer mehr mit einer Kundschaft angereichert wurde, deren Interesse an geschlechtlicher Verwandlungskunst über die glamouröse One-night-Performance weit hinausging.

Der Gedanke lag nahe, alle diese Kräfte zu bündeln und miteinander statt gegeneinander wirken zu lassen, schreibt G.: Erste informelle Treffen und Zusammenschlüsse fanden in den frühen neunziger Jahren statt, daraus wurden regelmäßige Treffs in der Rosa Lila Villa. Erste Info-Prospekte wurden gedruckt, ein erstes Trans X-Filmfestival (aus dem die heutigen queer-Film-Festivals wurden) ereignete sich im Filmcasino, und Trans X nannte sich dann auch der vereinsmäßige Zusammenschluß zweier bis dahin getrennt agierender Gruppen (Transsexuelle Initiative TSI und Transvestit/In) zur ersten und bislang einzigen Wiener und gesamtösterreichischen Institution, die das ganze Transgender-Spektrum ohne Ausnahme abdeckt, offen für alle, von Mann bis zu Frau, für gelegentliche und permanente Grenzüberschreitende ebenso wie für Angehörige, PartnerInnen und Interessierte.

Trans X, erinnert sich G., das war zuerst einmal die Abdeckung eines ungeheuren Nachholbedarfs: Eine Transgender-Resolution wurde erstellt und listete penibel alle aktuellen Forderungen sämtlicher Betroffener an staatliche und halbstaatliche Organisationen auf. Trans X, erinnert sich G., das war aber nicht nur viel

Together 2000, 2. Dezember 2000
adk-media, Wien

ehrenamtliche und bislang mit keinem Schilling Subvention bedachte Arbeit, sondern das waren auch rauschende Nächte im damaligen „Blue Boys" in der Pressgasse oder im Republikanischen Klub zwischen Bruno-Kreisky-Sofa und Anti-Waldheim-Holzpferd. Auf Erotikmessen und Politveranstaltungen, in Hörsälen und auf öffentlichen Plätzen wurde Sympathiewerbung betrieben, wurden Informationskampagnen und Good-will-Veranstaltungen organisiert. Trans X, erinnert sich G., das war vor allem aber und vom ersten Moment an eine Selbsthilfegruppe, die den persönlichen, beruflichen und familiären Problemen aller, die zu den Treffen kamen, breiten Darstellungsraum gab, ohne sich therapeutische Kompetenzen anzumaßen.

Belohnt wurde dies, erinnert sich G., durch kontinuierlich steigendes Interesse. Waren es zur Zeit der Vereinsgründung 1995 durchschnittlich sechs bis sieben Personen, die sich um die Vereinsgründerin Chris Svatos scharten, kamen bald darauf dreißig bis vierzig zu den bis heute regelmäßig veranstalteten Themenabenden in der Rosa Lila Villa. Der Kreis derer, die zum Kern der Wiener Szene gehören, umfaßt mittlerweile sämtliche Altersstufen zwischen siebzehn und siebzig, sämtliche Bildungsniveaus, sämtliche geschlechtliche Identitäten und Begehrensrichtungen und beläuft sich auf derzeit etwa hundert Personen.

Geradezu überwältigend war die Hilfsbereitschaft, die während dieser Findungsprozesse von seiten der „etablierten" Community kam, erinnert sich G. Fast alle einschlägigen Vereine und Organisationen nahmen den neuen Transgender-Begriff in ihren Sprachschatz und die Forderungen der Resolution in ihr Programm auf, die Rosa Lila Villa öffnete ihre Frauenfeste und die HOSI ihren Lesbentanzabend für Transgender-Frauen, die Szene-Medien widmeten dem Thema großflächig sympathisierende Berichte, die vielbeachteten Auftritte des Österreichischen Lesben-und Schwulenforums ÖLSF in Dornbirn, St. Pölten, Klagenfurt und Wien liefen bereits unter reger organisatorischer Trans X-Beteiligung ab, ebenso die Regenbogenparaden, die seit 1996 auch in Wien zum Weihefestspiel aller queers wurden und ahnen ließen, wie bunt die Welt der Geschlechter sein könnte, löst sie sich vom zwanghaften Schwarzweiß, das zusammen doch nur Grau ergibt.

Im Sinne dieser Farbdramaturgie, schreibt G., war die Regenbogenfahne, die sich in diesen Jahren durchsetzte, ein willkommenes Zeichen für das, was wir wollen und was sich szenemäßig sonst noch tat: Eine mehrteilige Veranstaltungsreihe TransChance im Theater des Augenblicks erkundete vorallem die ethnologischen Aspekte des Themas, bald auch mischte das Festival Wien andersrum kräftig mit und brachte Elisabeth Ohlsons sensationelle Fotoausstellung „Ecce Homo" nach Wien (die Leidensgeschichte Jesu Christi, in ein magisches Tunten- und Transenmilieu verlegt), und so viel Aktiviät nach innen erbrachte endlich auch die ersehnte Wirkung nach außen: Grüne und Liberale von Anfang an, mit etwas Verspätung auch die sozialistische und die kommunistische Partei deklarierten ihre LesBiSchwulen Teilorganisationen ausdrücklich auch als Interessenvertretungen für Transgender-Anliegen, das Wiener Büro für gleichgeschlechtliche Lebensweisen kümmert sich im Rahmen seiner Möglichkeiten rührend um geschlechtliche Transitreisende, am AKH in Wien fand ein hochkarätig besetztes ärztliches Transsexualismus-Symposion statt und wurde eine vielfrequentierte Transgender-Ambulanz geschaffen, Gender Challenge, eine Vortragsreihe der von der Stadt Wien betriebenen Zukunfts- und Kulturwerkstätte, widmete sich den Verwirrungen und Geschlechteridentiäten aus geisteswissenschaftlicher Sicht und gab einen lesenswerten Sammelband heraus. Oh Boy it's a girl nannte sich die dazupassende, von Hedwig Saxenhuber kuratierte Ausstellung im damals noch nicht ausgebauten Museumsquartier, in der damals noch nicht abmontierten Kunsthalle am Karlsplatz baute die New Yorker Photographin Nan Goldin eine schonungslos ehrliche polymorph-perverse Erlebniswelt auf sogar die Salzburger Festspiele haben mittlerweile ihre Ästhetik aufgefrischt und muten ihrem Publikum auf dem Titelbild des Gesamtprogramms 2001 ein vom New Yorker Make-Up-Künstler François Nars gestyltes „quietschlebendiges Transgender-Monster mit genetischen Anteilen Liza Minellis und Igy Popps und I am the truth-Inschrift am bleichen Oberkörper" zu (APA-Online-Bericht), außerdem „sakrale Bondage-Erotik" (für Janáceks „Jenufa"), „Transvestiten in Glitzerfummel, Strohhütchen und Strapsen („Ariadne auf Naxos"), sowie „schwarze Teeny-Lesbenpärchen und süße weiße Homo-Gespanne in Kommunionskleidechen und üblichen Jeans-Cruising-Outfit" („Cosí fan tutte").

Natürlich nicht alles ein Erfolg von Trans X, schreibt G., aber doch immerhin ein Zeichen, daß die Zeit reif geworden ist für das, was wir tun und was wir wollen. Daß es auch bittere Erfahrungen gab, Spaltungstendenzen und tatsächliche Absplitterung kleinerer operationsfundamentalistischer Gruppen lag im Wesen der Sache. Sogar homophobe und rassistische Entgleisungen kamen vereinzelt vor, wir kennen das, schreibt G., wir kennen dieses typische Randgruppenphänomen, Identität vor allem durch Abgrenzung gewinnen zu wollen, was unweigerlich zu Subdiskriminierungen führt und zu sehr wienerischen Kleingartenstrukturen mit lauter nichts miteinander zu tun haben wollenden Formationen und Funktionären – womit wir wieder beim Thema Schreber wären, obwohl der doch gar kein Wiener war. Zu groß ist der Druck manchmal, der von außen kommt, könnte der Baron Zwifl jetzt aus leidvoller Erfahrung sagen, und immerhin, schreibt G., hat es in unserer idyllisch kleinen Szene in den letzten Jahren sogar für Wiener Begriffe überdurchschnittlich viele Selbstmorde gegeben, aber einen oder zwei, vielleicht, haben wir verhindern können.

Zum Happy End ein Ausblick. Seit Oktober 2000 trifft sich „in regelmäßigen Abständen, in wechselnden Besetzungen und an unterschiedlichen Orten eine Gruppe von Trans/Bi/Frauen/Lesben/Leuten, um über unterschiedliche ebenso wie gemeinsame Vorstellungen von Geschlechter- und Begehrenspolitiken zu diskutieren". Ein bemerkenswertes Unterfangen, denn es geht hier nicht darum, einen neuen (Splitter)Verein zu gründen, sondern queer durch die Wiener Szene sich formlos zu vernetzen und anstehende Probleme (zum Beispiel das der Anwesenheit von Transgenderfrauen in lesbischen Räumen) zu diskutieren.

Ein Erster Entwurf einer Petition zur Überwindung der geschlechtlichen Zwangsordnung, verfaßt und unterzeichnet von der neuen Trans X-Obfrau Eva

Fels gemeinsam mit Claudie Goutrié und Johanna Schaffer, wurde dabei erarbeitet und zeitgerecht zum Internationalen Frauentag am 8. März 2001 publiziert:

„Weg mit allen Gesetzen, die uns aufgrund unseres Geschlechts normieren!"
fordern die Autorinnen, außerdem
– Recht auf freie Definition der eigenen Geschlechtlichkeit
– Streichung der Geschlechtsdiskriminierung der eigenen Geschlechtlichkeit
– Streichung der Geschlechtsdiskriminierung in amtlichen Papieren
– freie Namenswahl unabhängig von Herkunft, Religion und Geschlecht
und formulieren dabei eine Utopie, die schon morgen keine mehr sein muß, wenn sie nicht heute verhindert wird:

„Wenn wir darin übereinstimmen, daß die Kategorie Geschlecht ein patriarchales Herrschaftsinstrument ist, anhand dessen Privilegien verteilt und vorenthalten werden; und wenn wir ein gemeinsames Interesse an der Zerschlagung der In- strumente der Herrschaft haben; was hieße dann die Zerschlagung der Kategorie Geschlecht? Deren Abschaffung, Auflösung, Verschiebung, Dezentrierung oder viel besser noch: deren Vervielfältigung? Und wie, wenn wir davon ausgehen, daß das, was die Kategorie Geschlecht in ihrer Herrschaftsstruktur bestimmt – ihre Zweigeschlechtlichkeit – in all ihrer Wirkmächtigkeit sich zersetzen ließe oder zum Bersten gebracht werden könnte durch zahlreiche Geschichten, Schilde- rungen, Beschreibungen, Klassifikationsdarstellungen davon, daß längst andere Welten der vielen und vielfältigen Geschlechter existieren…?"

Dem ist nicht mehr hinzuzufügen, schreibt G. Schauen wir uns das an. Und wir werden weiter sehen.

Autorinnen und Autoren

Martin Achrainer geboren 1968 in Kufstein, Studium der Politikwissenschaft (Schwerpunkt Zeitgeschichte) in Innsbruck, freiberuflich tätig als Politologe und Zeithistoriker, Forschungsschwerpunkte regionale Zeitgeschichte, Nationalsozialismus, Justizgeschichte.

Neda Bei geboren 1952 in Wien, Studium der Rechtswissenschaften in Wien; theoretische, essayistische und experimentelle Texte. Bis 1996 an der Universität Wien, seit 1989 in der Arbeiterkammer Wien tätig.

Michael Berthold geboren 1965, Studium an der Universität Wien, Klassische Philologie, Geschichte und Germanistik. Unterrichtet an einem Wiener Gymnasium.

Andreas Brunner geboren 1962, Studium der Theaterwissenschaften und Germanistik. Am Aufbau der schwulen Buchhandlung „Löwenherz" sowie des „Kulturvereins Berggasse" maßgeblich beteiligt. Mitinitiator und -organisator der Regenbogen-Parade. Literaturagent.

Matti Bunzl geboren 1971 in Wien, Ausbildung an der Stanford University (B.A. und M.A. 1993) und der University of Chicago (Ph.D. 1998). Assistant Professor für Kulturanthropologie und der University of Illinois, derzeit Arbeit an vergleichender Ethnographie über jüdische und lesbischschwule Kultur in Wien.

Stefan Dobias geboren 1970 in Wien, Jusstudium in Wien bis 1996, Generalsekretär des Rechtskomitees Lambda, der österreichischen Rechtshilfeorganisation für homo- und bisexuelle Frauen und Männer, lebt und arbeitet als Jurist in Wien.

Franz X. Eder geboren 1958, Universitätsassistent am Institut für Wirtschafts- und Sozialgeschichte der Universität Wien; Forschungsschwerpunkte: History and Computing, Familiengeschichte, Konsumgeschichte, Sexualitätsgeschichte.

Wolfgang Förster geboren 1953 in Wien, Studium der Architektur, Postgraduate Ausbildung in Politologie, Gründer der HOSI Wien, zahlreiche Arbeiten zu Homosexualität, Kommunal- und Wohnungspolitik, tätig bei der Stadt Wien.

Gloria G. geboren in Tirol, AutorIn. Studium der Musik- und Theaterwissenschaft und der Philosophie. Journalistische Laufbahn. Zahlreiche Lesungen, Veröffentlichungen und Performances zum Thema Transgender. Staatsstipendium für Literatur. Gründungs- und langjähriges Vorstandsmitglied des Vereins TransX. Roman „Das 6. Geschlecht" (in Vorbereitung).

William D. Godsey, Jr. geboren 1964, Absolvent der University of Virginia 1995. Seit Juli 2000 Lise-Meitner-Stipendiat in Wien. Zahlreiche Veröffentlichungen zur Gesellschafts- und Kulturgeschichte Mitteleuropas, im besonderen zur Österreichisch-Ungarischen Monarchie.

Hanna Hacker geboren 1956 in Wien, Soziologin und Historikerin, seit den 1970er Jahren Engagement in den Debatten und Projekten der Frauen- und Lesbenbewegung, zahlreiche Veröffentlichungen zum Thema Geschlechterkonstruktionen und Homo/Heterosexualitäten.

Margit Hauser geboren 1964 in Wien, Studium der Philosophie, Psychologie, Pädagogik und Romanistik in Wien. Mitarbeit im STICHWORT seit 1988, angestellt als wissenschaftliche Mitarbeiterin und Projektmanagerin seit 1997. Publikationen und Vorträge zu feministischer Philosophie und zum feministischen Informations- und Dokumentationswesen.

Susanne Hochreiter geboren 1970 in Wien, Germanistin. Diplomarbeit über „Lesbische Identitäten und deutschsprachige Literatur von 1975 bis 1996". Derzeit Assistentin am Institut für Germanistik der Uni Wien, seit 1998 Mitarbeiterin der Zeitschrift [sic!] Forum für Feministische GangArten.

Michael Huey geboren 1964 in Michigan, USA, Studium der Germanistik am Amherst College, Studium der Kunstgeschichte in Wien. Journalistische Tätigkeit in den USA und in Wien, lebt und arbeitet als freiberuflicher Journalist in Wien.

Elisabeth M. Klocker geboren 1967 in Bregenz, Studium der Theater- u. Politikwissenschaft, Soziologie, Philosophie. Freie Künstlerin, Filmemacherin, Schriftstellerin und Journalistin. Chansonprogramm Kaiserin SI.SI. I.v. Europa, Mitbegründerin von CABINET 9.

Max Kübeck geboren 1949 in Graz, Goldschmiedelehre, Studium der Kunstgeschichte, Studium der Malerei an der Hochschule für Angewandte Kunst Wien. Ausbildung zum Gemälderestaurator, lebt und arbeitet als Restaurator und Maler in Wien.

Claudia Kuderna geboren 1967 in Wien, Studium der Deutschen Philologie und Publizistik- und Kommunikationswissenschaften in Wien, seit 1994 in der Aids-Hilfe Wien beschäftigt, 1994 bis 1998 als Mitarbeiterin für Öffentlichkeitsarbeit und Präventionsprojekte, seit Oktober 1998 als Geschäftsführerin.

Michaela Lindinger geboren in Dornbirn, Studium der Publizistik- und Kommunikationswissenschaft/Politikwissenschaft an der Universität Wien. 1993 bis 1998 freie Mitarbeit in der Österreichischen Galerie Belvedere, seit 1995 auch im Historischen Museum der Stadt Wien. Seit 1998 Mitarbeiterin im Bundesministerium für Bildung, Wissenschaft und Kultur.

Tobias G. Natter geboren 1961, Studium der Kunstgeschichte und Geschichte in Innsbruck, München und Wien. Seit 1991 an der Österreichischen Galerie Belvedere, Wien Kustos der Sammlung des 20. Jahrhunderts. Daneben freiberuflicher Gastkurator für das Jüdische Museum.

Wolfgang Nedobity geboren in Gmunden, Studium der Germanistik und Anglistik in Salzburg sowie der Bibliothekswissenschaft in Liverpool. Ausgedehnte Studienaufenthalte in Italien, Großbritannien und den USA; lebt und arbeitet in Wien.

Ulrike Repnik geboren 1973 in Dornbirn, Studium der Politikwissenschaft in Wien, schreibt zur Zeit an ihrer Diplomarbeit zum Thema Lesben- und Schwulenbewegung in Österreich.

Ines Rieder geboren 1954 in Wien. Seit 1975 als Journalistin, Übersetzerin und Schriftstellerin tätig. Zahlreiche Zeitschriften- und Buchveröffentlichungen in den USA, UK, Brasilien, Deutschland und Österreich.

Hannes Sulzenbacher geboren 1968, Studium der Theaterwissenschaft. Arbeitet als Autor („Schwules Wien", „Wiener Gift", „Wiener Schnitzeljagd") und Kulturveranstalter („Wien ist andersrum").

Niko Wahl geboren in Wien, Studium der Geschichte an der Universität Wien, arbeitet im sozialen und wissenschaftlichen Bereich in Berlin, New York und Wien.

Gernot Wartner geboren 1963 in Linz, Ausbildung zum Chemielaboranten, neben Berufstätigkeit Besuch der Arbeitermittelschule; anschließend Studium der Germanistik und Komparatistik in Wien; von 1987 bis 1995 freier Mitarbeiter in der Kulturredaktion des ORF OÖ. Seit 1987 Mitglied der HOSI Linz.

Wolfgang Wilhelm geboren 1971 in Wien, Studium der Publizistik und Kommunikationswissenschaft. Präventionsbereichsleiter der AIDS-Hilfe Wien, sozialwissenschaftliche Forschung und theaterpädagogische Suchtprävention, seit 1998 Antidiskriminierungsbeauftragter der Stadt Wien für gleichgeschlechtliche Lebensweisen.

Christian Witt-Dörring geboren 1950 in Wien. Studium der Kunstgeschichte/Archäologie an der Universität Wien. Leiter der Möbelsammlung am MAK-Österreichisches Museum für angewandte Kunst in Wien, Kurator an der Neuen Galerie New York. Lebt und arbeitet in Wien und New York.

Personenregister

Bibliographie

Almhofer, Edith: Performance Art. Die Kunst zu leben. Wien 1986

An.schläge: Zeitschrift,1987–lfd.

Arbeitsgruppe „Homosexualität und Katholische Kirche" (Hg.): Studientag Homosexualität und Katholische Kirche: Eine Einladung zum Dialog. Wien 1997

AUF: Eine Frauenzeitschrift 1974–lfd.

Barry, Adam D.: The Rise of a Gay and Lesbian Movement, neu bearbeitete Auflage, New York 1995

Bei, Neda/ Förster, Wolfgang et al.: Das lila Wien um 1900. Zur Ästhetik der Homosexualitäten. Wien 1986

Bei, Neda/Förster, Wolfgang et al.: Soziale Probleme sexueller Minderheiten, Die Situation der männlichen und weiblichen Homosexuellen in Österreich, Foschungsprojekt der Österreichischen Gesellschaft für Homosexuellen- und Lesbierinnenforschung (ÖGHL). Wien 1986

Bei, Neda: Legitimität und Krise, Zur sozialen Kontrollfunktion des Rechts am Paradigma der Homosexualität, in: Bei, Neda/Förster, Wolfgang et al., Wien1986

Bei, Neda: Das Monstrum ist der Fall, in: Wie werden aus Menschen Monstren? Manuskripte 109, Wien 1990

Beinstein, Krista: Obszöne Frauen. Wien 1986

Bell, Anni, (Hg.): 3. Österreichische Frauensommeruniversität Innsbruck 1986. Innsbruck 1986

Berlin Museum, (Hg).: Eldorado, Homosexuelle Frauen und Männer in Berlin 1850–1950, Geschichte, Alltag und Kultur. Katalog zur gleichnamigen Ausstellung. Berlin 1984

Bleibtreu-Ehrenberg, Gisela: Tabu Homosexualität. Die Geschichte eines Vorurteils, Frankfurt am Main 1978

Bloch, Iwan: Das Sexualleben unserer Zeit in seinen Beziehungen zur modernen Kultur, Berlin 1907

Bolbecher, Siglinde/Kaiser, Konstantin: Lexikon der österreichischen Exilliteratur. Wien 2000

Bouthillette, Anne-Marie/ Brent, Ingram Gordon /Retter, Yolanda, (Hg.): Queers in Space. Communities, Public Places, Sites of Resistance. Seattle 1997

Brunner, Andreas/ Sulzenbacher, Hannes, (Hg.): Schwules Wien. Reiseführer durch die Donaumetropole. Mit Stadtspaziergängen von G. Tobias Natter und Photographien von Margarete Neundlinger. Wien 1998

Bülow, Claudia von: Der Umgang der nationalsozialistischen Justiz mit Homosexuellen, Diss., Oldenburg, 2000

Capri: Zeitschrift für schwule Geschichte (17) 1994

CO-Info: Zeitschrift, Wien (1 und 2)

Czeike, Felix: Historisches Lexikon Wien, 5. Bde. Wien 1997

Die Geschichte des §175. Strafrecht gegen Homosexuelle. Katalog zur Ausstellung in Berlin und Frankfurt. Frankfurt am Main 1990

Dick, Hildegunde: Die autonome Frauenbewegung in Wien. Entstehung, Entfaltung und Differenzierung von 1972 bis Anfang der 80er Jahre, Diss., Wien 1991

Dick, Jutta/Sassenberg, Marina, (Hg.): Jüdische Frauen im 19. Und 20. Jahrhundert. Lexikon zu Leben und Werk. Reinbek bei Hamburg 1993

Druskowitz, Helene von: Der Mann als logische und sittliche Unmöglichkeit und als Fluch der Welt. Pessimistische Kardinalsätze. Ein Vademecum für die freiesten Geister, Hg. von Traute Hensch, Freiburg (Breisgau) 1988 (Erstausgabe Wittenberg 1905)

Barbara Hey/Ronald Pallier/ Roswitha Roth: Que(e)rdenken. Weibliche, männliche Homosexualität und Wissenschaft. Innsbruck/Wien 1997

Eder, Franz X.: „Verbrechen" oder „öffentliches Ärgernis"? Die Kriminalisierung des Sexuellen (16.–19. Jahrhundert), in: ders., Kultur der Begierde. Diskurse und Praktiken der Sexualität (erscheint Ende 2001)

Ellis, Havelock: Sexual Inversion (Studies in the Psychology of Sex 2), London 1897

Ehrenburg-Bleibtreu, Gisela: Tabu Homosexualität. Die Geschichte eines Vorurteils Frankfurt am Main1978

Ewering, Cäcilia: Frauenliebe und -literatur, (Un)gelebte (Vor)Bilder bei Ingeborg Bachmann, Johanna Moosdorf und Christa Reinig. (Männlichkeit/Weiblichkeit 4) Essen 1992

Export, Valie: Split: Reality. Wien, New York o.J.

Falk Rainer, (Hg.): SEXperimente: lesbisch-schwule Sexgeschichten. Berlin 1999

Fischer, Lothar: Tanz zwischen Rausch und Tod. Anita Berber. Berlin 1988

Foucault, Michel: Der Wille zum Wissen (=Sexualität und Wahrheit, Bd. 1), Frankfurt am Main 1983

Förster, Wolfgang: Emanzipation oder kulturelles Ghetto? Zur Problematik der gesellschaftlichen Integration von Randgruppen am Beispiel der männlichen Homosexuellen in Österreich, Diplomarbeit, Institut für Höhere Studien. Wien 1981

Freud, Sigmund: Briefe an Wilhelm Fliess 1887–1904, hrsg. v. Jeffrey Mousaieff Mason, Frankfurt am Main 1986

Freud, Sigmund: Studienausgabe, Bd. 1: Vorlesungen zur Einführung in die Psychoanalyse. Neue Folge der Vorlesungen zur Einführung in die Psychoanalyse, Studienausgabe Bd. 5: Sexualleben, Studienausgabe, Studienausgabe Bd. 7: Zwang, Paranoia und Perversion, Bd. 10: Bildende Kunst und Literatur, Frankfurt am Main 1982

frida, (Hg.): thesaurA – österreichischer Frauenthesaurus. (Materialien zur Förderung von Frauen in der Wissenschaft 5), BM für Wissenschaft und Forschung, Wien 1996

frida, (Hg.): KolloquiA. Frauenbezogene/feministische Dokumentation und Informationsarbeit in Österreich. Lehr- und Forschungsmaterialien. (Materialien zur Förderung von Frauen in der Wissenschaft 11), BM für Bildung, Wissenschaft und Kultur, Wien 2001

Gay, Peter: Freud. Eine Biographie für unsere Zeit, Frankfurt am Main 1989

Geiger, Brigitte /Hacker, Hanna: Donauwalzer Damenwahl. Frauenbewegte Zusammenhänge in Österreich. Wien 1989

Gerber, Eva/Rotter, Sonja/ Schneider, Marietta, (Hg.): Die Frauen Wiens. Ein Stadtbuch für Fanny, Frances und Francesca. Wien 1992

Gerhard, Ute: Atempause. Feminismus als demokratisches Projekt. Frankfurt am Main 1999

Geuter, Ulfried: Homosexualität in der deutschen Jugendbewegung. Jugendfreundschaft und Sexualität im Diskurs von Jugendbewegung, Psychoanalyse und Jugendpsychologie am Beginn des 20. Jahrhunderts, Frankfurt am Main 1994

Goodbye to Berlin? 100 Jahre Schwulenbewegung: Ausstellungskatalog, Schwules Museum Berlin und Akademie der Künste Berlin. Berlin 1997

Grau, Günter: Homosexualität in der NS-Zeit, Dokumente einer Diskriminierung und Verfolgung. Frankfurt am Main 1993

Graupner, Helmut: Homosexualität und Strafrecht in Österreich – Eine Übersicht. Rechtskomitee Lambda. Wien 2001

Graupner, Helmut: Keine Liebe zweiter Klasse – Diskriminierungsschutz & Partnerschaft für gleichgeschlechtlich L(i)ebende. Rechtskomitee Lambda. Wien 2001

Gruchmann, Lothar: Justiz im Dritten Reich 1933–1940, Anpassung und Unterwerfung in der Ära Gürtner. München 1988

Hacker, Hanna: Die Ordnung der Frauen und Freundinnen. Zur Rekonstruktion homosozialer Handlungsmuster und ihrer institutionellen Kontrolle (Österreich, 1870–1938), Diss. Wien 1985, 2 Bde

Handl, Michael/ Hauer, Gudrun et al., (Hg.): Homosexualität in Österreich. Wien 1989

Hark, Sabine (Hg.): Grenzen lesbischer Identitäten. Berlin 1996

Hauer, Gudrun/ Schmutzer, Dieter, Hg.: Lambda-Lesebuch, Journalismus andersrum. Wien 1996

Heger, Heinz: Die Männer mit dem rosa Winkel. Der Bericht eines Homosexuellen über sein KZ-Haft von 1939–1945. Hamburg 1972

Hergemöller, Bernd-Ulrich: Mann für Mann. Biographisches Lexikon zur Geschichte von Freundesliebe und mannmännlicher Sexualität im deutschen Sprachraum. Hamburg1998

Hirschfeld, Magnus: Der urnische Mensch. Leipzig 1903

Hirschfeld, Magnus: Die Homosexualität des Mannes und des Weibes (Handbuch der gesamten Sexualwissenschaft in Einzeldarstellungen 3), Berlin 1914

Hirschfeld, Magnus: Wissenschaftlich-Humanitäres Comitee (Hg.): Jahrbuch für sexuelle Zwischenstufen. Auswahl aus den Jahrgängen 1899–1923, Frankfurt am Main 1984

Hofer, Manuela G.: Die Akzeptanz der Homosexualität in der Gesellschaft im 19. und im besonderen im 20. Jahrhundert, Diplomarbeit Linz 1999

Homosexuelle Initiative Wien/ Wiener Arbeitsgemeinschaft für Volksgesundheit, AIDS-Information, Wien 1983

HOSI Wien/ Auslandsgruppe, (Hg.): Rosa Liebe unterm roten Stern. Zur Lage der Lesben und Schwulen in Osteuropa. Wien 1984

Huber, Ursula: Frau und doch kein Weib. Zu Grete von Urbanitzky. Monographische Studie zur Frauenliteratur in der österreichischen Zwischenkriegszeit und im Nationalsozialismus, Diss. Wien 1990

IGA, (Hg.): IGA pink book 1985, a global view of lesbian and gay oppression and liberation. Den Haag 1985

Ihrsinn. Eine radikalfeministische Lesbenzeitschrift, Berlin

Jay, Karla/ Glasgow, Joanne: Lesbian Texts and Contexts. Radical Revisions, New York-London 1990

Jellonek, Burkhard: Homosexuelle unter dem Hakenkreuz. Die Verfolgung von Homosexuellen im Dritten Reich. Paderborn 1990

Jellonek, Burkhard/ Lautmann, Rüdiger: Nationalsozialistischer Terror gegen Homosexuelle. Gab es den „Homocaust"? Paderborn 2001

Kadivec, Edith: Mein Schicksal. Bekenntnisse und Erlebnisse, München 1978

Kaus, Gina: Und was für ein Leben….mit Liebe und Literatur, Theater und Film. Hamburg 1979

Kertbeny, Karl Maria (Pseud. für Karl Maria Benkert): Paragraph 143 des Preussischen Strafgesetzbuches vom 14. April 1851 und seine Aufrechterhaltung als Paragraph 152 im Entwurfe eines Strafgesetzbuches für den Norddeutschen Bund, Leipzig 1869

Klocker, SI.SI.: Grete Gulbransson. Leer- und Wanderjahre einer Dichterin. Wien 1998

Knoll, Christopher/ Edinger, Manfred/Reisbeck, Günter: Grenzgänge: Schwule und Lesben in der Arbeitswelt, München 1999

Kosch, Wilhelm: Deutsches Theaterlexikon Klagenfurt und Wien 1960

Krafft-Ebing, Richard von: Psychopathia sexualis, München 1984 (Erstausgabe 1886)

Krafft-Ebing, Richard von: Der Conträrsexuale vor dem Strafrichter. De Sodomia ratione sexus punienda. De lege lata et de lege ferenda. Eine Denkschrift, Leipzig/Wien 1895

Kraus, Karl: Sittlichkeit und Kriminalität, München 1970

Kriminalsoziologische Bibliographie Nr. 52, Homosexualitäten, Wien, 1986 Müller, Albert/ Fleck, Christian, „Unzucht wider die Natur". Gerichtliche Verfolgung der „Unzucht mit Personen des gleichen Geschlechts" in Österreich von den 1930er bis zu den 1950er Jahren, in: ÖZG 9.Jg, Nr. 3 (1998), S. 400–422

Kuhnen, Stephanie (Hg.): Butch, Femme. Eine erotische Kultur. Berlin 1997

Kunze, Peter: Dorothea Neff: Mut zum Leben. Wien 1983

Lambda Nachrichten: Zeitschrift, 1979–lfd.

Landshoff-Yorck, Ruth: Klatsch, Ruhm und kleine Feuer. Köln und Berlin 1963

Lautmann, Rüdiger (Hg.): Seminar: Gesellschaft und Homosexualität. Frankfurt am Main 1977

Lautmann, Rüdiger / Taeger, Angela, (Hg.): Männerliebe im alten Deutschland. Sozialgeschichtliche Abhandlungen. Berlin 1992

Lautmann, Rüdiger (Hg.): Homosexualität. Handbuch der Theorie- und Forschungsgeschichte. Frankfurt am Main 1993

Legendre, Pierre: L'amour du censeur. Essai sur l'ordre dogmatique. Paris 1964

LesbenFrauen Nachrichten, vormals Frauen Nachrichten, Zeitschrift

Lesbenrundbrief, Zeitschrift 1983–1991

Lila Schriften, Zeitschrift 1995–lfd.

Lilien Postilien, Zeitschrift 1983–1993

Lorenz, Maren: Kriminelle Körper – Gestörte Gemüter. Die Normierung des Individuums in Gerichtsmedizin und Psychiatrie der Aufklärung, Hamburg 1999

Lunacek, Ulrike/ Natter, G. Tobias: Anton Kolig. Männerakte. Anläßlich des 8. Österreichischen Lesben-, Schwulen- und Transgenderforums in Klagenfurt. Wien1998

Madame d'Ora Wien – Paris. 1907–1957. The Photography of Dora Kallmus. Vassar College Art Gallery. Poughkeepsie und New York 1987

Marshall, Joan K.: On Equal Terms. A Thesaurus for Nonsexist Indexing and Cataloging. New York 1977

Marti, Madeleine: Hinterlegte Botschaften, Die Darstellung lesbischer Frauen in der deutschsprachigen Literatur seit 1945. Stuttgart 1991

Mayreder, Rosa: Geschlecht und Kultur. Essays, Wien 1998

Mayreder, Rosa: Zur Kritik der Weiblichkeit. Essays. Wien 1998

Müller, Albert/Fleck, Christian: „Unzucht wider die Natur", Gerichtliche Verfolgung der „Unzucht mit Personen gleichen Geschlechts" in Österreich von den 1930er bis zu den 1950er Jahren, in: ÖZG 3, Jg.9 (1998), S. 400–422, Wien

Müller, Klaus: Aber in meinem Herzen sprach eine Stimme so laut. Homosexuelle Autobiographien und medizinische Pathographien im 19. Jahrhundert. Berlin 1991

Natter, G. Tobias: Männerpaare in historischen Fotos. Mit einem Vorwort von Andreas Brunner. Zur 4. Wiener Regenbogen-Parade am 19. Juni 1999, 30 Jahre Christopher Street Day. Wien 1999

Natter, G. Tobias: Waschbrettbauch und Wespentaille – Der Traum vom schönen Mann. Mit einem Vorwort von Ulrike Lunacek. Zum 9. Österreichischen Lesben-, Schwulen- und Transgenderforum Wien. Wien 1999

Natter, G. Tobias Natter: Männerpaare. Fotos von 1880 bis 1950. Zu den schwulen Kulturtagen „Homosella 2000", Trier. Wien 2000

Oosterhuis, Harry: Stepchildren of Nature. Krafft-Ebing, Psychiatry and the Making of Sexual Identity. Chicago/London 2000

Österreichische Lesbenrundbriefe, Zeitschrift

Österreichische Zeitschrift für Geschichtswissenschaft, Jg. 9, Heft 3, 1998: Homosexualität Puls, Erwin: Das Mittel, nicht oder nur schwer darstellbare Bildereignisse dem Kunstlieberhaber dadurch nahezubringen, dass er sie schildert, als sähe er sie ausserhalb. Versuch einer teichoskopischen Vulgärästhetik. Zürich 1997

Praunheim, Rosa von: Armee der Liebenden oder Aufstand der Perversen. München 1979

Pride, vormals Blickwechsel bzw. Hosi-Info, Zeitschrift 1991–lfd.

Profil (9) 1982, Das Jahr der Schwulen, S. 23; (27) 1985, AIDS in Österreich, S. 43–48; (41) 1992, Vorliebt, verlobt, verheiratet? Tabu Schwulen-Ehe, S. 82–87; (12) 2000), Säen und ernten, Homo-sexualität, Die Homosexuellen Initiative HOSI feiert ihr 20jähriges Bestehen, S. 114 f.

Reden, Alexander Sixtus von/ Schweikhardt, Josef: Eros unterm Doppeladler. Eine Sittengeschichte Altösterreichs. Wien 1993

Rieder, Ines: Wer mit wem? Hundert Jahre lesbische Liebe (Reihe Dokumentation Bd. 10), Wien, 1994

Rieder, Ines/Voigt, Diana: Heim-liches Begehren. Die Geschichte der Sidonie C. Wien 2000

Rosa Lila Tip (Hg.): Weil drauf steht, was drin ist! 10 Jahre Lesben- & Schwulenhaus Rosa Lila Villa, Wien 1992

Sappho, Zeitschrift 1996–?

Schmersahl, Katrin: Medizin und Geschlecht. Zur Konstruktion der Kategorie Geschlecht im medizinischen Diskurs des 19. Jahrhunderts, Opladen 1998

Schoppmann, Claudia: Nationalsozialistische Sexualpolitik und weibliche Homosexualität. Pfaffenweiler 1991

Schoppmann, Claudia: Ver-botene Verhältnisse. Frauenliebe 1938–1945. Berlin 1999

Schwarzer, Alice/Scheu, Ursula: Feministischer Thesaurus, Köln 1994

Schwulenreferat im Allgemeinen Studentenausschuß der FU Berlin (Hg.), Dokumentation der Vor-tragsreihe „Homosexualität und Wissenschaft", Berlin 1985

sic! Forum für feministische Gangarten, Wien 1995–lfd.

Sigusch, Volkmar: Karl Heinrich Ulrichs. Der erste Schwule der Weltgeschichte, Berlin 2000

Smile-News, Zeitschrift 1991–?

SOAL. Dokumentation öster-reichischer Frauen/Lesbengruppen 1987

Spreitzer, Brigitte: Texturen. Die österreichische Moderne der Frauen, Wien 1999 (Studien zur Moderne 8)

STICHWORT-Newsletter.

Stichwort. Archiv der Frauen- und Lesbenbewegung, Hg: 10 Jahre Berggasse 5/24. Wien 1990

Streit, Zeitschrift

Trude Fleischmann: Fotographien 1918–1938. 18.März bis 30. April 1988. Galerie Faber Wien. Ausstellungskatalog, Text Anna Auer

Ulrichs, Karl Heinrich: Forschungen über das Rätsel der mannmänn-lichen Liebe (Reprint der Original-ausgaben, 1864–1879), 4 Bde., Berlin 1994

Uni-Lesbengruppe. Dokumen-tation österreichischer Frauen-/Lesbengruppen

die V., vormals tamtam, Zeitschrift 1989–lfd.

Vaid, Urvashi, Virtual Equality. The Mainstreaming of Gay and Lesbian Liberation. New York 1995

Verein Frauenforschung und weiblicher Lebenszusammenhang, Tätigkeitsberichte 1998–2000

Warme Blätter, (1 und 2) Wien 1979

Weingand, Hans-Peter: Vom Feuertod zu einem Monat Gefäng-nis. Gleichgeschlechtliche sexuelle Handlungen und Strafrecht in Österreich 1499–1803, in: Inver-tito, Jahrbuch für die Geschichte der Homosexualitäten, Jg.1, Hamburg 1999

Impressum

Medieninhaberin und Verlagsort
MA 57 – Frauenförderung und Koordination
von Frauenangelegenheiten
Friedrich-Schmidt-Platz 3
1082 Wien

Graphic Design
Johann Hofmann

Satz
Tom Rengelshausen

Herstellung
AV-Druck

Für den Inhalt verantwortlich
Wolfgang Förster, Tobias G. Natter, Ines Rieder
(Hg.)

Die Rechtslage bezüglich der reproduzierten Bilder
wurde – soweit möglich – sorgfältig geprüft:
eventuelle berechtigte Ansprüche werden von den
HerausgeberInnen in angemessener Weise
abgegolten.

Dieses Katalogbuch erscheint zur nicht
stattgefundenen Ausstellung „Der andere Blick",
im Historischen Museum der Stadt Wien,
anläßlich von Europride Wien im Juni 2001.

ISBN 3-9501466-0-1